U0665308

中央民族大学史学经典系列

治史清源

王锺翰先生学术论著自选集

◎王锺翰 著

人民出版社

中央民族大学史学经典系列
丛书编委会

编委会成员

（以姓氏笔画为序）

达力扎布　　刘翠兰　苍　铭　李鸿宾

陈　鹏　　　尚衍斌　赵令志　徐永志

章毅君　　　彭　勇　蒙　曼　雷虹霁

执行主编

彭　勇

中央民族大学史学经典系列丛书
出版说明

本丛书由中央民族大学历史文化学院策划出版。作为"双一流"(世界一流大学和一流学科)建设高校,中央民族大学的历史学科是学校办学最悠久、底蕴最深厚、学术声誉度最好的学科之一。历史文化学院(原历史系)始建于1956年,首任系主任是著名的蒙古史和元史专家翁独健先生,一批国内知名、世界一流的历史学家、民族学家、社会学家,如吴文藻、潘光旦、林耀华、费孝通、傅乐焕、张锡彤、王锺翰和贾敬颜等先生在此任教。学院于1981年获得专门史(民族史)的硕士点,1986年获得专门史(民族史)的博士点,2010年获得历史学一级博士授权单位。目前中国史是中央民族大学五个博士一级学科学位授权点和博士后流动站之一,历史学本科专业为"国家文科基础学科人才培养和科学研究基地"(1996年),本科人才培养模式的研究成果获得北京市优秀高等教育成果一等奖(2013年)。六十年来,历史文化学院逐渐形成了传统史学底蕴深厚,民族史科研教学优势突出的鲜明特点。

自21世纪初,历史文化学院依托国家"211"和"985"工程重点建设项目,分别策划出版了"民族历史文化研究书系"和"中国边疆民族地区历史与地理研究丛书"等,经过十多年的建设和沉淀,出版的数十种论著已经在学术界产生了积极的反响。近年来,随着教育部学科评估的持续进行,以及国家"双一流"高校建设的加速推进,学术评价体系(指标)发生了重大的变化。如何积极推进"双一流"学科的内涵式发展,巩固中央民族大学历史学研究的学术根基,提升学科发展水平,构建具有中国特色的学术话语体系,成为摆在我们面临的重要议题。2018年初,经过慎重的思考,学院决定与人民出版社合作出版这套"史学经典系列丛书"。

所谓"经典",是指在不同学科领域内具有的原创性、奠基性的重要作品,一是经过时间的检验,证明它是领域内的优秀代表之作,二是相信它能经得起时间的检验,必将成为领域内的典范。在中央民族大学历史学科六十余年的光辉历程当中,诞生了一大批优秀论著,既是那个时代的标志成果,也成为后世学习的典范,在海内外学术界产生了很大的影响。本次丛书的出版整理,我们既梳理了前辈学者的代表作,也统计了在职教师曾获过省部级以上科研奖励的专著或已经完稿的论著,但限于权版或内容等原因,最终列入丛书第一批出版的共有 6 种。其中,王锺翰先生的《治史清源:王锺翰先生学术论著自选集》是他本人生前选定的"民族史研究"、"清史研究"的得意之作,这 21 篇是当之无愧的史学经典;达力扎布教授的《明代漠南蒙古历史研究》曾入选 2000 年全国高等学校优秀博士学位论文,更是海内外学术界公推的传世精品;蒙曼教授的《唐代前期北衙禁军制度研究》和彭勇教授的《明代班军制度研究——以京操班军为中心》两部专著,分别获得北京市第九届和第十届哲学社会科学优秀成果奖。这四种书出版的时间均在 10 年以上,早已售罄,难觅踪迹,也有修订再版的必要。尚衍斌教授的《喀什史话》和李鸿宾教授的《疆域·权力·人群——中国中古史诸题专论》是两部新作,作为历史文化学院的两位二级教授,他们潜心问学,堪称学界楷模。

新时代,新担当。(习近平总书记指出)历史研究是一切社会科学的基础,承担着"究天人之际,通古今之变"的使命。在"双一流"建设大背景下,作为培养各民族、尤其是少数民族人才的最高学府,中央民族大学的历史文化学院既要守好传统主流史学的阵地,又必须突出民族史、边疆史研究的特色优势,愿本丛书的出版,为维护我国多民族国家的团结统一和繁荣稳定,服务国家发展战略,弘扬中华传统文化,推进史学研究与创新,发挥我们应有的贡献。

中央民族大学历史文化学院

2019 年 1 月

序 言

20世纪30年代初，日本侵略者对我不宣而战，长驱直入，未越月而占领了东三省全部，继而进逼华北大部与察哈尔全省（今内蒙古自治区东部和河北省西北部张家口一带），北平四郊多垒，岌岌可危。当时我正就学于北平燕京大学历史系，服膺先师邓文如（之诚）、洪煨莲（业）诸教授平日所倡导的"救亡爱国不忘读书"、"读书必须把汉学中心抢回北京来"以及"天下兴亡，匹夫有责"之古训，痛史与国之偕亡，发愤专攻清史。从40年代起，私下决心，非有关清史方面的问题（包括满族史在内），宁搁笔不写。五六十年来，细心读书，探讨钻研，认真思考，不时有所撰述，以就教于专家学者，虽不敢云多有创获，而历年陆续发表的论文，出版了《清史杂考》《清史新考》《清史续考》三部结集，其中亦不乏一孔之见。

清史与满族史密不可分，但两者之间一为断代史、一为民族史究竟有所不同，将两者融为一体，亦非一朝夕之功。我几十年来从中尝到的酸甜苦辣，同行人当知个中滋味。故今依自选集丛书的体例，从上述三部结集中挑选出一小半，共21篇，自以民族史为先，清史次之，余则附焉。兹将所选各篇内容简介如次：

第一，在民族史研究方面，我选收了9篇文章，另附满文考释2篇，共11篇。首篇为《满族先世的发祥地问题》，五六百年前，满族的先世女真人崛起于我国东北大地，其发祥地为我国吉林省东之长白山一带，自来无异议，有之，顷自日本学者始。我文即与日本学者松村润教授所著 *On the Founding Legend of the Ch'ing Dynasty*（关于清朝开国的传说）一文商榷。松村氏据《天聪九年档》所提出的满族先世的发祥地不在今吉林省东长白山而在黑龙江北岸俄罗斯国阿穆尔州境内的布拉戈维申斯克（海兰泡）一带之说。我则根据《满洲实录》中作为满族族源的三仙女神话传说所反映出来的时间、人物、地点三方面来证实满族先世即女真人的发祥地在今长白山东一带而不在黑龙江北岸。我的论据大概是站得住脚的。其次，我在 50 年代初期接连撰写了《满族在努尔哈齐时代的社会经济形态》和《皇太极时代满族向封建制的过渡》两篇较长的文章，利用了当时我所能掌握的大量资料，对清前满族社会的发展阶段，做出了一些不同于前人或前人未涉及以及已略涉及而未详论的看法，提出满族曾经过奴隶制的阶段，颇得清史学界不少学者的认同。

80 年代初，我相继发表了《关于满族形成中的几个问题》与《清代八旗中的满汉民族成分问题》二文。前者着重探讨了满族族源与明代女真的关系、新老满洲的区别、汉军旗人的从属、内务府旗人的旗籍等问题。我认为民族是一个历史范畴，是在历史上长期形成的具有很大稳定性的人们共同体。作为满族的族源，不但应把女真最早先民的肃慎包括在内，也包括挹娄、勿吉、靺鞨以至金代的女真人，承认其世代相承的系属关系，但又不能把它们等同起来；后一文对前一文提及的"汉军旗人的从属问题"提出了只能按当时是否出旗为民作为一条唯一划线的标准，我认为这一条标准大概是符合一个民族在长期不断形成发展过程中的民族特征的。

80 年代中后期，我陆续发表了《满文老档中计丁授田商榷》与《康雍乾三朝满汉文京旗房地契约四种》两文。前者是我对自己于 50 年代初根据金梁《满文老档秘录》所载努尔哈齐颁布的计丁授田令中提出的"以五日（垧）种粮，一日种棉和每男丁三人合耕官田三日"所做出的"是一种劳役地租的剥削关系"的错误论断，进行自我检讨，承认错误；后者是我早年私藏的四份满汉文合璧的京旗房地契约，尤以其中康熙三十二年（1693 年）残缺不全的满文卖房地契约为最早，据我目前所见，海内外公私收藏家尚未有更早于此者。另有一篇《清代旗地性质初探》是我早已脱稿于 60 年代之初，迟至 20 年后，才正式发表的。我的主要观点是清代旗地从领主经济向地主经济转化是在 18 世纪 50 年代内完成的，其中庄园经济受一般旗地的影响和支配，在这两者之中，汉族地主经济仍然起着首要的主导推动作用。

最后，我还写了一篇《清代民族宗教政策》的文章，先刊于《中国社会科学》1992 年第 1 期，随即被译成英文（*Qing Policies on Nationalities and Religions*, *Social Sciences in China*, No. 1, 1993）也发表了。我认为清代满族最高统治者实行的民族宗教政策是成功的：首先对东北各民族实行招抚、吸收、融合的民族政策和具有一定开放性的宗教政策;其次对内外喀尔喀蒙古推行限制利用政策和提倡藏传佛教;又次在新疆天山南北路采取旗、民分治并尊重伊斯兰教;又其次在青藏高原提倡藏传佛教,三次出兵西藏,有效地维护了祖国统一和领土完整;最后在西南诸省推行改土归流政策,变间接统治为中央直接统治。可以说,清代的民族宗教政策为统一的多民族祖国的巩固和发展做出了重大的贡献。

末了,我还有关于满文考释的两篇文章,第一篇纠正了国内外汉学家说顺治(清世祖福临)叫汤若望(德国来华的耶稣会士)为"爷爷"(mafa,读作"玛法",汉译为"祖父")的误传。满文 mafa 有两义:一为人伦上的"祖"或"祖父",亦即口语中的"爷爷";一为老少上的"老翁",即口语中的"老爷子"或"老爷爷"。则知顺治之称汤若望为玛法当属后者,即"老爷子"或"老翁"。第二篇为《释汗依阿玛》(满音 han i ama,汉译为"皇父")。顺治五年(1648年)遗存的摄政王多尔衮满文题本批红为:"doro be aliha han i ama wang ni hese",译汉为"皇父摄政王旨"可以为证。而当时耶稣会士掐头去尾,简称为"amavan"即"ama wang",音译为"阿玛王",意译为"父王",非是。多尔衮既可称为"皇父",则孝庄皇太后当可下嫁多尔衮,弟妻兄嫂,清初婚嫁旧俗犹存,又何渎伦之有?

第二,在清史研究方面,一共选收了 10 篇。早在 40 年代末,我相继发表了《清世宗夺嫡考实》与《胤禛西征纪实》两篇有关康熙(清圣祖玄烨)帝位继承问题的姊妹篇,认为孟心史(森)前辈所著《清世宗入承大统考实》一文,旁征博引,论证康熙晚年用隆科多与年羹尧为雍正嗣统布置之先兆,而隆、年、禩、禟诸案别为一事之说,翰不敢苟同。窃以为雍正夺嫡一案,必须从有关人物之一言一事、一举一动,将零星残存材料放在整个事件发展的逻辑中联系起来加以考虑。我之所以将雍正诸弟与隆、年诸案综合起来研讨,是从问题发展的必然联系来思考的,不有雍正亲撰的《大义觉迷录》,则所谓雍正谋父、逼母、弑兄、屠弟四端,宫禁事秘,孰能了其真相? 我所搜集的资料较广,思维逻辑亦较强,颇得好评,赢得史界的一席之地。80 年代中期,因北京一史馆贻我以馆藏康熙遗诏满汉合璧文本二复印件,故续撰《清圣祖遗诏考辨》《胤禛与抚远大将军王奏档》与《年羹尧西征问题》三文,均是对雍正夺嫡与胤禛西征有关问题的有力补充证实之作,亦颇受海内外学术界的广泛认同。

其次，关于清初历史人物的评价问题，我选择了三种不同类型的人物：一为帝王将相，有《论袁崇焕与皇太极》一文，我认为袁崇焕与皇太极，若以才能智慧而言，袁比皇略胜一筹，而结局袁之冤死，固是其个人之不幸；而皇的反间计能得逞，则正是明王朝崇祯（朱由检）刚愎自用，实为明亡清兴之先兆。二为易代之际士大夫自择问题，因作《柳如是与钱谦益降清问题》一文，明清嬗代不同于一个民族内部的改朝换代，钱为江南头面人物，南京一破，不能不随例北行，越年南归。我以为钱不得柳为内助而反清复明之志不坚，柳苟不偶钱而名不扬，论世知人，固不可以帝王一人之好恶如乾隆（清高宗弘历）之斥钱谦益或是今非古，苛责于古人也。三为对清初士大夫之评价，因撰《陈梦雷与李光地绝交书》一文，我认为陈、李同籍福建，同选庶吉士、同授编修，同罹耿（精忠）逆之难，而为莫逆之交，合谋蜡丸密疏告变，李获重赏，陈则遣戍沈阳。陈作《绝交书》洋洋数千言，"万人叹赏"。李既获重赏而于陈不一援手，是李为伪君子，而陈则一生坎坷。

再次，70 年代末，我为《清史列传》作校注，必须考订出清国史馆之设置年月以及《清史列传》之稿本来源所从出，因撰有《清国史馆与清史列传》一文。我曾将原国史馆纂修的《大臣列传稿本》（北京一史馆馆藏）、《满汉名臣传》、《国朝耆献类征初编》三书，一一细加比勘，最后做出断定：《清史列传》一书大部分抄自《类征初编》，相同的达 1278 个传，占全书的一半；小部分出自《满汉名臣传》，只有 426 个传，占七分之一弱；另外与《列传稿本》相同的也只有 600 个传。三者相加，《清史列传》中尚有 590 个传不知其来源所从出。或者现仍保存于台北"故宫博物院"所藏清国史馆原纂修的《大臣列传稿本》中亦未可知。

此外，我还撰写了《内务府世家考》与《关于〈红楼梦〉的时代历史背景》两文。前一文，内务府创始于清而为前代所无，长官称内务府大臣，对皇帝一家固属主奴关系，而内府成员可以考试、可以为官与捐纳，外任者可以专折奏事。今据清人福格《听雨丛谈》、杨锺羲《雪桥诗话》诸书，旁稽博采，辑出内务府世家近 20 家、凡 60 余人，堪补前辈崇彝臣（彝）先生所著《道咸以来朝野杂记》一书中所举的 10 余家、30 多人之不足，不啻倍蓰。清代内务府世家以视秦汉魏晋以降历代的名门望族之称世家者毫无逊色。后一文《红楼梦》作者曹雪芹（名霑）为内务府正白旗旗鼓佐领下尼堪（汉姓人），康、雍、乾三朝盛世最高统治集团满族爱新觉罗家族内部的社会、政治、经济状况与阶级关系及其错综复杂情形，对作者曹雪芹不能不产生深刻影响，这些影响又不能不反映到他所精心构思的《红楼梦》中来。当然这种反映不是简单的真人真事的反映，因为艺术真实并不等于生活真实。

我这本不像样子的《自选集》，所选收的21篇，约40万字，复承赵令志、祁美琴、邸永君、陈小强、江桥诸同学为我细心校对，改正了原著引文（包括英文、日文、满文拼音）或行文中不少错别字与失误，我对他们表示衷心感谢。我自信此次所选收的论文，或不无一得之愚，而敝帚自珍，以之滥竽充数，抑或贤于博弈者乎？是为序。

1998年12月王锺翰序于中央民族大学私寓

目 录

上编　民族史研究

下编　清史研究

上　编

民族史研究

满族先世的发祥地问题[*]

　　长期以来,国内外学者对清朝满族爱新觉罗氏先世的发祥地问题,发表了不少高质量的论著①,进行了深入而细致的探讨,迄今虽仍无定论,但成果累累是有目共睹的。日本已故著名学者和田清氏于30年代撰写了一篇《清祖発祥の地域について》(《谈清祖发祥的地域》)文章②,认为清远祖是元末斡朵里万户,从松花江畔的三姓(今黑龙江省依兰县)附近,迁徙到今中朝国境的豆满江(今图们江)畔,辗转迁入鸭绿江北一带。文章就清太祖努尔哈齐③的父祖时究竟居于何处的问题,作了缜密的考订,征引详明,论证得当,但于元末史事略而未谈。兹拟就其已提出而未置论的清朝满族先世的肇祖孟特穆(猛哥帖木儿)居地即满族先世的发祥地问题,提出我个人的一些不成熟看法,补缀成篇。适值庆祝谭季龙(其骧)先生八十大寿,学术论文集征稿,谨以附诸骥尾云耳。

一、满族先世起源的神话传说

　　关于满族爱新觉罗氏先世起源的神话传说,清朝历代所纂修的官书,如《皇清开国方略》《满洲源流考》《八旗通志》《八旗满洲氏族通谱》等,都是以《清太

---

　　* 本文脱稿于1988年12月。逾年,1989年11月被邀赴日访问,在东京东洋文库即以此为题做了一次报告,得到神田信夫、松村润、冈田英弘等教授许多宝贵意见,故又重新修改定稿。在此对神田等教授谨致谢忱。

　　① 最早在20世纪20年代有章炳麟著《清建国别记》(聚珍仿宋本),日本内藤虎次郎著《清朝开国期的史料》(《读史丛录》本)和田边赖三著《清朝発祥地の伝说》(载《满蒙》7卷1期);30年代有孟森著《清始祖布库里英雄考》(刊入《明清史论著集刊续编》),日本岸本一夫著《清朝的兴起及其传说》(《历史公论》第36期)等,恕不一一列举。

　　② 载《池内博士还历纪念东洋史论丛》。

　　③ 清太祖名现通行写作"努尔哈赤",为满语音译,旧时也写作"努尔哈齐"、"弩儿哈齐"等,王锺翰先生认为"努尔哈齐"更接近满语原音,故常用此译法。本书依据王锺翰先生的观点,全书写作"努尔哈齐"。

祖高皇帝实录》①亦即《清太祖武皇帝弩儿哈奇实录》②为依据的,从来并无异议。但最近日本清史专家松村润氏又用英文撰写了一篇 *On the Founding Legend of the Ch'ing Dynasty*(关于清朝开国的传说)③文章,认为经过多次修改的乾隆本"高录"固然成书甚晚,目前广为流传的《武录》亦非成书于崇德元年(1636 年)而实告成于顺治年间(1644—1661 年),《满洲实录》④虽然成书更晚(乾隆年间),但记载详明,颇足征引。现存的《满洲实录》(以下简称《满录》)满、汉、蒙三种文本、八卷八册,已列于 30 年代初由伪满影印刊布的《大清历朝实录》⑤之首。

成书于乾隆年间的《满录》开宗明义,就从满族爱新觉罗氏先世起源的神话传说开始叙述。满文译音:

golmin šanggiyan alin den juwe tanggū ba, šurdeme　minggan ba, tere alin i
长　　白　　山 高 二　百　里　周围　　　千　里　其　山

ninggu de tamun i gebungge omo bi, šurdeme jakūnju ba,　tere alin ci tucikengge
上　　　阌门　名　池 有　　周围　　八　十　里　其　山　从　　出

yalu, hūntung, aihu sere ilan giyang, yalu giyang alin i julergici tucifi wasihūn
鸭绿　混同　爱滹 称 三　江　鸭绿　江　山　南　　出　　西

eyefi, liyoodung ni julergi mederi de dosikabi, hūntung giyang alin i amargici
流　辽东　　南　海　　入　　混同　江　山　北

tucifi amasi eyefi, amargi mederi de dosikabi, aih　bira wesihun eyefi, dergi
出　北　流　北　海　　入　　爱滹 河　东　流　东

mederi de dosikabi …… manju gurun i da, golmin šanggiyan alin i šun dekdere ergi
海　　入　　满洲　国之源　长　　白　　山　日　浮出 方

bukūri gebungge alin, bulhūri　gebungge omoci tucike, tere bukūri alin i dade
布库哩 名　　山 布勒瑚里 名　　池 起　其 布库哩 山　麓

① 《大清历朝实录》本,121 帙,日本东京大藏出版株式会社印。以下简称《高录》。
② 北平故宫博物院 1932 年排印本,卷 4,第 1 册。以下简称《武录》。
③ 《关于清朝开国的传说》(日文),载《山本博士还历纪念东洋史论丛》,1972 年 10 月。其英文论文载于 Acta Asiatica(《亚洲学论集》,东京东洋文库 1988 年版,以下简称"论集")第 53 期第 1—42 页中之 Studies of Manchu History in the Ch'ing(《清代族史研究》)专号。
④ [日]今西春秋:《满和对译满洲实录》,"日满文化协会"1938 年刊本,满文系用罗马字母标音。
⑤ 《大清历朝实录》本,第 1 帙。

bisire bulhūri　omo de abkai sargan jui enggulen,　jenggulen, fekulen ilan nofi
有　布勒瑚里　池　　天　女　子　恩古伦　　正古伦　佛库伦　三　人

ebišeme jifi muke ci tucifi etuku etuki sere de,　fiyanggū　sargan　jui　etukui dele
浴　来　水　出　衣　着　　　　　幼　　女　子　衣上

enduri saksaha i sindaha fulgiyan tubihe be bahafi na de sindaci hairame angga de
神　鹊　　放　朱　果　　得　地　放　惜　口

ašufi etuku eture de,　ašuka tubihe bilha de šuwe dosifi, gaitai andande beye de
衔　衣　着　　衔　果　喉　直　入　忽　　孕

ofi ...... fekulen tereci uthai haha jui banjiha, abka i fulinggai banjibuha jui ofi
成　佛库伦 从此 乃　男 子 生　天　意　所生　子

uthai gisurembi, goidaha akū ambakan oho manggi, eme hendume, jui simbe
乃 云　久 不 稍大 已　后　母 云　子 汝

abka facuhūn gurun be dasame banjikini seme banjibuhabi, si genefi facuhūn
天　乱　国　平　生　　生来　汝 往　乱

gurun be dasame toktobume banji seme hendufi, abka i fulinggai banjibuha turgun
国　平　定　生　云　天　意　所生　缘由

be giyan giyan i tacibufi, weihu bufi, ere bira be wasime gene sefi, eme uthai
一 一　详告 小舟 与 此 河 下 去　母 乃

abka de wesike, tereci tere jui weihu de tefi eyen be dahame wasime genehei,
天　升　从此 其 子 小舟 乘 流 顺 下 去

muke juwere dogon de isinafi, dalin de akūnafi, burha be bukdafi, suiha be
水 运 渡口 来到 岸 登 柳 折 蓬

sujafi, mulan arafi, mulan i dele tefi bisire de, tere fonde tere bai ilan halai
刈 杌子 做 杌子 上 坐 所有 其 时 其 地 三 姓

niyalma gurun de ejen ojoro be temšenume inenggi dari becendume afandume
人 国 主 相兢 日 每 相争 相攻

bisirede ...... terr jui ini emei tacibuha gisun i songkoi alame, bi abkai enduri bihe,
所有 其 子彼 母 所教 言 依 告 我 天 神 乃

bukūri alin i dade bisire bulhūri omo de abkai sargan jui ...... abkai han
布库哩 山之 麓 所有 布勒瑚里 池 天 女 子 天 汗

suweni facuhūn be safi gurun be toktobukini seme ...... mini eme abkai sarga jui, gebu
汝等　乱　　见　国　　定　　　　　　我的母　天　女子　　名

fekulen, mini hala abka ci wasika aisin gioro, gebu bukūri yongšon seme alaha
佛库伦　我的姓　天　从　降　爱新　觉罗　名　布库哩　雍顺　　　告

manggi, geren gemu ferguweme ere jui be yafahan gamara jui waka seme, juwe
后　　众　皆　惊异　此　子　　步　行　子不可　　　二

niyalmai gala be ishunde joolame jafafi galai dele tebufi boo de gamafi, ilan halai
人　手　　相互　交　　插　手上　坐　家　回　三　姓

niyalma acafi hebdeme, muse grurn de ejen ojoro be temšerengge nakaki, ere jui
人　会　议　　我等国　　主　可　相争　　　止　　子

be tukiyefi musei gurun de beile obufi beri gege be sargan buki seme gisurefi, uthai
推举我等的国　　贝勒　为　百里格格　妻与　　　云　乃

beri gebungge sargan jui be sargan bufi gurun de beile obuha, bukūri yongšon
百里名　　女子　妻　与　国　贝勒　为　布库哩雍顺

šanggiyan alin i šun dekdere ergi omohoi gebungge bigan i odoli gebungge hecen
白　山　日　浮出　方鄂谟辉　名　野　鄂多理　名　　城

de tefi facuhūn be toktobufi gurun i gebu be manju sehe, tere manju gurun i da
住　乱　　定　国　名　满洲　　此　满洲　国　始

mafa inu tereci ududu jalan oho manggi, amla banjire juse omosi gurun irgen
祖乃　从此　数　世　已　后　　后　生　子等孙等　部　属

be jobobure jakade gurun irgen gemu ubašafi ninggun biya de tehe　odoli hecen
虐　因　部　属　皆　叛　六　月　住　鄂多理　城

be kafi afafi bukūri yongšon i uksun mukūn be suntebume wara de, bukūri
围　攻　布库哩雍顺　氏　族　　灭绝　杀　布库哩

yongšon i enen fanca gebungge jui tucifi šehun bigan be burulame genere be, batai
雍顺　后裔　樊察　名　子脱　旷　野　　逃　去　　敌

coohai niyalma amcara de, emu enduri saksaha deyeme jifi, tere fanca gebungge
兵　人　追　　一　神　鹊　飞　来　樊察　名

jui ujui dele doha, amcara cooha niyalma gūnime niyalma de geli saksaha
子头　上　栖　追　兵　人　想　　人　亦　鹊

dombio, mukdehen aise seme hendume gemu amasi bederehe, tereci fanca

栖吗　枯木桩　如何　　说　　均　向后　退回　从此 樊察

guwefi tucike, tuttu ofi manju gurun i amaga jalan i juse omosi gemu saksaha be

免　出　这样　满洲　国　后　世　子等 孙等　俱　鹊

mafa seme warakū bihe...... anca amaga jalan i omolo dudu mentemu erdemungge

祖　　不杀　　樊察 后　世　孙　都督 孟特穆　智略

banjifi ini nendehe mafari be waha kimungge niyalmai juse omosi dehi niyalma be

生　其　先　祖　杀　仇　人 子等 孙等四十 人

ini mafai tehe omohoi bigan i odoli hecen ci, šun tuhere ergi de emu minggan sunja

其　祖　住 鄂谟辉 野 鄂多理 城　日　落　方　一　千　五

tanggū bai dube de suksuhu bira, hūlan hada, hetu ala gebungge ba de jalidame

百　里 底　苏克素护河　呼兰 哈达 赫图阿拉　名　处　计诱

gajifi dulin be ini mafari kimun bata seme waha, dulin be jafafi ini ahūn deo i

取　半 其　祖　仇　敌　杀　半　　取其 兄弟

boigon be jolime gaifi sindafi unggihe, tereci dudu mentemu tere hūlan hada hetu

家族　赎　取 释　遣　从此 都督 孟特穆 其 呼兰 哈达 赫图

ala i ba de uthai tehe ......①

阿拉 处　乃 居

同书满文译汉：

长白山高约二百里,周围约千里。此山之上有一潭,名闼门,周围约八十里,鸭绿、混同、爱滹三江俱从此山流出。鸭绿江自山南泻出,向西流,直入南海(今黄海);混同江(今松花江上游)自山北泻出,向北流,直入北海(今鄂霍次克海);爱滹江(今图们江)向东流,直入东海(今日本海)。……

满洲源流:满洲源起于长白山之东北布库哩山下一泊,名布勒瑚里。

---

① 满和对译本与《历朝实录》本的《满洲实录》对勘,混同江 hūntunggiyang,前者于"江"giyang 字脱一 g,和"giyan";又"小舟"weihū,前者误作"weifu"。《亚洲学论集》中引文均同前者脱误。但 dube de 译汉为"麓、底下"之意,满和对译本译成日文"先Ｌ二",误;"论集"引文译英为 at the foot,是。

初，天降三仙女，浴于泊，长名恩古伦，次名正古伦，三名佛库伦。浴毕上岸，有神鹊衔一朱果，置佛库伦衣上……遂衔口中。甫着衣，其果入腹中，即感而成孕。……佛库伦后生一男，生而能言。俟尔长成。母告子曰："天生汝，实令汝以定乱国，可往彼处，将所生缘由一一详说。"乃与一舟，"顺水去，即其地也。"言讫，忽不见。其子乘舟顺流而下，至于人居之处。登岸，折柳条为坐具，似椅形，独踞其上。彼时，长白山东南鄂谟辉（原注：地名）、鄂多理（原注：城名）内有三姓，争为雄长，终日互相杀伤。适一人来取水，见其子举止奇异，相貌非常。回至争斗之处，告众。……三姓人闻言，罢战，同众往观。及见，果非常人，异而诘之。答曰："我乃天女佛库伦所生，姓爱新（原注：汉语金也）觉罗（原注：姓也），名布库里雍顺。天降我定汝等之乱。"因将母所嘱之言详告之。众皆惊异，曰："此人不可使之徒行。"遂相插手为舆，拥捧而回。三姓人息争，共奉布库里雍顺为主，以百里女妻之。其国定号满洲。乃其始祖也（原注：南朝误名建州）。

历数世后，其子孙暴虐，部属遂叛，于六月间，将鄂多理攻破，尽杀其阖族。子孙内有一幼儿，名樊察，脱身走至旷野，后兵追之，会有一神鹊栖儿头上。追兵谓人首无栖鹊之理，疑为枯木桩，遂回。于是樊察得出。……

其孙都督孟特穆，生有智略，将杀祖仇人之子孙四十余，计诱于苏克素护河呼兰哈达（原注：山名）下赫图阿拉（原注：赫图，汉语横也；阿拉，岗也），距鄂多理西千五百余里，杀其半以雪仇；执其半以索眷族。既得，遂释之。于是孟特穆居于赫图阿拉。①

从上引《满录》满、汉文中所叙述的满族爱新觉罗氏先世有关三仙女的神话传说看，其中提到的鄂多理城内有三姓。众所公认，今天黑龙江省第一松花江边的依兰县（依兰，满语 ilan，汉语"三"的意思），旧名三姓县，即是其地。证以《龙飞御天歌》②所记："斡朵里、火儿阿、托温三城，其俗谓之移阑豆漫，犹言三万户也。"按斡朵里、鄂多理系满语 odoli 一字之同音异译，位于今依兰

---

① 《满录》中之"鄂谟辉、鄂多理"与《武录》中之"鳌莫惠、鳌朵里"，是满语"omohoi odoli"二字的同音异译；又《满录》中之"布库里雍顺"与《武录》中之"布库里英雄"亦是满语"bukūri yongšon"二字的同音异译。

② ［朝鲜］权踶：《龙飞御天歌》，朝鲜郑麟趾笺序本，第七卷，页二一下至二二上。

县牡丹江对岸马大屯①；火儿阿、虎尔哈系满语 hūrha 的同音异译，即今牡丹江；托温即桃温，今汤旺河；移阑豆漫，满语 ilan tumen，系汉语三万户之简称，即三姓或依兰。以上各地均在今依兰县境，与《满录》中之"三姓"正合。《满录》中又提到第三仙女佛库伦所生之子布库里雍顺（《武录》作布库里英雄）长大成人后，依其母所指示，从长白山北的一条小河（应即今之牡丹江），乘小舟顺流而下，直达位于今依兰县境之鄂多理城。那么，满族爱新觉罗氏先世的发祥地在长白山这一点，应该说，是完全可以肯定的了。

但成为问题的有两点：一是爱新觉罗氏先世的世系问题。在清代满、汉文和朝鲜文献记载里，满族爱新觉罗氏的先世，从清太祖努尔哈齐的父祖倒推上去：一世为布库里雍顺，二世为樊察（朝鲜人作凡察），三世为挥厚，四世为都督孟特穆（肇祖），五世为充善（一作褚宴），六世为妥罗（一作脱落），七世为福满，八世为觉昌安（明人作叫场），九世为塔克世（明人作他失），十世为努尔哈齐（明人作奴儿哈赤，朝鲜人作老乙可赤）②。如果根据朝鲜人的《龙飞御天歌》等的记载，仍以孟特穆（猛哥帖木儿）为四世的话，一世、二世失载，三世为挥厚，四世猛哥帖木儿之外尚有他的同父异母弟凡察，五世为董山（一作童仓，即充善），六世以下均同于前③。但据《满录》和《武录》中所载的神话传说，布库里雍顺是满族的始祖，应当说，就是爱新觉罗氏一支的第一个祖先即始祖；而努尔哈齐的后裔却把孟特穆追尊为肇祖，肇、始同义，一个民族不能同时有两个始祖嘛！又同书以樊察为满族始祖布库里雍顺的子孙辈，成了孟特穆之祖父，而朝鲜人记载凡察乃猛哥帖木儿的同父异母弟，为同一辈。古往今来，祖孙辈同名者容或有之，但这里记载的世系紊乱，很可能前后有颠倒，这多半是由于神话传说来源不同，所以很难将其世系统一起来。此其一。

二是满族爱新觉罗氏先世发祥地的地理位置问题。大家知道，《满录》和《武录》中有明确记载，一则云："长白山东南鄂谟辉（原注：地名）鄂多理（原

---

① 谭其骧主编：《中国历史地图集释文汇编·东北卷》，中央民族学院出版社 1988 年版，第 205 页。

② 拙辑《朝鲜〈李朝实录〉中的女真史料选编》，辽宁大学历史系 1979 年自印本，第 247—251 页。

③ 孟森：《合各纪载所详之清世系》，载《明清史讲义》下册，中华书局 1981 年版，第 371 页。又同书第 372 页有《清实录所详之世系》。两表均可参考。

注:城名)",再则又云:"赫图阿拉距鄂多理西千五百余里"①。是知《满录》和《武录》中说的鄂多理城应位于长白山东南,前面已经述及鄂多理城在今黑龙江省依兰县牡丹江对岸马大屯,乃位于长白山西北,与这里说的东南,岂不是同一个鄂多理城,它的地理位置完全颠倒了吗? 同样,《满录》和《武录》中提到赫图阿拉位于鄂多理城四千五百余里,而在今辽宁省新宾县境内的老城赫图阿拉却离位于今依兰县境内的鄂多理城东南数百里之遥,与《满录》和《武录》所记载的地理位置也完全相反。清末学者王先谦竟改"西"字为"四"字,成了赫图阿拉离鄂多理城四千五百余里②。似此遥远的地理范围内,不管东西南北,哪儿去找到这么一个定点呢? 此其二。

二、《旧满洲档》与《满录》、《武录》

乾隆年间(1776—1785 年)重修的《满文老档》中原缺的天聪七至九年三年档册,1935 年秋在内阁大库残丛废档中发现,一年一册,共有三册,正可补《满文老档》之缺。1969 年 8 月,台北"故宫博物院"首次公开出版《旧满洲档》③时,即将所缺天聪七年、八年、九年三年之档,全都收入"旧档"中。前些年,日本著名学者神田信夫、松村润、冈田英弘等特将其中天聪九年档用罗马字标注,并译成日文,分为二册,同行于世,列为《东洋文库丛刊》④之一种。最近,关嘉禄、佟永功等同志又据日本译注本,将罗马字注音还原成满文,再译成汉文的《天聪九年档》⑤公开出版。顷松村教授在其所著《论清朝开国的传说》(英文)一文中引录了《天聪九年(1635 年)档》内五月初六日的一条材料,兹节引于下:

　　初六日萨哈连乌拉方向虎尔哈部兵行大臣等彼等的被降持来头目等良人汗会见礼被降持来二千人跪叩会见那次兵被降持来穆克什喀名者告我的祖父世代布库里山麓布勒和哩湖生活我们的地方书档子无从前生活

---

　　① 《满录》,卷 1,第 10、19—20 页;《武录》,卷 1,第 1 页。

　　② 《东华续录》,上海光绪二十五年石印本,卷 1,第 1 页。蒋良骐:《东华录》,中华书局 1980 年版,第 1 页,此句删而未录,或以此不足为据耶?

　　③ 共 10 册,第 5377 页。其中有脱夺。

　　④ 《东洋文库丛刊》,第 18 种,1975 年版。

　　⑤ 《天津少数民族古籍丛书》之一种,天津古籍出版社 1987 年版。又李林同志另有《汉译满文旧档》,辽宁大学历史系 1979 年印本。

相传口说来的那布勒和哩湖天三女子恩古伦正古伦佛库伦浴来神鹊送来朱果幼女子佛库伦得口衔喉入身成布库里雍顺生其眷属满洲部是那布勒和哩湖周围百里黑龙江从一百二十三十里有我二子生后那布勒和哩湖迁去萨哈连乌拉纳尔珲名处住告那战役行功视分别大臣等被升。①

今为译汉如下：

初六日，率兵向萨哈连乌拉往征虎尔哈部之众大臣，与携来所降诸头目人等谒汗行礼……携来所降之二千人一同跪拜（于汗前）……

此次军中有携来所降之名为穆克什喀者，告云：我之父若祖，世代生活在布库哩山麓的布勒和哩湖一带。我等地方无档册。从前的生活情形全凭口头传说相传下来。在布勒和哩湖内，有三仙女恩古伦、正古伦、佛库伦来浴。一神鹊送来一朱果，为幼女佛库伦所得，衔于口内，吞之成孕，生布库里雍顺。其眷族即系满洲部（今满族是也）。布勒和哩湖周围约百里，距黑龙江有一百二三十里。我生二子后，从布勒和哩湖迁至萨哈连乌拉（附近）之名为纳尔珲的地方居焉。

此次出征，视诸大臣功（之大小），各升职有差。②

上引《旧满洲档》天聪九年（1635 年）五月初六日所记的三仙女、布库哩山、布勒和哩湖和布库里雍顺之名，与《满录》和《武录》中所载完全相同。依照松村教授所考，认为假定成书于乾隆年间的《满录》中提到的三仙女神话传说来源于天聪九年档所载穆克什喀谈的三仙女的说法，是很有道理的。并且还认为清太宗皇太极此次出征的目标是虎尔哈部，虎尔哈部正位于阿穆尔河（黑龙江）东南及以北约 100 里的地方，也正是满族聚居区、后来称为"江东六十四屯"的所在地；再证以乾隆年间据康熙《皇舆全览图》编制的《盛京吉林黑龙江等处标注战迹舆图》（俗称"十三排"）卷十四《黑龙江将军境内·山川》标有："薄科里山，城南七十五里；薄和力池，城南六十里。"因此，说位于旧黑龙江城南的薄科里山与城东南的薄和力池就是《满录》和《武录》中的布库哩

---

① 《旧满洲档》，第 9 册，第 4240—4242 页，三处"布库哩"，满文原作 bokori，而日译《天聪九年档》有两处同于《旧档》作 bokori，另一处则作 bukūri；但"论集"中引文均统一改作 bukuri，稍异。似以 bokori 为是。

② 三仙女 enggulem 恩古伦、jenggulen 正古伦、fekulen 佛库伦之名，旧译早已约定俗成，而两种汉译本，除佛库伦一名照旧外，余改作"恩库伦、哲库伦"或"曾古论"，旧译似不必再改。

山和布勒和哩湖,从薄科里与布库哩以及薄和力与布勒和哩的汉字对音考虑,没有什么不合之处。从而可以证实满族爱新觉罗氏的始祖布库里雍顺系由布库哩山而得名的说法,是可靠的。不言而喻,松村教授是认为满族爱新觉罗氏先世的发祥地在今黑龙江北岸俄罗斯阿穆尔州境内的布拉戈维申斯克(海兰泡)一带①,而不在今吉林省东的长白山一带。但今据天聪七年(1633年)九月十四日皇太极给朝鲜国王的一封信,其中提及他自己(皇太极)为大金女真人的后裔,"请择一博古者来,予将世系详为说明"②的一段话,松村教授十分谦虚谨慎地说,据此也应考虑乾隆年间成书的《太祖实录》(亦即《满录》和《武录》)中所载三仙女的神话传说表明的爱新觉罗氏努尔哈齐、皇太极一家的先世也有起源于长白山一带而为金朝女真人后裔的可能性。

三、爱新觉罗氏先世的世系问题

前面已经提及,满族爱新觉罗氏的先世,世系紊乱,前后颠倒错讹,似乎很难统一起来。其实,这是一个长期争论不休而迄今仍未解决的老大难问题。20世纪20年代初,章太炎(炳麟)先生早已明确指出:"清上世之事,以无书契,子孙弗能志,虽世系变慢也。"又说:"朱果之事,明其与金后戾;范察、董山之事,明其素居赫图阿拉也。"又说:"以明人书校清事,不得旧本,徒随清世所点窜者以为质,则亦莫能理。"末云:"清史馆协修唐邦治所辑《清室四谱》……乃以满洲得名因于李满住,充善、锡宝齐篇古二世,追王所不及、陵墓所不列者,而复因前之误,责其对音,猥令清代始封之祖移于伯兄,其说亦不为诚谛。"③章先生认为爱新觉罗氏先世的世系错乱,是由于清人无书契,没有把它们清楚地记录下来,传之后世,可以引以为据,而明人的文献得之辗转传闻,又经过清统治者的任意点窜删改,到了后世是无法将其先世的世系彻底搞得一清二楚的。因此,章先生既不同意唐邦治以汉字对音来比附满洲这一族名来

①　戴逸主编:《简明清史》第1册,人民出版社1980年版,第31页。亦云:"满族出自建州女真,它的直系祖先原居住在黑龙江北岸。"系据《满文老档》天聪八年(1634年)和日译《天聪九年档》而得出的结论,与松村教授之说合。

②　李光涛先生所著《明清档案与清代开国史料》一文中所引,与《清太宗文皇帝实录》(以下简称《文录》),《大清历朝实录》本,卷15,第21页所载系同一封信,后者似有所润色耳。

③　《清建国别记·叙》,第1—2页。

源于李满住这一人名的说法,也不同意以孟特穆与猛哥帖木儿两字对音来相比附而成为爱新觉罗氏的始祖的说法。

按《清史稿》的编纂者于《阿哈出王杲传·论》中有云:"或谓猛哥帖木儿名近肇祖(孟特穆)讳,子若孙亦相同。然清先代遘乱,幼子范察得脱,数传至肇祖,始克复仇,而猛哥帖木儿乃被戕于野人,安所谓复仇? 若以范察当凡察,凡察又猛哥帖木儿亲弟也,不得为数传之世。清自述其宗系,而明乃得之于简书。隆庆、万历间,建州诸部长未有名近兴祖(福满)者。太祖兵起,明人所论述但及景(明人作叫场,清人作觉昌安)、显(明人作他失,清人作塔克世)二祖,亦未有谓为董山裔者。"①这里很具体地指出爱新觉罗氏的先世中之肇祖孟特穆与猛哥帖木儿非一人,范察(一作樊察)与凡察亦非一人,明后期建州诸部长中又不见兴祖福满之名,从而得出结论说,如果没有当时爱新觉罗氏的世系谱牒一类之记载流传下来作为依据,是无法推断其先世的世系的。

据史载,清太祖努尔哈齐于壬子(明万历四十年,1612 年)冬十月朔,曾对乌喇贝勒布占泰指斥过:"我爱新觉罗氏由上天降生。……数世以来远近钦服,从不被辱于人。汝即不知百世之前事,岂十世以来之事亦不知耶?"②这里所说的"数世以来"之事,当然是指努尔哈齐的祖觉昌安和父塔克世两三代几十年内的事,明清人均有明确记载,是毋庸置疑的。至于两三千年前的"百世以前事",固然一时很难说清楚,不过 300 年左右的"十世以来之事",可以说清楚,是完全有可能的。而他的继承者清太宗皇太极在 20 年以后即天聪七年(1633 年)九月癸卯给朝鲜国王的一封信中,更明确提到:"若谓瓦尔喀与我非系一国,尔国有熟知典故者,可遣一人来,予将以世系明告而遣之。"③据此,再加上前面引到过的皇太极给朝鲜国王的那另一封信,可以得知,在皇太极时代,似乎确有爱新觉罗氏的"世系"一类的宗谱完好保存着,不然,皇太极不大可能如此再三言之凿凿,引以为据吧。

晚清著名学者魏默深(源)认为:从努尔哈齐生于明嘉靖三十八年(1559年)往上倒推,"溯之肇祖(孟特穆)当在明正统、景泰(1436—1456 年)之际。

① 《清史稿》第 30 册,中华书局 1977 年版,第 9128 页。
② 《高录》卷 4,第 4 页。
③ 李光涛先生所著《明清档案与清代开国史料》一文中所引,与《清太宗文皇帝实录》(《大清历朝实录》本,卷 15,第 21 页)所载为同一封信,后者似有所润色耳。

由肇祖而上至长白发祥之始祖（布库里雍顺），当在辽、金末造矣"。附注指明："天女所生始祖，传数世而遭难，又数世而肇祖生，当不过十世内外。太祖责乌拉贝勒布占泰曰……（已见前引）。此世数不远之明证。"①是知从努尔哈齐倒推十世到始祖布库里雍顺为止，当在元末明初之际而不是在"辽、金末造"，方合"十世内外"之数（详下），亦即为孟心史（森）所著"清世系"之所本②。

我同意满族爱新觉罗氏之始祖布库里雍顺即猛哥帖木儿与肇祖孟特穆为一人的说法③。这不仅仅是因为猛哥帖木儿 monge temur 与孟特穆 mentemu 二字的对音完全相通，而且还因为从时间上推算也完全相吻合。

大家都知道，《满录》与《武录》中记载的三仙女虽然是一个富有浓厚神秘色彩的神话传说，但它却如实地反映出了满族作为一个刚刚兴起的民族族源中最早发生的一些客观事实。我们当然不能完全相信三仙女神话传说中所提到的每一个具体人物和每一个具体事件都确是真人真事，但作为满族族源的三仙女神话传说中所反映出来的时间、人物和地点，应该说，都是基本上符合历史事实的。关于地点问题，留待下一节再详细谈，这里先就时间和人物两个问题谈一下。

第一，时间问题。正如努尔哈齐自己所说的，爱新觉罗氏是由上天所降，不过十世内外。根据《说文》"三十年为一世"的解释，十世应为三百年，十世内外自然是三百年左右，正好是在元末明初之际，再从努尔哈齐于 1612 年对布占泰说话时算起，倒推三百年，则为 1312 年即元仁宗皇庆元年，也是在元朝后期而不是在元初，不是像前面引的魏源所说"在辽、金末造"了。如果再证以元初在第一松花江南北两岸所设置的五个军民万户府，到元末只剩下了三个万户府，与《龙飞御天歌》中所说的"衣兰豆漫"，猛哥帖木儿是三个万户中的一个，在时间上亦正相合。因此，说满族爱新觉罗氏一族的始祖布库里雍顺出生、成长于元末明初之际，虽不中亦不远矣。

第二，人物问题。努尔哈齐既然说他自己的爱新觉罗氏为上天所降，如前

① 《圣武记》上册，中华书局 1984 年版，第 2 页。

② 孟森：《合各纪载所详之清世系》，载《明清史讲义》下册，中华书局 1981 年版，第 371 页。又同书第 372 页有《清实录所详之世系》。两表均可参考。

③ 参见 Arthur W.Hummel, *Eminent Chinese of the Ch'ing Period*（恒慕义：《清代名人传略》，美国华盛顿 1943 年版，上册，第 595 页）。

所引,则爱新觉罗氏乃是自古所无的一个新的女真姓氏,显然不是金朝皇室完颜氏的直系嫡族的一支,那么,天女所生之子布库里雍顺自云姓爱新(金)觉罗,其为金朝女真人一支的后裔则无疑。① 如果说历史上出现过的有名有姓的猛哥帖木儿(本姓夹温氏,汉姓冠童或佟)之被任命为斡朵怜万户是在明洪武中期而不在元末,这与前引努尔哈齐所说"不过十世内外"的话,亦无不合。史载,猛哥帖木儿死于明宣德七年(1432年),生年莫考。假定猛哥帖木儿活到六十岁的话,则他的生年应为明洪武五年(1372年)。又据《高丽史》云:"太祖四年(明洪武二十五年,1392年)三月庚子,斡都里、兀良哈诸酋长皆授万户、千户、百户等职有差。"②则知猛哥帖木儿于迁入朝鲜国以前,已被明授为斡朵怜万户,所以朝鲜国王仍授以万户之职,大致猛哥帖木儿受明封为万户在洪武十五、十六年,是他还是十来岁少年的时候③。何况"十世内外"三百年左右的话,只不过举其成数而言,早几年晚几年关系并不大。那么,三仙女神话传说中的布库里雍顺其人出生在元末明初之际布库哩山一带,布库里雍顺作为满族爱新觉罗氏的始祖,舍历史上有姓有名可考的猛哥帖木儿(孟特穆)莫属。

从上述分析证明,《满录》与《武录》中记载的满族爱新觉罗氏的始祖布库里雍顺,即《明实录》和朝鲜《李朝实录》中的建州左卫都指挥使或斡都里万户的猛哥帖木儿,亦即清肇祖孟特穆。两人实为一人,不能于肇祖之外又别有始祖一人,实则布库里雍顺不过成为猛哥帖木儿(孟特穆)神话化了的人物罢了④。如果说猛哥帖木儿为第一世,凡察为猛哥帖木儿的同父异母弟,当同为一世:《满录》和《武录》中所说的自始祖布库里雍顺历数世后,子孙内有一幼儿名樊察者,遭乱脱身走。樊察应是凡察,与历史上记载的凡察当其兄猛哥帖木儿被七姓野人杨木答兀所杀,全家屠戮殆尽,只凡察与兄子董山幸免于难,⑤基本相符。而其世系颠倒错乱,是显而易见的,不必一一刻舟求剑了。

---

① 《李朝实录》载斡朵里人自称:"大金乃我远祖",朝鲜人也认为:"斡朵里乃大金支裔"。爱新觉罗氏虽不是金朝完颜氏的直系子孙,但仍不失为金朝女真的一支后裔。参见董万仑:《东北史纲要》,黑龙江人民出版社1987年版,第347页。

② [朝鲜]郑麟趾:《高丽史》第1册,1958年刊本,第695页。

③ 猛哥帖木儿自云:"我等顺事朝鲜二十余年矣。"(《女真史料选编》第5页引)时在明永乐三年(1405年),依此倒推二十余年,当在明洪武十五、十六年(1382—1383年)。

④ 布库里雍顺一作布库里英雄,满语原文为bukūri yongšon。我们知道bukūri(bohori)有可能指山(长白山)而言,因疑yongšon乃yongkembi和šun的连体,系日光透染或即生于东方之意。

⑤ 《女真史料选编》,第71页引。

今重为编次其世系如下:始祖布库里雍顺即猛哥帖木儿(孟特穆)为第一世;董山(一作充善)于明正统七年(1442年)领建州左卫都指挥使为第二世;充善第三子锡宝齐篇古(一作石豹奇)为第三世;都督福满为第四世;疑第五、六、七三世失载;觉昌安为第八世;塔克世为第九世;努尔哈齐为第十世。不难看出,猛哥帖木儿和子董山、孙石豹奇为三世,与努尔哈齐及其父塔克世和祖觉昌安共为三世,前后共六世,均班班可考①。当中四世,如四世福满不误,则四世以下五世、六世、七世必有阙文,否则从四世起亦必有误,今以董山于1442年领建州左卫算起,历时120年至努尔哈齐之生年(1559年),约当觉昌安、塔克世时,其间应有四世,正当正统、嘉靖间②,诸酋长之名无考,似必有脱文,殆无从证实耳。然则布库里雍顺为满族爱新觉罗氏先世的始祖即元末明初建州左卫的第一任都指挥使猛哥帖木儿(孟特穆),是努尔哈齐的十世祖而不是六世祖。③

四、满族先世的发祥地问题

满族爱新觉罗氏一支族源的神话传说中所反映出来的时间、人物和地点三点,其中的前两点,已论列如前;兹对最后一点地点即满族先世的发祥地问题,试作进一步的探讨和论证。

前面引过并提出过天聪九年(1635年)虎尔哈部人穆克什喀关于三仙女神话传说中有布库哩山和布勒和哩湖均位于黑龙江北岸,应是满族先世的发祥地的看法,有根有据,不能说是没有说服力的。但同时也没有否认过,如果爱新觉罗氏一支是金朝女真人另一支的后裔的话,那么,满族先世的发祥地也有可能是在长白山一带。学术问题讨论不厌其详,历史事实也就愈辨愈明了。

拿长白山来说,在《满录》和《武录》中所载三仙女的神话传说里,都明确记载了长白山的地理位置及其高度和周围里数,但在《天聪九年档》中却只字

---

① 参见《东北史纲要》,第400页。

② 努尔哈齐生于明嘉靖三十八年(1559年),正当其祖觉昌安与父塔克世之世,则前此一百二十年间合有四世,盖有阙文。查《八旗满洲氏族通谱》(沈阳沈阳书社1989年影印本)第46页有云:"石国桂,正白旗人,世居苏完地方,本姓瓜尔佳。其曾祖卜哈,仕明为建州左卫都指挥金事,祖阿尔松噶,嘉靖时仍居前官。"不知苏完瓜尔佳石氏与爱新觉罗有何关系。待考。

③ 《清始祖布库里英雄考》以孟特穆为六世祖,载《明清史论著集刊续编》,第69页。

没有提及。如果前面引文所考三仙女的神话传说是《满录》本较《天聪九年档》可靠的话,则长白山本无其地,乃是《满录》的编纂者附会加上去的。然而不好理解的是,《满录》成书虽晚,但广为流传的神话传说,一般不会无中生有,作过多的改动的,因为说话人到处都还健在,是瞒不过明眼人的。因此,我倒相信《满录》的编纂者一定另有所本,有比《天聪九年档》更翔实的旧档资料作为依据才被记录下来的。不然的话,《天聪九年档》所记穆克什喀的谈话,不是记载有脱漏,就是谈话内容不够全面,二者必居其一。

再说虎尔哈部人。众所周知,清初有黑龙江虎尔哈部、东海虎尔哈部、松花江或牡丹江虎尔哈部三种。但有一点是清楚的,虎尔哈是由唐时的忽汗河而得名,忽汗与虎尔哈是一字的同音异译,忽汗河即今牡丹江①。查前引的《天聪九年档》一开头:sahaliyan ulai ergi hūrga gurun de cooha genehe ambasa,译汉为:"率兵向萨哈连乌拉往征虎尔哈部之诸大臣"。而《清太宗文皇帝实录》作:"出征黑龙江虎尔哈部落诸臣。"其中"诸大臣"或"诸臣"均指霸奇兰和萨穆什喀②而言。又"萨哈连乌拉"在一般情况下译作"黑龙江",固无不可;但从整句考虑,《文录》究不如"九年档"的原文清晰明确。一则"九年档"中的这条材料里面同时出现"萨哈连乌拉"两次,"黑龙江"一次,而《文录》均作"黑龙江",如果萨哈连乌拉与黑龙江为同一条江,一般是不会一地而异其称的③。二则"九年档"中明云:"向萨哈连乌拉往征虎尔哈部",其中"向"字原系满文 ergi,是副词,很重要,是指"出征"的"方向"而言。当时出征虎尔哈部系从盛京(今沈阳市)往北向萨哈连乌拉的方向而行,而《文录》省掉 ergi 不译,直作"出征黑龙江虎尔哈部",岂不是把虎尔哈部变成了黑龙江流域所属的一个部落,而把原来的满文副词 ergi 变成了满文所属格 ni 了吗?两者的区别是不能混淆的。

再证以同年早一个月即天聪九年四月癸巳霸奇兰、萨穆什喀等出征瓦尔喀④,瓦尔喀位于乌苏里江流域。看来,同是霸奇兰、萨穆什喀两个人,不大可能在二十天以内,在当时交通不便条件下,往返奔驰于好几百里、上千里距离的乌苏里

① 《释文汇编·东北卷》,第 129 页;《虎尔哈部》一文,载《博物馆研究》1990 年第 4 期。

② 《文录》卷 23,第 23、29 页。

③ 参见孟森:《萨哈连非黑龙江考》,载《明清史论著集刊》下册,中华书局 1984 年版,第 380—385 页。

④ 《文录》卷 23,第 7 页。

江与黑龙江之间,何况还要跨过黑龙江呢! 如果我的估计不错的话,虎尔哈部应该就位于牡丹江一带,因为牡丹江离乌苏里江不算太远,往返也比较近,往征虎尔哈部正是处在由沈阳向北去黑龙江的途中,其里望方位都十分相合。至于说黑龙江虎尔哈部人,黑龙江方面也一定会有,那是另一回事,不在这里讨论。

前面已提及以布库哩山和布勒和哩湖与乾隆年间编制的《盛京吉林黑龙江等处标注战迹舆图》上的薄科里山和薄和力池相印证,证明山和湖都位于黑龙江北岸 120—130 里的地方。从地名对音看,没有不合。今检《十三排》,博尔和里鄂谟(鄂谟,满语 omo,汉译"池、湖")位于萨哈连乌拉和屯(和屯,满语 hoton,译汉为"城")东、艾辉和屯(旧黑龙江城)东①;博科里必拉位于博科里阿林(阿林,满语 alin,译汉为"山")之东,萨哈连乌拉站之东南②,在黑龙江南。山在江南,湖在江北,其地理位置与"九年档"中所述,似不甚相符。我个人认为,长白山是一个重要条件,如果否认不了《满录》和《武录》所载三仙女的神话传说有可能另有所本,并不是据"九年档"任意点窜增删而成的话,长白山附近不也同样可以有布库哩山和布勒和哩湖吗?③ 镜泊湖正好位于长白山东北方,与《满录》和《武录》所记的里望方位及湖周围里数大致相合。如果假定镜泊湖相当于布勒和哩的话,我看布库哩也有可能即指长白山而言。那么,镜泊湖源头所从出的长白山,不正好相当于布山吗?④

如前所述,鄂多理位于今吉林省依兰县牡丹江对岸马大屯,正在长白山西

---

① 六排东一。

② 七排东一。安薄尔和里鄂谟与薄科里阿林均不见屠寄所绘制之《黑龙江舆图》(《辽海丛书》附册)第 33 图。

③ 近董万仑同志认为布勒和哩与满语 buleku 一字音近,而 bulekuri 是由满语动词 bulekumbi 加上地名词尾-ri 相结合而成的。满语 buleku 译汉意为"镜子",bulekuri 则可译汉而为"镜湖"或"镜泊",就是今天的镜泊湖。见《东北史纲要》第 345—346 页。按 bulekuri 一字的组成,不合满语语法,似很难成立。

④ 李治亭等同志于 1982 年夏间赴长白山地区进行了一次实地历史考察,写了一篇《一幅壮丽的历史画卷——长白山地区明清史迹考察》文章(刊入《学术研究丛刊》1984 年第 1 期),认为神话传说中三仙女的浴池不在长白山巅的"闼门",而在长白山之东数十里的园池,园池周围生长的"朱果",也为这个神话传说提供了具体条件。但据《天聪九年档》中记载穆克什喀讲述三仙女神话传说的故事,又肯定满族先世的故乡是在黑龙江城(瑷珲)以北沿江一带。文章最后说,清朝的先人崛起于白山黑水之间,按源流来考察,女真(满族)的先世的故乡是在黑龙江,布库里山(布库哩)与布尔湖里(布勒和哩)湖原封不动地被挪到了长白山之东的园池,实际是本民族与本家族的两个故乡的有机结合。所见颇能言之成理,亦足以备一家之说。

北;而《满录》和《武录》所记的鄂多理城却在长白山东南,里望方位彼此相反,是一个不好解答的问题。如果从不同时间、地点和条件来加以思考的话,这一问题也是不难解决的。不错,金末元初之际,《龙飞御天歌》所记五万户中的斡朵里(鄂多理),在今黑龙江省依兰县境,是历史事实;可是到了元末明初之际,猛哥帖木儿一族辗转播迁,于明洪武十五、十六年(1382—1383年)定居于朝鲜国东北境咸镜道的阿木河(一作斡木河)一带①,不也是历史事实吗? 而且,迁入朝鲜国境内的斡朵里(朝鲜人作吾都里),成了猛哥帖木儿这一支的他称或自称。《满录》和《武录》记载的鄂多理(鳌朵里),正是从原来位于依兰县境内的斡朵怜迁徙到了朝鲜国东北境之后的斡朵里,因此,斡朵里不得不从原来位于长白山西北搬到了长白山东南,其地理位置与两录所记载的完全一致起来。另一点值得注意的是,两录中提到的鄂多理(鳌朵里)城所在地,名叫鄂谟辉(鳌莫惠)的地名,日本学者内藤虎次郎早已指出过,它就是朝鲜国东北境会宁的斡木河(阿木河),两字对音与地理位置亦无一不合。这也正是两录中所记的鄂多理(鳌朵里)城位于长白山东南的一个强有力的佐证。另外,本文一开始提到的赫图阿拉的地理方位问题,现在我们既然知道鄂多理是在朝鲜国东北境,位于长白山的东南,那么《满录》和《武录》中所说的赫图阿拉,不也正是离位于朝鲜国东北的会宁斡木河(阿木河)的吾都里(鄂多理)之"西千五百余里"了吗?

最后还有一个三姓问题。两录中的三姓是元末明初之际在今黑龙江省依兰县所设三万户的简称。猛哥帖木儿一支既东南迁居到朝鲜国东北境之后,猛哥帖木儿虽也曾被朝鲜朝廷授封为斡朵里万户,但已非往年三万户之一的斡朵怜万户可比,三万户只有其一,那么,三姓又作何解释呢? 不错,猛哥帖木儿南迁之后,虽然再也没有同时授封三万户之事,但必须指出,三姓的内涵,两者有所不同。两录中提到"三姓"只有一处,而提到"三姓人"的有两处。今检《满录》原文:"三姓人"作 ilan halai niyalma,"三姓"则作 ilan halai niyalma gurun,译汉应为"三姓的人"或"三姓人国"或"三姓部落",与位于依兰县境有三万户(依兰豆漫 ilan tumen)简称"三姓"的原来含义完全不是一回事了。从历

① 《东北史纲要》第354页说猛哥帖木儿定居于朝鲜国东北边庆源咸镜城一带的阿木河,一作吾音会,今会宁,在明洪武十几年。与我推算的大致相符。参见董万仑:《建州女真定居阿木河研究》,《黑龙江民族丛刊》1990年第3期。

史上看,金末元初之际长白山东有"女真三十姓部落"①,到元末明初之际,朝鲜文献中还记载有三姓、五姓、七姓等名称,猛哥帖木儿一家老小被七姓野人杀戮殆尽,即其明证。那么,两录中记载的三姓人或三姓部落已经不是元初设置三万户府的原来含义,而是元末明初之际朝鲜国东北境内东女真内部分合嬗变情况的一些如实反映。

综括起来说,从上述分析考订,不难看出,满族爱新觉罗氏先世是以长白山为中心而展开活动的。在元末明初女真遗民猛哥帖木儿一支东迁朝鲜国东北境以前,猛哥帖木儿的先辈在金末元初之际是属于位于今黑龙江省依兰县境有三万户中的一个斡朵里万户,后来猛哥帖木儿本人也被明廷授为建州左卫都指挥使,原本世代居住在依兰县境之内;稍后东南迁徙到朝鲜国东北境内,又被朝鲜国王授为斡朵里万户,就长期居住在阿木河(一作斡木河)一带吾都里地方。斡朵里(吾都里)成了东女真猛哥帖木儿这一支的他称和自称。显而易见,朝鲜国东北境咸镜道内的阿木河(斡木河)和斡朵里(吾都里)以及我国辽宁省新宾满族自治县境内的赫图阿拉的地理位置,与《满录》和《武录》中所记载的鄂谟辉(鳌莫惠)和鄂多理(鳌朵里)及赫图阿拉莫不一一吻合。加之,以镜泊湖相当于布勒和哩湖和以长白山相当于布库哩山来相印证,那么,我们可以说,满族爱新觉罗氏先世的发祥地是在长白山一带而不是在黑龙江北岸,这是有一定道理的。②

---

① 《高丽史》,第55页,显宗三年春二月甲辰。
② 我于1984年夏间去东北各地考察,撰有《东北考察记》,《历史地理》1987年第5期。《东北考察记》中提及在黑河市瑷珲镇访问时,每当我们问到满族发祥地在江北有无什么传说时,年逾七八十高龄的好几位男女满族老人都茫然一无知所。如果不是由于满族先世的年代久远,子孙数典忘祖的话,满族发祥地在黑龙江北岸的说法,是很值得怀疑的。

满族在努尔哈齐时代的社会经济形态

一、序 言

目前我国史学界存在着一个亟须解决而又一时不容易解决的问题,即对国内各个兄弟民族在历史上所处的社会发展阶段如何划分的问题。这一问题之所以重要是因为:一方面,自中华人民共和国成立以来,我国各兄弟民族进入了一个新的历史时期,即在祖国民族大家庭内平等团结,向社会主义过渡的时期,因而在各个自治区或民族地区的一切措施和工作中,必须充分估计到各个兄弟民族的社会特点和当前存在的历史特点;另一方面,在解放了的新中国,各族人民在党和毛主席的领导教育下,已经友爱、互助、团结成为"谁也离不了谁"的密不可分的亲密关系——民族大家庭。可是,过去所有兄弟民族在历史上确曾错误地被贬为"夷、狄、戎、蛮"而列入"四夷传"之中。今天如果不对各个兄弟民族在历史上某一时期的社会经济结构做出具体研究的分析和说明,而只是笼笼统统地将他们都说成是某个同一的社会形态,显然也不解决任何问题。因此,对各兄弟民族在历史上某一时期的社会经济形态进行个别的具体的研究和分析,成为今天一个十分重要而又迫切的课题,有它的现实意义。

关于满族在努尔哈齐时代的社会经济形态问题,近年来有些史学家认为是处在氏族社会末期的家长奴役制阶段①,他们指出当时满族的"基本经济生

---

① 尚钺主编:《中国历史纲要》,人民出版社 1954 年版,第 358 页,小注中说:"当努尔哈齐兴起时,满洲族正处于氏族社会末期。"而在他所著的《清代前期中国社会之停滞、变化和发展》(《教学与研究》1955 年第 6 期)一文中,也说:满洲族"未经过奴隶制阶段,即由原始公社转入到封建社会"(第 29 页)。又张维华教授《满洲未统治中国前的社会形态》(《文史哲》1954 年第 10 期)的专篇论文,其结论也是:"进入到满洲历史范围的满洲社会,一般地说,在奴隶使用上,只发展到家长奴役制的阶段,即奴隶使用仅是起着助手的作用。"(第 44 页)

活还是渔猎"①,或者说它"很早就进入一种农业、畜牧、采猎、混杂交错的生产"②。到底是否如此? 这是有待大家来反复商讨辩论和再进一步深入分析研究的一个问题。不可否认,当满族既进入到辽河平原后,在进步的汉族、蒙古族和朝鲜的封建国家影响之下,特别是在进入到广大汉族人民居住的高度农业化的辽沈地区以后,对于它从一个社会形态过渡到另一个社会形态是具有十分重要的促进作用的。但是,外因必须通过内因才起作用,这是一切人类社会发展的总规律,抹煞一切外来的因素固然不对,忽略了它本身的内在因素同样也是不正确的。那么,当时满族社会可以不可以不经过奴隶占有制而飞跃地转入封建制社会呢?

根据恩格斯关于社会发展规律的理论:"最初的大规模的社会分工,随着劳动生产率的提高,从而随着财富的增加,以及随着生产活动场所的扩大,在特定的历史条件的总和之下,必然地引起了奴隶制。"③满族社会的确也并不例外。因为,从作者目前所掌握的材料来考察,大约在 16 世纪 70 年代到 17 世纪 20 年代(1577—1627 年)的 50 年间,即在努尔哈齐(nurhaci)进入辽河平原的初期,满族的当时社会发展的内在因素确是曾经经历过奴隶占有制这一阶段。下面我们便就这个时期满族奴隶制形成的物质基础和阶级结构各方面进行具体的分析和研究。

二、满族出现前的情况

要了解满族出现前的情况,首先必须对满族和它的前身女真族的关系加以说明。众所周知,满族原来是属于女真系统中的一个部落。可是,女真的范围很广,在中国历史上出现过由女真人建立的地跨华北平原、历时一百二十年的金王朝;金亡之后,东北地区的女真部落,归蒙古统治者统治一百余年;元亡以后,又归明统治者统治达二百五六十年之久。如此说来,是不是所有这些女真集团都是后来的满族呢? 他们彼此之间的关系究竟怎样呢?

应该指出,女真族诚然是后来满族的前身,但这并不等于说在明以前的所有女真集团都属于后来的满族,因为属于女真系统范围以内的部落很多,满族只不过

---

① 《教学与研究》1955 年第 6 期,第 28 页。
② 《文史哲》1954 年第 10 期,第 39 页。
③ 恩格斯:《家庭、私有制和国家的起源》,人民出版社 1955 年版,第 155 页。

是其中的一个而已。历史事实证明,以完颜氏一族为首的金王朝虽然灭亡了,但是已经进入华北平原和居住在辽河平原的一些女真人民,并没有全部退回到他们很早很早以前曾经居住过的东北边远的水滨和山岳地带去。他们在金亡之后,绝大部分落户在汉人居住地区而不再重返他们的故乡了。显而易见,所谓明末的满族并不是指留住在华北与辽河平原的已经失去原有特点的这一部分女真人,它所指的是远处在东北边境上"却又向前发展"起来的另一部分女真人。

作为向前发展的一部分女真人满族来说,无疑应该是以清帝国的奠基人努尔哈齐所属的爱新觉罗氏(aisin gioro)一族的兴起作为它的起点。关于爱新觉罗氏一族的兴起,撇开它的始祖布库里雍顺(bukūri yongšon)为神女所生的神话部分不谈外,其有历史可考,实自猛哥帖木儿(mengge temur)始。第一,《朝鲜实录》中的猛哥帖木儿①即是《满洲实录》中的孟特穆(mentemur)②,孟特穆为努尔哈齐的六世祖。第二,猛哥帖木儿是"建州左卫"的创始人,在《朝鲜实录》③和《明实录》④中是有明文记载的;而努尔哈齐在 1596 年(明万历二十四年)给朝鲜国王的回帖,用的就是"建州左卫"的印信,见于当时朝鲜使者的目击者的记述⑤。第三,16 世纪下半期努尔哈齐兴起的所在地赫图阿拉(hetu ala)人口是由黑龙江省的依兰一带的老家迁徙而来,在《朝鲜实录》和《明实录》中的记载,亦均斑斑可考:猛哥帖木儿原来是住在依兰一带的"依兰豆漫"(ilan tumen)⑥,即"三万户"中的一个"万户",曾于 1372 年(明洪武五年)一度迁入朝鲜东北部的庆源、镜城地方⑦。到 1405—1406 年间(明永乐三、四年间)才入"朝"于明,被封为"建州卫都指挥使"⑧,建州卫就在今吉林

---

① 孟森:《明元清系通纪》(以下简称《通纪》),北京大学 1934 年铅印本,卷一,页七下、八上及一七上引。

② [日]今西春秋:《满和对译满洲实录》(以下简称《满洲实录》),"日满文化协会"1938 年刊本,第 6—7 页。

③ 《通纪》卷一,页二四下引。

④ 《明太宗永乐实录》,影印江苏国学图书馆传抄本,卷一○○,页七上。

⑤ 《兴京二道河子旧老城》,伪满洲建国大学刊本,以下简称《旧老城》,页九九。

⑥ 《朝鲜实录》(《通纪》卷一,页六上下引)云:"如女真即斡朵里豆漫火温猛哥帖木儿,火儿阿豆漫古论阿哈出,托温豆漫高卜儿阀。"又《龙飞御天歌》注(日本矢野仁一《满洲史》页四四二引)云:"斡朵里、火儿阿、托温三城,其俗谓之移兰豆漫,犹言三万户也。盖以万户三人分领其地,故名之。"可以为证。

⑦ 《通纪》卷一,页三三下至三四上引《朝鲜实录》。

⑧ 《通纪》卷一,页二四下引。

省的珲春与朝鲜交界的会宁一带。这时候,他们的人数将近一万①。不久以后,因为要想避免朝鲜的复仇以及蒙古的向东发展等种种原因,以猛哥帖木儿为首的一部分人(约千余户)南迁到辉发江上游的凤州,几经转徙,回到了朝鲜东北部的阿木河一带②。与此同时,以李满住为首的另一部分人(约千余户)先搬到了婆猪江③即佟佳江附近,最后在1438年(明正统三年)才在浑河上游苏子河畔灶突山东南的赫图阿拉(今辽宁省新宾县附近)定居下来④。在这以后不久,即1440年,这时猛哥帖木儿已死⑤,由凡察(猛哥的弟弟)和童仓(猛哥的次子)分别率领着共五百余户的"家属"从朝鲜境内跋涉来到赫图阿拉,与李满住所领导的一千余户"完聚"在一起了⑥。

从上面的事实我们可以看出,在漫长的两个世纪之中,原先在蒙古统治者统治下受过"万户"封号的居住在当时辽远的依兰地方的这一女真集团,由于几经迁徙,先去朝鲜,后回中国,不能不受到各方面外来的影响。所以,他们本来以"打围放牧各安生业"⑦的渔猎、畜牧经济为主要生产部门,到朝鲜以后,也就兼营农耕生活了。这在《朝鲜实录》中有明确的记载。

女真披发之俗,(到朝鲜后)尽袭冠带……与(朝鲜)国人相婚,服役纳赋,无异于编户,且耻役于(女真)酋长,皆愿为(朝鲜)国民。

童仓(后为建州左卫都督同知)曾说:"我辈与(朝鲜)会宁人并耕而食,若会宁人夺我旧田,后虽与争,亦无及矣。"

朝鲜人杨熙止也说:"野人(泛指女真人而言)惟知射猎,本不事耕稼。闻近年(1492年)以来,颇业耕农,其农器皆出于我国(朝鲜)。"⑧

特别是定居在明边缘上的赫图阿拉以后,他们与广大的汉族人民发生了经济上和文化上的日益密切的相互联系。有事实为证:

---

① 《通纪》卷一,页六七上下、六九下引。
② 《通纪》卷一,页六七上下、六九下引。
③ 《通纪》卷一,页七六上引。
④ 《明英宗正统实录》卷四三,页七下至八上。
⑤ 猛哥帖木儿死于1433年,见《明宣宗宣德实录》卷一一〇,页四上及《朝鲜实录》,《通纪》卷三,页六三下引。
⑥ 《通纪》卷四,页八七下、八八下、九〇上引《朝鲜实录》。而童仓在《明英宗正统实录》卷七三,页一一上下、一二上作"董山"。
⑦ 《通纪》卷一,页九下引《朝鲜实录》。
⑧ 《通纪》卷一,页六下引,卷四,页六一下至六二上引,卷一三,页一二上下引。

李"满住自移浑河(赫图阿拉)之后……其管下人,或持土物,往来开原,买卖觅粮;或往辽东,取保居住;或买粮米酱;如此者络绎不绝"①。

明统治者方面也在凡察迁到赫图阿拉以后的第三年,即 1442 年(明正统七年)曾"敕凡察曰:……所缺耕牛农器,准令如旧更易应用"②。

明的"礼部"衙门于 1459 年(明天顺三年)也曾奏请:"建州等卫野人头目,乞于沿途买牛,带回耕种。"得到了明英宗的采纳③。

到努尔哈齐兴起之际,即以 1612 年(明万历四十年)为例,建州等卫和他们的邻居们到明的首都北京去"朝贡"的,"先后辐辏,计九百人。……(回时)行李多至千柜,少亦数百,恣买违禁货物,迁延旬月不回。宴赏,程廪、车马之数,费以数万。"④

所有这些,都对这一女真集团的满族社会的向前发展,毫无疑义地曾经起过很大的推进作用。因此,到了 16 世纪的下半期,在努尔哈齐兴起之际的满族社会已经进入到相当高的程度的发展阶段,并不是一件偶然的事情。

三、奴隶制形成的物质基础

努尔哈齐所领导的满族,当 16 世纪 70 年代到 17 世纪 20 年代(1577—1627 年)的 50 年内,分布于辽宁省东南与朝鲜交界的鸭绿江边一带,人口由大约十余万增至四五十万左右⑤,居住地区由九百五十余里扩展到四千里⑥

① 《通纪》卷四,页五九下引。
② 《明英宗正统实录》卷八七,页七下。
③ 《明英宗天顺实录》卷三〇〇,页七上。
④ 《明神宗万历实录》卷四九四,页六上。
⑤ 据《旧老城》第 83—88 页申忠一于 1596 年沿途所见的"胡家",统计共一、二七三坐,加上"内城中胡家百余,外城中胡家才三百余,外城外四面胡家四百余"的八百余家,两者合计,凡二千余家。家以五口计,在一万人以上。此仅系申忠一沿途所目见者,其所未见,当不止此数。又据《筹辽硕画》(北京图书馆善本丛书本)卷首页二上程令名"东夷奴儿哈赤考"有云:"门外见居人家约二万余户。"户以五口计,已在十万人以上了。至 1621 年另一目击者则云:"一柳累(即牛录)所属三百名,或云多寡不均,共通三百六十柳累云",小注亦云:努尔哈齐的兵数"前日长甲八万余骑,步卒六万余名;今则长甲军十万余骑,短甲军亦不下其数云",见《建州闻见录》,转抄北京大学图书馆所藏《栅中日录》传抄本,页二上。是知 1621 年的兵数至少为二十万,再加上妇女老少,全人数当在四五十万。
⑥ 《旧老城》,第 98 页;《明神宗万历实录》卷五六九,页五上。

左右,其中以旧老城、赫图阿拉为其中心聚居区。

旧老城建于 1587 年(明万历十五年),位于浑河支流之一的苏子河上游赫图阿拉东南名叫二道河子的村落附近①。苏子河发源于长白山之西,西流至今抚顺东的营盘地方与浑河合流。在这合流地点以东都是些重叠连绵的山岳地区。苏子河即从这些山谷里缓慢地流奔出来,形成了一块宽敞平坦的大平野,但在赫图阿拉附近就是其中最大的土地肥沃的浑河平原②。从 15 世纪 40 年代起,作为向前发展的一部分女真人,长期就在这里生活着发展着,努尔哈齐作为满族的缔造者,即肇兴于此。

首先,以努尔哈齐为首的满族社会,无可置疑地是以农业为主、畜牧为副的农业经济社会。在农业方面由于耕作技术的不断提高和生产工具的不断改进,土地虽然膏瘠不一,旱田多于水田,农作物一般每年仅能收获一次,但大部分耕地的收获量已经达到了相当高的水平。

根据 1596 年(明万历二十四年)去过旧老城的朝鲜使臣申忠一的目击者的记述③,当时在努尔哈齐的势力下,从蔓遮川(佟佳江的支流新开河)经婆猪江(即佟佳江)至于诸川(佟佳江的支流富尔江),从林古打川(即苏子河)的上游到小星川(即索尔科河)这一带地方,可以看出:

　　无墅不垦,至于山上,亦多开垦。

　　田地品膏,则粟一斗落种,可获八九石,瘠则仅收一石。

　　秋收后,不即输入,埋置于田头。至冰冻后,以所乙(疑系藏字)外输入。④

过了二十三年,在 1619 年(明万历四十七年),另一目击者而且在赫图阿拉被拘留过一年多的朝鲜人李民寏亦有同样的记载:

　　土地肥饶,禾谷甚茂,旱田诸种,无不有之。绝无水田,只种山稻。

---

　　① 《清太祖高皇帝实录》(以下简称《太录》),《大清历朝实录》本,卷二,页六上;《皇清开国方略》,广百宋齐本,卷二,页一上。参见《旧老城》第 4—5 页。

　　② 《旧老城》序,第 3 页。

　　③ 申忠一书启及图录原文,影印于《旧老城》第 80—81 页之间,又第 81—110 页为"写定申忠一图录本文"。另有朝鲜铜字单行本《建州纪程图记解说》,《清芬室丛刊》第一,不分卷,凡 32 页。

　　④ 《旧老城》,第 83、103 页。参见[日]周藤吉之:《清代满洲土地政策的研究》,河出书房本,第 39 页。

秋后,掘窖以藏,渐次出食,故日暖便有腐臭。①

特别值得指出的是,从1573年(明万历元年)起,由明统治者经营了三四十年之久的"山林丛密"、"土地膏腴"、"延袤八百里"的已经"开垦耕种"起来的宽甸等六堡②,到1609年(明万历三十七年)作为满族的领导者努尔哈齐,在无能的明的边疆大臣赵楫、李成梁的自动放弃和退却下,很容易地把它接收过来③。因而到1615年(明万历四十三年)时,努尔哈齐与明统治者所争的"耕种之地"已经不再是宽甸等六堡而是更向西发展,紧靠着广大汉族人民居住的高度农业化的辽河平原的柴河、抚安、三岔儿三堡了④。与此同时,在征服乌拉、辉发和哈达三个部落以后,在西北方开原附近,一批一批的满人和汉人被"群驱耕牧,罄垦猛酋(即哈达的原有首领蒙格布禄)旧地",不能不震惊了明的"开原边垒"⑤。

不到四五年,在给明统治者所发动的企图扑灭整个满族的"萨尔浒之役"的大举进攻以歼灭性的回击后,努尔哈齐即以胜利者的姿态很迅速地反守为攻,在1617年夺取了开原、铁岭⑥,在1621年(明天启元年)攻下了沈阳、辽阳,其辽河以东的大小七十余城"俱削发降"⑦。于是努尔哈齐"徙诸堡屯民出塞(指建州),以其部落分屯开、铁、辽、沈"⑧。同时,"招集辽人(指汉族),辽人或挈家还入。……不杀一人,尽剃头发,如前农作"⑨。所以,在这一年内,只海州、辽阳两地,"计口授田"的就有"三十万日"⑩,日或作响,以五亩计,合一百五十万亩之多。到这时,努尔哈齐领导的满族更加大踏步地跨进了

---

① 《建州闻见录》,页二下。

② 《明神宗万历实录》卷一六,页八上下;卷三四,页六下至七上。

③ 《明神宗万历实录》卷四五五,页九上下。

④ 《满洲实录》,第128、152页。

⑤ 《明神宗万历实录》卷五〇七,页三下。

⑥ 《清太祖武皇帝实录》(以下简称《武录》),1932年故宫博物院印行本,卷三,页五上下、六上。

⑦ 《清太祖武皇帝实录》卷三,页一二上下;卷三,页一三上至一四上。

⑧ 《山中闻见录》,上虞罗氏刊本,卷三,页九下。参见[日]周藤吉之:《清朝入关前旗地的发展过程》,《东方学报》第12册之二第7页引,但引文中"塞"作"寨",不知是排印之误抑引者别有所本?

⑨ 《燃藜室记述》卷二一"废王光海君故事本末深河之役"条,《东方学报》第12册之二第59页引。

⑩ 《满洲老档秘录》(以下简称《老档秘录》),《瓜圃丛刊》本,卷上,页二二下至二三下。

辽河平原的广大农业地区,这是众所周知的。

关于满族在农业生产上所使用的各种铁制生产工业"农器"①、"铁物"②、"锄"③、"铧子"④、"斧"、"镰"⑤,不可否认大半都是从明与朝鲜交换来的。值得注意的是,到16世纪下半期,他们自己确实已有"矿冶匠"、"冶匠"、"冶工",而且还有"风炉"⑥即鼓风炉,可以改造"正铁"(即铁器)了。但开始冶炼铁矿,制造大量铁器,据说是起于1599年(明万历二十七年):

> ilan biya de,aisin menggun feteme urebure,sele wereme urebume
> 三　　月里,金　　银　　掘出　被炼,铁　选出　被炼,
> deribuhe。
> 开始了

再证以一位逃至朝鲜的女真人所说的一段话:

> 往年(1601年以前)……(朝鲜)北道人物被掳者善手铁匠,今在老酋(努尔哈齐)城中。……一自铁人入去之后,铁物生产以此。老酋欣然接待,厚给杂物,牛马也给。⑦

从而我们知道,在其中心聚居区赫图阿拉一带,冶铁的开始,只是16世纪之末的事,但在同时得到了努尔哈齐的极端重视,这在女真人与朝鲜人的谈话里充分地反映出来。无疑的,他们当时大量制造的铁器,首先应当是兵器,然后才会广泛使用于农业。这从后来努尔哈齐经常不断地将"田器"、"耕具"(tetun agūra)大量赏给他部下人民的事实⑧也可以得到证明。但仍须指出,有了大量的铁制农具,同时还会长期使用着一种用长木含锹一样的往前推耘田的"关东锄"(dargūwan)⑨的。

---

① 《通纪》卷一〇,页一九下引《朝鲜实录》;《明英宗正统实录》卷八九,页七下。

② 《通纪》卷一四,页一七下;卷一五,页一七上下引《朝鲜实录》。

③ 《通纪》卷一〇,页二九上引。

④ 《明孝宗弘治实录》卷二〇〇,页三上;《全辽志》,《辽海丛书》本,卷二,页一四上。

⑤ 《朝鲜宣祖实录》三十四年(1601年)二月己丑条。

⑥ 各见《通纪》卷一〇,页一九下、二三上;卷一一,页四九上;卷一二,页六八下引《朝鲜实录》。

⑦ 《朝鲜宣祖实录》三十四年二月己丑条。

⑧ 此类事实甚多,不胜枚举,遍见于《满洲实录》全书中。

⑨ 《御制增订清文鉴》(以下简称《清文鉴》),乾隆三十六年刊本,卷二〇,页三三上;《清文汇书》,四合堂刻本,卷六,页一四上。

从农业生产技术上来看,如前所述,我们并不否认在当时满族社会里还有人用人力推动的木制关东锄的这一原始田野操作的事实存在,但必须承认他们已大量在使用畜力犁田却是当时田地耕作的主要方面。至于用来犁田的牲畜,有牛和马"takūrara(使用的)ihan(牛)morin(马)"①,主要的当然是牛。不过,有时用马去"踏田"等于有时也可以用牛去从事运输一样②。

在畜牧方面,虽然已经不是当时满族的主要生产部门,但仍然占有相当重要地位,家畜的驯养非常发达。申忠一曾有:"家家皆畜鸡、猪、鹅、鸭、羔、羊、犬、猫之属"③的记载,李民寏也指出了当时满族社会里:"六畜惟马最盛,将胡(指满族贵族)之家,千百为群;卒胡(指满族自由民)也不下十数匹。"④由此可见,当时的满族畜牧业,其中是以放牧马群为主,而且大半在五谷收获之后,才放牧到无耕田的旷野处⑤。同时,牛马的使用于农业生产上,促进了农业的向前发展。

其次,采集、狩猎经济,在当时满族的生产部门中,仍然占着相当重要的地位。不错,在很长的期间内,他们的这种打猎和集体打围的习惯,其目的固然也在获得部分的生活资料,但猎取的各种兽皮,主要是当作商品出售。这些猎取的兽皮,在属于通商性质的经济交流的对明"朝贡"中,占很重要的一项。这从原来的满文记录里可以看出:

---

① 《满洲实录》,第163页。满文于 ihan morin 之前用一 takūrara(使用的)的形容词,系用来形容牛和马的,故汉文可以省去 takūrara 不译;而在同书第310页因只有 ihan 一字,故汉文译成"耕牛"。可见牛是田野耕作中的主要畜力了。

② 日本藤冈胜二译:《满文老档》太祖卷,第492页。

③ 《旧老城》,第103页。

④ 《建州闻见录》,页三上。

⑤ 在1612年叶赫的首领锦台什和布扬古曾对明统治者说:努尔哈齐将要"取辽阳为都城,开原、铁岭为牧地"(见《满洲实录》,第123—124页)。此乃诋毁之词,不足为信。事实上,满族人牧马是在收获之后的旷野地方,见之于《满洲实录》第140、203页的两段明文记载:

adun ulha be usin　i　jeku be bargiyaha manggi,alin bigan de cihai sindafi
马群 牲畜在 田 的 粮食 收获 后, 在山 野 随意 地放牧
tereci han i beye　usin akū sula　bade,baime morin ulebume
从此,汗 自己选择没有庄稼的空地 上 马 喂。

tere fonde, daiming gurun i wan lii han de aniya dari elcin takūrame

其 时, 对大明 国的万历汗 年 每 使 遣

hūwaliyasun doroi sunja tanggū ejehei ulin be gaime gurun ci

和平的 常例的 五 百（道）敕书的 财物 取得 （满洲）国 从

tucire genggiyen tana, orhoda, sahaliyan boro furgiyan ilan hacin i dobihi,

输出 明 珠, 人参, 黑、 白、 红 三 种 的 狐、

seke, silun, yarga, tasha, lekerhi, hailun, ulhu, solohi hacin hacin i

貂、 猞猁狲、 豹、 虎、 海獭、 水獭、 青鼠、黄鼠 种 种 的

furdehe be beye de etume, fušun šo, cing ho, kuwan diyan, ai yang duin

毛皮, 在抚顺所、 清河、 宽 甸、 瑷 阳 四处

duka de hūda hūdašame ulin nadan gaime.

关口, 互市 交易, 财 宝 获取。①

其中从满族方面出售的,除各种兽皮外,还有人参和东珠,也是对外交换中的重要商品。此外,比较次于人参和东珠的如松子、蘑菇、木耳等②,同样是他们所注意的,也是当作商品采集的,而不是当作生活资料采集。

大家知道,采猎经济在当时满族社会中之所以占着比较重要的地位,是与他们所处的地理环境分不开的。因为人参、貂皮、东珠等物是鸭绿江和长白山一带的特产,可供他们采猎。明人的记载即云:

> 建夷产珠及参与貂,最下赤松子。界鸭绿江而居,珠,江出也,其鱼最
> 肥。……东多茂松,貂巢其上,张弓焚巢,则貂坠于罗。③

虽然如此,但代表当时满族社会生产发展的主要方面,还是农业生产。

其次,当时满族的手工业已经从农业中分离出来,手工业者主要靠出卖自己的劳动力为生,从事手工业技术不再是副业性质。手工业愈益分化,手艺和产品的多样性也日益发展了。这从又一目击者即1596年随申忠一到旧老城去当"女直通事"即翻译的河世国的报道可见:

> 老乙可赤(即努尔哈齐)兄弟所住家舍……书员二名,瓦匠三名,则

---

① 《满洲实录》,第56页。

② 《全辽志》卷二,页一三下至一四上,按《满洲实录》页一四一:hūri 即松子,megu 即蘑菇,sanca 即木耳。

③ 黄道周:《博物典汇》,明崇祯刊本,卷二〇上,页一六下。

天朝(指明朝)命送之人云。……甲匠十六名,箭匠五十余名,弓匠三十余名,冶匠十五名,皆是胡人(指满族言),无日不措矣。①

与1619年李民寏所云:

银、铁、革、木,皆有其工,而惟铁匠极工。女工所织,只有麻布、织锦、刺绣,则唐人(指汉族言)所为也。②

与此同时的明人程令名亦云:

北门外则铁匠居之,专治铠甲;南门外则弓人、箭人居之,专造弧矢;东门外则有仓廒一区,共计一十八照,每照各七八间,乃是贮谷之所。③

前些年日本学者鸳渊一在旧老城的实地调查,发现了在其外城内的北部是铁匠住宅的遗址,南部是弓匠、箭匠住宅的遗址④,与明人所述完全吻合。特别是这些手工业者住宅区的划分,充分证明了城市正在兴起和发展着。

同时,也应当指出的是,当时的手工业,可以说发展得不够充分,依然是极分散的小手工业,主要分散在八旗各牛录中。每一牛录有银匠五名、铁匠六名、弓匠鞍匠若干名⑤,这些匠人都要受到满族贵族们严格的控制,完全为军事上的需要服务。因而这种生产基本上属于加工的生产,而不是商品性的生产。也就因为这样,民间手工业必然不容易很好地发展起来。以纺织手工业为例,更是如此。李民寏所说:

胡中衣服极贵,部落男女,殆无以掩体。近日则连有抢掠,是以服着颇得鲜好云。战场僵尸,无不赤脱,其贵衣服可知。⑥

完全可以印证。所以后来努尔哈齐的继承者皇太极也不能不承认他们自己"不以织布为意"而"向以取资他国之物为生"⑦的这一客观事实。由此可见,当时满族的手工业生产还处在落后状态中。

最后,在满族的商业方面,虽然由于手工业生产不太发展,但畜牧与采猎

---

① 《旧老城》,第42—43页。
② 《建州闻见录》,页三上。
③ 《筹辽画硕》卷首,页二上。按文中的"照"字疑即"窖"字,或均系从满文 eye 一字译来。
④ 《满洲的今昔》,目黑书店本,第150页。
⑤ 《清太宗实录》卷五五,页二七下至二八上,直到1641年每牛录中仍保留银匠、铁匠各一名。
⑥ 《建州闻见录》,页三上。
⑦ 《清太宗实录》卷一五,页二〇上下。

是在其生产部门中占有相当大比重的商品经济,因而贸易相当发达起来,交换物有牲畜、各种兽皮、人参、东珠和奴隶等。到这时,已经出现了脱离农牧业的商人。有事实作证:

> 先是,(1619 年以前,朝鲜国)王密令会宁府来市商胡(即指满族商人),通报此举。商胡未返。①

> 昔承平时(1625 年以前)满洲、汉人贸易往来,汉官员妻子及下人之妻子等,不令见满洲人,且不使满洲人立于其门,或至无故乱打,轻视欺厌;而汉之小官及平人前往满洲地方者,得任意径入诸贝勒大臣之家,同席饮宴,尽礼款待。②

不过,仍应指出,当时经营商业的特权,是操纵在少数满族贵族的手里,前面引过的明统治者颁给特许"朝贡"即通市的凭证的"五百道敕书"被努尔哈齐所掌握,就是这一事实的具体说明。而且努尔哈齐在商品生产的技术改革上,还有过一定贡献。原先因"以水浸润""难以耐久"的水参,仅在1609—1610 年(明万历三十七、三十八年)这两年间,由于明统治者的停止互市,就腐蚀了十余万斤。努尔哈齐从而吸取经验教训,发明了将水参"煮熟晒干"的办法,可以"徐徐发卖,果得价倍常"③。就这样,大大地保证了满族商人的利益。

随着商业而出现的还有金属货币,努尔哈齐开始了铸币。直到今天还可以看得见的用红铜制造的"天命汗钱"④即是一个有力的物证。这"商品之商品"是被努尔哈齐掌握着。

在这同时,也出现了市场和城市。对朝鲜的贸易,主要是在会宁⑤和满浦⑥;对明的互市,原先只有抚顺一处⑦,后来增至抚顺、清河、宽甸、瑷阳四处关口⑧。

---

① 《光海君日记》(节抄本)卷二,页三八注。
② 《老档秘录》卷上,页四二下。
③ 《武录》卷二,页二下。
④ 贾敬颜同志赠我一枚,一面无字,一面有无圈点满文:abkai(左,天之意),fulingga(右,命之意),han(上,汗之意),jiha(下,钱之意)四字,命之即系"天命汗钱"之意。
⑤ 《太宗文皇帝致朝鲜国书》,"史料丛刊初编"本,页五下。
⑥ 《旧老城》,第 99 页。
⑦ 《明神宗万历实录》卷四,页六上。
⑧ 《明神宗万历实录》卷五二四,页五上;《满洲实录》,第 56 页。

城市则在进入沈阳、辽阳以前，早就筑有"外城周仅十里、内城内二马场许"①的旧老城，其次筑有"可容数三万众"②的赫图阿拉，再次筑有"令农夫得耕于境内"③的坚固堡垒界凡城和萨尔浒城④。

根据上面所述，我们可以看出当时满族社会的经济特点：第一，农业与畜牧业已获得发展，手工业与农业分离了，采集狩猎主要为了交换，交换已不是个别现象，商人、市场和城市都出现了，也懂得了冶铁和开矿。第二，与上述情况同时存在的是铁器如"铧子"、"锄"、"斧"、"镰"等已得到广泛的使用，畜力亦被应用到农业生产上，耕田等技术已被掌握，广大面积的田野耕作占据了生产的主要地位。第三，生产活动不再是为了自己消费的生产，而主要是当作商品生产。同时也出现了货币。因此，当时满族经济是一种已经超出家长制经济范围的自然经济。

四、阶级结构的分析

与上述经济情况及外来各方面影响相适应的 16 世纪 70 年代至 17 世纪 20 年代的 50 年间的满族社会生产关系是奴隶占有制。

当时满族社会除去对荒地、森林和牧地尚保持着公共所有制即氏族的公有制外，其他如耕地、牲畜、农具等均已确定了家庭的和个人的私有制。

在这种生产工具与生产资料私有制的基础上建立起来的基本剥削方式，即生产资料与生产工具的所有者迫使买到的或掠夺来的并且可以任意鞭打与屠杀的奴隶进行劳动，并全部占有他们的劳动生产物。另外出租土地，以实物地租或赋役的形式占有田地耕作者的全部或部分剩余劳动，这就是当时满族社会生产关系的简括轮廓。为了进一步弄清楚当时满族社会的生产关系，我们现在来仔细考察一下当时满族社会的阶级结构。

---

① 《旧老城》，第 91 页。

② 《建州闻见录》，页一上。

③ 《满洲实录》，第 203 页。

④ 《满洲实录》，第 248 页。按今西春秋在全书中将 tere boo 一词都译成"その家"，系那个家的意思，显然是一大错。因满文 tembi（居住的意思）之形动词亦为 tere，与指词 tere（那个）仅形状相似。故 tere boo 的正译应为"住舍"或"住房"，在汉文中有时可以省去"住"字不译。

基本上，当时的满族可分为奴隶主与奴隶两大阶级，如果从他们对生产资料的占有与分配关系及其在生产中的地位来考察，则奴隶主与奴隶两大阶级中又各有其显著的阶层分化。

一般说来，奴隶主中有贝勒、额真、伊尔根、降民，奴隶中亦有阿哈、诸申、尼堪等几个阶级和阶层。兹分述如下：

贝勒(beile)、贝子(beise)：汉译作王或诸侯①。贝勒、贝子为当时满族社会中之"天生"贵族，努尔哈齐初起时即以淑勒贝勒(sure beile)②自称，同时也以贝勒或贝子称他的子侄。③

额真或厄真(ejen)：汉译作家主、主人或主④。额真一般当爵位名用，但它实质上为当时满族社会中之奴隶主，地位仅次于贝勒、贝子。

伊尔根(irgen)：汉译作部民、百姓或民⑤。伊尔根为当时满族社会中之自由民。

降民：除满族外，无论出于自动或被迫而降于满族统治者的其他各族人民，包括蒙古、朝鲜和汉人在内，都是降民⑥，换言之，都是当时满族社会中之被保护民。

贝勒、额真、伊尔根和降民占有大部分耕地、牲畜和生产工具，并占有可以买卖、鞭打、屠杀的阿哈和不同程度地占有诸申与尼堪。特别是贝勒和额真本身不参加任何劳动，而靠剥削他们的阿哈的全部剩余劳动物、收地租、放高利贷为生活。可以引证两段史实：

> 陈大供称：年二十九岁，系金州小河山之人。原于辽阳失陷之时(1621 年)被奴(指满族兵)虏去，在四王子(皇太极)帐下，发作庄农。今

① beise 本为 beile 之复数形，久而久之，贝勒、贝子演变而为爵位的等级，参见《满洲实录》第 371 页"注记"引《大清全书》。又在《武录》卷四页一一下的"八固山"小注下，则有"四大王、四小王"的译法。

② 《满洲实录》，第 12 页。

③ (明)陈仁锡：《山海纪闻》，《无梦园集》本，卷一，页二二上。

④ 《满洲实录》，第 110、253 页等。

⑤ 《满洲实录》，第 106、270 页等。

⑥ 据《满洲实录》统计：降民最多的一次是"万家"(第 119 页)，其次"三千余户"的一次(第 291 页)，"一千户"的二次(第 159、205 页)，"六百四十五户"的一次(第 283 页)，"五百户"的四次(第 95、107、134、298 页)，"三百户"的一次(第 123 页)，"二百户"的一次(第 127 页)，"百户"的一次(第 345 页)。以上共计 18645 户。户以五口计，凡 90725 人。

年奴将屯种粮米尽行粜卖买马，因无食用，又连年苦累不堪。①

辽沈农民，将一年所收之谷，尽入于八高山（即固山 gūsa，为后来八旗之旗，意指贝勒而言）之家，贫不能自食，岂有余资可以贸谷乎？②

贝勒、额真、伊尔根和降民都轻视劳动，认为劳动是可耻的下贱工作，正如恩格斯所指出的那样："用自己劳动获取生存资料的行为认作只有奴隶应当去进行而比掠夺更可耻。"③他们所关心的除去管辖自己的阿哈以外，还有骑马、打猎。李民宬曾这样描写过：

马性则五六昼夜绝不吃草，亦能驰走。女人之执鞭驰马，不异于男；十余岁儿童亦能佩弓箭驰逐，少有暇日，则至率妻妾畋猎为事，盖其习俗然也。④

特别是他们关心进行掠夺性的战争。李民宬亦有很清楚的记载：

出兵之时，无不欢跃，其妻子亦皆喜乐，惟以多得财物为愿。如军卒家有奴四五人，皆争偕赴，专为抢劫财物故也。⑤

显而易见，这种"全赖兵马出去抢些财物"、"都以蛮子家为奇货"⑥的抢劫行为，连他们自己也不讳言"抢"⑦之一字。恩格斯说得对："掠夺，在他们看来，是比创造的劳动更容易甚至更荣誉的事情"。掠夺"战争成为经常的职业了"⑧。从而当时满族男子以善于骑马或能于作战来博取巴图鲁（baturu，勇的意思）的称号⑨。

---

① 《明清史料》，1930 年刊本，甲编第八本，页七六五上。

② 《朝鲜仁祖实录》，卷四一庚辰年十二月壬戌条，《东方学报》第十二册之二第 53 页引。

③ 《家庭、私有制和国家的起源》，第 158 页。

④ 《建州闻见录》，页四上下。

⑤ 《建州闻见录》，页四下。

⑥ 《天聪朝臣工奏议》，《史料丛刊初编》本，卷上，页一一上、一七上。按"蛮子家"三字在《老档秘录》卷下，页三六上改作"汉人"二字，当系转从满文 nikan 一字译出。

⑦ 《天聪朝臣工奏议》，《史料丛刊初编》本，卷上，页一八下有云："出兵之际，人皆习惯，俱欣然相语曰：去抢西边（指辽河以西）！汉人闻我动兵，亦曰：来抢我矣！"足证当时满族人不以"抢"字为讳。

⑧ 《家庭、私有制和国家的起源》，第 158 页。

⑨ （清）奕赓：《东华录缀言》，《佳梦轩丛书》本，卷二页三上云："巴图鲁，译言勇也。国初赐巴图鲁号者，俱系满洲、蒙古人员，然非亲军旅者弗赐也。今之汉官亦得赐。每观大吏等奏言，若叙某人履历有号者，必曰蒙赐勇号。是直以巴图鲁为勇矣，殊失本来之意旨。"可为巴图鲁一字的最初的正确解释。

根据当时贝勒、额真、伊尔根、降民对生产资料的占有情况及其在生产中所占地位来看,他们当中一部分已具有奴隶主与封建主的双重属性。

"阿哈"(aha)意即奴隶,亦可称作"包衣"(booi),全称为"包衣阿哈"(booi aha)①。包衣或包衣阿哈意即"家里的"或"家里的奴隶"即"家奴"。这一语的含义说明了他或她最初的工作性质和工作范围。

包衣阿哈有男有女,男的称"包衣捏儿麻"(booi niyalma)即"男仆",女的称"包衣赫赫"(booi hehe)即"女奴"②。他们与主人同居一室,有李民宬的记载:

> 窝舍之制,覆以女瓦,柱皆插地,门必向南,四甓筑东、西、南面,皆辟大窗户。四辟下皆设长炕,绝有遮隔,主仆男女混处其中。③

可以为证。阿哈并被迫进行劳动,劳动的产品全部归主人所有。李民宬又说:

> 自奴酋(努尔哈齐)及诸子,下至卒胡皆有奴婢、农庄。奴婢耕作,以输其主。④

与《老档秘录》所载:

> 仆夫力耕,以供其主,不敢自私。⑤

即是明证。主人对阿哈有生杀予夺之权,并且可以随时将其出卖。亦可以引证两段史实:

> taidzu …… juwan uyun se baha manggi, delhebure de　aha　ulha be
> 太祖　满　十　九　岁　后,　　分家　时　奴仆　牲畜把
> ambula buhekū.
> 大 大地不给。⑥

> 多之(努尔哈齐部下对申忠一)曰:我王子(即努尔哈齐)与你国(朝鲜)将欲结为一家,故你国被虏人,厚价转买,多数刷还,我王子毋负于你国。⑦

---

① 《满洲实录》,第87、163页等。
② 《满洲实录》,第34、35页。
③ 《建州闻见录》,页二下。
④ 《建州闻见录》,页二下。
⑤ 《老档秘录》卷上,页一六下。参见《太录》卷七,页一二下。
⑥ 《满洲实录》,第14页。
⑦ 《旧老城》,第95页。

这充分说明了阿哈即奴仆是与牲畜同等看待，当作家产的一部分，并且"厚价转买"，可以随便处理的。

阿哈的工作包括田野劳动及汲水、伐木①等家务劳动。田野耕作是他们的主要工作，因此，汉文译作"农夫"或"田卒"二字的，在原来的满文里本作：

usin　weilere　　aha
田　　　耕　　　奴仆②

意即"耕田的奴隶"；又汉文中的"仆所事之农业"，在满文里本作：

ahai　weilehe　jeku
奴隶的　所收获的　粮③

完全可以证实这一点。其次是放牧马群的人，一直到入关以后尚有库图勒（kutule）即"控马奴"④之称。不管做什么样的工作，他们所得到的待遇是极菲薄的。如前面所引的"辽沈农民，将一年所收之谷，尽入于八高山（贝勒）之家"，自己则"贫不能自食"；控马奴亦是常受凌辱，衣食每每不足。阿哈逃亡，如被捉回，则被主人施以拷打，但一般不将阿哈打死，因为阿哈是主人的重要财产之一。

阿哈可以随时买卖，其价格因年龄大小、体力强弱和性别而有所不同⑤。一般说在努尔哈齐时代，每名阿哈值银十八两或牛一头⑥。但较之以往"一人

---

① 《满文老档》太祖卷，第 676 页。

② 《满洲实录》，第 171 页译作"农夫"，第 310 页译作"田卒"。

③ 《满洲实录》，第 253 页。

④ 《清文鉴》卷一〇，第 10 页下译"跟马人"。按《满洲实录》第 215 页译为"牧马者"，而第 216 页则译"仆厮"。又《柳边纪略》（《国学文库》本）卷一第 9 页作"苦独力"，《黑龙江外记》（渐西村舍本）卷三页一四下作"库图勒"转为"库特勒"，译言"控马奴"。都是一名异译。《太录》卷五页一八下译"厮卒"及卷六页二二下译"厮养卒"，较合原意。

⑤ 按《清崇德间与朝鲜往来诏敕章表稿簿》（《明清史料》甲编第七本页六三二上）载有崇德五年（1640 年）分朝鲜国王与户部咨文，系为平定价以赎俘口之事，其中有云："何独于论值之日，不分男女老幼高低唱价，只从本主所欲，使不得赎还乎？"则前此应分男女老幼高低唱价可知。

⑥ 《旧老城》，第 104 页。证以后来的奴隶价格，如 1641 年"汉人能为耕作，以此处开城廉价计给，则一人之价，不过十余两银"。见《沈阳状启》，《奎章阁丛书》本，第 390 页。又 1642 年"又买男丁四十六名，女人二十四名，而价本则依前，或给二十五六两，或给三十余两"。见同书第 415 页，大致与前相同。

之价,牛马则二十余头"的价格①,则相差在二十倍左右。这时奴隶价格之日见降落,足以说明奴隶数量之日益增长与奴隶制之日趋发展。

阿哈的来源有三:最主要的来源之一是俘虏汉人和朝鲜人被卖为阿哈。在努尔哈齐晚年,攻下抚顺时,竟俘虏人畜达三十万之多,都把他们"散给众军"②,是努尔哈齐一生中俘虏汉人最多的一次。后来明方虽曾提出过"送还所虏之人"的要求,终遭到努尔哈齐声言"吾征战所得者,虽一人何可还哉"的严厉拒绝③。

阿哈的第二个来源,也是比较重要的一个来源,是阿哈被允许结婚后所生的子女。满文中有"乌津"(ujin)一字译作"家生子",此外又有 futahi(一辈奴)、furna(二辈奴)、bolhosu(三辈奴)、genggiyesu(四辈奴)等字④,均系指阿哈而言。

阿哈的第三个来源,亦即最后一个来源,是因债务关系或其他关系被降为阿哈的伊尔根。在申忠一的记载中有这样一条:

> 渭原采参胡人(指伊尔根)等,奴酋乃令其各部落刷出每名或牛一头,或银十八两征收,以赎其私自越江(鸭绿江)之罪。其中贫不能措备银或牛者,则并家口拿去使唤云。⑤

这是一个强有力的例证。

根据上面所述,阿哈可以说是一种典型的奴隶,而且这种奴隶的性质已经由属于奴隶的最初形态即"包衣阿哈"的家庭奴隶,发展到他们的劳动剩余产品不仅是供给主人家庭的消费而主要是投入了市场的大量农耕奴隶。当时存在大量农耕奴隶这一特征,是与满族社会对阿哈的剥削已经发生在私有土地上的农业经济相适应的。

诸申(jušen)译作满洲,或编氓,或部属,或民间⑥。诸申一语系从女真

①《通纪》卷一二,页四一下引《朝鲜实录》。又按同书卷一三,页三六上引,有"以牛马十四匹"易一"被虏人口"而不可得,则当时奴隶价格之高可知。

②《满洲实录》,页一五九;《太录》卷五,页一六下至一七上。

③《满洲实录》,页一六六至一六七;《太录》卷五,页二三下。

④《清文鉴》卷一○,页一一上。

⑤《旧老城》,第104页。

⑥《满洲实录》,第284页译作"满洲";第25页译作"编氓";第26页译作"部属",第354页译作"民间"。

(jučen)变化而来,本来是指自由民的女真人而言。这里所说的是指属于奴隶性质的一些女真人。首先在《清文鉴》里就明白解释为"满洲臣仆"①,《清文类书》里也同样解释为"满洲之奴才"②。其次证以《满文老档》:

aha wajici,ejen adarame banjimbi,jušen wajici,beile adarame banjimbi.

若无奴仆,主人何以　为生?　若无诸申,　贝勒 何以　　为生?③

一方面既说"若无奴仆,主人何以为生?"另一方面又说"若无诸申,贝勒何以为生?"从而可以知道诸申与奴仆相似。而且在另一处苏克苏浒部内诸密纳的四个部长更明确地对努尔哈齐说出:

membe yayaci neneme dahame jihe be gūnici,jušen ume obure,ahūn

我等　比众 先　　归　　来了 念,　诸申不要作为,应照

deo i gese gosime uji.

兄弟 的 样子仁慈地　养着。④

从诸密纳四个部长的话里,我们可以看出:他们希望努尔哈齐考虑到他们比所有的人都先来"归附"了,不要把他们当作"诸申"看待,而要把他们看成兄弟一般去抚养。不言而喻,则"诸申"一词,自是属于奴隶的性质了。再证以蒙古人民亦有屡次被称为"诸申"的记载⑤,则诸申自然不再是指女真人的原来含义,不然的话,怎么可以把蒙古人民也称为诸申呢? 从这里我们也可以推想,诸申是由破了产的女真自由民逐渐演变而成为泛指属于奴隶性质的人的代名词。

诸申的人身是比较自由的,对自己的财产具有所有权,对其子女亦具有亲权,但仍依附于原来的主人,似乎是一种隶农和领主的隶属关系。因而他们对主人承担一定的义务:应征兵役之外,还有许许多多的无价劳役等。在皇太极对努尔哈齐时代的诸申情形的追述里就明白地记载着:

满洲(jušen 下同)三丁抽一为兵。……每年牛录出守台人八名,淘铁人三名,铁匠六名,银匠五名,牧马人四名,固山下听事人役二名。凡每

---

① 《清文鉴》卷一〇,页三上。
② 《清文汇书》卷九,页二四下。
③ 《书香》第15卷,第11号第8页。参见《满洲实录》,第110页。
④ 《满洲实录》,第25页。
⑤ 《满洲实录》,第217、283、284页等。

牛录下当差者十有四家。又每年耕种,以给新附之人;每牛录又出妇人三口;又耀州烧盐;畋猎取肉;供应朝鲜使臣驿马;修筑边境四城;出征行猎后,巡视边墙;守贝勒之门;又每牛录派兵一名,防守巨流河;每牛录设哨长二匹,遇有倒毙,则均摊买补;遇征瓦尔喀时,每牛录各喂马二三匹;从征每牛录又派摆牙喇兵十名,兵丁二三十名;往来驰使差回,又令喂养所乘马匹;遇有各国投诚人来,拨给满洲现在屯堡房屋,令满洲展界移居;又分给粮谷,令其春米纳酒;每年猎取兽肉,分给新附之人;又发帑金于朝鲜,贸易布疋,仍令满洲负载运送;边城满洲,又有窖冰之役;每年迎接新附之虎儿哈于教场,看守貂鼠、猞猁狲等皮;兼之运送薪米;朝鲜、蒙古使臣至沈阳,摆牙喇章京出一人,逐日运给水草;若夏月至,更有采给青草之役;又每年采参,并负往朝鲜货卖;每固山以一户驻英格地方,巡缉踪迹;又以一户驻沈阳渡口,看守船只。①

由此可见,一般满洲即诸申所承担的差役,多至三十余项,其被超经济的剥削之重如此。

富裕的诸申可以占有土地和阿哈甚至尼堪。这在皇太极的追述里,有:

旧满洲(即诸申)……凡贫穷者,则又给与妻室、奴仆、庄田、牛马、衣食、赡养。②

之语,完全可以得到证实,但这仍不否认诸申之属于奴隶性质这一特征。

尼堪(nikan)译作汉人③。除去那些属于上层分子的汉族的尼堪不计在内以外,一般说,尼堪是指主要从事农业生产的汉人。其中富庶的尼堪也还可以占有土地和阿哈甚至尼堪。像皇太极所追述的:

汉人(即尼堪)……凡贫穷者,则又给与妻室、奴仆、庄田、牛马、衣食、赡养。④

即是明证。但尼堪并不因此而改变其为农耕奴隶这一特征。请再看皇太极追述努尔哈齐时代尼堪的实际情况:

---

① 《清代满洲土地政策的研究》,第420页引《清三朝实录》中的《太宗实录》,与影印的《清太宗实录》卷一七,页一五下至一六下详略不同。

② 《清太宗实录》卷一七,页一三下至一四上。

③ 《清文鉴》卷一〇,页三下。又《清文汇书》卷二,页二一下于"汉人"之外,尚有"蛮子"的别译。当系汉人旧称如此。

④ 《清太宗实录》卷一七,页一三下至一四上。

> 初尔等(即尼堪)俱分隶满洲大臣,所有马匹,尔等不得乘;而满洲官乘之;所有牲畜,尔等不得用,满洲强与价而买之;凡官员病故,其妻子皆给贝勒家为奴。既为满官所属,虽有脥田,不获耕种,终岁勤劬,米量仍不足食,每至鬻仆典衣以自给。①

显而易见,尼堪的人身仍受主人支配,随时听主人召唤去承担无价劳役,其所生的子女(包括妻在内)仍然是主人的阿哈。不过,对于尼堪,主人或国家租予或分给一小块土地,这样,尼堪与主人或国家成立了实物地租或赋役的租佃关系。1621年努尔哈齐对尼堪"计口授田"一事,曾这样规定:

> 自谕之后,本年所种之粮,准其各自收获。嗣后每一男丁给地六日(一日合五亩),以五日种粮,一日种棉,按口均分。家有男丁,不得隐匿不报,致抱向隅之恨。乞丐、僧人,皆给以田,务使尽力耕作,勿自暴弃。其纳赋之法,用古人彻井遗制,每男丁三人,合耕官田一日。②

因此,尼堪已经开始获得财产权,在生活中亦较阿哈获得了某些自由,并能从劳动中取得一点利益,但其地位仍然低于诸申,经常受到诸申的欺压和勒索榨取。这在努尔哈齐的一次谈话里就明显地暴露过:

> 曾著满(即诸申)汉人(即尼堪)等合居一处,同住同食同耕。今闻满洲以汉人之牛车,执汉人令运粮草,并索取诸物,岂令汉人给满洲为仆乎?③

由此可见,虽然这些尼堪就其阶级地位来看仍没有脱离奴隶的范围,但进入农业高度化的辽东地区后,在广大汉族封建制度影响之下,满族统治者不可避免地要开始将尼堪向隶农或农奴的方向转化了。

以上便是当时旧老城、赫图阿拉地区满族社会阶级结构的大概情况,至于他们的人口比例,目前因为材料的限制,不可能提出一个准确数字,所能提出的还只是一个估计数字。即在努尔哈齐时代,满族自由民的总数,连女性及儿

---

① 《清太宗实录》卷一七,页一一上。
② 《老档秘录》卷上,页二三上。参见《满文老档》太祖卷,第283—284页。
③ 《老档秘录》卷上,页二九下。

童在内,共约四五十万人①,而男女奴隶为四五十万人②,被保护民为一万八千多户,约十万人③。这样,每个成年的男性满族自由民,至少有四五个奴隶与一二个被保护民。这与当时目击者李民寏所说"军卒(指自由民)家有奴四五人"④的话完全吻合。大量奴隶之出现是由于满族统治者在广大的辽东农业地区的迅速扩展,俘虏了好多汉族农民,并且把他们驱使在田野耕作之故。

总的来说,当时满族社会的阶级结构具有以下几个特点:

第一,由于奴隶制的日益发展,大部分的奴隶主脱离生产、轻视劳动,特别在努尔哈齐后期由于进到了汉族居住的辽东农业地区,俘虏了大量的农耕奴隶,满族社会不得不开始向封建制转化。

第二,不但诸申可以占有阿哈和尼堪,而且尼堪也可以占有阿哈和尼堪。

第三,阿哈不能当兵,诸申则有当兵的义务,但尼堪服兵役的比例较少,大约占尼堪壮丁总数的二十分之一⑤而已。

---

① 据《旧老城》第83—88页申忠一于1596年沿途所见的"胡家",统计共一、二七三坐,加上"内城中胡家百余,外城中胡家才三百余,外城外四面胡家四百余"的八百余家,两者合计,凡二千余家。家以五口计,在一万口以上。此仅系申忠一沿途所目见者,其所未见,当不止此数。又据《筹辽硕画》(北京图书馆善本丛书本)卷首页二上程令名"东夷奴儿哈赤考"有云:"门外见居人家约二万余户。"户以五口计,已在十万人以上了。至1621年另一目击者则云:"一柳累(即牛录)所属三百名,或云多寡不均,共通三百六十柳累云",小注亦云:努尔哈齐的兵数"前日长甲八万余骑,步卒六万余名;今则长甲军十万余骑,短甲军亦不下其数云",见《建州闻见录》(转抄北京大学图书馆所藏《栅中日录》传抄本)页二上。是知1621年的兵数至少为二十万,再加上妇女老少,全人数当在四五十万。

② 据《满洲实录》统计:战俘奴隶最多的一次是三十万(第159页),其次"万余人"的三次(第80、105、134页),"二千余人"的四次(第92、99、104、107页),"千余人"的四次(第106、127、170、203页)。再次,有提到"所获人畜五万六千五百"(第346页)的"人畜",满文原作olji ulha。按满文文法如两字连用,应用"获得的牲畜"解;如一字单用,则olji作"俘虏"解。而此处汉译为"人畜",是两字皆系单用。但不知其中所获人数究竟有多少。此外,也有只言"人畜"(olji)而不知其数的三处(第119、166、288页)。总之,即就战俘奴隶一项而论,人数已超过四十万;若再加上旧有的家内奴隶,以十万估计,总数当在五十万左右。

③ 据《满洲实录》统计:降民最多的一次是"万家"(第119页),其次"三千余户"的一次(第291页),"一千户"的二次(第159、205页),"六百四十五户"的一次(第283页),"五百户"的四次(第95、107、134、298页),"三百户"的一次(第123页),"二百户"的一次(第127页),"百户"的一次(第345页)。以上共计18645户。户以五口计,凡90725人。

④ 《建州闻见录》,页四下。

⑤ 《老档秘录》卷上,页二三上有"每男丁二十人,以一人充兵,一人应役"一语可证。

五、庄园制"拖克索"及其他

从上面的分析,在努尔哈齐时代,确实存在着数以十万计的农业奴隶。这些奴隶既是被驱使在田野中从事农业劳动,其组织形式是怎样的呢? 其内部实际情况和性质又究竟怎么样?

在《满文老档》和《满洲实录》里有两处提到"拖克索"(tokso)这个名词,一处是用来当作专门地名的"拖克索寨"(tokso gebungge gašan),另一处是与另一地名合用而成一村落单位的"佛纳赫拖克索"(fenehe tokso)①。按拖克索一词汉译为"庄子"、"屯里"②、"屯庄"③或"庄屯",而在《清文鉴》里对庄屯说得比较清楚些:

> usin weilebume niyalma tebuhe　ba　be　tokso sembi.
> 田　　耕的　　人　所住的　地方叫作　拖克索。④

这"田耕的人所住的地方叫作拖克索"即是汉文里叫作"庄屯"的意思。

根据 1596 年去过旧老城的目击者申忠一的记述,曾经提到"农幕"有六处之多,如努尔哈齐的农幕为王致所掌,舒尔哈齐的农幕为双古所掌⑤。这"农幕"无疑就是拖克索。但在另一处申忠一却说:

> 奴酋等各处部落,倒置屯田,使其部酋长掌治耕获。⑥

显而易见,这里所谓屯田也就是前述的农幕即拖克索了。然则拖克索在努尔哈齐时代的普遍存在这一事实,是谁也不会否认的了。再证以《满文老档》中关于 1613 年的屯田情形的记载:

> emu nirui juwan haha duin ihan be tucibufi, sula bade usin tarime
> 每　牛录　十　男　四　牛　　出　在空地上　耕田,
> deribuhe.

---

① 《满洲实录》,第 69、99 页。
② 《清文汇书》卷七,页四上。
③ 《音汉清文鉴》,雍正十三年刊本,卷一三,页一六三下。
④ 《清文鉴》卷一九,页三三上。
⑤ 《旧老城》,第 83、84、86、87 页。
⑥ 《旧老城》,第 102 页。

开始了。①

这"各牛录每十人出牛四头于旷野处屯田"的耕地,显然是最初属于集体所有。所可惜的是申忠一的记述和《满文老档》都没有谈到农幕或屯田的具体内容。幸而在朝鲜人的当时记录《光海君日记》里有关于 1619 年萨尔浒一役,被俘的朝鲜兵全部被强制编制到农业生产上的报道。现在摘录几段于下:

> 奴酋部立我军(朝鲜兵),择其手掌柔滑及形体壮实者,别置他处;其余分属于农人,散遣各处部落。

> 先是从(姜)弘立渡鸭江者,精兵凡一万三千余人,投降(努尔哈齐)之后,将士被厮杀殆尽,军卒皆部分于农民以守之,故逃还相继。

> 被掳之后,分派于奴酋旧城外寨居胡家,作农为事。

> 军兵则以农军各处分置。②

另一目击者李民寏在 1619 年也有过这样一段十分扼要的记载:

> 自奴酋及诸子,下至卒胡,皆有奴婢(互相买卖)、农庄(将胡则多至五十余所)。奴婢耕作,以输其主。军卒则但砺刀剑,无事于农亩者。无结卜之役,租税之收。③

在这以后不久,1626 年,努尔哈齐的继承者皇太极对在这以前的庄屯情形也曾作过简括的介绍:

> 先是汉人(即尼堪)每十三壮丁,编为一庄,按满官品级,分与为奴。④

但明人"辽东巡抚"方一藻于 1637 年亦云:

> 看得两河(指辽河以东和辽河以西)沦陷以来,辽之被掳者,不知凡几。然奴性猜忌,皆令夷目押之,使居庄屯,农种为活。⑤

证以 1641 年朝鲜太子李淐有关于在沈阳附近所目击的庄屯情形的记载一则:

> 诸王设庄,相距或十里,或二十里。庄有大小,大不过数十家,小不满八九家,而多是汉人及吾东(朝鲜)被掳者也。大率荒野辟土不多。至于

① 《书香》,第 15 卷,第 12 号,第 13 页;《满洲实录》,第 133 页。
② 《光海君日记》卷二,第 36、59、117、142 页。
③ 《建州闻见录》,页二下。按"结卜"一词不见汉文经传,据中央民族学院朝鲜族同学文东奎君查得金和明(?)所注释的《要路院夜话记》,朝鲜国立出版社 1956 年版,页六八有"结卜"一条,译出为"历代封建王朝田地的租金之谓"。与此正合。
④ 《清太宗实录》卷一,页一〇下。
⑤ 《明清史料》,乙编第二本,页一七九上。

（十月）十六日、十七日所经，则土地多辟，庄居颇稠，而亦皆汉人、东人或蒙种云耳。①

与前面引的《光海君日记》和明人方一藻所述，完全可以互相印证。无疑，在努尔哈齐时代的庄屯情形即是如此。

再证以 17 世纪下半期被充军到宁古塔一带所见到的庄屯情形的汉人记载两则：

> 每一（官）庄共十人，一人为庄头，九人为庄丁，非种田即随打围、烧炭。每人名下责粮十二石，草三百束，猪肉一百斤，炭一百斤，石灰三百斤，芦一百束。凡家中所有，悉为官物，衙门有公费皆取办官庄。②

> 每站庄头一，小头一，壮丁不为限，大抵业农贾。小头者，役于拨什库者也；庄头者，管壮丁者也。③

这里引的两条材料，在时间上较为晚了一点，按其实质，与努尔哈齐时代的拖克索情况不会相差太远；当然宁古塔地处稍北，所负担的劳役和土产，与辽沈一带自有区别。不管怎样，拿来作一比较，是有好处的。从这里我们可以看出，在努尔哈齐时代拖克索的实际情况是"庄有大小，大不过数十家，小不满八九家"。庄丁多半是汉人和朝鲜人，也有蒙古人。农业为其主要生产部门，但因地域不同，在生产上亦有"打围"和经商的区别。每庄设"庄头"一人，庄头之上又有"拨什库"一人。

现在让我们进一步来分析一下这拖克索的性质问题。

第一，拖克索内部的所有制及其阶级关系。很显然，其中所谓"诸王"和"将胡"是指奴隶主贵族，大的奴隶主贵族竟拥有农庄五十余所；"军卒"是指自由民，并不参加农业生产劳动；从事田野耕作的都是"奴婢"。这样，土地集体所有制就进一步受到私人的、主要的奴隶主贵族的土地占有制的排挤。从而我们可以看出，这拖克索是属于奴隶制社会里的庄园制类型的，在拖克索内部奴隶是剥削的主要对象，奴隶主和奴隶是两个基本的对抗阶级。

第二，拖克索的组织及其职掌。拖克索的首领多是由努尔哈齐指派的，如前所述，努尔哈齐"使其部酋长掌治耕获"，就是明证。再证以 1615 年所设置

---

① 《沈馆录》，《辽海丛书》本，卷三，页一九上下。
② 《宁古塔记略》，渐西村舍本，页三下。
③ 《柳边纪略》卷三，第 87 页。

的"村领催"(gašan bošokū)即屯拨什库或屯堡拨什库①,他们已是国家的下级官吏,而不是社会的公仆了。值得我们注意的是,这些在拖克索里掌握实权的人(领催和庄头)已经不是普通的公社社员,而是拖克索内奴隶主阶级的代表人物了。

第三,拖克索既是奴隶主的组织,因之它的管辖范围非常广泛。例如"酋长"或领催应该管辖的事宜,有"军猎、警卫城池,以及管理乡村的一切事务"②,换言之,行政、司法、警务各方面的事务都包括在内。十分明显,这时的庄园制的拖克索已经不是什么农村公社的一类独立自治单位,而是奴隶主国家政权机构的组成部分了。

此外,当时满族的婚姻关系,根据李民寏所说"嫁娶则不择族类,父死而子妻其(庶)母"③,完全是一种不按辈分的婚姻关系。其最明显的例子,努尔哈齐起先娶过布占泰的侄女,到后来布占泰又娶了努尔哈齐的侄女,最后努尔哈齐还将自己亲生的女儿嫁给了布占泰④。这一实例充分说明了氏族制组织的解体。因此,在努尔哈齐时代,妇女已处于附属地位,男性对女性有绝对支配权力。例如1611年努尔哈齐将大批女子配给数千"寒苦旷夫"为妻,不够时还出钱购买女子,使之完配。⑤ 正如恩格斯所说,妇女"成为生孩子的简单工具了"。

最后,关于当时满族社会的阶级斗争,从形式上来看不很显著,实际上被剥削者阶级中间蕴藏着极大的反抗力量。依据作者目前所掌握的材料来看,被压迫者主要的反抗形式是逃亡。即便是努尔哈齐本人也并不否认这一客观事实。他曾这样说过:

> 今汉人(即尼堪)、蒙古并各国,杂处国中。其逃叛、盗贼、诈伪、横逆者,当细察之。⑥

他的继承者皇太极说得更为明显:

———————————————

① 《清太宗实录》卷一,页一〇上;卷三四,页一四上。
② 《满文老档》太祖卷,第45—46页。
③ 《建州闻见录》,页三下。
④ 《武录》卷二,页二上、四上。
⑤ 《满洲实录》,第105—106页。
⑥ 《满洲实录》,第306页。

> 先是(努尔哈齐时代),汉人每十三壮丁,编为一庄,按满官品级,分
> 与为奴。上(即皇太极)即位,念汉人与满洲同住,不能聊生,叛亡殆尽,
> 深为可惜!①

从皇太极的话里,可以充分看出,当时庄奴"叛亡殆尽"的主要原因,是汉人的
战俘不愿甘心作奴到底。下面所引即是这类庄奴逃亡的一个典型例证:

> 崇祯六年(1633年)十一月二十九日监视登岛太监魏相题本:
> 陈大称:年二十九岁,系全州小河山之人。原于辽阳失陷之时(1621
> 年)被奴虏去,在四王子帐下,发作庄农。今年奴将屯种粮米尽行粜卖买
> 马,因无食用,又连年苦累不堪。是以自辽阳沿边要逃奔南朝(指明朝),
> 即死亦甘心。②

至于当时集体暴动的事件,是较为少见的。其见于记载的,有东山、十三山③、
镇江、海洲④等数次较大的反封薙发为奴和反抗奴隶主压迫和剥削的集体暴
动。对于这些暴动,一方面固然引起了满族统治者的血腥镇压,另一方面也迫
使着统治阶级不得不采取一些让步政策来欺骗被征服的广大汉族人民。在东
山暴动事件发生以后,努尔哈齐就这样对在镇江参加暴动的汉人说:

> 曩者炼银地方(即东山)之人,不肯薙发,杀朕所遣拥旌之士。朕故
> 令督堂一员,副将二员,率兵讨之。杀其为首之一二人,余众悉遁匿山中。
> 我军并不抄剿,仅令薙发归诚、安居乐业。今尔等(指在镇江参加暴动的
> 汉人)若有畏惧之意,可执献首逆之数人,余众悉数薙发归降,朕一视同
> 仁,决不株连无辜。⑤

其实,在努尔哈齐晚年刚刚进攻到辽东地区的十年里,曾经将大批的降人都统
统杀掉,他所采取的政策是一种无情的血腥镇压政策。这样,没有被杀的汉人
必然"痛心切齿,宁死不降"而"往往思逃"⑥,甚至被迫地起而举行暴动了。
1631年被俘的张春就曾当面对满族统治者指出:

> 尔国(指满族统治者)杀人已极,所获亦富,衣食皆足;不识天时,不

---

① 《清太宗实录》卷一,页一〇下至一一上。
② 《明清史料》,甲编第八本,页七六五上。
③ 《山中闻见录》卷三,页六上;卷四,页四上。
④ 《太录》卷八,页下至七上;卷九,页一六上下。
⑤ 《老档秘录》卷上,页一九下。
⑥ 《天聪朝臣工奏议》卷上,页一九下、一四上。

爱人民,用兵已十五年(包括努尔哈齐的天命十年和皇太极天聪的前五年在内),专事杀掠,岂能成事?……天下之人,孰为畏死?从尔者杀,不从尔者亦杀,虽田野农夫,亦欲持锹镬而战矣![①]

这就不能不引起满族统治者的"不胜追悔"[②]而口口声声说要以"养人"为事[③]。这被养的人,就是在战争中被强迫变为奴隶的人不仅是被俘虏的兵士,还有被征服地方的很大一部分汉族农民。正如恩格斯所指出的奴隶占有制的采用,即"起先曾是野兽的人,为着自己的发展,需要运用野蛮的差不多野兽似的手段,来从野蛮状态中脱离出来。"[④]而当时以努尔哈齐为首的满族社会就是曾经采用这种奴隶占有制的社会。

六、结束语

如前所述,历史事实充分证明了:大约在 16 世纪 70 年代到 17 世纪 20 年代(1577—1627 年)的 50 年间,努尔哈齐领导的满族的社会发展阶段,肯定的是属于奴隶占有制而不是属于氏族社会末期的家长奴役制。

现在仍须加以补充说明的,有下列三点:

第一,早在 14 世纪末,在作为一个向前发展的女真人集团尚未定居于赫图阿拉地方以前,即在搬到今吉林省东南的珲春一带的时期,它的社会内部已经有奴隶的存在。请看当时明朝人的记载:

> 洪武十八年(1385 年)九月甲申,女直(即女真)高那日、捌秃、秃鲁不花三人,诣辽东都指挥使司来归,自言:高那日乃故元奚关(珲春边)总管府水银千户所百户,捌秃、秃鲁不花乃失怜(浦监斯德东方)千户之部人也,皆为野人获而奴之,不胜困苦。辽东,乐土也,愿居之。乞圣朝(指

---

① 《老档秘录》卷下,页三〇上下。

② 《老档秘录》卷下,页三一下。

③ 《清史列传》,中华书局版,卷三,页一下至二上云:"天聪五年十月,明总兵祖大寿请降,以子可法质。……因问:尔等死守空城(大凌河城)何意?曰:畏屠戮耳。岳托曰:辽东以久不降,故诛之。杀永平人,乃贝勒阿敏所为,已论罄之矣。……六年正月(岳托)奏言:前克辽东、广宁,汉人拒命者诛之,复屠永平、滦州汉人,纵极力抚谕,人怀疑惧。今天与我以大凌河汉人,正使天下知我善养人也!"文中关于辽东、广宁的杀降,即指努尔哈齐进入辽东初期时事。

④ 《反杜林论》,人民出版社 1956 年版,第 187 页。

明朝)垂恩,得以琉璃珠、弓弦、锡蜡遗野人,则可赎八百余家,俱入辽东。

事闻。赐高那日等衣人一袭、琉璃珠五百索、锡五斤、弓弦十九。①

这种"获而奴之,不胜困苦"的奴隶,多半就是"包衣阿哈"即"家奴",或者叫作"包衣捏儿麻"即"家人"或"家子",系指奴隶社会的最初形态的家内奴隶,是毋庸置疑的。所以,从这以后,经过两个世纪的长期发展,"从最初的大规模的社会分工中,产生了社会的最初的大分裂——主人与奴隶、剥削者与被剥削者二大阶级"②。不可否认,这是满族社会发展阶段中的必然结果。

第二,在当时满族社会里,同时还存在着"由氏族制度中发展起来的军事民主主义",从努尔哈齐所说:

征战之时,八旗贝勒属下与他旗下,凡有事故,经众审理而后入告,勿独自入告;若独自入告,是非之间,必相争执矣。若经众审理以告,则自无怨尤。贝勒处若欲放鹰行围以取乐,须众议皆允,始可行之。③

完全可以得到证实。当时满族的实际情况即是"每有征伐,俘获人物,无问多寡,悉令均分,不使偏颇,故士卒无不感奋用命。"④这种军事民主主义一直维持很长的时间,在皇太极时代仍然十分显著。有当时人胡贡明的两段话可以作证:

我国(指满族社会)地窄人稀,贡赋极少,全赖兵马出去抢些财物,若有得来必同八家平分之;得些人来,必分八家平养之。譬如皇上出件皮袄,各家少不得也出件皮袄;皇上出张桌席,各家少不得也出张桌席。

有人必八家分养之,地土必八家分据之,即一人尺土,贝勒不容于皇上,皇上亦不容(于)贝勒,事事掣肘,虽有一汗之虚名,实无异整黄旗一贝勒也。⑤

另一件史实是:

崇德三年(1638年),上与诸臣论兵事,以吕尚训勉诸臣。(石)廷柱奏言:吕尚能专制阃外生杀,故所向有功。今臣等若有过,下部逮讯,虽佐

---

① 《明太祖洪武实录》卷一七五,页三下。参见[日]和田清:《明初女真社会的变迁》,《史学杂志》第 48 卷第 9 期,他对这段略有注释。

② 《家庭、私有制和国家的起源》,第 155 页。

③ 《老档秘录》卷上,页二八下。

④ 《老档秘录》卷上,页一下。

⑤ 《天聪朝臣工奏议》卷上,页一一上、三五下。

领以下,亦当与之比肩对薄,其何以堪?诸大臣以其言戆,请下刑部议罪,论死。上特宥之。①

石廷柱是八旗汉军的都统,认为与"佐领以下比肩对薄",即是丧失了自己的身份,他不能了解这种军事民主主义,是不足为怪的。问题却在于,这种军事民主主义为什么保留在奴隶社会呢?恩格斯在《家庭、私有制和国家的起源》中的如下论述,可以帮助我们了解这个问题:"所以称为军事民主主义者,因为战争及进行战争的组织现在成了人民生活的正常的职能了。邻人的财富刺激了各民族(民族应作部族。——引用者)的贪欲,获得财富已成为他们最重要的生活目的之一。"②这就充分说明了军事民主主义之所以保留在奴隶社会中的根本原因。

第三,从努尔哈齐领导的满族于 1621 年进入辽沈地区以后直到他的孙子清世祖福临于 1644 年迁都北京以前的二十年期间,是满族社会从奴隶制过渡到封建制的一个急剧的复杂的重要阶段。不管满文的或者汉文的现存材料都非常丰富,要想解决这一过渡性质的历史阶段的问题,仍有待今后更进一步地深入钻研和全面分析,这里姑且从略。

---

① 《满洲名臣传》,菊花书屋本,卷七,页三四上下。
② 《家庭、私有制和国家的起源》,第 158 页。

皇太极时代满族向封建制的过渡

一、引　言

根据努尔哈齐时代(1577—1627 年)的以旧老城、赫图阿拉为其中心聚居区的满族社会的经济基础、阶级结构等,都说明了当时满族社会经济形态是奴隶占有制①。可是,就在以努尔哈齐为首的满族于 17 世纪 20 年代之初进入广大汉族人民居住的早已高度农业化了的辽河平原的时候,我们已经看到当时满族社会内部同时还存在着早期封建制的生产关系。从这以后,在努尔哈齐的继承者皇太极统治了不到 20 年(1627—1643 年)中,更明显地可以看出,正是满族社会从奴隶制生产关系过渡到封建制生产关系的一个急剧的而又十分复杂的重要阶段。

在研究这一时期满族社会内部的奴隶制和封建制两种生产关系并存以及由奴隶制的生产关系向封建制的生产关系过渡时,一方面固然要注意满族本身的发展情况,同时还要注意外来的影响。易言之,我们不但要注意它和自然兴发的民族一样在社会发展方面的一般规律,而且也要注意它处在四面受高度文化的其他民族包围中的发展特殊性。

满族社会发展的一般规律,依据作者个人的初步考察,和自然兴发的民族并不两样,是曾经经历过奴隶制,而在努尔哈齐时代还正处在奴隶占有制这一阶段。至于它受到的外来影响,如所周知,不但很大很多,而且为时很久。历史事实充分证明了,努尔哈齐领导的满族,虽然和以前的、已经深入到华北平原和居住在辽河平原的那些女真人有所区别,然而他们仍是女真集团的一支,长时期生活在历时五六百年之久的辽、金、元、明四个王朝统治之下,不可避免

---

① 　参见拙著《满族在努尔哈齐时代的社会经济形态》,见本书。

地已经经受着、吸收着进步的其他各族的经济和文化。如果因为这一部分向前发展的女真人留住在东北边远的水滨和山岳地带，就说他们的生活和进步的其他各族绝了缘，仍然长期停留在落后的原始公社阶段，实在是令人不可想象的事。

我们说满族在努尔哈齐时代的社会经济形态还处在奴隶占有制阶段，这并不意味着这一时期满族社会内部已经完全没有氏族制的残余了，同时也不是否认在这一时期没有早期封建制的因素之出现。但也只有在进入辽沈地区以后大约二十年期间，满族社会由于它本身发展的固有因素，再加上不由人们意志所能自由改变得了的外来影响，所有这一切，才能促进它大踏步地、加速度地转向封建化这一历史过程。

下面举两个例子来说明这一时期满族社会的急剧变化：一个是在皇太极统治的初期，1628 年（天聪二年），汉人当时写道：

> 臣观我国（指满族社会）之中平人，有钱者得戴贝勒大人之帽，得穿贝勒大人之衣，扬扬得意，街头横行；有等贫穷官员（指满人），饿莩其色，悬鹑其衣，路人见之作践凌轹，晋驾榜笞，同于乞丐。①

另一个是在皇太极统治的末期，1643 年（崇德八年），满人也说：

> 昔太祖（努尔哈齐）诛戮汉人，抚养满洲；今汉人有为王者矣，有为昂邦章京（满语 amban janggin"总兵官"之意）者矣。至于宗室（指满族贵族），今有为官者，有为民者，时势颠倒一至于此。②

不可否认，这些都是满族社会在皇太极时代内部急剧转向封建化的成分正在滋长着和发展着，因而和努尔哈齐时代有着显然不同的变化。

从历史虽短的大约二十年这一时期的研究中，充分证实了早期封建因素在满族社会内部的长期存在，而进步的其他各族的经济来往和文化交流，对它的影响也是使其能迅速地、全面地转入封建社会的不可缺少的重要环节。将这两方面综合起来加以研究和分析，可以肯定满族之所以能够进行统治全中国竟达三百年的局面，不是什么不可以理解的偶然现象，而是有它自己的经济基础和社会根源的。

---

① 《明清史料》，前中央研究院历史语言研究所版，甲编第一本，页四九下。
② 《清太宗文皇帝实录》（以下简称《文录》），《大清历朝实录》本，卷六四，页八上。

二、关于生产力水平

我们都知道，封建私有财产的发展，是合乎客观规律的经济过程，是生产方式发展的必然结果。关于这一问题，马克思列宁主义的奠基人有着极为宝贵的指示。恩格斯写道："私有财产的形成，到处都是生产关系和交换关系改变的结果，是为了提高生产、发展交流的利益，所以是由于经济的原因。"①这是必不可缺的经济过程，是生产及随生产变化而来的劳动生产率不断增长的结果。由此可见，要理解封建土地所有制的起源，就只有首先研究生产力的发展，因为生产关系经常是按照生产力的性质而"改造"着自己。②

当努尔哈齐时代的满族社会，无可争辩地是以农业生产为主、畜牧业生产为辅的农业经济社会。可是，到 17 世纪 20—40 年代这二十年内，特别是已经进入到高度农业化了的辽沈地区以后，努尔哈齐的事业由他的儿子皇太极继续统治，从而满族社会经济获得了前所未有的发展。

首先，农业生产成为当时满族社会的主要生产方式；不可否认的是，原来从事农业生产而又有较高的农业生产技术的广大汉族农民，在这方面起了相当大的推动作用。这在努尔哈齐晚期即已如此。1622 年（天命七年）努尔哈齐曾这样说过：

> 曾著满汉人等合居一处，同住、同食、同耕……自此以后，满洲人与汉人合舍而居，计口合粮而食，所有田地，满汉人等务宜各自耕种……③

从当时人于 1624 年（天命九年）亲自去过辽沈地区的目击者的报道里，更可明显看出：

> 游击朱尚元差人自虏中（指满族）来言：夷兵（指满兵）三万，汉兵四万，屯驻盖州、海州、辽阳、沈阳、铁岭之间，南北四百里，东西二百里，汉人内耕，夷人（指满人）外卫……④

---

① 《反杜林论》，人民出版社 1956 年版，第 167 页。
② 参见斯大林：《苏联社会主义经济问题》，人民出版社 1953 年版，第 45—46 页。
③ 《老档秘录》，见《瓜圃丛刊》本，上编，页二九下。
④ 《朝鲜仁祖实录》（节抄本），第 1 册，第 56 页，仁祖二年（即天命九年，1624 年）"甲子十二月丙戌"条。

到皇太极时代,满族统治者重视农业生产的政策和措施,也促进了农业生产进一步的巩固和发展。这种重视农业的政策在整个皇太极统治的将近二十年期间是始终如一的。

> 天命十一年(1626年)八月丙子,上(即皇太极)谕曰:工筑之兴,有妨农务……嗣后……止令修补,不复兴筑,用恤民力,专勤南亩,以重本务。其村庄田土,八旗移居已定,今后无事更移,可使各安其业,无荒耕种,愿迁移者听之。至于满、汉之人,均属一体……在擅取庄民牛、羊、鸡、豚者,罪之……

> 天聪四年(1630年)春正月……上以时方春和,命汉民乘时耕种,给以牛具。复榜示归顺各屯,令各安心农业。

> 崇德八年(1643年)夏四月甲戌,多罗豫郡王多铎奏言:古昔之制,兵者不得已而用之也。若恃强取胜,非义妄动,天必不佑。臣窃思今日之势,似宜暂停师旅。至于国中兴作,俟规模既定,然后举行,总以农务为急。农务克勤,则庶民衣食丰足。衣食丰足,则举国庆豫……①

特别是辽河平原这一高度农业化了的地区和人民,到这时,已经成为满族社会经济中不可分割的组成部分。满族统治者皇太极在1634年(天聪八年)写给朝鲜国王李倧的一封信中就明确指出了这一点:

> ……明之诸臣,辄欲索还辽东、广宁故地。夫以天赐我辽东、广宁之人民及各方归附蒙古,欲尽居于曩时狭隘之地,将使人众可以并室而居,地少可以不耕而食耶? 其势有所不能也! ……②

作为满族的统治者皇太极,对于农业生产技术各方面的改进也是极其重视的。在1633年(天聪七年)有他一篇很长的"告谕",这样写道:

> 田畴庐舍,民生攸赖。劝农讲武,国之大经。尔等宜各往该管屯地,详加体察,不可以部务推诿。若有二、三牛录同居一堡者,著于各田地附近之处,大筑墙垣,散建房屋以居之。迁移之时,宜听其便。至于树艺之法:洼地当种粱稗,高田随地所宜种之。地瘠须加培壅,耕牛须善饲养,尔等俱一一严伤。如贫民无牛者,付有力之家代种。一切徭役,宜派有力

---

① 《文录》卷一,页九下至一〇上;卷六,页一〇上;卷六四,页一七上。
② 《文录》卷一八,页八下。

者,勿得累及贫民。如此,方称牛录额真之职。若以贫民为可虐,滥行役使,惟尔等子弟徇庇,免其差徭,则设尔牛录额真何益耶? 至所居有卑湿者,宜令迁移。若惮于迁移,以致伤稼害畜,俱尔等牛录额真是问。方今疆土日辟,凡田地有不堪种者,尽可更换,许诉部臣换给。如给地之时,尔牛录额真(满语 nirui ejen,即后来八旗中的佐领)。章京(满语 janggin,系次于额真的官)自占近便沃壤,将远瘠之地分给贫人,许贫人陈诉……①

1636 年(崇德元年)他又说:

> ……至树艺所宜,各因地利:卑湿者可种秭稻、高粱,高阜者可种杂粮。勤力培壅,乘地滋润,及时耕种,则秋成刈获,户庆充盈;如失时不耕,粮从何得耶?②

由于农业生产的进一步发展,本来只是直接为自身的消费而生产的农作物,进而采取商品的形式。这从当时人鲍承先的一段话里可以得到证明:

> 官民有余粮者,官籴以给新人之用……若一闻官买粮用,必不上市,其价必长。价一高,穷民不免受此饿死……以后止可照市价给折色银两……若折银给散,籴买便易……③

而有粮之家,更囤积居大奇,乘时射利,即满族统治者皇太极本人亦不以此为讳:

> 米谷所以备食,市籴所以流通。有粮之家,辄自收藏,必待市价腾贵,方肯出籴。此何意耶? 今当各计尔等家口足用外,有余者即往市籴卖,勿得仍前壅积,致有谷贵之虞。先令八家(指八个满族贵族之家)各出粮一百石,诣市发卖,以充民食。

> 朕闻臣家富室,有积储者,多期望谷价腾贵,以便乘时射利……向者国赋不充,已令八家各输藏谷,或散赈,或籴卖。今八家有粮者,无论多寡,尽令发卖,伊等何不念及于此? 今后……官民富饶者,凡有藏谷,俱著

---

① 《文录》卷一三,页四上至五上。据此可知当时的"牛录额真章京"是兼理民事、参加农业生产劳动的,与后来"佐领"只管档子、钱粮者不同。

② 《文录》卷三一,页一七下。同书卷三四,页一三下至一四上又云:"……凡播谷必相其土宜:土燥则种黍谷,土湿则种秫秭。各屯堡拨什库,无论远近,皆宜勤督耕耘;若不时加督率,至废农事者,罪之。"可以参证。

③ 《天聪朝臣工奏议》,《史料丛刊初编》本,卷中,页一一上。

发卖……令伊等得价贸易……①

就这样,在这一期间,"纳粟之例"甚为流行:"获罪之人,无银纳赎:愿轮粮者,准依时价算收;有余粮愿助者,量给奖赏;愿卖者,许其自粜。"②作为商品的农业生产物,可以流到最远的市场上去,变成了既可以赎罪又可以买官的万能之物。

在农业生产日益进步、日益发展的同时,畜牧业生产必然只能是与小农经济相结合的家庭副业,同时也以商品的形式出现于市场之上。努尔哈齐于1624年(天命九年)曾经这样规定着:

> ……售马、牛、骡、羊、鹅、鸭、鸡之人,务各以自养者售之,以图获利。其买他人之物而售者,人见之,可执售者来告,即以其物令执之者取之。凡售牲畜,以银核计:一两收税一钱,以二分令收税人取之,以一分令牛录额真、代理章京取之;汉人之税,以一分令所管备御及汉千总取之;蒙古人之牲畜,令蒙古人售之店舍之主,不准代售,以二分令收税之人取之,以一分令店舍之主取之。盖以街市所有之牲畜,盗卖者多,则国内盗贼起矣。故颁谕通知。③

为了保护农业生产的向前发展,到皇太极时代对于牛、马、骡、驴不得不采取保护政策。皇太极于1627年(天聪元年)颁布了这样一道禁令:

> 马骡以备驰驱,牛驴以资负载,羊豚牲畜,以供食用,各有所宜,非可任情宰杀也。嗣后自宫中暨诸贝勒,以至小民,凡祭祀、筵宴及殡葬市卖,所用牛、马、骡、驴,永行禁止。④

同时规定:

> 自宫中及诸贝勒,以至小民,凡祭祀、筵宴及殡葬市卖,止许用羊、豚及鸡、鹅、鸭等物。⑤

他跟着又说:

> 明国及朝鲜、蒙古之人,善于孳牧,以致蕃盛。我国人民既不善于孳

---

① 《文录》卷三一,页一七上下;卷三四,页一三上下。
② 《文录》卷五八,页一四上至一五上。
③ 《满洲老档秘录》上编,页四一下至四二上。后以取税过重,至天聪之初减轻。
④ 《文录》卷三,页三五下。
⑤ 《文录》卷三,页三六上。

牧,复不知撙节,过于宰杀,牲畜何由得蕃? 今后务须加意牧养,以期
蓄息。①

这是由于这一时期畜牧业退到与小农经济相结合的家庭副业这个客观事实所
决定了的。

其次,狩猎、采集经济在这一时期满族社会的生产部门中,仍然没有完全
脱离目的在获得部分的生活资料的生产活动范围。这从满族统治者皇太极的
话里就可明显看出:

> 人参、貂皮……我民所赖以为生者。②

又说:

> 我军往来甚便,耕种樵采,无所不可。③

其中"采参"④和"采蜜"⑤更是这一时期满族劳动人民以其当作商品出售的重
要的生产活动。关于这一点,皇太极也曾明确指出过:

> 我国满、汉、蒙古人等当采参……与之(指明国)交易。⑥

事实证明,在满族和朝鲜的经济交流的"互市"中,主要是以两国出产的"土
物"或"土产"⑦作为商品交换的。现在举两个实例于下:

> 仁祖六年戊辰十二月,胡差(指满族方面派到朝鲜去的使者)出给人
> 参四百八十余斤,责换青布一万九千余匹。

> 仁祖十二年甲戌三月乙卯,胡差龙骨大(即英俄尔岱)马夫大(即马

---

① 《文录》卷三,页三六上下。
② 《文录》卷二,页四上。
③ 《文录》卷四,页一二下。
④ 《文录》卷六五,页二七上下有云:"崇德八年(1643年)秋七月戊午,上谕固山额真曰:
凡勤力行间、勤敏素著者,准令其部下人自行采参。如有怠于戎事,素无勤劳,以不准采参。心怀
嫉妒者,即系奸险之辈,必治以法。于是以鳌拜巴图鲁下五十九人,伊尔登下三十七人,承政车尔
格下五十九人,格格里侍卫下三十四人,索浑下二十七人,达隆阿之子岳贝下三十二人,敖特下
四十三人,厄参下二十三人,班什之子董世库下六十一人,达都护侍卫下四十三人,乌尔式侍卫
下三十二人,护军统领图赖下二十七人,谭布下十四人,多罗额驸固山额真英俄尔岱下一百人,
宗室赖慕布下五十人,诺穆洪下二十八人,马克图下三十六人,固伦董鄂公主下一牛录,哲尔本
公下一牛录,俱准自行采参。"则其他牛录下人之"勤力行间、勤敏素著者",亦准自行采参可
知。
⑤ 《文录》卷六五,页三二下有"采蜜多人,原未奉禁"一语,则知采蜜亦系当时满族人民的
主要生产劳动之一。
⑥ 《文录》卷五,页一六上。
⑦ 《朝鲜仁祖实录》第1册,第388—389、338页。

福塔)……率从胡百余以来……仍言人参八百斤、银子万余两交易之
事云。①

可见人参在对外的土产商品交换中占很重要的一项。再拿皇太极于1627年
(天聪元年)向明的东北边防大员宁远巡抚袁崇焕谈和时提出的交换条件作
例,皇太极提出的交换条件即是:

> 当以金十万两、银百万两、缎百万疋、布千万疋为和好之礼。既和之
> 后……每岁我国以东珠十粒、貂皮千张、人参千斤馈送于尔;尔国以金一
> 万两、银十万两、缎十万疋、布三十万疋报我。②

后来又略加修改:

> 初和之礼,可减其半:尔国送金五万两、银五十万两、缎五十万疋、梭
> 布五百万疋;我国亦以东珠十粒、黑狐皮二张、元狐皮十张、貂鼠皮二百
> 张、人参一千斤相答。既和以后……每年尔国送金一万两、银十万两、缎
> 十万疋、梭布三十万疋;我国以东珠十粒、人参一千斤、貂皮五百张
> 相答。③

就这次谈和本身而论,固然没有成为事实;但从皇太极所提出的交换条件来
看,其中数以千斤计的人参和数百张计的貂皮不是当作生活资料采集,而是当
作商品采集,则是当时狩猎采集经济这个客观存在的具体反映。

同时也必须提出,到这时,在满族上层的贵族方面,由于日益脱离生产、轻
视劳动甚至认为劳动是可耻的行为,所以他们把狩猎和采集的生产活动,看成
一种寄生生活点缀的娱乐和消遣。一个明显的例子是满族贵族阿敏的出猎,
即是为了娱乐:

> 阿敏于牛庄、张义站屡次出猎;又私自造箭,复欲行猎,不思急公,不
> 守城池,惟耽逸乐。④

又如皇太极的"观渔纾忧",则纯粹属于消遣:

---

① 《朝鲜仁祖实录》第2册,第93、340页。又同书第3册第3页云:"仁祖十三年(1635
年)乙亥四月乙巳,金差(亦指满族的使者而言)马夫达(即马福塔)率商胡赍银一万七千四百七
十五两、参七十六斤以来。"可以互证。
② 《满洲老档秘录》下编,页二下。
③ 《满洲老档秘录》下编,页六上。
④ 《文录》卷七,页一六下至一七上。

> 上偕和硕礼亲王代善、和硕成亲王岳托,往浑河观渔。以萨哈廉(代善之子)薨故,纾代善忧也。①

相反地,满族统治者对广大满族劳动人民旨在获得部分生活资料和当作商品采集的狩猎采集生产活动却加以种种限制。从 1627 年(天聪元年)下的禁令即可证实:

> 其田猎采捕之事,立有规条:须先告知本旗贝勒,与贝勒属下人同往;凡边内狼、狐、貉、獐、雉、鱼等物,各听其采捕;惟狍、鹿不许逐杀,恐疲马力,有妨武事;并禁止边外行猎;违者均罪之。②

其次,这一时期满族社会的手工业生产,一般仍然是作为农业的副业,例如 1634 年(天聪八年)的行军,曾规定"每牛录出铁匠一名,镢五、镐五、锹五、斧五、锛二、凿二,每人随带镰刀。"③又于 1641 年(崇德六年)规定"每牛录原铁匠六名,王贝勒取一名,退去一名,止许留四名"。④ 其为副业性质,基本上和努尔哈齐时代并不两样。但城市手工业比起努尔哈齐时代来,显然有着很大程度的不同。在清初的记载里常常提到"赏工部各色匠役四十五人","八家匠役","赏织造匠役三十二人"⑤等。无疑的,他们都是城市手工业的匠人。仔细考察这一时期的手工业者,除上面已举的"织匠"以外,比如"瓦匠"、"弓匠"、"矢匠"、"银匠"、"铁匠"、"铸匠"、"鞍匠"、"船匠"、"磁匠"⑥等等,是无一不齐全了。毋庸置疑的,这些手工业者已经从农业中分离出来,主要靠出卖自己的劳动力为生,专门从事手工业生产而不再是副业性质。

我们已经知道,满族社会的冶炼铁矿虽然是从 16 世纪之末 1599 年才正式开始的⑦,但这不等于说在这以前并不知道有铁器的存在。历史事实证明,远在 4 世纪的"扶余"即已出"金"(指铁而言)为"高句丽"所采集。⑧ 到了

---

① 《文录》卷二九,页八下。这些例子很多,不胜枚举。郑天挺:《清史探微》,独立出版社1946 年版,第 35—36 页,可以参考。

② 《文录》卷一,页一〇下。

③ 《文录》卷一八,页二四下至二五上。

④ 《文录》卷五五,页二七下至二八上。

⑤ 《文录》卷三九,页一一上;卷五七,页四〇上;卷六二,页七上。

⑥ 《文录》卷三六,页三五上;卷四七,页五上;卷五五,页二七下;卷八页,三下;卷五五,页二八上;卷三三,页一三下;卷四四,页二八下。

⑦ 《满洲实录》,满和对译本,第 83 页。

⑧ 《魏书》,百纳本,卷一〇〇,页五下"高句丽传"。

10—12 世纪的宋王朝,女真人居住的珲春、延吉、宁安、三姓(今依兰)等地确有"多金"的出产。① 尤以"宁古塔地中尝掘出旧铁,多正隆字样"②,正隆为金王朝第四代海陵王的年号,可以证明矿冶业至迟在 12 世纪的下半期确已出现。再说,从 14 世纪之初的明王朝起,铁器在满族社会的广泛使用是谁也不能否认的事实,虽然这些"耕牛农器"大半都是从明与朝鲜交换而来的。

冶铁业在努尔哈齐末年已经有了很大的发展,到皇太极时代更是突飞猛进。即以"钢铁"一项来说,在这一时期也已经出现了。满人浑塔亲自这样供认:

> 我携钢铁,只送贝勒阿济格,不送我本贝勒(多尔衮)。此事荆古尔代可证。③

因为冶铁业的发达,所以满族不但自己能够制造"炮子"、"火药",而且还会制造"大炮"、"火箭"④。当时制造"炮子"和"火药"的数量很大,例如在 1639 年(崇德四年)的对明战役中,"汉军所需炮子一万,火药五万斤"⑤,就动辄以万计。"红衣大炮"的铸造,开始于 1631 年(天聪五年)。清初人有过明确的记载:

> 天聪五年春正月……造红衣大将军炮成。镌曰:天佑助威大将军,天聪五年孟春吉旦造。督造官总兵官额驸佟养性,监造官游击丁启明,备御祝世荫,铸匠王天相、窦守位,铁匠刘计平。先是我国(指满族社会)未备火器,造炮自此始。⑥

"红衣大炮"的初次铸造,即以"数十""百"计⑦,数量之多可知。铸造大炮、炮子、火药的中心地点,是在当时满族的首府"盛京"(今沈阳)。⑧ 后来在"归化城"(今内蒙古呼和浩特市)和"锦州"(今辽宁锦县)⑨两地同样也可以铸造。

---

① 《契丹国志》,扫叶山房校刊本,卷二六,页二上"女真国"条。

② 《绝域纪略》,见《吉林通志》,光绪年间刊本,卷三一,页三一下至三二上引。

③ 《文录》卷二一,页一九下。

④ 《文录》卷九,页四二下。

⑤ 《文录》卷四五,页一九上。

⑥ 《文录》卷八,页三上下。

⑦ 《文录》卷九页一六上云:"其随营红衣炮、大将军炮四十位。"是天聪五年秋七月的事;卷一〇页二下又云:"旧汉兵全军载红衣炮六位、将军炮五十四位。"是天聪五年冬十月的事。同在一年,只依所举两条记录合而计之,即有一百之数。此外不见记录者,必不在少数。

⑧ 《文录》卷九,页三三下、四〇下至四一上;卷四五,页二五上。

⑨ 《文录》卷五六,页二四下;卷六二,页一下至二上。

此外，这一时期的纺织业主要是织布，大体上能够自给自足，虽然还是作为农业中的副业，但也不像努尔哈齐时代那样"不以织布为意"而"以取资他国之物为生"的处于落后形态之中。从皇太极所说：

> 辽东原自产棉……下令督织，已经五载矣！其精粗绢帛，亦尝织造；特恐妨织布之工，是以禁止……①

和朝鲜国王李倧的回信：

> 贵国（指满族社会）跨有全辽，麻、丝、布、帛，土产既饶，服用自裕……②

的两段话即可证实这一点。

满族人民原本不善于造船③，由于冶铁业的发达，到这一时期造船业也得到了相当的发展。1633年（天聪七年）发生过这样一个事实：

> 佟克申随巴布泰出征时，于库勒讷林中造船八艘。即以所造船往征虎尔哈，克之而归。④

从这以后，就有"佟克申式样"、"朝鲜式样"和"汉人式样"⑤三种不同的造船样式。其造船地点主要在"叆阳河边"和"黑龙江海滨诸处"⑥。

这里必须指出，当时的铸匠、铁匠、织匠和船匠，虽然绝大部分都是汉人⑦，可是他们十之八九是世代居住在辽沈地区之内，到这一时期又都参加到至少接受了满族统治者的统治，已经成为与整个满族社会血肉相连不分割的组成部分，从而不能再把他们都看作外来影响而不是内在因素了。

末了，商业在这一时代的进展，不仅有已经脱离农牧业的大批商人的存在，

---

① 《文录》卷一五，页二〇下。按此系天聪七年九月之事，由此上溯五载，则知督织始于天聪二年。

② 《文录》卷一六，页九下。

③ 《文录》卷九，页六上下，皇太极写给朝鲜国王李倧的信中曾亲口承认："我军尚未谙舟楫，尔国人操舟之善，更胜于明。如念兄弟之好，宜与坚大战船，每船各拨给操舟之人。"即是明证。

④ 《文录》卷一五，页二六下至二七上。

⑤ 《文录》卷三三，页一三下至一四上；卷二二，页二五下。

⑥ 《文录》卷三三，页一三下至一四上；卷三七，页二八上。

⑦ 《文录》卷一六，页七下至八上有云："天聪七年冬十月丙子……授丁启明为二等参将（原为游击，官较小）。启明系明末弁，被擒收养，因善铸……故授是职。"其他像祝世阴、王天相、窦守位、刘计平等，无一莫非汉人。《文录》卷二二，页二五下汉官沈佩瑞上书自荐：素习"汉人船艘样式"，愿为满族统治者修造坚固船只，并告当时由明投清的"孔有德、耿仲明之营中，皆有善于操舟之人，又万无一失者"。可证汉人的船匠当不在少数。

而且还出现了市容异常繁华的商业城市。试看努尔哈齐末年沈阳的繁荣情况：

> 无论满洲、汉人，凡设立店肆者，务将肆主之姓名，刻于石木之上，立
> 于肆前。若不号记肆主之姓名，则治以罪；无店肆之记号而携物出售者，
> 概行禁止……

> （正月）初二日，上（努尔哈齐）率诸贝勒于戌刻出宫，御城西墙远处
> 之慈爱门。上命肆陈百戏，燃放爆竹泥筒。既毕，至亥刻进宫……①

到皇太极时代，商业税在满族社会的国家财政经济中占着很大的比重。皇太
极于 1626 年（天命十一年）即位之初，在他下的"告谕"中即已指出：

> 通商为市，国家经费所出，应任其交易，漏税者罪之；若往外国交易，
> 亦当告知诸贝勒，私往者罪之……②

在满族的对外贸易中，由于从努尔哈齐时代起，与明长期处于战争状态的缘
故，和明的公开互市是不多见的。也就因为这样，所以在这一时期，主要是与
朝鲜的经济交流特别发达。在《朝鲜实录》中，满族方面的商人被称为"金国
商人"、"商贾"、"买卖人"、"贾胡"和"商胡"③的，屡见不鲜。这些去朝鲜贸
易的满族商人，经常是以数十计、数百计甚至过千④。在有规定性的互市之
外，也常有"潜商"⑤的事实发生。

---

① 《满洲老档秘录》上编，页三一上、四一上下。

② 《文录》卷一，页一〇下。如梅勒章京锡翰于 1642 年"违禁私令汉人贸易"，竟被革去梅勒章京之职（见《文录》卷六一，页八下至九上）。即皇室贵族亦不例外，如 1641 年多罗郡王阿达礼的母亲违禁，遣人至明境贸易，后被告发，受到"出府，不许主家事，仍罚银五千两"（见《文录》卷五五，页二上）的处分。

③ 《朝鲜仁祖实录》第 2 册，第 68 页既明言"金国商人"，其为满族商人无疑。第三册第 68 页有云："仁祖十四年丙子（1636 年）九月辛亥，虏将马夫大（即《清实录》中之马福塔）持商贾赍价到中江。"商贾自是指满族商人而言。又第 2 册第 230 页有"去会宁督市金官狼革带领官使二十二人，买卖人数难以预定"一语，则"买卖人"亦系指满族商人而言。第 30 页云："仁祖六年戊辰三月丙寅，备局启曰：龙（即龙骨儿，为《清实录》中之英俄尔岱）、朴（即朴兰英）两胡，固请开市，不得已许之。……贾胡及守护军兵所馈，初无所约。……"贾胡可为满族商人之证。第 43 页云："仁祖六年戊辰四月丙午，申景瑗驰启曰：商胡撤回未及沈阳一日，而义州、铁山、郭山被掳女人逃还，言：商胡辈以为朝鲜既请赎还，而不惟不即赎去，又从而使之亡走。"商胡亦可为满族商人之证。

④ 《朝鲜仁祖实录》第 2 册，第 94 页，云："差胡者老等率商胡八十人出来会宁府。"及第 336 页，云："差胡率商胡七十八人，来到会宁。"第 3 册，第 4 页，云："仁祖十三年乙亥五月辛亥，金差马夫达率商胡一百六十人入京。"又第 2 册，第 23 页，云："仁祖六年戊辰二月庚申，郑忠信启曰：龙骨大领开市胡人千余，所豆里领守护军三百余，出来到镇江。"可证。

⑤ 《朝鲜仁祖实录》第 2 册，第 13、127 页；第 3 册，第 253 页。

不但如此,尚在1637年朝鲜完全"臣服"于满族统治者以前,所谓"春秋信使之行,买卖无异于开市"①。《朝鲜实录》中还有一个关于"通使"的总结性的报道,现在把它抄在下面:

仁祖十四年丙子(1636年)二月己卯,自丁卯(1627年)以来,输岁币于金国者:杂色䌷合六百匹,白苎布二百匹,白布四百匹,杂色木棉二千匹,正木棉五千匹,貂皮五十张,水獭皮二百张,青黍皮一百六十张,霜华纸五百卷,白棉纸一千卷,彩花席五十张,花纹席五十张,龙席一张,好刀八柄,小刀八柄,丹木二百斤,胡椒、黄栗、大枣、银杏各十斗,乾柿五十贴,全鳆十贴,天池、雀舌茶各五十封。今年又因金国诘责,逐加白䌷二百匹,白布二百匹,正木棉三千匹,青黍皮四十张,白棉纸五百卷,好刀十二柄,小刀十二柄。②

由此可见,朝鲜方面所输出的贡额之大、品类之多了。

除一般商人外,这一时期又有皇室的"包衣交易之人",贵族的"八家商人"和"府内人"③等,经常到境外去贸易,是一种满族贵族经营商业的特权,特别受到国家法律的保护。

这一时期满族的主要市场,如果以它的首府沈阳作为商业中心的话,在东北方对朝鲜的贸易,主要是会宁、义州、中江④三处;在西南方对汉人的贸易,主要是张家口、沙河堡⑤两处;在西方对蒙人的贸易,主要是"归化城"⑥。一般说来,满族对外的商品交换,从汉人输入的是缎匹、布、茶⑦,从朝鲜人输入的是米、牛、布、帛⑧,从蒙人输入的是马匹⑨,而从满族输出的主要是人参和

---

① 《朝鲜仁祖实录》第2册,第171页。第332页有"欲于本国(朝鲜)信使之行,略带商贾,以资通货"语,可为佐证。

② 《朝鲜仁祖实录》第3册,第19—20页。

③ 《文录》卷三五,页二六下;卷二三,页一七上;卷四一,页三上、七下;卷五二,页二三下;卷五八,页二五上。

④ 会宁见《文录》卷四,页九上下;卷一三,页一一上。义州见同书卷一五,页一九上。中江见同书卷四,页三上下。此外尚有连山,见同书卷六一,页四下,亦是两国互市之处。

⑤ 张家口见《文录》卷一二,页一〇下,沙河堡见同书卷二四,页一八上下。

⑥ 《文录》卷五二,页二五下。

⑦ 《文录》卷二五,页七上;卷四八,页一六上;卷六一,页八下至九上。

⑧ 《文录》卷四,页六上;卷九,页一八下至一九上。

⑨ 《文录》卷五二,页二五下。

貂皮①。

　　根据上面所述,我们可以看出这一时期满族社会经济的特征:第一,农业生产为主,本来只为自身消费而生产的农作物,进而采取了商品形式;畜牧业退到与小农经济相结合的家庭副业;狩猎、采集经济在这一时期内之所以仍然占有重要地位,主要是由于当作商品采集。第二,手工业一般是作为农业的副业,如纺织业就是与"耕织"②并称;至于城市手工业,主要为统治阶级服务,特别是为军事生产服务,如冶铁业,能够自己铸造"炮子"、"火药"、"大炮"和"火箭";生产其他的日用品并不太多,所以虽有商品交换,但不起多大的作用。第三,这一时期满族社会中不但有商人阶级的存在,而且作为当时满族的商业中心沈阳也形成了。因此,这一时期满族社会中自然经济的统治地位似已开始动摇了。

三、大庄园制经济和租佃关系

　　满族在努尔哈齐时代,庄园制的"拖克索"确曾大量存在。无可争辩的,这些属于大土地所有者的庄园制是当时满族社会的主要力量。

　　早在努尔哈齐时代就固定下来的八旗旗地③,到皇太极时代基本上没有多大的变动。如皇太极于1626年刚刚即位的时期,即曾明白表示过:

　　　　……其村庄田土,八旗移居已定,今后无事更移,可使各安其业,无荒

----

　　① 《文录》卷三一,页一下;卷三二,页二〇下。

　　② 《天聪朝臣工奏议》卷上,页二八上,"李栖凤尽进忠言奏"中有"我汗(指皇太极)所有旧人,编兵耕织"一语,可以为证。

　　③ 日本藤冈胜二译注,《满文老档》太祖卷,第467—468页,有着一段关于努尔哈齐时代八旗旗地分拨极其重要的记事。当时八旗旗地的分拨是这样的:正黄旗:Feala(兴京的正东)、尚间崖、Boo-wehe、札克丹、Hongko、抚顺、章嘉、德立石、奉集堡九城。镶黄旗:柴河、抚安、花豹冲、懿路、三岔儿堡、铁岭、宋家堡、丁字泊、Biyan、恰库站十一城。正红旗:温德享山、札克穆、清河、一堵墙、碱场、孤山、山羊峪、威宁营、东州、马哈丹十城。镶红旗:沈阳、蒲河、平虏堡、十方寺、上榆林、靖远堡、武静营、长宁堡、会安堡、虎皮驿、长勇堡、长胜堡十二城。镶蓝旗:旅顺口、木城驿、金州、石河驿、黄骨岛、归服堡、望海埚、红嘴八城。正蓝旗:岫岩、青苔峪、Makuwal-sai、Sui-cang-ioi、伊兰博里库、镇东、镇夷、凤凰城、汤站、险山、甜水站十一城。正白旗:复州、栾固堡、羊官堡、永宁监、五十寨、盖州、监场堡、天成堡、庆云堡九城。镶白旗:海州、东京堡、耀州、穆家堡、析木城、古城堡、长安堡、Cing-ceng-pu、鞍山九城。按以上汉译地名,系依据鸳渊一氏所著《满文老档中关于清初旗地的记事》(载于《史林》二三之一)一文所译出,参周藤吉之《清代满洲土地政策的研究》,河出书房刊本,第47—48页引。

耕种。如各牛录所居,有洼下不堪耕种,愿迁移者听之。①

实际上,八旗中亦经常有"展边开垦"、"越所分地界"的事实发生。兹举阿敏所管辖的两蓝旗为例:

> 太祖时,守边驻防,原有定界。后因边内地瘠,粮不足用,遂展边开垦;移两黄旗于铁岭,两白旗于安平,两红旗于石城,其阿敏所管两蓝旗分住张义站、靖远堡,因地土瘠薄,与以大城之地。彼乃越所分地界,擅过黑扯木地开垦。彼时曾定阿敏一旗罪,将所获之粮入官。后又弃靖远堡,移住黑扯木地。上见其所弃,皆膏腴良田,谕阿敏曰:防敌汛地,不可轻弃。靖远堡地,若不堪种,移于黑扯木地犹可;今皆附近良田,何故弃之? ……阿敏不能答。②

这种属于大土地所有者的庄园制,到皇太极时代还是在继续发展着。证以被拘留在沈阳作为"人质"的朝鲜太子李浧于 1641 年有关沈阳附近所目击的庄屯情况的报道:

> 诸王设庄,相距或十里,或二十里。庄有大小,大不过数十家,小不过八九家,而多是汉人及吾东(朝鲜)被掳者也。大率荒野辟土不多。至于(十月)十六日、十七日所经,则土地多辟,庄居颇稠,而亦皆汉人、东人或蒙种云耳。③

和当时被迫投清的明人胡贡明所奏:

> 有人必八家分养之,地土必八家分掳之;即一人尺土,贝勒不容于皇上,皇上亦不容于贝勒。④

以及在后来康熙年间编纂的《盛京通志》⑤中关于河东地区所设置的旗地,作

---

① 《文录》卷一,页一〇上。

② 《文录》卷七,页一六上下。

③ 《沈馆录》,《辽海丛书》本,卷二,页一九上下。

④ 《天聪朝臣工奏议》卷上,页五三下。

⑤ 此据《清代满洲土地政策的研究》第 58—59 页所引康熙二十三年版的《盛京通志》卷一八。今再证以乾隆年间重修的《盛京通志》卷三八页一二下至一三下所载顺治(1644—1661 年)初年,兴京旗地二、四四一日,奉天附近旗地二五八、九三七日,开原旗地一一、六六七日,盖平旗地一六、二七四日,金州旗地二四、四三五日,牛庄旗地二八、一一四日,凤凰城旗地七、五九〇日,锦县旗地二九、九三八日,广宁旗地二二、〇七八日,义州旗地三三、〇五二日,山海关旗地二六、八五六日,以上八旗田亩共四四二、〇九七日(日原作亩,误)。其中锦县、广宁、义州、山海关等系河西之地,不见康熙《盛京通志》,自是顺治以后所增置;又金州旗地二四、四三五日,康熙本作"南金州"五、一五〇日,则料后来增置为多。可知顺治初年河东地区之旗地,绝大部分必系皇太极时代所置无疑。

了一个综合性的记录：

兴京旗地	二、四四一日
奉天附近旗地	二五八、九三七日
开原旗地	一一、六六七日
凤凰城旗地	七、五九〇日
盖平旗地	一六、二七四日
南金州旗地	五、一五〇日
牛庄旗地	二八、一一四日
合　计	三三〇、一七三日

按日即垧，垧以五亩计，则三十三万余日合一百六十五万余亩。其中"奉天附近"即铁岭、沈阳、辽阳等地的旗地占二十五万余日合一百二十五万余亩为最多，牛庄的旗地占二万余日合十万余亩次之。据此以推，在皇太极时代的八旗旗地主要是以沈阳附近和牛庄等地为中心，此外不过有少量的旗地分布于其他各地而已。

　　一般说来，在这一时代和努尔哈齐时代一样，每一成年的在旗壮丁是按"每丁给田五日"①的。如1638年（崇德三年）因为"内院官石岱、塞冷、扈蓝代、塞棱、琐诺木、毕礼克图等家贫，各赏人十二名，牛二头，地六十垧"②。这里"赏人十二名"给"地六十垧"正是合乎"每丁给田五日"的一般规定。但超过这种规定而多得田地，也是常见的。如1634年（天聪八年）"正白旗姚塔有庄田二，在撒尔湖（即萨尔浒）地方，离本牛录屯另住"；和"正蓝旗戴噶尔拨给塞勒二屯、敖塔一屯、席白图一屯，田地浮于人丁，又令所拨给之人，离本牛录别住"③。又如1637年（崇德二年）"户部取赛木哈牛录下地三十垧，给予本旗安肫牛录下猎户济赖"；而"赛木哈多占壮丁五百垧"④。从这里可以看出，既"离本牛录屯别住"必是"田地浮于人丁"，甚至有的还"多占壮丁五百垧"，所

---

　　① 《满洲老档秘录》上编，页二三上"太祖谕计口授田"条云："每一男丁给地六日，以五日种粮，一日种棉。"则知努尔哈齐时代种粮之田实为五日；与《天聪朝臣工奏议》卷上页七上高士俊于1632年（天聪六年）所奏"我皇上立法，每丁给田五日"以及后来《盛京通志》，乾隆重修本，卷三八，页一二下所载"定例每丁给地五日"的说法相符。
　　② 《文录》卷四一，页二五上。
　　③ 《文录》卷二〇，页二八上；卷二一，页九下至一〇上。
　　④ 《文录》卷三五，页一九下至二〇上。

以每一在旗壮丁于给田五日之外,能够多占得一些旗地亦是事实。

从这一时期大土地所有者满族贵族所拥有的大量庄园来看,无疑比努尔哈齐时代更向前发展起来形成大庄园制。姑且举两个例子作证。一个是在1630年(天聪四年)阿敏的因罪被幽禁:

> 夺(阿敏)所属人口、奴仆、财物、牲畜及洪科退(阿敏子)所属人口、奴仆、牲畜,俱给贝勒济尔哈朗。止给阿敏庄六所、园二所,并其子之乳母等二十人、羊五百、乳牛及食用牛二十;给洪科退庄二所、园一所,满洲、蒙古、汉人共二十名,马二十匹。①

阿敏既被幽禁,仍能保留"庄六所、园二所";洪科退亦仍保留"庄二所、园一所"。则知他们被夺去给济尔哈朗的庄园,当不只此数。

另一个例子是在1635年(天聪九年)瓦克达的因罪受罚:

> 应夺瓦克达仆从:满洲一百五十八人,蒙古二十人,并汉仆人一百九十六人,马二百九十三,骆驼十三,牛二十,羊三百二十,并库中财物及在外所属满洲、蒙古、汉人牛录,俱给贝勒萨哈廉。瓦克达夫妇,止给侍妾并现在衣服,令其与贝勒萨哈廉同住。仍罚瓦克达马八匹,雕鞍马二匹,给色勒阿格。其应入官银四千两,庄田二十三处,所有汉人一百九十九人,各色匠役人等三百四人,并其家口俱付户部承政英俄尔岱、马福塔、吴守进,内还其匠役人等一百八十六人。②

瓦克达的仆从之多,多到好几百人;即以充公的庄园而论,已有二十三处之多。而退还给他的"匠役人等"仍有"一百八十六人",势必还曾保有不少数量的庄园,才能维持这一大批匠役人等最低的生活水平。

人们可能要问,是不是像前面所举的阿敏和瓦克达两个例子,只是这一时期满族社会中的个别现象而不是一般情况都如此呢? 这在1634年(天聪八年)皇太极对当时汉官所颁布的"告谕"里可以得到答案:

> 从前分拨辽东人民时,满、汉一等功臣占丁百名;其余俱照功以次散给。如尔等(指汉官)照官职功次之言,果出于诚心,则满、汉官员之奴仆,俱宜多寡相均。乃尔汉官或有千丁者,或有八九百丁者,余亦不下百

---

① 《文录》卷七,页二二上。
② 《文录》卷二五,页二二上下。

丁;满官曾有千丁者乎?计功而论,满洲一品大臣应得千丁。今自分拨人
丁以来,八九年间,尔汉官人丁多有溢额者。若谓新生幼稚耶,何其长养
之速?若谓他国所获耶,尔汉官又未另行出征,如许人丁从何增益也?尔
等试思之。非朕加恩尔等,宥尔过愆,能任尔等多得乎?……①

答案当然是肯定的。因为从"告谕"中,可以看出这一时期满、汉官"占丁百
名",确系一般情况不是个别现象。但汉官可以有八九百丁,甚至过千,而满
官无过千丁者,似汉官的待遇较优于满官。其实不然,分得人丁愈多,所负担
的差徭愈重。究之实际,满官拥有数百个人丁和数十所庄园更是普遍存在的
事实。当时大量土地,毫无疑义地主要都集中在少数汉族贵族的手里。

跟着要追问的,就是这一时期的大庄园制是属于奴隶制性质还是封建制
性质呢?在回答这一问题之前,不妨举出 1642—1643 年间朝鲜太子李淏分得
的"农所"来加以具体考察。这在当时李淏从沈阳写给朝鲜本国的报道《沈阳
状启》一书中,有着很明确的记载:

> 壬午年(崇德七年,1642 年)二月二十三日……当初,以沙河堡近处
> 一百五十日耕,野里江近处三百日耕,士乙古(即萨尔浒)近处一百五十
> 日耕,三处设农为定。而今日,野里江东南王富村及鲁哥村两处,各一百
> 五十日耕分受,其间相距十余里,终不合给一处,则将为四处设农。

> 癸未年(崇德八年,1643 年)二月初二日……上年受田时,以千日耕
> 折受为言……衙门勒给六百日耕……又给四百日耕,以准千日之耕。

> 二月初十日。……田四百日耕内:铁岭卫二百日耕,方湖二百日耕,
> 已为折受。②

头一年分得沙河堡、野里江、萨尔浒等三处农所,凡"六百日耕";第二年又分
得铁岭、方湖二处农所,凡"四百日耕"。六处农所合计,凡一千日耕,共有田
五千亩。平均每一农所大约有田八九百亩,这些农所自然是一种大庄园制的
形态了。

从参加这些农所的农业生产劳动的人们来看,当时朝鲜人叫他们做"农
军",都是花银子买来的,他们的身份可以肯定都是属于奴隶性质。这在《沈

---

① 《文录》卷一七,页一四下至一五上。
② 《沈阳状启》,《奎章阁丛书》第 1 本,第 412、553、555 页。

阳状启》中也有着很详细而又明确的记录：

> 农节已迫，农军买银尚不来。衙门日日促买，馆中无路得银，不得已，姑贷宴需银、九王（多尔衮）马价银、朴吉男赎价等各样银子，仅买男丁二十三名，女人十名，而价本则或给三十两，或给二十五六两。

> 农军先为买得者，已为驰启……男十一名，女一名买得，而其价则亦贷各样银，或给三十两，或给二十五两。

> 农军先买之数，已及于前后状启中……其后，又买男丁四十六名，女人二十四名，而价本则依前。①

往后又有一些增加，共有"农军男丁一百四十五名，女人四十五名"②，统计一百九十人。这些买得的农人一无所有，身上穿的都是"百结单衣，不可忍见"③。不言而喻，这"农所"里的一切设备，如耕牛、农具等，全都由庄园主购置。《沈阳状启》云：

> 农牛十六双，亦为买得，而价则或给十五六两，或给十七八两……农牛、农幕、器械诸具，买备之价，极其浩多……种子、农粮、牛太等谷，一时贸贩，五千之银用之垂尽。④

又云：

> 农军男丁一百四十五名，女人四十五名，每人长短襦衣、襦袴、襦裳、所木匹（即布匹）、木花（即棉花）等物，令该曹预为计口磨炼，趁速入送，俾无呼寒冻伤之患。⑤

这些一无所有的农人们，被强迫编制在土地上进行劳动，因而对于农业生产并不感兴趣，于是发生逃亡的事，也就司空见惯了。比如在"管屯黄务斤库新高力庄头金天吉家丁，壮丁二名"逃走不久之后，跟着又有"农军采参人金继男、金金伊、金承吉等三人"的逃走。从而庄园主不能不发生"若不穷寻捉来，则诸处农所之人，亦不无效此逃走之弊，尤为可虑"⑥的恐慌了。

再从这些"农所"里所出产的农作物来看，"农军"被迫进行劳动，劳动的

① 《沈阳状启》，《奎章阁丛书》第1本，第402、409、415页。
② 《沈阳状启》，《奎章阁丛书》第1本，第457、473页。
③ 《沈阳状启》，《奎章阁丛书》第1本，第415页。
④ 《沈阳状启》，《奎章阁丛书》第1本，第415页。
⑤ 《沈阳状启》，《奎章阁丛书》第1本，第457、473页。
⑥ 《沈阳状启》，《奎章阁丛书》第1本，第445、456页。

产品全部为庄园主所有,显然也是属于奴隶制性质。在《沈阳状启》中有着一张很详尽的 1642 年"四处农所"收获量的报销账单①:

老家塞屯所　各谷落种二十五石十三斗零所出各谷九百三十二石四斗二升

屯监禁军等私赁田　自备种子所出各谷数:各谷落种十斗零所出各谷三十二石

已上元屯田及屯监等私赁田并各谷落种二十六石八斗零

所出各谷九百六十四石四斗二升

士乙古屯所　各谷落种二十三石九斗零

　　　　　所出各谷八百五十七石

王富村屯所　各谷落种二十三石二斗零

　　　　　所出各谷七百六十一石十二斗六升

沙河堡屯所　各谷落种二十四石十三斗零

　　　　　所出各谷七百三十六石

都已上各谷落种九十八石二斗

所出各谷三千三百十九石一斗八升,内各处明年种子及农军粮、农牛太计除后,馆中应用皮杂谷一千四百七十八石。

这里很清楚地告诉了我们,除去必须留做明年种子和维持"农军"最低限度的生活资料"农军粮"以及喂养耕牛的饲料"农牛太"以外,剩余的全部产品一千四百七十八石扫数为庄园主所享用。

　　应当指出,这一实例不应该被看成是突出的某一庄园的个别现象,而应该把它看成是这一时期满族社会中所有庄园的典型之一。因为被拘留作"人

---

①　《沈阳状启》,《奎章阁丛书》第 1 本,第 527—528 页。按这是"极其丰稔"的一年(1642年),所以"以落种之数,较其所收,则未为不多"。但到第二年(1643 年),田地虽增四百日耕,共为一千日耕,而同书第 630—632 页所载:"柳千户屯所:田二百零一日半耕,落种四十八石九斗八升,所出各谷一千四百零五石二斗五升;铁岭屯所:田一百九十四日耕,落种四十七石十四斗八升,所出各谷九百四十石十三斗二升,木花六百二十斤;士乙古屯所伐木井:田一百三十四日耕半,落种三十三石八斗九升,所出各谷八百十五石六斗二升;王富村屯所:田一百四十九日耕,落种三十八石七斗八升,所出各谷六百三十五石十四斗;老家塞屯所:田一百三十六日半耕,落种三十四石十二斗五升,所出各谷六百二十五石六斗;沙河堡屯所:田一百二十四日耕,落种二十九石十斗九升,所出各谷六百零一石六斗;都已上:田九百三十九日半耕,落种二百三十三石四斗七升,所出各谷五千零二十四石二斗九升,木花六百二十斤。"则"比年前颇不实"了。

质"的朝鲜太子,被分给的田地,只能按当时当地满族社会中所有庄园的一般规定设立"农所",而不是任何其他。当时朝鲜人也已指出"并作之事,此处之俗,本无此规。自我募耕,彼谁肯从?"①就充分证实了这一点。

同时,从上述的那张"四处农所"收获量的报销账单,值得特别提出的是,其中有"屯监禁军等私赁田"一项。既明说是"私赁田",又与"屯所"之田截然分别开,很显然的就是一种租佃关系了。按分量来说,这里的"私赁田"为数并不算多,"所出各谷三十二石",比起"六百日耕"的总产量三千三百十九石一斗八升来,仅仅占百分之一。可是从产量的绝对数字来看,私赁田落种十斗零(不到一石,因朝鲜的一石系按十五斗计)出谷三十二石,合四十八倍;而屯所之田,即以产量最大的老家寨为例,落种二十五石十三斗零才出谷九百三十二石四斗二升,只合三十六倍。由此可见,私赁田比屯所之田多出谷四分之一。从而说明了私赁田的租佃制比起奴隶制的庄园制来,显然是一种进步的生产关系。

也就因为这个缘故,在以朝鲜太子为首的庄园主方面不能不考虑到这"四处农所"的收入,在"极其丰稔"的头一年,即已"所费不如所得"是大不合算的。《沈阳状启》云:

> 上年(1642年)六百日耕所出皮谷,其农军二百名皆自食,赢余不多。四节衣服,亦皆自此入送,所费不如所得。②

所以在第二年(1643年)增加四百日耕为一千日耕的情况下,势必要采用进步的生产关系的租佃制了。《沈阳状启》又云:

> 今此四百日耕,则依我国(朝鲜)规例,或半分或三分之一取之可也。③

这里所说"或半分或三分之一"的朝鲜规例,毋庸置疑的是指封建制的租佃关系而言。很显然,如果不采用这进步的封建制生产关系而仍然坚持奴隶制的庄园制的话,对庄园主是完全无利可图的。易言之,庄园主之所以能够放弃奴隶制的剥削关系而改用封建制的剥削关系,不是为了奴隶的利益,恰恰相反,是完全为了庄园主本身的利益打算。从这一实例的具体分析,我们很清楚地

---

① 《沈阳状启》,《奎章阁丛书》第1本,第561页。
② 《沈阳状启》,《奎章阁丛书》第1本,第561页。
③ 《沈阳状启》,《奎章阁丛书》第1本,第561页。

就可以懂得这一点。

我们既然说分给朝鲜太子的"农所"是大庄园制,而且是这一时期满族社会中所有庄园的一般情况不是个别现象,那么,这种从旧的奴隶制剥削关系过渡到新的封建制剥削关系,当然也不是朝鲜太子设立的"农所"所特有的特征,而是当时当地满族社会中所有庄园所共同具有的特征。这从1621年(天命六年)满族一开始进入到辽沈地区时即可得到证明。《老档秘录》云:

> 天命六年七月,为计口授田事,谕曰:海州一带有田十万日,辽阳一带有田二十万日,共三十万日。宜分给驻扎该处之军士,以免闲废。其该处人民之田,仍令其就地耕耘。辽阳诸贝勒大臣及素封之家,荒弃田亩甚多,亦宜归入三十万日之内。二处之田如不敷分派,可以自松山堡及铁岭、懿路、蒲河、范河、欢托霍、沈阳、抚顺、东州、马根丹、清河、孤山等处之田补之;若仍不敷,可令至边外。往者明国富户,大都广有田土,已不能遍耕,则佃诸人。所获粮米,食之不尽,则以出售。至于贫人,家无寸土,瓶无斗储,一餐之粮,亦出自沽买,一旦财尽,必致流离失所。夫富者与其蓄有用之粮,以致朽烂;积有用之财,徒行贮藏;何若散给贫人以资养瞻,既获令名,又积福德也!自谕之后,本年所种之粮,准其各自收获。嗣后每一男丁给地六日,以五日种粮,一日种棉,按口均分。家有男丁,不得隐匿不报,致抱向隅之恨。乞丐、僧人,皆给以田,务使尽力耕作,勿自暴弃。其纳赋之法,用古人彻井通制:每男丁三人,合耕官田一日;又每男丁二十人,以一人充兵,一人应役……①

这里面说"所种之粮,准其各自收获"。可见被分给"以五日种粮,一日种棉"的六日田地的每一男丁,已经开始获得财产权。而被剥削的方式却是"每男丁三人,合耕官田一日"和"每男丁二十人,以一人充兵,一人应役",很显然就是一种劳役地租的剥削关系了。必须指出,这种劳役地租的剥削方式固然比租佃制的剥削方式要落后得多,但在当时满族社会的单纯榨取奴隶劳动的剥削方式中,仍然是比较先进的。满族在努尔哈齐时代之所以不能马上采用当时最先进的明朝人那种贫富悬殊的"佃诸人"的实物地租或货币地租的剥削

---

① 《老档秘录》上编,页二二下至二三上。参见藤冈胜二译注:《满文老档》太祖卷,第283—284页。

方式,而不得不采用了比单纯榨取奴隶劳动要进步一些的劳役地租的剥削方式的原因,也就在此。

在皇太极时代,大庄园制劳役地租的剥削关系基本上是在继续着。当时人高士俊于1633年(天聪六年)即已指出:

> 我皇上立法,每丁给田五日。一家衣食,凡百差徭,皆从此出。①

可是,到这一时期,大庄园制劳役地租的剥削关系,已经很快成为阻碍满族社会生产力向前发展的桎梏了。高士俊又说:

> 民间已苦不足,况扯绳分田,名虽五日,实在止有二三日。其该管将官千总,又将近堡肥田占种;穷民分得,俱系窎远荒田。臣思将官既有应得田园,即不许在本堡中占种民田,且用民力、民牛耕耘收获,甚为不便。②

同时人胡贡明也指出:

> 但见每丁授地五日,且又不足五日。少者固当壮丁之差,其老至六七十岁而有残疾者,不能壮丁之免。土木之工日扰,聚首之乐时无;况山泽之利不与共,八门之市不与通。金(即满族)汉之民,两相困毙。③

杨方兴也说:

> 上等肥饶之地,或被本管官占种,或被富豪家占种;余剩薄地,分与贫民,名为五日,其实不过二三日。又兼连年缘地薄民疲,粮从何来? 前年(1630年)新添壮丁,一陇地未得,今随众应差。此穷者益穷,富者益富。乞皇上亲谕户部,来岁分田,务要足五日之数;不论地之厚薄,务要贫富均分。不许管屯官与屯民一处分地,所以防侵占也。官与官在一处,则势力相敌;民与民在一处,则彼此无惧;若官民同种一处,犹如羊伴虎也。④

要解决这一时期满族社会的生产关系和生产力的矛盾,必然是废除旧的奴隶制的剥削关系而积极地采用新的封建制的剥削关系,才能符合当时生产力发展的要求,才不致使"穷者益穷,富者益富"的阶级矛盾日益尖锐化起来。当时人佟养性即已看清了这一点,并且很具体地、及时地向满族统治者提出了应

---

① 《天聪朝臣工奏议》卷上,页七上。
② 《天聪朝臣工奏议》卷上,页七上。
③ 《天聪朝臣工奏议》卷上,页三三下。
④ 《天聪朝臣工奏议》卷上,页四五下至四六上。

当采用"照亩起科"或"什一取偿"的封建赋役制的剥削方式：

> 夫粮食关系民命，目今地少人多，无力者固计数授田，有力者又苦无地耕种。计所入官粮，每年尚不敷支给。况近日待哺者甚多，司农称匮，仓无积粟。如值年岁大收，官府民间仅足一年之用；年岁凶歉，各家糊口尚且不足，又何暇以济人？国中百万生灵，原自关系不少。以臣愚见，合无谕令民间有力量者广为开垦，照亩起科；无力者牛具粟种，官为之贷，岁田所入，什一取偿。将见一年耕，有三年之积；三年耕，有九年之蓄；仓库陈积，食足兵强，其利何如！①

稍后，扈应元也提出了和佟养性一样的"照地纳税或十分取一"的封建赋役制剥削方式的建议：

> 以愚生言之，地宽人稀，足国足民有余；人稠地窄，不能足民，又何以足国？况东南一带，逃走者更无去路，地也宽广，土也肥厚。舍之边外，荒芜无用；收之边里，耕种有益。即令有力之家，放心开垦，广种薄收，或照地纳税，或十分取一，不几年就积万万余粮矣。②

历史事实证明，这一时期，封建租佃制在大庄园制中必定是得到逐步推行的。兹举1641年(崇德六年)镶白旗巴颜牛录下外音图的一个庄园为例：

> 镶白旗巴颜牛录下外音图，讼其母曰：我家归外家，携去家人四十九，牲畜一十一匹，又所遗貂裘……皆携去。大同、昌平、朝鲜、山东军中所获衣货，屯中岁入豕畜三十，棉花六百斤，园地岁入银四十两，店内两年所得银二百两，并没后所买人二十五名，马五匹，牛、驴各一头，此等财物一无所存。我妇本和睦，已生二子，母不爱惜，致令外家首告，断亲离异时携赀而去。其余在家诸物，我母又尽挈以往，我将何以为生？于是法司勘外音图所告俱寔……③

这里面有"园地岁入银四十两"一项，应该说是作为属于货币地租的形态已经出现了。这充分说明满族到了这一时期，按着它本身社会发展规律的道路，势必从奴隶占有制阶段大踏步地、迅速地向封建制阶段过渡，而不得由任何人的

---

① 《天聪朝臣工奏议》卷上，页八下至九上。
② 《天聪朝臣工奏议》卷中，页四一下至四二上。
③ 此据《清代满洲土地政策的研究》，第435—436页，引《三朝实录》太宗卷五四"崇德六年二月丙寅"条。按今本《文录》卷五四，页二三下至二五上同年、月、日内，不见此文。

自由意志所能改变得了的。虽然在统治全中国以后很长的一段期间,在作为满族统治阶级的基本队伍"八旗"中,仍然还保留着相当大程度的奴隶制的残余,但总的说来,满族在统治全中国之前,至少在皇太极时代,确已开始从奴隶制生产关系向封建制生产关系过渡则是事实。

总括一句,这一时期满族社会的生产关系是:第一,大庄园制和努尔哈齐时代一样,基本上仍然是属于奴隶制性质的。第二,早在努尔哈齐末期的大庄园制中,已经存在着劳役地租的剥削关系,不过到了这一时期,劳役制已经发展成为阻碍生产力的桎梏,所以不得不由封建赋役制和租佃制取而代之了。

四、社会变革中的阶级关系

随着皇太极时代满族社会生产力水平的提高和向前发展,在这一时期的阶级关系中也起着相应的变化。

原来在努尔哈齐时代,从事农业劳动的有奴隶,也有农民。到这一时期,编制到大庄园土地之上进行劳动的,基本上仍然是奴隶。这在 1627 年(天聪元年)皇太极写给朝鲜国王李倧的信上就明确提出了这一点:

> 辽东之民,久经分给将士,谊关主仆。①

这些被"分给将士,谊关主仆"的人们,绝大部分是在对明战争中被掳的汉人,被迫编制在庄园里进行农业劳动。1637 年(天聪九年)明的东北边防大臣辽东巡抚方一藻在写给明统治者的报告中就说过:

> 臣看得两河(指辽东和辽西)沦陷以来,辽之被掳者不知凡几。然奴(指满族统治者)性猜忌,皆令夷目(指满官)押之,使居庄屯,农种为活……②

从后来逃回到明方的"久在奴中或貌类真夷"的被俘汉人的口供里,完全可以得到证实:

> 陈大供称:年二十九岁,系金州小河山之人。原于辽阳失陷之时(1621 年)被奴虏去,在四王子帐下,发作庄农。今年(1633 年)奴将屯种粮米尽行粜卖买马,因无食用,又连年苦累不堪。是以自辽阳沿边要逃奔

---

① 《文录》卷三,页三三上。
② 《明清史料》乙编第二本,页一七九上。

南朝,即死亦甘心。

陈当子供称:年二十七岁,与陈大系亲兄弟,所供相同。

刘合上,年二十五岁,系辽阳东宁卫人。原失辽时虏去,亦发作庄农,与陈大所供相同。

季勋细供:……有四酋(皇太极)极喜克了一城,又得了许多官兵,随将各兵发各庄屯各王子下……①

朱大供:年三十一岁,系义州人。崇祯二年(1629 年)在滦(州)、永(平)被虏,分四酋部落……

刘变供:年三十六岁,顺德府人。崇祯二年在安定门被虏,分二酋(阿敏)做庄家……②

其妇女、幼童被俘虏之后,大半是当家内奴隶使唤。例如在 1641 年的对明战役中,皇太极即曾明确规定:

自兹以后,有从三城(锦州、松山、杏山)内逃出者,十五岁以下准留为奴。十六岁以上勿赦。③

挨骂挨打系常见之事:

葛答洪供:于辽阳初失,自八九岁即落夷地,生辰岁数俱不记忆,大约有十七八岁。

三姐亦不记年岁,在石大鞑子家为奴,每日打骂,苦挨不过……④

甚至还有被挞死的:

石讷布库以其家人(满语 booi niyalma,实系家内奴隶)克什特妻,小您,挞之死。⑤

家内奴隶的工作,有"扛水使唤"的:

陈五等被捉,分在西将王世选下,扛水使唤。⑥

也有被驱使到野外"放羊牧马"的:

海四年二十二岁,原系遵化抢出,那时(1628 年)年十一岁。南朝乳

① 《明清史料》甲编第八本,页七六五上下,乙编第二本,页一一〇上。
② 《文录丛编》,故宫文献馆刊本,第二十一册"明兵部关于奴夷事件"页六下。
③ 《文录》卷五八,页二四上下、五上。
④ 《明清史料》甲编第八本,页七六五下。
⑤ 《文录》卷五七,页一四下。
⑥ 《明清史料》乙编第一本,页八三下。

名叫赛哥子,父姓刘,系民,兄弟四人,彼时被抢失散。夷人把兔掳去,送与他大人克甲代,在地名南套儿驻牧……

摆红代年一十九岁,亦系遵化抢出,彼时八岁……分在头目麻误下……在外日逐放羊牧马……

幼男一名……陈住儿供:(年十六岁),系永平府人。于崇祯三年(1630年)正月内被东夷掳去,跟随大王子(代善)下做部落;于崇祯四年八月跟随长营至大凌河,与达贼(指满人)放马……①

因而奴隶仍然是作为奴隶主财产的一部分,和马、牛、骡、驴、羊一样看待,可以自由买卖的。

天命十一年八月,诸贝勒拟定收取课税之规:人、马、牛、骡、驴、羊、膻羊七项,每值一两收税课一钱。分为三分:二分公取之,其余一分经纪之人与牛录额真、章京及署事者均分取之。汉人所属之人卖者,则游击、千总分取之。除此七项之外,其他物概免收税。②

天聪四年冬十月辛酉,上谕曰:……凡诸贝勒包衣牛录,或系置买人口,及新成丁者,准与增入,毋得以在外牛录下人入之。③

买卖奴隶还有一定的市场,就在当时沈阳城外的"开城",大约在今巨流河附近。这在1641年(崇德六年)满人对朝鲜人的谈话中即已明白指出:

汉人能为耕作,以此处开城廉价计给,则一人之价,不过十余两银云。开城即城外市肆也。④

"一人之价,不过十余两银",应该就是这一时期买卖奴隶的一般价格,和当时一只耕牛"十五六两"或"十七八两"⑤的价格大致相等。比起明中叶奴隶"一人之价,牛马则二十余头"的价格来,显然下降得多。但当时朝鲜人所买的"农军","或给三十两,或给二十五两"⑥很可能是对朝鲜人的勒卖,犹之乎这

---

① 《明清史料》乙编第三本,页二三九上;第一本,页六六上。

② 《满洲老档秘录》上编,页五〇下。

③ 《文录》卷七,页二八上。

④ 《沈阳状启》,第390页;参见《清代满洲土地政策的研究》,第109页,以开城即巨流河云。

⑤ 《沈阳状启》,第415页"壬午年(1642年)三月初三日"条。

⑥ 《沈阳状启》,第409页;又第415页云:"又买男丁四十六名,女人二十四名,而价本则依前,或给二十五六两,或给三十余两。"可作参证。

一时期定规朝鲜方面赎还俘虏的"公赎给价",高到"一百两""一百一十两"甚至"二百两"①的勒卖一样。

这一时期奴隶的来源,最主要的是靠从对外的侵掠战争中多得一些俘虏,把他们变卖为奴隶。这在 1630 年(天聪四年)皇太极对他臣下的谈话中坦率暴露出来:

> 上因问达海等:是役(对明的永平之战)俘获视前二次如何? 对曰:此行俘获人口,较前甚多! 上曰:金银布帛,虽多得不足喜,惟多得人为可喜耳! ……②

根据清初的记载,在这一时期的对外战争里,有数字可查考的俘虏人数,最多的有四次:第一次是在 1635 年(天聪九年)"入明边驰略……计俘获人口、牲畜七万六千二百有奇"。第二次是在 1636 年(崇德元年)入明内地,"过保定府至安州,克十二城,凡五十六战皆捷,共俘获人口牲畜十七万九千八百二十"③。这两次都是将"人口"与"牲畜"并举,现在不能知道其中俘获的人口究竟有多少了。姑且以三分之一计算,则两次俘获人口大概总不少于六七万吧。第三次是 1639 年(崇德四年)左翼多尔衮的深入明地,"克城三十四座,降者六城,败敌十七阵,俘获人口二十五万七千八百八十";右翼杜度则"共克十九城,降者二城,败敌十六阵……俘获人口二十万四千四百二十有三"④。两项合计共俘虏人口凡四十六万二千三百零三人,为最多的一次。第四次是在 1643 年(崇德八年)阿巴泰的深入明地,"至兖州府,计攻克三府十八州六十七县,共八十八城;归顺者六城,击败敌兵三十九处……俘获人民三十六万九千名口"⑤次之。总计在四

---

① 《沈阳状启》,第 224、219、320 页。当时朝鲜人即已说出:"如此勒卖之事,愈往愈甚,无可奈何!"(见同书第 461 页)的话,可为勒卖之明证。

② 《文录》卷六,页三三上。

③ 《文录》卷二四,页一六下;卷三一,页二上。又卷三一页七下云:"俘获人畜十八万。"卷三二页二下亦同。自系举其成数而言。

④ 《文录》卷四五,页二二上至二三上。

⑤ 《文录》卷六四,页二四上下。即在同一年,皇太极向朝鲜宣示此次大捷的结果,则云:"共俘人畜九十二万三百。"(见同书卷六五页二五下)如果除去"俘获人民三十六万九千",似所获牲畜为"五十五万一千三百有奇"(王先谦:《东华录》,光绪二十五年石印本,第二册,页四五下,即作此数)。但按之《文录》(卷六四页二四下)明云:"驼、马、骡、牛、驴、羊共三十二万一千三百有奇。"两者相差竟至二十三万之多。此则不是对朝鲜夸大了实际数字,就是前次所报之数低估了好些,二者必居其一。

次对明的侵掠战争中,"俘获人口"已经将近百万;此外在对朝鲜、对蒙古和其他各族的多次侵掠战役中所俘虏的人口尚未包括在内。如果把努尔哈齐时代已有的男女奴隶四五十万人都加在一起的话,则这一时期的奴隶总数,估计很可能有二百万或比二百万更多。

这一时期"俘虏人口"之为奴隶,和努尔哈齐时代并不两样,文献里将降人与俘虏分别记录,就是强有力的证明。例如在 1627 年(天聪元年)的对朝鲜战役中,满族统治者皇太极即曾明白宣布过:

> 归顺之民,俱已放还;惟我军临阵俘获者,赏给被伤士卒,诸所俘获,俱就彼处区处携回。①

同年在对明的战役中,"俘获人口"是"分给将士"的:

> 以击败明满桂兵及密云兵……籍所俘获人口马匹,悉赏阵亡将士。②

过一年,1628 年(天聪二年)在对察哈尔的战役中亦是如此。

> 往略察哈尔……俘获人口尽赏给往略将士。③

显而易见,俘虏"分给将士"是当作奴隶处理的,而归附之民则不然,却要编户与自由民一律看待。兹举 1633 年(天聪六年)满族统治者分别处理被俘蒙古人和汉人的俘虏和"归附"人民作例:

> 自归化城及明国边境所在居民,逃匿者俘之,归附者编为户口。④

也就在这一时期,固然有时还有将招降来的人民"半入编户,半为俘"⑤的事实发生,但从俘获中挑选一部分人出来"编为民户",已经相当普遍了。比如:

> 天聪二年二月丁未……察哈尔国多罗特部落多尔济哈谈巴图鲁中伤遁走,尽获其妻子,杀其台吉古鲁,俘获万一千二百人,以蒙古、汉人千四百名编为民户,余俱为奴。

> 天聪四年六月……先是上所养永平、迁安官民,阿敏尽杀之,以其妻子分给士卒。至是……命籍孤子嫠妇编为户口,给以房舍衣食,俾无失所。

---

① 《文录》卷二,页二五上下。参见同书卷三,页一二下。
② 《文录》卷三,页二四下。
③ 《文录》卷四,页八上。
④ 《文录》卷一一,页三六上下。
⑤ 《文录》卷六,页二九上。

又如:

> 崇德元年六月丁酉,以吴巴海曾率两旗兵往征厄勒约索、厄黑库伦地方,俘获人口甚多,编为户口,嘉其善于用兵,由一等甲喇章京(满语 jalai janggin 即翼长)升为三等梅勒章京(满语 meiren i janggin 即副都统)。
>
> 八月乙亥……是日,驻守海州河口伊勒慎、托克屯珠、傅代,驻守牛庄吴鲁喀,驻守耀州英格讷,闻明国有捕鱼船至,遂率甲士一百五十人,乘小舟自辽河而下,遇三船,获人三十二,并缎疋等物以献。即以所获赏同行将士,编其人为民。①

不但在俘虏方面是这样,即原先在努尔哈齐时代早已编制好了的属于农耕奴隶性质的尼堪即汉族农民,到这一时期,也从中挑选一部分出来"编为民户"了。当皇太极即位之初,就已开始实行。

> 先是(指努尔哈齐时代)汉人每十三壮丁、(牛三头)编为一庄,按满官品级,分给为奴。于是(与满人)同处一屯,汉人每被侵扰,多致逃亡。上洞悉民隐,务俾安辑,乃按品级,每备御(即牛录)止给壮丁八、牛二以备使令;其余汉人分屯别居,编为民户,择汉官之清正者辖之。②

稍后,在1632年(天聪六年)"管兵部事贝勒"岳托对"编为民户"的办法又曾提出略加修改。

> 岳托奏言:……各官(指大凌河"降附"的汉官)宜令诸贝勒,人给庄一区,此外复令每牛录各取汉人男妇二名、牛一头,即编为屯,共为二屯。其出人口、耕牛之家,仍令该牛录以官值赏之。③

由此可见,从早先满汉"同住、同食、同耕"的农耕奴隶中解放出来的汉族农民,这时是每一屯有五个壮丁和一头牛,或者是"男妇二名、牛一头"。但不管怎样,他们不再与满人同处一屯,也不再受满人的侵扰了。这就充分说明这时候"分屯别居、编为民户"的汉族农民,已经从农耕奴隶的地位转化为农奴了。

毫无疑问,满族统治者之所以这样做,目的是在更好地将大批汉族农民束缚在土地之上进行农业生产,一方面可使汉族农民能获得一定数量的农产品,作为己有;另一方面更重要的是,满族统治阶级能从农民身上获得更多的东

---

① 《文录》卷四,页七下;卷七页二四下;卷三〇,页一二上下、二四下。
② 《文录》卷一,页一〇下至一一上。
③ 《文录》卷一一,页六下。

西。不然的话,本来用强力编制到庄园里的汉人农耕奴隶对农业劳动越发不感兴趣,大有"多致逃亡"之虞。然则汉人农耕奴隶之能转化为农奴,并不是出于满族统治阶级的慈悲心肠,恰恰相反,乃是满族统治阶级为了自身的利益打算而不得不采取这一步骤的。

一般说来,家内奴隶是不容易获得解放,因为在一定条件下,一个家内奴隶虽然有时被准许脱离开他自己的主人,但同时又被强制到另一主人的家里,仍然当家内奴隶使唤。在1629年(天聪三年)满族统治者对奴隶首告离主的,就是这样规定的:

> 八贝勒等包衣牛录下食口粮之人(即包衣阿哈,或简称包衣)及奴隶之首告离主者,准给诸贝勒家。至于外牛录下人及奴隶之首告离主者,不准给诸贝勒之家;有愿从本旗内某牛录者,听其自便。①

再举1636年(崇德元年)的一个实例为证:

> 都察院承政阿什达尔汉等奏言:有一仆人告主,及审所告是实,将原告拨与他人为奴。②

这说明首告离主的"仆人"所告虽然属实,结果"拨与他人为奴",是家内奴隶依然还是家内奴隶。

但这一时期,家内奴隶的"准其离主、听所欲往"的限度,比起努尔哈齐时代来,无论如何是扩大得多了。就1631年(天聪五年)所规定的"离主条例"③来看,即可证实这一点。当时规定的"离主条例"主要有下面六条:

> (一)除八分外,有被人评告私行采猎者,其所得之物入官,评告者准其离主。

> (二)除八分外,出征所获,被人评告私行隐匿者,以应分之物分给众人,评告者准其离主。

> (三)擅杀人命者,原告准其离主,被害人近支兄弟并准离主,仍罚银千两。

> (四)诸贝勒有奸属下妇女者,原告准其离主,本夫近支兄弟并准离

---

① 《文录》卷五,页一九上下。
② 《文录》卷三〇,页一一上。又卷六五页二〇下至二一上云:"马克扎告穆尔祜,所告属实,而不准出户",亦可参证。
③ 《文录》卷九,页一三上下。

主,仍罚银六百两。

（五）诸贝勒有将属下从征效力战士隐匿不报,乃以并未效力之私人冒功滥荐者,许效力之人讦告,准其离主,仍罚银四百两。

（六）本旗人欲讦其该管之主,而贝勒以威钳制,不许申诉,有告发者,准其离主,仍罚银三百两。

这里面说的"八分"和前述的"八家"一样,是指当时最大的八个满族贵族的家族而言。他们享有国家法律特权,所以能不受这离主条例的限制。过一年,1632年（天聪六年）,满族统治者对"离主条例"又作了一些补充规定。其补充规定即是:

> 凡讦告之人,务皆从实。如告两事以上,重者审实,轻者审虚,免坐诬告罪,仍准原告离主。如告数款,轻重相等,审实一款,亦免坐诬告之罪。如所告之实,及虚实相等,原告准离其主;所告之虚,原告不准离主。所告两事以上,而轻者实,重者虚,与告一事而情轻诉重者审实,坐被告以应得之罪,其原告仍坐诬诉罪,不准离主。若子告父,妻告夫,及同胞兄弟相告,果系反叛逃亡,有异心于上及诸贝勒者,许告,其余不许。若有告者,被告照常审拟,原告罪亦同,不准离主。①

这里应当指出,在补充规定的"离主条例"中,除"果系反叛逃亡,有异心于上及诸贝勒者"以外,一般"子告父,妻告夫,及同胞兄弟相告"的案子是不予审理的;即使审理了,亦"不许离主"。这显然是封建的伦理关系在这一时期满族的阶级关系中的具体反映,从而说明了由奴隶制向封建制过渡,是这一时期满族社会变革中的主要方面。

依据上述的"离主条例",再就这一时期的具体事实加以考察,我们很明显地可以看出,满族社会里奴隶首告离主的事件,确系屡见不一见,如:因"私行采猎"被告发而判令出户的,有硕托的家人桑噶尔寨;因"私行隐匿"被告发而准其出户的,有杜尔祜之母福金（满语fujin,系夫人之意）的家人噶布喇;因"奸属下妇女"被告发而准其出户的,有罗托的家人都塔里、布牙达、俄黑内、布达席理、古式、萨门、吴塞七人;因"勒索马及绸疋"被告发而准其离主的,有阿巴泰的家人绰益达木;因"盗取金、银、财物"被告发而准其离主的,有韩大

---

① 《文录》卷一一,页一九上下。

勋的家人李登;因"违禁遣人贸易"被告发而令其出户的,有阿达礼母福金的家人宋果托、伊木布鲁,及同事满洲十一人和汉人十七人;因"潜逃"被告发而准其出户的,有囊古的家人七塞、班济;等等①。这些多不胜举的具体例子,充分说明了这一时期奴隶的首告离主,正是满族社会中的家内奴隶或农耕奴隶转化为农奴的具体表现。

如上所述,凡是首告离主的奴隶,必然都转化为农奴,是毋庸置疑的。至于那些尚未脱离奴隶身份的奴仆和家下人等,到这一时期,也不是完全一无所有,而是已经具有一定的财产权了。这从1642年(崇德七年)皇太极下的一个"告谕"中可以得到证明:

> 凡有粮贷人及无粮求贷者,家长许互相称贷,勿得向奴仆称贷及私贷与奴仆。②

既云"勿得向奴仆称贷及私贷与奴仆",即奴仆有粮可贷或贷粮于人,其具有一定的财产权无疑。同时,在这一时期的文献中,有扎喀纳"还其奴仆家财"③的明文记载,当然是一个具有普遍性的典型例证。因而,最低限度我们可以说到这一时代,在奴隶这一阶级中已经有着显著的阶层分化。换一句话说,即奴隶正在向农奴的方向转化中。

我们已经知道,在努尔哈齐时代一般奴隶是不服兵役的;可是到这一时期,由于对外战争的增加,因而服兵役的范围也随着扩大了。在1633年(天聪七年)甯应元的"条陈七事"中有一条就这样指出过:

> 一 编壮丁,全在户部。户部比看得法,而老幼应差不怨。况自古及今,未长十五岁者不当差,年至六十岁者亦不当差。我皇上仁政普施,岂无怜老恤幼之恩? 但众大人不问老者力衰头白,亦不问老者生子多少,一概混编。至于生三四个儿子都是壮丁当差,而老子差事不去,民心服不服? 儿子当差,孙子又当差,至于爷爷差事还不去,民情苦不苦? 如此验看人,公道不公道? ……④

---

① 以上见《文录》卷四〇,页二〇上至二一上;卷五五,页二上至三下;卷六二,页一二上;卷六四,页三下至五上;卷六五,页一九上至三五上。

② 《文录》卷五九,页二上。

③ 《文录》卷六五,页三三下。

④ 《天聪朝臣工奏议》卷中,页四二上。

可以肯定这里说的"编壮丁"是指满族自由民而言,但同时可以看出"少者固当壮丁之差,其老至六七十岁而有残疾者不能壮丁之免"①,是与原来自由民"三丁抽一"的规定显然不同了。其实,在这一时期,家奴即家内奴隶也有代替家主服兵役的,为皇太极申斥过:

> 有旧披甲人(即服兵役的自由民)诈称年老,令家奴代披……罪之。②

甚至还能充当小军官。有事实为证:

> 吏部承政李延庚……凡催办一切事体,俱用家人(即家内奴隶)充骁骑校、小拨什库。③

更明显的是,原来在努尔哈齐时代所规定的尼堪(即汉人)服兵役的比例是二十分之一,而到这一时期,属于农耕奴隶性质的汉人服兵役的比例扩大到"十丁编兵一名"。当时人丁文盛等即曾明确指出:

> 我国汉人十丁编兵一名,原用好的;近有脊力闲熟者畏避不出,或雇人顶替。似此,何以克敌? 不若令各家喇(即甲喇)并管屯将军,简选十名之内有年力精壮并身家相称者,定为实在身,以充行伍。④

汉人服兵役的比例,由二十分之一增为十分之一,充分说明了这一时期农耕奴隶正向农奴转化这一客观事实在军事组织中的具体反映,从而也说明了由奴隶制向封建制过渡是这一时期满族社会变革中的主要方面。

根据以上所述,我们可以看出这一时期满族社会变革中的阶级关系是:

第一,和努尔哈齐时代一样,基本上仍是奴隶主和奴隶两大阶级,肯定地说,农耕奴隶是这一时期满族社会的各个生产部门中的主要力量。

第二,原先属于农耕奴隶性质的广大汉族农民以及其他各族人民,到这一时期已经有一大批脱离了奴隶身份而转化为农奴了,即一小部分的家内奴隶也并不例外。

第三,即尚未完全转化为农奴的另一部分农耕奴隶和家内奴隶,在这一时期也已经具有一定的财产权,正在向农奴的方向转化中。

---

① 《天聪朝臣工奏议》卷上,页三三上"胡贡明谨陈事宜奏"。
② 《文录》卷五五,页二八上下。
③ 《文录》卷三〇,页二一下。
④ 《天聪朝臣工奏议》卷中,页四下。

五、政治制度及其他

第一，从政治制度谈起。

满族在努尔哈齐时代已经有统一的政治组织。统治的形式是以每个拥有大约三百名满洲人的牛录①实现的。每一牛录的首领牛录额真则"皆以各部酋长为之，而率居于城中"②。显然是一种以地域为主、血缘为辅的组织形式。而且每一牛录额真对所属的满洲人、诸申、尼堪、阿哈进行经济剥削和实行政治上的统治，是必须向最高军事首领努尔哈齐请求和批准才能发号施令。这在当时当地的目击者申忠一的报道里，可以得到证明：

> 粮饷，奴酋（努尔哈齐）等各处部落，例置屯田，使其部酋长掌治畊获，因置其部。而临时取用，不于城中积置云。

> 奴酋除辽东地方近处，其余北、东、南三四日程内各部落酋长，聚居于城中。动兵时，则传箭于诸酋，各领其兵；军器、军粮，使之自备。兵之多寡，则奴酋定数云。③

再从努尔哈齐对外的交涉中，以写给朝鲜国的"回帖"作例，他自称"女直（即女真）国建州卫管束夷人（指满洲人）之主佟奴儿哈齐"④，后来称"金"、"金国"、"大金"，直到1636年（天聪十年）他的继承者皇太极改称"大清"为止⑤，也说明了努尔哈齐所领导的满族是以一个自主独立政权的姿态出现的。

由于满族社会经济的向前发展和对外战争的日益频繁，更需要一个强有

---

① 《清太祖武皇帝实录》，故宫博物院1932年铅印本，卷二，页一下至二上。又《建州闻见录》（《栅中日录》本）页二上云："一高沙（即固山）所属柳累（即牛录）三十五，或云四十五，或云多寡不均；一柳累所属三百名，或云多寡不均；共通三百六十柳累云。"可以参证。

② 《写定申忠一图录本文》，《兴京二道河子旧老城》本，第102页。

③ 《写定申忠一图录本文》，《兴京二道河子旧老城》本，第102页。

④ 《写定申忠一图录本文》，《兴京二道河子旧老城》本，第98页。

⑤ "大金"被改称"大清"，是在1636年（天聪十年）。在这以前，都是以"大金"自称，人亦以此称之。朝鲜即在这一年被征服，曾因改称"大清"，遭到该国大臣的反对。《朝鲜仁祖实录》第三本页七四记载："仁祖十四年丙子九月戊辰，谏院启曰：谋国之道，必先明大义，不可回谲而知。经筵崔鸣吉曾于筵席之上，谓金汗为清国汗，以为定式云。谬哉鸣吉之言也！何其不思之甚耶？彼以清国为号者，实非偶然之称也。彼僭伪号，我因以称之，则是与其僭也。浸浸之弊，何所不至！鸣吉当公论方张之日，不顾大义，敢以不忍闻之说，仰溷于冕旒之下，其纵恣无忌，固已极矣！⋯⋯"完全可以证实这一点。

力的稳固的统一国家,才能适应当时客观形势发展的要求。这就使得努尔哈齐不顾父子骨肉之情,本来和他地位相等的同母弟舒尔哈齐,只因"时有怨言"而家产被籍没,"遂抑郁而卒";即预定继承自己事业的长子褚英,也因"褊狭如故"而被幽于高墙,"逾年而殁"①。从而表明满族全部的政权、兵权统收之于最高军事首领努尔哈齐掌握之中,奴隶主专制国家得到进一步的巩固和加强。

从1627年努尔哈齐逝世后,名义上虽由他的第四子皇太极继承统治,但在实际上仍由包括皇太极在内的"四大贝勒"共同处理国家事务。我们已经知道,在努尔哈齐时代,向专制国家的发展即是不可阻挡的客观趋势。所以,到了皇太极统治的初期,这种客观要求更是刻不容缓的亟须解决的一个问题。首先,皇太极于1629年(天聪三年)废除了"四大贝勒按月分直"的制度,继而于1632年(天聪六年)又取消了"上与三大贝勒俱南面坐受"的仪式而开始"南面独坐"②。结果三大贝勒:阿敏被幽禁十年,于1640年(崇德五年)病死于监狱中;莽古尔泰以"酒醉露刃","降居诸贝勒之列",郁郁不得志而死③;代善则处处唯皇太极之言是听,活到六十六岁,仅得善终了事④。所谓"生死予夺之权,一刻不许旁分"和"天无二日,民无二主"以及"天下定于一"等封建观念,成为这一时期满族社会中的唯一标准了。

第二,是进一步的封建主义化。

随着专制主义的巩固和增强,皇太极努力推行了与中央集权政治相适应的中央统一制度和进一步的封建主义化。

首先,是书词、名称的划一。

> 崇德元年六月,上谕:我国之人,昔未谙典礼,故言语书词,俱无上下贵贱之分;今阅古制,凡上下问答,各有分别,自今俱宜仿而行之。嗣后凡施之于皇上者,则谓之奏;施之于亲王、郡王及诸贝勒者,则谓之禀;施之于大臣者,则谓之呈。皇上之书词,谓之上谕;言语谓之降旨。臣工对上,无论问答,均谓之奏陈。各库分别定名,谓之曰银库、财库、仓库。桥谓之

---

① 《满洲老档秘录》上编,页二下、三上下。
② 《文录》卷五,页三上下;卷一一,页二上下。
③ 《文录》卷五三,页一四上;卷一〇,页八上;卷一二,页三九上。
④ 《清皇室四谱》,上海聚珍仿宋本,卷三,页四上。

市井,铺谓之商家。各地方官用牲畜,谓之户部牧养。教场谓之演武厅。禁约者佛家之法,嗣后勿得称呼,谓之国家法律。不可以臣工之有职者,皆谓之官员。照样二字为蒙古之语,以后无论言语书词,照样二字永远禁止;谓之效法。外藩归顺之蒙古使者,不得曰使臣;若来进牲畜、财帛者,则谓之进献牲畜、财帛之人;若来告事,则谓之奏陈。内外和硕亲王、多罗郡王、多罗贝勒等彼此往来之使,则谓之使臣;若亲王、郡王、贝勒、贝子等所遣之使,则亦谓之使臣;未封王之大小贝勒、贝子等之使者,若来亲王、郡王处馈送者,则不曰使臣,谓之馈送之人。①

到这时,"和硕亲王、多罗郡王、多罗贝勒、固山贝子、固伦公主、和硕公主、和硕格格、多罗格格、固山格格、固伦额驸、和硕额驸、多罗额驸、固山额驸等,等级名号,皆有定制,昭然不紊"。②

其次,是行政机构模仿汉制。

最先设立的有"翻译汉字书籍"和"记注本朝政事"的文馆,为后来改设内三院(内国史院、内秘书院、内弘文院)③的张本。当时人宁完我在《请译四书五经通鉴奏》中即云:

> 臣观金史,乃我国始末,汗(皇太极)亦不可不知。但欲全全译写,非十载难成,且非紧要有益之书。如要知正心、修身、齐家、治国的道理,则有孝经、学、庸、论、孟等书;如要益聪明智识、选练战攻的机权,则有三略、六韬、孙吴素书;如要知古来兴废的事迹,则有通鉴一书。此等书实为最紧要大有益之书,汗与贝勒及国中大人所当习闻明知,身体而力行者也。④

这不啻是要满族统治者以明为师,把早已达到高度封建化的汉人的文化遗产和历史教训全盘搬运过来。

同时又有六部的设立⑤,更是全部抄袭于明王朝。宁完我十分露骨地指出过:

---

① 《满洲老档秘录》下编,页四三上下。
② 《文录》卷四二,页三上。
③ 《文录》卷五,页一一下至一二上;卷二八,页二上至三上。
④ 《天聪朝臣工奏议》卷中,页二五上下。
⑤ 《文录》卷九,页一一下至一二下。

我国六部之名,原是照蛮子家(指明王朝)立的。

应当指出,在推行封建化政策的同时,满族统治者对本族固有的文化特点和当时存在的历史特点,是不愿轻易抛弃的。相反地,他们更愿意把这些特点和进步的汉人制度结合在一起,而使其继续保存下来。宁完我在1633年(天聪七年)就看清了这一点,在讨论从明抄袭而来的六部时,提出了自己的看法:

> 其部中当举事宜,金官原来不知,汉官承政当看(大明)会典上事体:某一宗我国行得,某一宗我国且行不得;某一宗可增,某一宗可减;参汉酌金,用心筹思,就今日规模,立个金典出来。每日教率金官,到汗面前担当讲说,务使去因循之习,渐就中国之制。必如此,庶日后得了蛮子地方,不至手忙脚乱。然大明会典虽是好书,我国今日全照他行不得。他家天下二三百年,他家疆域横亘万里,他家财赋不可计数,况会典一书,自洪武到今不知增减改易了几番,何我今日不敢把会典打动他一字?……①

历史事实证明,满族统治者皇太极对早在努尔哈齐时代即已采用汉文的官名和城邑名,到这时全部"易以满语"。有他在1634年(天聪八年)颁布的上谕可以为证:

> 朕闻国家承天创业,各有制度,不相沿袭,未有弃其国语,反习他国之语者。事不忘初,是以能垂之久远,永世弗替也。蒙古诸贝子自弃蒙古之语,名号俱学喇嘛,卒致国运衰微。今我国官名,俱因汉文,从其旧号。夫知其善而不能从,与知其非而不能省,俱未为得也。朕继承基业,岂可改我国之制而听从他国?嗣后我国官名及城邑名,俱当易以满语,勿仍袭总兵、副将、参将、游击、备御等旧名。凡赏册书名,悉为厘定:五备御之总兵官为一等公,一等总兵官为一等昂邦章京(amban janggin),上等总兵官为二等昂邦章京,三等总兵官为三等昂邦章京;一等副将为一等梅勒章京(meiren i janggin),二等副将为二等梅勒章京,三等副将为三等梅勒章京;一等参将为一等甲喇章京(jalai janggin),二等参将为二等甲喇章京,游击为三等甲喇章京;备御为牛录章京(nirui janggin),代子为骁骑校,章京为小拨什库,旗长为护军校,屯拨什库仍旧名。凡管理不论官职:管一旗者,即为固山额真(gūsai ejen);管梅勒者,即为梅勒章京;管甲喇者,即

---

① 《天聪朝臣工奏议》卷中,页三五上下。

为甲喇章京;管牛录者,即为牛录章京;管护军纛额真(bayarai tui ejen),即为护军统领;管护军甲喇额真(bayarai jalai ejen),即为甲喇参领。其沈阳城,称曰天眷盛京;赫图阿喇城,曰天眷兴京。毋得仍袭汉语旧名,俱照我国新定者称之。若不遵新定之名,仍称汉字旧名者,是不奉国法,恣行悖乱者也,察出,决不轻恕。①

这不能看作是满族反对汉人制度即抵拒封建主义化的后退现象,只能看作是满族为了企图继续保持住自己的"民族形式"而脱胎换骨地接受了汉人的封建制度的精神实质的一种表现。可以当时人明白指出这一点来作证。一则宁完我说:

    ……万一有乱政者,言汉制不宜行于我朝,又不免将开创嘉谟,中道废止矣。此臣所为痛惜而早虑者也!……②

一则张存仁也说:

    ……臣真心报主,毫无私念:惟皇上远效尧、舜、禹、汤、文、武之法,近仿汉高祖、宋太祖之制,臣愚不胜幸甚!③

作为一个统一的专制国家的满族,到这一时期,在政治、经济、文化各个方面已经跨进了封建社会的大门,对于由奴隶制向封建制过渡这一必须经历的历史过程,是无法避免同时也是抵拒不了的。

再就满族统治者皇太极于1636年(崇德元年)所采取的历史上有名的"骑射"政策而论,也只能看作是统治阶级力图保持已经失掉了的以狩猎生产为基础的骑射技术,来保证他们的统治权的一种手段,而这一政策并不具有多大的实际意义。皇太极这样说道:

    先时儒臣大臣巴克什达海、库尔缠屡劝朕改满洲衣冠,效汉人服饰,学汉人制度;见朕不从,辄以为朕不纳谏。朕试以身喻之:如我等聚集于此,宽衣大袖,左佩矢,右挟弓,忽遇劳萨双科罗巴图鲁(满语 šongkoro baturu,系勇号)挺身突入,我等能御之乎?若废骑射,必宽衣大袖,待他人割肉而后食,与尚左手之人何异耶?且朕此言,非为一世之计也,在朕身岂有变更

---

① 《文录》卷一八,页一二下至一四上。
② 《文录》卷一○,页三三上。
③ 《文录》卷二四,页一○下。

之理? 恐后世子孙忘旧制,废骑射,以效汉人,故常切此虑耳![1]

从表面上看,皇太极是在大声疾呼要保持住满族固有的骑射技术,而在有清一代的确也曾以"骑射"政策作为它历朝统治者奉行惟谨不可动摇的"国策";但究之实际,不特在满族统治者统治全中国以后,这种骑射政策仅仅成为照例的官样文章,即在皇太极颁布这一政策的同时,所谓满族固有的骑射技术,已在摇摇欲坠了。这在同一年皇太极对他的子弟们的告诫中就可以看得出来:

> 昔太祖时,我等闻明日出猎,即豫为调鹰蹴球,若不令往,泣请随行;今之子弟,惟务出外游行,闲居戏乐……今子弟遇行兵出猎,或言妻子有疾,或以家事为辞者多矣! ……[2]

很显然,满族统治者企图保持骑射技术是一回事;而广大满族人民在进入到高度农业化的辽沈地区以后,很迅速地接受着、吸收着汉人的进步生产方式,不能由人们的自由意志改变得了的,必然要放弃自己固有的落后生产方式是另一回事。从这一骑射政策的不能彻底推行,我们就可以看出这一点。

第三,是刑罚。

在努尔哈齐的初期,为了巩固奴隶主的统治,对违抗命令的满洲人、诸申、尼堪、阿哈所采取的惩罚,是不成文的习惯法。有两个当时当地的目击者的报道,可以作证。一个是申忠一云:

> 奴酋不用刑杖:有罪者只以鸣镝箭,脱其衣而射其背,随其罪之轻重而多少之;亦有打腮之罚云。[3]

另一个是李民寏亦云:

> 有罪:则或杀,或囚,或夺其军兵,或夺其妻妾、奴婢、家财,或贯耳,或射其胁下。[4]

到努尔哈齐的晚期,即在进入辽沈农业地区以后,已经由不成文的习惯法逐渐过渡到成文的法令。例如在 1622 年(天命七年)颁布的《谕禁单身行路》,即有明文规定:

---

① 《满洲老档秘录》下编,页四八下至四九上。参见《文录》卷三二,页八上至九上;卷四二,页一〇下。

② 《文录》卷三〇,页二〇下至二一上。

③ 《写定申忠一图录本文》,第 103 页。

④ 《建州闻见录》,页四下。

  ……若结伙不满十人，仅以九人同行者，见即报之，罚银九钱；八人

者，罚银八钱；七人者，罚银七钱；五人以下，罚银五钱。①

罚银之外，同时还采用了蒙古对饮酒过量者罚马、牛、羊的惯例。其规定是：

  须知尔国(指蒙古)之例，凡饮酒过量者，皆治以罪：殷实之人，罚马；

中等人，罚牛；下等人，罚羊。②

此外有"没收"、"鞭责"、"割鼻耳"或"贯鼻耳"，处罚最重的是"正法"和"裂

尸示众"③等。

  从上面所述，不管是不成文的习惯法或成文的法令，都可以说是一种奴隶

制社会里奴隶主把对待奴隶如同对待牛马一样的上层建筑。这些为着巩固奴

隶主统治的上层建筑，一直到皇太极统治的整个二十年期间还继续在沿用

着④和继续在起着它应有的作用。

  但伴随着满族社会经济向封建制度发展，反映在刑罚中的等级制度，到这

一时期也从而确立起来。1638 年(崇德三年)对"名号等级"的补充规定，即

是一个例证。补充规定说：

  自后若王、贝勒、贝子等犯者，议罚；官员犯者，幽系三日，议罚；庶民

犯者，枷号八日，责治而释之。⑤

特别明显的是，在这一时期，也有了和汉人极相类似的封建典型式的法令"十

恶"的制订：

  一、谋危社稷。一、谋毁宗庙、山陵及官阙。一、谋背本国，潜逃他国。

一、蛊毒、魇魅。一、盗大祀神器及上服御器物。一、殴辱祖父母、父母。

一、兄卖弟。一、妻告夫。一、与宗族通奸。一、奸人强劫财物。⑥

---

① 《满洲老档秘录》上编，页二九下。

② 《满洲老档秘录》上编，页三一下。

③ 《满洲老档秘录》上编，页二四上、二六下、三一上至三二上、三四下。

④ 在六十五卷的《文录》中，像"鞭责"、"贯鼻耳"等处分的例子，多不胜举。

⑤ 《文录》卷四二，页一〇上下。

⑥ 《文录》卷五三，页六下至七上。此系崇德五年(1640 年)所颁布的"十恶"。在这以前，
曾两次宣布过"十恶"的规定，一次是在崇德元年，条文是："犯上，烧毁宗庙、山陵、宫阙，逃叛、谋
杀、故杀，蛊毒、魇魅，盗祭天器物、御用诸物，杀伤祖父母、父母，兄卖弟，妻告夫，内乱，强盗。"
(见同书卷二八页三九下)另一次是在崇德二年，条文是："犯上，焚毁宗庙、陵寝、宫殿，叛逃、杀
人，毒药巫蛊，盗祭天及御用器物，殴祖父母、父母，兄卖弟，妻诬告夫，内乱，纠党白昼劫人财
物。"(见同书卷三七页一五下)三者字句略有不同。

此外尚有为了保证与向封建制发展相适应的农业生产而屡次宣示的"军律"①

第四,是婚姻关系。

我们已经知道,在努尔哈齐时代,满族的婚姻关系完全是一种不按辈分的婚姻关系,当然,这不等于说在那时已经丝毫没有氏族制的残余遗痕了。事实证明,到了皇太极时代,仍然存在有"男子六十人随嫁"②的群婚制的现象。其为氏族制的残余,是不足为怪的。但值得我们注意的是,到这一时期,在进入到高度农业化的辽沈地区以后,也和其他各个方面发生了变化一样,满族的婚姻关系不能不受到汉人封建婚姻制度的影响。从 1630 年(天聪三年)起,满族统治者皇太极已有:

> 凡取继母、伯母、弟妇、侄妇,永行禁止……同族嫁娶,男女以奸论。③

的明文规定。这一条已被屡经修改的今本《清太宗文皇帝实录》删去,但今本《文录》中于 1632 年(天聪六年)仍有"前禁不许乱伦婚娶"④一语;其未经修改而今尚保存在《清三朝实录采要》中的原本《清太宗文皇帝实录》,于 1635 年(天聪九年)更明显的有:

> 初,满洲一族妻室,如伯、叔母及嫂等,俱无嫁娶之禁;上(皇太极)以一姓之内,而娶其诸父昆弟妻,乱伦殊甚,尝禁止之。⑤

的记录。这些显然都是未曾删掉的、仅存的,说明这一时期满族的婚姻关系正向封建婚姻制度过渡的有力证据。从而,在这一时期,满族统治者也就提出了"妇以夫为天"⑥的口号,这口号可以肯定是向汉人看齐的完全封建化了的"三从四德"伦理关系。

第五,是军事民主主义。

在努尔哈齐时代满族社会里,同时存在着"由氏族制度中发展起来的军事民主主义",当然是事实。我们也知道,这种军事民主主义一直维持了很长的时间,即到皇太极时代仍然十分显著,在清初文献中经常见到的"八家"和

---

① 《文录》卷四三,页一五下至一八下;卷五〇,页一二上下。

② 《文录》卷三〇,页二八下、三〇下。

③ 朱磷:《明纪辑略》卷一四,见陈垣:《汤若望与木陈忞》,《辅仁学志》第七卷第一、二期,所引。

④ 《文录》卷一一,页二〇上。

⑤ 《清太宗文皇帝实录》(日本伍石轩本)卷五,页一五下至一六上。

⑥ 《文录》卷一七,页二五下。

"八分",就是证据。但这种民主本质上是属于统治阶级内部的民主,因为奴隶主专政并不排除奴隶主之间所享有的民主。

现在的问题却在于,这种军事民主主义到这一时期,和努尔哈齐时代比较,是否起了一些变化呢? 根据作者个人考察的结果,答案是肯定的。即以当时人胡贡明的话作证,他在叙述了"八家平分"、"八家平养"的情况之后,一则说:

> ……以臣之见,这个陋习(指八家的平分和平养),必当改之为贵。假如下次兵马出去,若得银八万两,八家每分七千两,留三八二万四千两,收之官库;若得衣八千件,八家每分七百件,留三八二千四百件,收之官库;其八家应得的财物,即听各贝勒自己使用。若要摆酒,即命礼部向官库支办;若要赏人,即命户部向官库取给。所得之人,都好一处养活:见其贤也,便好养活得厚些;见不贤也,便好养活得薄些;且养他也由我,不养他也由我。厚薄予夺之权得以自操,而人之心志亦必归结于一处矣。虽各贝勒少得些财物,也落得安然自便;虽皇上受些辛苦,也落得自专鼓舞,而收拾人心,不亦为策之尽善尽美乎?!

他再则说:

> ……如此三分四陆,如此十羊九牧,总藉此强兵,进了山海(关),得了中原,臣谓不数年间,必将错乱不一而不能料理也![1]

从这里,我们很明显地可以看出,这种军事民主主义到这一时期是不能适应由奴隶制向封建制过渡的客观要求而需要加以适当的修改了。满族统治者皇太极命令奴隶主贵族的子弟们读书,即是为了这个目的。他在"谕金、汉、蒙官子弟读书"的"告谕"中,明白道出:

> 儒书一节,深明道理。朕闻各官多有不愿子弟读书,以为我国历来取胜,何用书为? 然昨年滦州失守,二王(阿敏)不救,其遵化、迁安、永平弃城,皆由不读书、不晓义理之故也。[2]

试想:满族统治者在这一时期,面临着充满了尖锐的阶级矛盾行将土崩瓦解的大明帝国,只有放弃分散的军事民主主义而赶快过渡到中央集权的封建专制

---

[1] 《天聪朝臣工奏议》卷上,页一一上下、三五下。
[2] 《满洲老档秘录》下编,页三四下至三五上。

主义,才能取明王朝而代之。因为这是当时满族社会发展中所必须走的唯一道路,由它本身历史发展规律所决定了的。

六、余　论

综上所述,我们可以看到,满族社会向封建制的过渡,主要是在皇太极时代(1627—1643 年),同时并不否认在努尔哈齐的晚期,特别是在 1621 年进入到高度农业化的辽沈地区以后就已经开始了。

人们也许要问:当时满族在进入到高度农业化的辽沈地区以后,为什么走上了向封建制过渡的道路而没有走上向发展的奴隶制发展的道路呢?根据作者个人初步的考察,这里有经济的、社会的、历史的三方面的原因。

经济的原因。从努尔哈齐时代起,大量奴隶之出现主要是由于满族统治者对广大的辽东农业地区的迅速扩张,俘虏了好多汉族农民,最多的一次是三十万,几乎全部把他们驱使在田野之上耕作;到皇太极时代,奴隶数量的确又比以前增多了,即以四次较大的对明侵掠战役而论,就俘虏了将近百万。但这些在战争中被强迫变为奴隶的不仅有被俘虏的兵士,还有被征服地方的很大一部分汉族农民,同样他们都被编制到广大庄园里去进行农业劳动。我们都知道,在世界历史上的典型的发展奴隶制国家,只有雅典和罗马。像雅典那样典型的发展奴隶制的形成,正如恩格斯在他的经典著作中所指出的:"大量奴隶之出现是由于好多奴隶在总管监督之下,在一所巨大的手工工场内一起工作之故。"[①]而在 17 世纪的上半期,处在亚洲东部的满族,虽然已从祖国极东北的依兰和更在其南的赫图阿拉(今新宾),搬到了今天东北南部的辽沈地区,但这一地区也只是高度农业化了的地区,最适宜农业生产,根本谈不上有发展到了"巨大的手工工场"生产的条件。因此,在当时的客观条件限制之下,满族社会不可能向发展的奴隶制的方向发展。

社会的原因。恩格斯同时指出:"雅典人国家的发生乃是一般国家形成的一种非常典型的例子,因为一方面它产生的方式非常单纯,并没有外来的或内部的暴力行为的任何干涉……另一方面因为在这里,极发展的国家形态,民

---

① 《家庭、私有制和国家的起源》,第 114 页。

主共和国,是直接从氏族社会中发生的。"①根据恩格斯的这一论证,可以帮助我们了解:一个自然兴发的民族和一个处在四面受高度文化的其他民族的包围中的民族的发展规律是有所不同的。像满族这个民族,起码从 15 世纪 40 年代,即 1440 年定居于赫图阿拉这一时期起,它是处在朝鲜、蒙古和明"三大"之间,不管在经济上、政治上或文化上,都长期受到这"三大"的直接的或间接的影响。谁都不会否认,到 15 世纪,这"三大"早已进入到高度封建制的阶段。历史事实证明,即在满族尚未搬到辽沈地区以前,特别在经济上和文化上,与朝鲜和明的亲密关系是谁也斩断不了的了;即使在彼此处在战争状态中,各族人民之间的经济往来和文化交流也仍然是存在的。像朝鲜"潜商"之多,已如前述;即以在兵荒马乱、炮火喧天的对明战役中的 1632 年(天聪六年)这一年来说,仍有"我军(满人自称)大市于明张家口"②的事实存在,便是证据。这充分说明满族的形成,不是"非常单纯",也不是"并没有外来的或内部的暴力行为的任何干涉";恰恰相反,它是长期受着"外来的"进步的其他民族的直接的或间接的影响,包括经济、政治、文化各个方面在内。也就因为这样,它不可能像雅典人国家的产生那样走上向发展奴隶制发展的道路之上。

历史的原因。从恩格斯所指出的雅典人这个"极发展的国家形态,民主共和国,是直接从氏族社会中发生的"这一论据来看 17 世纪 20 年代到 40 年代的满族社会,很明显,和雅典人国家的情况是迥乎不同的。因为,第一,在努尔哈齐时代,满族的社会发展阶段,肯定是属于奴隶占有制,同时并不排斥早期封建制的存在。第二,我们在前面已经提到,满族和在明以前的所有女真集团是有区别,但它仍属于其中的一个支派则是事实。众所周知,女真人在 12 世纪到 13 世纪,曾经建立过地跨华北平原、历时一百年左右的强大的金王朝。所以,到努尔哈齐兴起之际,他仍以"女真国"和"大金"自称;企图借此来团结本族人民和以恢复早已消失的金王朝相号召;这一称号一直到皇太极继续统治了将近十年,才开始被改为"大清",主要是为了避免明统治者"以宋朝故事为鉴",而不惜公开否认自己是"金之子孙"③,以争取汉族广大人民的"不念

---

① 《家庭、私有制和国家的起源》,第 114—115 页。
② 《文录》卷一二,页一〇下。
③ 《满洲老档秘录》下编,页二八下。

旧恶"并进而接受它的统治这一政治目的的。事实上,满族统治者之称"汗"(han)和"贝勒"(beile)等,都是女真人惯用的旧称。① 不可想象,在金王朝长久统治的岁月里,即使尚未发展到奴隶制阶段的这一部分女真人,可以丝毫不受"外来的或内部的"任何影响,反而故步自封地把自己保留在氏族社会之中。从此,我们可以认识到,满族在皇太极统治以前很长的一段时间里,早就接受着、吸收着封建制的生产方式和生活方式;到了皇太极时代,虽然是历时很短的大约二十年的期间,它之所以能够很快向封建制过渡不是没有历史根源的。

---

① "贝勒"二字系由满译汉,但在金时,汉译则作"勃堇"又作"勃极列"(见《金史语解》,光绪年间江苏书局刊本,卷六页一上),或作"孛堇"。见《柳边纪启》,《国学文库》本,卷四页一一四引《金完颜娄室神道碑》和《字极列》,又见《松漠记闻》,《辽海丛书》本,卷上页二下,为小异耳。

关于满族形成中的几个问题

满洲作为民族名称（又称满族），是在 17 世纪 30 年代才出现的。① 但是，它有着悠久的历史渊源。在漫长的岁月里，满族先民生息、繁衍、活动在祖国东北地区的"黑水白山"之间，到明代末年在夺取了全国政权之后，才分散遍布于关内外，据 1978 年调查，满族人口有二百六十五万②，辽宁省占全国满族总人口的百分之四十以上。满族是今天祖国民族大家庭中的成员之一。

许多民族学家和历史学家认为，关于民族概念、民族定义、民族形成、民族同化、民族融合等理论问题，必须结合着对各国民族情况以及各民族形成和发展的具体过程进行综合分析研究，才能得出比较切合实际的结论。我们知道，民族是历史范畴，是历史上形成的具有很大稳定性的人们共同体。马克思主义经典作家们提到的民族通常是指从古代直到现代不断出现的具有民族共同特征的一切人们共同体③，从而不能得出像人们所说"马克思和恩格斯认为民族是资本主义上升时代的产物"的结论。④

满族作为民族的长期存在，有过它的共同地域、共同语言、共同经济和共同文化这些条件，虽然这些条件今天早已大部分消失甚至全部消失，它仍能靠共同的民族意识和民族感情来维持。中外学者从来没有提出过不同意见和怀疑。但是，在满族形成和发展的过程中存在着若干问题，过去和现在，人们不

---

① 《清太宗实录》（《大清历朝实录》景印本，下同）卷二五，页二九上，天聪九年（1635 年）冬十月庚寅条。按《清太祖武皇帝实录》（北平故宫博物院 1932 年铅印本，下同）卷一页一下有云："其国定号满洲"，小注云："南朝（指明朝）误名建州"。所说"定号满洲"，实际上是在 1635年改号之后的追认。

② 据 1957 年的调查，全国共有满族 240 多万人，经过了 20 年，增加了 25 万多人。

③ 马克思和恩格斯经常提到的有"古代民族"、"现代民族"、"希腊民族"、"罗马民族"、"日耳曼民族"等等；斯大林也常提"落后民族"、"野蛮民族"、"被压迫民族"等等；毛泽东同志还提到"中华民族"、"少数民族"等等。

④ 参见方德昭：《关于民族和民族形成问题的一些意见》，《学术研究》1963 年第 7 期，第 2 页。

但抱有一些不同意见和模糊的认识，而且还有不少错误的看法甚至反动的观点。① 本文拟就其中有关的几个问题，提出一些不成熟的看法，希望能得到清史和满族史研究者的批评指正。

一、满族的族源问题

目前中外学者一般公认，两千多年前我国先秦古籍中所记的肃慎人②，就是今天满族的最早先民。汉代以后，不同朝代的史书上记载着的挹娄（后汉、三国）、勿吉（北朝）、靺鞨（隋、唐）、女真（辽、金、宋、元、明），都是肃慎的后裔，因而也是满族的先民。但是，这里面有两个问题需要提出来商讨。第一，过去也有少数学者认为，从明代女真人往后倒推上去，女真出于靺鞨，靺鞨出于勿吉，历代史书记载，斑斑可考；再往上推，顶多可以追溯到两汉、三国的挹娄为止。这些，文献资料尚可依稀稽考，引以为据③。至于满族最早先民——肃慎的说法：一则先秦古籍中仅寥寥数语④，文献不足，难以征信；一则前人所说"肃慎"与"女真"系一音之转⑤，从语音学角度上考虑，因"肃"字拼音系用S打头，与用J打头的"女"字，语音根本不能相通，是缺乏科学根据的。这确实是一个问题。第二，在处理编写满族史的内容方面，要不要把明代女真人的先世——金代女真人、隋唐的靺鞨、北朝的勿吉、两汉三国的挹娄，以至先秦西周的肃慎的全部史事都包括进去，这也是值得研究的另一个问题。

① 苏联东方学家齐赫文斯基所著《中国近代史》（三联书店1974年版）沿袭了过去日本帝国主义侵略我国东北的那一套旧观点，把女真—满族当作一个中国以外的外来民族看待，企图混淆视听，以达到分裂我国东北的目的。这当然是不能接受的观点。就是萧一山在其所著《清代通史》（1961—1963年，台湾新版，共五册）"导言"中说："惟清（指满族）为华族支派，久受熏陶，逐渐同化。"与他在1949年以前出版的《清代史》，重庆商务印书馆1947年版，第12页，其中明说："都变成了汉人"，同样不承认今天满族的存在，也是很成问题的。

② 一作"息慎"，又作"稷慎"，见《史记》，中华书局1959年点校版，卷1，第43页，《五帝本纪》；《国语·鲁语》下；《汲冢周书·王会解》。

③ 《后汉书》，中华书局1965年点校版，卷85，第2812页；及《三国志》，中华书局1959年点校版，卷30，第847—848页，都有《东夷挹娄传》。

④ 《国语·鲁语》下只提到肃慎人贡献过"楛矢石砮"，《史记》，卷4，第133页，《周本纪》说周成王命大臣荣伯作《贿息慎之命》和《汲冢周书》也只提"稷慎大尘"而已。

⑤ 《满洲源流考》，奉天文化兴印刷所1934年版，卷一，页四下云：朱里真（女真）"盖即肃慎之转音"。

从肃慎、挹娄、勿吉、靺鞨直到金代的女真人，长期居住、活动在"不咸山"（长白山）和"弱水"（黑龙江）之间的广大地区，是明代女真人渊源所自出，这一继承关系是必须首先加以肯定的。问题在于肃慎这个缺乏充分文献证明的最早先民够不够条件也包括在满族共同体之内？单从先秦古籍中的区区数语，或一两个字的拼音通不通，来推断两者的系属关系，自难令人信服。所庆幸的是新中国成立三十多年以来，考古工作者在全国范围内进行了大量的发掘工作，获得了前所未有的许多巨大的新收获。以东北地区为例，根据考古学家考古发掘资料，黑龙江流域出土有魏国平周布，黑龙江、吉林两省肃慎遗址中普遍发现了鼎、鬲①，对此他们指出："至于族别的问题，现在已经提出吉林地区可能是肃慎遗存的初步意见；西团山墓葬的人骨，经鉴定是属于通古斯族人种的。"②再证以挹娄遗址中发掘的大量石镞、原始农业生产工具、农作物籽粒、纺轮和猪骨，并发现其住址为半地穴式，与史籍记载几乎完全相符③，从而我们可以推定肃慎与挹娄现存遗物出现于同一地域，两者出土文物的相似，文化继承关系的揭示，以及当时两者与中原地区的文化、经济联系，充分订正和弥补了文献资料的不足。由于这些考古发掘资料与史书记载的互相补充印证，我以为肃慎是满族的最早先民这个说法，是不容置疑的。

作为满族的族源，我们不但要把它最早先民的肃慎包括在内，而且还必须把从肃慎以下经挹娄、勿吉、靺鞨以至金代女真人等各族的迁徙、发展以及变化过程，系统地、概括地一一加以交代清楚。同时，考虑到肃慎及其后裔在漫长的年代中一次次分化出去，并吸收其他族人形成了新的共同体，经过一个时期的发展，又与其他族人合并或融合，就不应该把这一部分人的历史（如有关渤海国和金王朝的史事）无区别地全部都包括在满族史之内。

所以，归结起来说，肃慎作为满族的最早先民，虽然史书记载语焉不详，但是考古发掘资料却提供了有说服力的物证。至于肃慎及其后裔是既有关联又不能等同，不应该把肃慎以下的挹娄、勿吉、靺鞨、女真各族的形成发展过程作为

① 中国科学院考古研究所编：《新中国的考古收获》，第40页；东北考古发掘团：《吉林西团山石棺墓发掘报告》，《考古学报》1964年第1期，第46页。

② 《新中国的考古收获》，第40—42页。

③ 佟柱臣：《吉林的新石器时代文化》，《考古通讯》1955年第2期，第7—11页；黑龙江省博物馆：《东康原始社会遗址发掘报告》，《考古》1975年第3期，第168页；吉林大学历史系文物陈列室：《吉林西团山子石棺墓发掘报告》，《考古》1960年第4期，第37页。

满族本身的形成发展过程;但是,满族史如果把肃慎以下迄明代女真人的世代相承的系属关系与满族割裂开来,也是不能正确反映满族悠久的历史渊源的①。

二、满族与明代女真的关系问题

入关前,满族统治者清太宗皇太极于 1629 年(明崇祯二年,后金天聪三年)亲自征明,路过房山,刚刚祭过他的祖先金太祖阿骨打和金世宗完颜雍的陵墓之后,不到二年,于 1631 年(明崇祯四年,后金天聪五年)写给明总兵官祖大寿的一封信上说:"尔主(指明崇祯皇帝)非宋之苗裔,朕(皇太极自称)亦非金之子孙"②。否认了明末女真人与宋代女真人一脉相承的渊源关系。到 1635 年(明崇祯八年,后金天聪九年)皇太极竟下了一道谕令,说什么:"我国原有满洲、哈达、乌喇、叶赫、辉发等名,向者无知之人,往往称为诸申。夫诸申之号,乃锡伯超墨尔根之裔,实与我国无涉。……自今以后,一切人等止称我国满洲原名,不得仍前妄称。"③从此,定族名为"满洲",废除了诸申(女真)旧称。

其实,诸申(jušen)系从女真(jučen)一词中的 š 与 č 发音变化而来,旧译为"满洲"、"编氓"、"部属"或"民间"④,本来指自由民的女真人而言,只是到了后来,随着本族内部的阶级分化而下降为贱民之称。因此,在满文词书里,"诸申"就被解释为"满洲臣仆"或"满洲之奴才"⑤。很显然,诸申与女真,还由原来本为一字的同音异译分而为二,成为本族内部两个对立的阶级成分了。再则,到皇太极时期,诸申(女真)成员更加急遽向两极分化,少数上升为奴隶主,而大多数下降为农奴或奴隶,诸申(女真)这一族名不再能通用于全族。何况在众多女真部落中虽各有其专名,却还没有一个可施及全族的通称;同时,出于政治上的需要,为了避免明末汉人对宋代女真人的反感,这就是要把诸申(女

---

① 《满族简史》,中华书局 1979 年版,第 2 页。

② 《满洲老档秘录》下编,上海商务印书馆 1929 年版,页二二下及二八下,按《太宗祭金太祖、世宗陵》在天聪三年(1629 年)十二月,《太宗攻锦州致书祖大寿》在天聪五年(1631 年)八月,前后相距实际上不足两年。

③ 《清太宗实录》卷二五,页二九上。

④ [日]今西春秋:《满和对译满洲实录》,日本文化协会 1938 年版,第 25、36、284、354 页。

⑤ 《增订清文鉴》,乾隆三十六年刊本,卷一〇,页三上,及《清文汇书》,四合堂刊本,卷九,页二四下。

真)这个世代相传的旧称改为满洲,连国号"金"也改为"清"的原因所在。

如前所述,问题很清楚,诸申(女真)这个族名虽改,但是它的族体即全体民族成员,基本上仍然是明代女真人。不过,对于明代女真人还得做进一步的分析。据记载,明朝人是把当时女真人笼统地分为建州、海西和野人三个部分的。满族无疑是以建州、海西女真人为主体,但同时也吸收了大部分东海女真(野人女真)在内。在满族的杰出领袖、卓越的政治家和军事家清太祖努尔哈齐及其继承者清太宗皇太极看来,散居在东北边区图们江、乌苏里江及以东一带的东海虎尔哈部、渥集部、瓦尔喀部等女真余部(旧称野人女真),以及远处黑龙江流域及以北一带的索伦部、鄂伦春部等,从来都是同系女真成员,应该为其"所属有"①;或者说:"此地人民(指黑龙江地方的索伦部),语音与我国(女真)同。……尔之先世,本皆我一国之人,载籍甚明"②,也应该被纳入这个满族共同体之内。1642 年(明崇祯十五年,清崇德七年),皇太极所描绘的"后金"版图是:"自东北海滨(鄂霍次克海),迄西北海滨(贝加尔湖),其间使犬、使鹿之邦,及产黑狐、黑貂之地,不事耕种、渔猎为生之俗,厄鲁特部落以至斡难河源,远迩诸国,在在臣服。"③不难看出,这些被征服的外族成员,包括今天的鄂温克族和达斡尔族(均属索伦部)、赫哲族(使犬部)、鄂伦春族(使鹿部)和蒙古族(厄鲁特部落)等民族成分。

由此可见,具有血缘关系的建州、海西女真人,在新的情况下,更加密切地结合起来,形成满族的主体,同时又有一些不具有血缘关系的外族成员由于种种客观条件起作用的结果,如大量被俘的汉族人加入进来,形成了新的共同体——满族。这样,满族既是主要来源于建州、海西女真人,但又加入了新的血液,把来自不同血缘的人们都汇集在一起了。

三、佛满洲与伊彻满洲的区别问题

满洲有"佛满洲"和"伊彻满洲"的区别:佛(fe),满语,汉译"旧"的意思,

---

① 《清太祖武皇帝实录》卷三,页四上云:"斡儿哈部众,皆吾所属有。"按斡儿哈即瓦尔喀一字的同音异译。

② 《清太宗实录》卷二一,页一四下。

③ 《清太宗实录》卷六一,页三上。

故又有"陈满洲"、"老满洲"之称；伊彻（ice），满语，汉译"新"的意思，汉字音译又或作"伊齐满洲"、"义气满洲"和"衣扯满洲"①。按新、老满洲的意义是有发展的。入关前，在皇太极时期编入八旗的东北边区女真余部及他族人，被称为"伊彻满洲"或"新满洲"②；而原先在努尔哈齐时期编入的则称"佛满洲"、"陈满洲"或"老满洲"。入关后，对于在此以前编入八旗的满族成员均称"佛满洲"、"陈满洲"或"老满洲"；此后新编入的则称"伊彻满洲"或"新满洲"③。

据记载，佛满洲之内又有"贝国恩"和"布特哈"的区别：贝国恩（boigon），满语，汉译"户"的意思；布特哈（butha），满语，汉译"打牲为生"的意思④。贝国恩多半在吉林地方成家立业，记档开户，养子育孙，世代相传；而布特哈则在长白山一带，打牲为生。伊彻满洲之内也有库雅喇的不同，因为库雅喇不是一部亦非一姓；有的人就以库雅喇为姓，也有库雅喇而改别姓的，他们多半居住在宁古塔（今黑龙江省宁安县）以东的地方，都是在入关以后才编入八旗的。可是，一般伊彻满洲则居住在三姓（今黑龙江省依兰县）、乌苏里江东西两岸，他们编入八旗又在库雅喇以后⑤。

由此可知，黑龙江省的佛满洲、伊彻满洲和库雅喇都是满洲即满族的组成成员这一点，是没有疑问的。入关以后，他们分别被派遣驻防在齐齐哈尔（今黑龙江省齐齐哈尔市旧城）、黑龙江（今黑龙江省黑河市瑷珲镇）、呼兰（今黑龙江省呼兰县）三城，编设八旗：镶黄、正白、镶白、正蓝四旗为左翼，左翼满语叫作达斯欢噶喇（dashūwan gala）；正黄、正红、镶红、镶蓝四旗为右翼，右翼满语叫作哲伯勒噶喇（jebele gala）。据道光年间清朝人的统计，黑龙江地方八旗

---

① 萨英额：《吉林外记》，渐西村舍本，卷三，页一下；西清：《黑龙江外记》，渐西村舍本，卷三，页一上；吴振臣：《宁古塔纪略》，《昭代丛书》本，页一一下。

② 《清太宗实录》卷五二，页一二上下，"崇德五年秋七月癸未"条云："以索海、萨穆什喀所获新满洲壮丁二千七百九人，妇女幼小二千九百六十四口，共五千六百七十三人，均隶八旗，编为牛录。"足证在入关以前新、老满洲之有别。

③ 《吉林外记》卷三，页一下："国朝定鼎以前编入旗者为佛满洲。"又何秋涛《朔方备乘》（清季石印本）卷一页七上："其顺治、康熙年间续有招抚壮丁，愿迁内地，编佐领隶旗籍者，则以新满洲名之，国语所谓伊彻满洲也。"又崇厚：《盛京典制备考》，光绪二十五年刻本，卷四，页三三下至三四上云："查新满洲人丁原在乌拉（指黑龙江）地方居住，于康熙十七年（1678 年）……奉谕旨，将……三十一佐领管下人丁连眷属共一万余口，俱著改住盛京，各随各牛录管理当差"云云，均可供印证。

④ 《吉林外记》卷三，页一下至二上。

⑤ 《吉林外记》卷三，页二上。

中佛满洲所占的比例,不过十分之一罢了①。

从清人留下的零碎的片断记载中,我们知道,有清一代由于各种客观条件,清统治者分期分批地把早已编入八旗的新满洲成员移入内地之后②,在广大汉族和其他各族人民的眼里,是看不出新、老满洲有任何区别的。另外,清统治者也不断把原先在东北边区居住的各兄弟民族成员吸收进来,其办法分三步走:第一步,把他们从原住地迁到宁古塔,住上几年;第二步,再移居到盛京(今辽宁省沈阳市旧城),也住上一两年;第三步,最后定居于北京③,取得新满洲的资格,也就成了满族的正式成员。

与此同时,我们不要忘了,入关以后,还有许多居住在东北边区的兄弟民族,如索伦(今鄂温克族)、锡伯、达瑚尔(今达斡尔族)、赫哲等虽然也都编了佐领(满语叫牛录 niru,八旗的基层组织),可是他们并没有取得满族正式成员的资格,因此,他们的编制就直接用本族的族名来命名④,"索伦营"和"锡伯营"就是两个最突出的例子。特别是锡伯营从东北伯都讷(今吉林省扶余县)被派遣到西北伊犁(今新疆维吾尔自治区伊宁市)地区驻防,经历了二百多年,发展成为今天祖国民族大家庭中成员之一的锡伯族。

如前所述,新、老满洲的区别和演变,正好说明了满族在其形成发展过程中不断吸收、合并了大量外族成员,彼此互相吸收,紧密结合在一起,增强、扩大了满洲这个共同体,从而使我们清楚地看到,血亲关系已不再是决定满族社会关系的主要因素了。

四、汉军旗人的从属问题

"汉军旗人"作为八旗制度三个组成部分之一就算作八旗成员即满族人,是不应该成为什么问题。因为"旗人"这一称呼既是满族人的自称,更多的又是汉族人对满族人的他称,从有清一代直到解放前后,广泛地在社会上流行

---

① 《吉林外记》卷三,页二下;《黑龙江外记》卷三,页一下。

② 《黑龙江外记》卷三,页三上至四上。

③ 高士奇:《扈从东巡日录》,《辽海丛书》本,第一集,卷下,页六下及《宁古塔纪略》页一一上下。

④ 奕赓:《管见所及》,《佳梦轩丛著》本,页一七上下。

着。当不熟知的人见面时,问"你在旗不在旗",就是"你是满族人不是"的习惯用语。我们知道,"八旗满洲"(简称"满洲")是八旗制度三个组成部分之一的主要成员,当然应该是"旗人",那么,"八旗蒙古"和"八旗汉军"既然一同被编在八旗之下,享有与"八旗满洲"同等的地位,何尝不可以自称或被称为"旗人"即满族人呢?

事实正是这样,史书上明文记载着:"太祖(努尔哈齐)……肇建八旗,以统满洲、蒙古、汉军之众……咸隶旗籍。"①又说:"太祖……太宗(皇太极)……爰立八旗……每旗析三部,以从龙部落及傍小国臣顺者子孙、臣民为满洲;诸漠北引弓之民景化内徙者,别为蒙古;而以辽人、故明指挥使子孙、他中朝(亦指明朝)将众来降及所掠得,别隶为汉军。"②说得最确切明白的要算1793年(乾隆五十八年)的一个上谕了,它说:"向来定例,满洲杀死满洲例文本未妥协,自应以旗人杀旗人载入例条,则蒙古、汉军皆可包括……试思八旗俱有蒙古、汉军,岂蒙古、汉军独非旗人?"③因此,毫无疑问,凡被编置在八旗之下的人们,不管满洲也好,蒙古也好,汉军也好,都可以自称或被称为"旗人"即满族人了。

过去在具体处理汉军旗人的从属问题时,直到清末民初,《八旗文经》一书的旗人作家共197人④,满洲107人外,还有汉军72人和蒙古18人。同样,《八旗艺文编目》一书搜集的旗人作家更多⑤,将近1000人,其中满洲有557人,蒙古有227人,汉军也有123人。当然整个清朝三百年间,满洲、蒙古、汉军的作家实际上绝不止此数,但是,这已经足够说明前人一向是把汉军旗人当作八旗成员之一来对待的。

为了进一步证实旗人即满族成员这一点,我们不妨拿清中叶"钦定"的两部书《满洲名臣传》和《八旗满洲氏族通谱》来考察一下⑥:前书立有专传的

① 《八旗通志》,乾隆四年刊本,卷首"序"。

② 金德纯:《旗军志》,《辽海丛书》本,页一上。

③ 《清高宗实录》,《大清历朝实录》影印本(下同),卷一四三四,页四上下"乾隆五十八年秋八月甲子"条。

④ 盛昱:《八旗文经》卷六〇、内文卷五六、《作者考》卷三、《叙录》卷一,共十二册,光绪二十年(1902年)刻本。

⑤ 恩华:《八旗艺文编目》附《八旗艺文编目补》上下两册,民国年间铅印本。

⑥ 《满洲名臣传》卷四八,四八册,乾隆年间菊花书屋巾箱本。又《八旗满洲氏族通谱》卷八〇,二六册,乾隆九年刊本。又《八旗氏族通谱辑要》上下二册,旧钞本。

635 人,其中满洲 461 人,蒙古 36 人,汉军 136 人;后书收录的满洲"著姓"（151 个）、"中姓"（144 个）、"希姓"（351 个）,三项合计 646 个姓氏;蒙古姓氏共有 235 个,"尼堪"（157 个）①、"台尼堪"（40 个）、"抚顺尼堪"（50 个）,三项合计 247 个姓氏。两书所收录的满洲人物和姓氏占蒙古和汉军相加之总和的三分之二弱或在一半上下;而两书都是十分明确地、毫不含糊地把汉军的人物和姓氏列入在明标着"满洲名臣"或"满洲氏族"之内的。因此,八旗汉军为满族成员是历史事实,毋庸置疑。

问题发生在到了清中叶这一时期,满族人口大量增加,而汉军旗人（包括那些身份不同而名称相同的皇室贵族庄园劳动者的"汉军旗人"）的人口增长得更快更多。为了解决八旗满洲即满洲的正身旗人的生计,并企图缓和汉军旗人的反抗斗争,清统治者放宽对八旗成员的控制,首先准许汉军旗人出旗为民,其规定:

一、汉军愿为民者,令指定所往省份州县,呈明出旗入籍（指民籍）,子弟与民籍一体应试……男女听与民婚配;

一、汉军仍愿食粮者,分派绿营改补……

一、汉军原住房屋,无论官房、自盖,均留给满兵驻扎……

一、京城拨驻满兵,俟……汉军改补绿营后,配量数目,随时请拨②。

由此可知,汉军所遗官兵额缺,由满洲人丁调拨补充,差不多与此同时,在畿辅（今河北省东北部以及长城内外附近）518 个庄头的名下,一次把原有的"三万余名"壮丁,放出了"应为民壮丁一万六千余名口"③,超过半数以上。由于大量汉军旗人的出旗为民,人们就会问:本来就是汉人的汉军旗人既然出旗为民,恢复了他们原有的汉族身份,那么,那些尚未出旗为民的汉军旗人不也同样可以作汉人看待吗?

与一贯保持自己的民族言语、习俗和民族感情的"八旗蒙古"有所不同,汉军旗人在出旗为民之前,语言、服饰、信仰、习俗各方面都受到相当程度的"满化"的影响;同样,由于满、汉两族的长期共居杂处,满人受到了更多的"汉

---

① 按尼堪,满语 nikan,汉译为"汉人"之意;台尼堪即充当台丁的汉人;抚顺尼堪即系原住抚顺地方的汉人。

② 《清高宗实录》卷四六九,页二下至三上,"乾隆十九七月甲午"条。

③ 中国第一历史档案馆藏:乾隆十年六月《内务府会计司三旗银两庄头处呈稿》。

化"的影响。在今天党的民族政策的指引下,各族人民填报民族成分的自愿原则得到贯彻执行,特别是满族成员与原籍汉军旗人的汉族人交相互报,例子很多。这里必须指出的是,历史上的民族成分如何划法问题,与今天的现实问题应当有所区别。按道理讲,或者从当时实际情况去推测,清代的汉军旗人中有很多人已经"满化"了,与满族成员融为一体;另外,他们中间一定也还有不少人并没有被"满化",仍然保持着汉族的身份,始终和满族成员有所区别。可是,过去了的历史是无法重现的。因此,我个人认为,清代汉军旗人的民族成分如何划法的标准只能按当时是否出旗为民作为一条杠杠:凡是既已出旗为民的大量汉军旗人或改回原籍的(如曾一度入旗的名士方苞①,即是一例),就应该算作汉族的成员了,否则就应该把他们当作满族成员看待。本来,满族作为一个历史范畴的民族,一部分成员加入进来,另一部分成员分离出去,这是正常现象,是符合一个民族在形成发展过程中的民族特征的。

五、内务府旗人的旗籍问题

内务府旗人指内务府三旗的成员而言。内务府三旗即从皇帝亲自统帅的正黄、镶黄、正白等上三旗所属的户下包衣(满语 booi,汉译"家人"之意)挑选组成,与王公们统辖的下五旗所编置的王府包衣名称、身份相同而隶属关系不同。内府三旗最早设于入关之初,1644 年(顺治元年)总共只有 9 个内府佐领(满洲佐领)、12 个旗鼓佐领(系由包衣尼堪即家奴汉人所编成)②,一个高丽(朝鲜族)佐领,下设满洲佐领护军校,旗鼓佐领内管领、护军校各若干人,当时隶于领侍卫内大臣或称为侍卫处,到 1674 年(康熙十三年),正式改隶于内务府③。终清一代不改。

这就很清楚地告诉我们,内府三旗与八旗是完全不同的两个独立的组织体系,彼此互不相干,各自为政,他们的政治、经济和社会的地位是不同的。因

---

① 《清史列传》,上海中华书局 1928 年铅印本,卷一九,页二五上。
② 《增订清文鉴》卷三,页二四上"旗鼓佐领"条下满文注释。
③ 《清史稿》卷 117,中华书局 1976 年点校版,第 3374 页,"内务府"条,其后又略有增改。

此,官员的考核①,秀女的挑选②,披甲当差,俸饷米石,婚丧恩赏以及刑罚处分,等等③,都各有各自的规定,两者不可混为一谈。一般说来,内府旗人的身份地位较低,但由于他们是皇帝的家奴并受其重视,所以,他们外任肥差,既富且贵,权势较大。和八旗成员一样的是,内务府汉军旗人的抬旗和改旗也是允许的。按规定:"八旗汉军官员获咎,发入辛者库(满语 sinjeku,汉译"管领下食口粮人"),则改隶内务府汉军。其子孙官至三品以上,许奏请施恩,仍归原旗。"④阿灵阿就是一个改回原旗的例子⑤。而官至二品做到协办大学士的百龄不肯奏请改旗,始终隶属于内务府⑥,倒是一个例外。

与汉军旗人最不一样的是,上一节已经提到,清中叶有大量汉军旗人准许出旗为民,而内务府汉军亦即包衣汉军就没有出旗为民的规定⑦。原因据说是他们都是皇室的"世仆",和皇室庄园劳动者的内务府壮丁一样,他们的身份地位都是农奴和家奴,是没有人身自由的。由此可见,他们是满族社会阶层的最下层,是绝不可轻易地分割出去的主要组成部分。

谈到这里,有一个问题值得提出来注意的是,过去和现在,不少红学家经常争论⑧:《红楼梦》作者曹雪芹的先世是汉人还是旗人,是原籍辽阳人还是原籍

---

① 《内务府现行则例》,宣统三年刊本(下同),卷二,页一上下官员考察条。

② 吴振棫:《养吉斋丛录》,光绪年间刻本,卷二五,页五上。

③ 《内务府现行则例》卷四"滋生银两"、"参赏银两"、"恩赏银两"各条。又昭梿:《啸亭杂录》,申报馆活字本,卷八,页五上。

④ 《养吉斋丛录》卷一,页二下。

⑤ 《清高宗实录》卷七五九,页一九上,乾隆元年十月癸未条。

⑥ 《清史列传》卷三二,页三四下。

⑦ 《清高宗实录》卷一五九,页一九上乾隆三十一年四月乙丑谕云:"至包衣汉军,则皆系内务府世仆,向无出旗为民之例,与八旗汉军又自有别。"可以为证。

⑧ 参见《红楼梦研究参考资料选辑》第 3 辑,人民文学出版社 1976 年版。第 111 页,李玄伯《曹雪芹家世新考》说:"曹氏非旗人而是汉人";第 352 页萍踪《曹雪芹籍贯》说:"入关时,辽东汉人之归附者,多隶汉军旗籍,《红楼梦》作者曹雪芹即其一也。《皇朝通志》及《八旗世(氏字之讹)族通谱》皆谓其世居沈阳,而不知曹氏本籍河北之丰润焉,尤侗《艮斋文集·松茨诗稿序》曹子荔轩,丰润人云云";同页附录适之(胡适)《曹雪芹家的籍贯》又提出了否定的意见。新中国成立后,邓拓同志在其所著《论中国历史的几个问题》,三联书店 1959 年版,第 178 页,也说:"曹雪芹竟是汉人,他的祖上虽然入了旗籍"。最近白眉《曹雪芹与高鹗》云:"雪芹名霑,字梦阮,号雪芹,又号芹溪、芹圃。……过去有人认为,他的祖籍是河北丰润,今据冯其庸、马国权等同志考证,曹家祖籍确系辽阳,后迁沈阳;原属老汉军,后入满洲正白旗。"载《黑龙江日报》1980 年 7 月 27 日第 3 版。

河北丰润人,是汉军旗人还是内务府旗人,聚讼纷纭。迄未得出一致的答案来。

曹雪芹的先世,当然可以深入追查,但更重要的应该是曹雪芹一家当时的民族成分问题。周汝昌同志引据《八旗通志五·旗分志》说曹雪芹的伯曾祖属于正白旗包衣第五参领第三旗鼓佐领①,是不错的。证以雍正年间的档案资料,原件记载着:"正白旗包衣五甲喇参领常住、佐领尚志舜,(由)盛京进京。原佐领高国元,接续佐领曹尔正、张士鉴、郑琏、曹寅、祁三路"云云。原件上并盖有"正白旗内府旗鼓三佐领"十个字的红色篆文图记②,两相印证,完全吻合。必须指出的是,我们应该承认曹雪芹一家是内务府正白旗第五参领第三旗鼓佐领下人,简称为内务府正白旗汉军或包衣汉军,一般称为内务府旗人。说曹家是汉军旗人,甚至不承认曹家是旗人而只承认是汉人,都是不恰当的。

满族在形成和发展的过程中,吸收了大量外族成员特别是汉族人加入进来,互相学习,共同进步,密切地结合在一起,形成了一个新的共同体。当其产生了一位世界文坛上享有盛名的文豪时,我们偏要去找他的血亲渊源所自出,否认他是满族,既与史实不符,也是不公平的。

总起来说,内务府旗人不是八旗的汉军旗人,汉军旗人可以准许出旗为民,而内务府旗人除内务府壮丁外,是决不准许出旗为民的。汉军旗人在没有出旗为民以前都应该当作满族成员看待,那么,从来不准许出旗为民的内务府旗人,理所当然的是满族的正式主要成员了。

---

① 《红楼梦新证》上册,人民文学出版社 1976 年版,第 42 页。

② 中国第一历史档案馆藏:《历朝八旗杂档》第 4 包,第 133 号。按这件档案原未标明年月,但据同包同册内其他文件有标雍正九年字样。又《满族简史》页九五说曹雪芹是"正白旗满洲包衣管领下人"衍"满洲"两字,应作"内务府正白旗第五参领第三旗鼓佐领下人",更为确切。

清代八旗中的满汉民族成分问题

我曾撰写过一篇《关于满族形成中的几个问题》①的文章,其中一个问题谈到"汉军旗人的从属问题",也就是清代八旗中的满汉民族成分问题。我提出了清代汉军旗人的民族成分的标准,只能按当时是否出旗为民作为一条杠杠的看法,认为:凡是既已出旗为民的大量汉军旗人,或因罚入旗后又改回民籍的,如康乾时期有名的陈梦雷、方苞等即是其例,就应该算作汉族成员,否则都应该把他们当作满族成员看待才是。这是因为作为一个历史范畴的满族共同体,一部分成员从其他民族加入进来,另一部分成员从本民族分离出去,是正常现象,完全符合一个民族在长期不断形成发展过程中的民族特征的。不然的话,现在汉军旗人之报满族,成了无本之木、无源之水了;如果除去有满族血统的汉人不算汉族,今天的汉族又怎能像滚雪球一样越滚越大呢!

从有清三百年间的满汉两民族的民族关系史中去考察,不但满族是这样,汉族又何尝不是这样。清朝虽然实行了与元朝划分蒙古、色目、汉人、南人四等级相类似的满洲、蒙古、汉军、汉人四等级的民族政策,不以平等待汉人;但长期以来,通过编旗编佐领、汉人投充满洲、通婚与过继、入旗改旗和抬旗、冠汉字姓和改汉姓、入旗和出旗为民等各种措施,满汉人民杂居共处,互相学习,互相吸收,在经济、文化、习俗、生活上日益接近,日益趋于一致。最终结果是,清朝一代,本来以统治民族自居的满族,固然吸收进去不在少数的汉族成员,但很多有满族血统的成员到后来融化到了汉族之中。

根据 1982 年公布的第二次全国人口普查结果,其中满族人口数字为 429 万人,与 1978 年的 265 万相比,仅隔四年,就净增 160 多万,占满族总人中的

①　初载《社会科学战线》1981 年第 1 期。见《满族史研究集》,中国社会科学出版社 1987 年版,第 1—16 页。

37%①。此后陆续填报满族的仍在不断增加,据《人民日报》1987 年 9 月 17 日报道,全国满族人口经过复查之后由 429 万增加到 700 万,按少数民族人口的排列位置由第六位上升到第四位②。这就充分说明:第一,辽宁地区填报满族的很大一部分是原先隶属八旗汉军的成员和皇庄、王庄庄园的壮丁(含汉人居多);第二,北京地区原属八旗满洲正身旗人的成员有不少早已报了汉族,反倒没有再改报满族了。从而可以得出结论:满汉两民族经过了长期相互吸收渗透,相互同化融合,是双方面的共同成长壮大而不是单方面的被吸收同化,真正成了"你中有我,我中有你","血肉相连,谁也离不开谁"的民族关系。

一、编旗编佐领

八旗制度是清代满族的军民合一的社会组织形式,它主要由八旗满洲、八旗蒙古和八旗汉军三部分共同组合而成。编旗即编户为民,故有清一代呼佐领为父母官,佐领下人的户婚、田宅、兵籍、诉讼之事,佐领无所不管。人少则编佐领,人多则编旗,分别而为满、蒙、汉八旗。八旗之外,尚有内务府三旗,其中满洲包衣佐领、旗鼓佐领成立最早,努尔哈齐时即有,朝鲜佐领(一作高丽佐领)系皇太极时所编。入关后的俄罗斯佐领、番子(藏族)佐领、回子(维吾尔族)佐领、安南佐领等,皆降众也,编于康乾年间。而入关后汉人未再编旗,人太多势不能编,然同时尚有投旗之例。盖满洲初起,人数太少。故尽力增加佐领,以扩大其势力。有清一代八旗与内务府三旗成员之称旗籍,犹汉人之称民籍。清世宗胤禛两段话可引以证,一则云:

> 夫佐领之管佐领下人,无异州县之于百姓。州县所辖地方,或百里有余,或几二百里,户中人民不下数万,征粮断讼,事件繁多,然犹可为地方兴利除弊、惩恶劝善,俾庶民各遂其生。一佐领下满洲多不及二百人,少或七八十人,计户不过四五十家,世为同里,孰守分节俭,孰越礼奢侈,孰孝弟勤学,孰妄乱生事,谅无有不知者也。③

---

① 参见拙著:《国语骑射与满族发展》补记,见《满族史研究集》,第 208 页。
② 参见《一九八七年满族大事记》,《满族文学》1988 年第 6 期,第 29 页。
③ 《清世宗宪皇帝实录》(以下简称《宪录》),伪满本,卷六〇,页二七下。

再则云：

> 我朝设立各省驻防兵丁，原以捍御地方。……乃近有以一二事渎陈联前者：一则称驻防兵丁子弟宜准其各省乡试。……若悉准其在外考试，则伊等各从其便，竟向虚名而轻视武事，必至骑射生疏、操演怠忽，将来更有何人充驻防之用乎？……一则称驻防兵丁身故之后，其骸骨应准在外瘗葬，家口亦准在外居住。独不思弁兵驻防之地，不过出差之所，京师乃其乡土也，本身既故之后，而骸骨家口不归本乡，其事可行乎？若照此行之日久，将见驻防之兵皆为汉人，是国家驻防之设，竟为伊等入民籍之由，有是理乎？①

从而可以看出，八旗佐领无异州县父母官，八旗兵丁驻防之地，不过临时出差之所，京师乃其乡土也。故知八旗成员驻防在外，终回京师之称归旗，亦犹汉人出仕四方，告老还乡之称回籍，是同一个道理。

众所周知，清太祖努尔哈齐初起三十年间（从明万历十一年至四十三年，1583—1615 年）所建立起来的八旗满洲蒙古牛录 208 个，蒙古牛录 76 个，汉军牛录 16 个，总共 400 个牛录。牛录即佐领，蒙古牛录和汉军牛录基本上分别为蒙古成员和汉人成员，是不言而喻的；当然，208 个满洲蒙古牛录中，大部分满洲成员之外，还有不少蒙古成员，也是一望而知的。殊不知满洲蒙古牛录中仍有不少汉人成员的存在，这在历史文献记载中可以得到充分的证明②。明万历三四十年间，辽东巡抚熊廷弼也说过：

> 辽左今日之患，莫大于无人。夫边非无人也，土沃而民聚，向称富庶矣，自万历四年、七年、十一年受虏（指满人，下同），而宁远、前屯之人尽；自万历五、八、九、十一、十四、十五、二十二、二十六、二十七年受虏，而锦、义、右屯、广宁之人尽；自万历二年、四年、八年、二十七年受虏，而开、铁、汛、懿之人尽；自万历二年、三年、十年、十一、十三、十七、十八、二十五年受虏，而辽、沈迤北之人尽；自万历五年、六年、十八、十九、二十一年受虏，而辽、海迤西南之人尽。间有存什佰于千万者，边吏又不为之保护，听虏节年检拾无遗，虽使造物能生人，辽土善育人，而岁计所产，不抵所掠，辽

---

① 《宪录》，卷一二一，页一下至二下。

② 参见傅克东、陈佳华：《八旗制度中的满蒙汉关系》，见《满族史研究集》，第 451—452 页。

于是无人矣。①

上引熊廷弼所云："辽土无人"，即无汉人，或不免言过其实，然明与后金（清）每次兵戎相见，明之折兵损将，丧土失民，无岁无之。据清人记载：在这一时期对明战争中，有数字可查考的俘虏人口数，最多的有四次：第一次在 1635 年（天聪九年），俘获人口、牲畜 76200 强；第二次在 1636 年（崇德元年），俘获人口、牲畜 179820②。两次均以人畜并举，其中人口确数，不得而详，姑以三分一计之，则两次所获人口至少有五六万人，多则十万。第三次在 1639 年（崇德四年），左翼多尔衮俘获人口 257880，右翼杜度俘获的人口 204423，两翼合计共俘获人口 462303，为最多的一次。第四次在 1643 年（崇德八年），俘获人口 369000③。上举四次所俘获的人口数字，总计 80—90 万之多，可能清人在夸大其战果，自不免有虚报之嫌。如再以三分一计之，俘获了 20—30 万人，庶几近之。

我们知道，后金初期的对外政策，是抗者杀，俘者为奴，归降者编户为民，即编为佐领下人。到了后金后期更是如此。上述俘获的 20—30 万人中，大部分很可能都被分配给满洲王、公、贝勒等及各佐领官兵为奴，小部分被编入八旗满洲佐领之内，成为满洲兵丁的，至少也会有好几万人。当时明人作过这样的估计：

> 时（明万历三十七年，1609 年）建州夷人（指满人）……言彼疆界九百余里。……
>
> 辽兵六万余人因避差徭繁重，逃在彼境，久假不归。④

其次：

> 当万历初元时……（李）成梁献议：移建孤山堡于张其哈喇佃，阴山堡于宽佃，沿江新安四堡于长佃、长岭诸处。……拓地七百里，益收耕牧之利。……自是生聚日繁，至六万四千余户。及三十四年（1606 年），成梁以地孤悬难守……建议弃之，尽徙居民于内地。居民恋家室，则以大军

---

① （明）程开祜辑：《筹边硕画》，《北京图书馆善本丛书》本，卷一，页五二上下。
② 《清太宗文皇帝实录》（以下简称《文录》），伪满本，卷二四，页六下；卷三一，页二上。
③ 《文录》，卷四五，页二二上至二三上；卷六四，页二四上下。
④ 《明神宗万历实录》，南京国学图书馆影印本，卷四五五，页二上。

驱迫之,死者狼籍。①

从而不难看出,后金国初起时,能得辽兵六万余,孤山等六堡耕牧之地七百里,足兵足食,不啻如虎添翼矣。辽兵之归降,与抗拒、俘获者显然有别,虽不能说他们待之有如满洲正身旗人。而其中大多数被收编为满洲佐领下人,则可断言也。

入关前汉人之被编入满洲佐领中的具体例子,如《正白旗四甲喇世袭职官姓氏碑文祭文档》中有云:

> 第七佐领苏来……曾祖雅什他,从马叉地方领满洲、蛮子四百三十三来归。太祖(努尔哈齐)始创佐领,我曾祖(雅什他)初管佐领。②

这里面说的"蛮子",系指汉人而言无疑。努尔哈齐始创佐领,当在1583年之际,其时尚未见有满洲蒙古牛录的名目,遑论汉军牛录?则此数百名满洲、蛮子中至少也会有数十、百名汉人被编入满洲牛录之中。

入关后的情况又有所不同。大量明之降卒,势不能编旗,如对各以号称"十万迎降"的明帅左梦庚、刘良佐辈,只给予各编一个"家丁佐领"③,而将其余众多的降将降卒编为绿旗(绿营),或遣回原籍务农而入民籍了。历年既久,汉人冒充满洲者,亦不乏其人。如雍正年间,有:

> 八旗满洲、蒙古家下开户人等间有串通原主,卖身汉人日后称系满洲、蒙古。④

> 定例:满洲举人选用小京官,汉军举人选用知县,从前汉军举人有冒入满洲额内中式者,以致内用外用,任意趋避。⑤

上举第一例也许是个别现象,第二例条文规定,很有一般代表性,足以说明在清代康、雍、乾三朝鼎盛时期,汉人愿意投旗,被吸收为满洲正式成员的大

---

① 《明史・李成梁传》,中华书局1974年点校版,第20册,卷126,第619页。按《沈故》《辽海丛书》本,卷二,页三下,云张其哈喇甸子即兴京。兴京即今辽宁省新宾满族自治县。

② 《历朝八旗杂档》,北京中国第一历史档案馆藏,第5包,第164号。引自陈佳华、傅克东《八旗汉军考略》(《满族史研究集》第282页)。据(清)奕赓《清语人名译汉》,《佳梦轩丛著》本,卷上,页二二下云:"尼堪、汉子、蛮子。"《括谈》下,页二下云:"余丁承种,即各王府之马夫,俗呼草蛮子者,盖当初俱系投充及俘虎之汉人。"又黄彰健氏《论满文 nikan 这个字的含义》,见《明清史研究丛稿》,第588—593页,考订精审,可供参考。

③ 《八旗世袭谱档》,中国第一历史档案馆藏,全宗第二,袭字16号,第31号。

④ 《宪录》卷三二,页五上。

⑤ 《宪录》卷一三五,页五上。

有人在,则是事实。

我们要承认,民族成分不单纯是血缘或地缘的产物,它是历史的范畴,是历史上形成的具有一定稳定性的人们共同体。今天满族共同体中之包含有汉人成分,亦有汉族中之包含有满人成分,是客观的历史事实,尽人皆知,也是毋庸讳言的。

二、汉人投充满洲

清初入关,满族由原来的被统治民族一跃而成为统治民族,满族贵族对广大汉族人民执行了不平等的民族政策。尤其在入关之初,雷厉风行地采取的剃发、衣冠、圈地、投充、逃人五项措施,使满汉两民族间的民族矛盾曾经一度激化到异常尖锐的局面,对当时华北地区的农业生产造成了很大的破坏和阻滞作用。但从长远的历史发展观点看,上述五项措施中的投充和逃人两项,与满汉两民族的民族成分问题,关系最为密切,影响亦最为深远。请先从投充说起。

汉人投充满洲即编户为满洲佐领下人,或简称为投旗。投充人无疑就是旗人,即系满洲成员。最初有关汉人投充满洲的限制,规定是很严的。

> 顺治二年(1645 年)正月庚戌,谕户部:"凡包衣大(满语 booi da,汉译内府管领)等新收投充汉人,于本分产业外妄行搜取,又较原给圈地册内所载人丁有浮冒者,包衣大处死,不赦。"

> 同年三月戊申,谕户部:"……又闻贫民无衣无食,饥寒切身者甚众。如因不能资生,欲投入满洲家为奴者,本主禀明该部,果系不能资生,即准投充;其各旗生理,力能自给者不准。尔小民如以远支兄弟为近支,本可自给而诈称无计资生,及既投入满洲,后复称与己无预,虽告不准。至各省人民有既经犯罪,欲图幸免,白于该部情愿投充,该部不知其有罪,辄令投充,嗣后得实,仍坐罪不宥。"①

满洲贵族之多收投充汉人,表面上看,说是为了解决"无衣无食、饥寒切

---

① 《清世祖章皇帝实录》(以下简称《章录》),伪满本,卷一三,页一一下;卷一五,页十下至一一上。

身"的汉族贫民的生计问题,实际上则是为了解决满族人口少的劳动力不足问题。投充人的身份本甚低下,不啻奴隶身份,反借满洲主人为护身符,欺压老百姓。流弊丛生,逼勒投充者有之:

> 近闻或被满洲恐吓逼投者有之,或误听属民讹言,畏惧投充者有之。……此后有实不聊生,愿投者听;不愿投者,毋得逼勒。①

汉人不论贫富,相率投充者有之:

> 近闻汉人不论贫富,相率投充,甚至投充满洲之后,横行乡里,抗拒官府,大非轸恤穷民初意。自今以后,投充一事,著永行停止。②

亦有一人投而全家冒为旗人者:

> 又有将他姓地土,认为己业,带投旗下者;一人投充而一家皆冒为旗下,府县无册可查,真假莫辨。③

汉人投充满洲之风,极盛一时。据史载,王、公、贝勒多收投充人之有数字可考者,例如睿王多尔衮之有八百人:

> 汉人投充旗下,原令穷民借以资生,又恐多投,以致冒滥,是以定有额数;乃睿王所收人数已足,又指伊子多尔博名下亦应投充,遂滥收至八百名之多。④

又如英王阿济格之有六七百人:

> 英亲王阿济格下人……共分三起:一起二百二十一名,投充人名下有七万六千五百七十八日,平均每人三百五十日;一起二百零二人,有地二万零一百四十日,平均一百日;一起二百六十四人,有地四万二千五百七十三日,平均每人一百七十日。三起共六百八十名投充人。⑤

康熙时,清圣祖玄烨第九子胤禟亦有近二百人:

> 自康熙元年(1662年)以来,并无民下投充旗下之例。塞思黑(胤禟)不遵法度,隐匿私置民人一百四十七名。又有投充入档者五名,不入

---

① 《章录》卷一五,页一六上下。
② 《章录》卷三一,页十下至一一上。
③ 《章录》卷十五,页八上。
④ 《章录》卷五九,页一二下,按同卷页二八上有云:"睿王指伊子多尔博名……滥收投充至六百八十余名。"或者多尔博所收680余名不在多尔衮800名之内。
⑤ 《顺治十年正月二十一日户部尚书噶达洪为拨补地土事题本》,中国第一历史档案馆藏,引自杨学琛:《清代的八旗王公贵族庄园》,见《满族史研究集》,第150—151页。

档者二十名。①

虽说是胤禑隐匿私置民人即投充人至 147 名之多,不合法定规定;但投充入档者是许可的,至少也有 30—40 名。我们知道,清圣祖玄烨有子 35 人,早夭的 11 人,尚存活 24 人,以胤禑为例,24 个皇子和诸王公所有投充人合计总在成千上万名。所最堪注意之点,则是投充人既属奴隶身份,旧俗所谓"一日主,百岁奴"的主奴隶属关系,又何以一人投而全家具投为奴呢?

> 八旗投充之人,自带本身田产外,又任意私添,或指邻近之地据为己业,或连他人之产,隐避差徭。被占之民既难控诉,国课亦为亏减,上下交困,莫此为甚!②

这就是由于投充人自恃旗人身份,既可自保其家产,又可任意指称他人田地据为己有,仍居本地,为非作歹,地方官不敢过问。汉人之所以自愿投充旗下的原因即在此。

旗人有民人投充及卖身之人,入旗之后,多以从前旧事赴部院衙门告理,并倚恃旗下代亲属告讦者,提解人犯,牵累平民。

> 凡卖身旗下之人,仍居本地方肆行诈害,应尽令归旗(京师)。如有容隐者,分别多寡将地方官议处。上(清圣祖玄烨)曰:"朕因旗下人杂居民地,倚势妄行,欺压百姓。……善良之人安处地方,虽多亦不为害;若凶恶之徒恃强逞势,恣行不法,虽一人亦为地方之累。"

> 卖身旗下之人原有房田,守分度日,与地方无扰者,仍令居住原处;无田房者俱令伊主收回。若在原处有生事犯法者,地方官申解治罪,仍令伊主收回;倘再留原处,容留之主及地方文武官各分别降罚。③

后来流弊丛生,亦有各省八旗驻防兵丁契买汉人入旗为奴者:

> 驻防兵丁常买地方民人为仆,中多匪类,自恃旗人,生事不法。……且果系良民,岂肯入旗为奴? 其入旗为奴者,或在地方被事,欲因报复;或赌博饮酒,不务本业或系大盗,惧捕;或为人命逃避,希图藏身。……④

---

① 《宪录》卷十五,页二一上。
② 《章》卷八八,页一四上。
③ 《清圣祖仁皇帝实录》(以下简称《仁录》),伪满本,卷三〇,页一〇上;卷一〇九,页二四上下;卷一一〇,页四上下。
④ 《宪录》卷七〇,页六下至七下。

上述汉人投充满洲的大量事实,充分说明了八旗满洲户籍内之佐领下人(一作户下人)含有不在少数的汉人成分,是谁也否认不了的客观事实。

但我们也必须承认,在八旗满洲旗分内含有汉人成员的同时,也有不少从满族中分离出去的投充汉人,请次言逃人。逃人多属投充汉人,初定,逃人罪轻,窝逃者罪重。

顺治元年(1644年)九月丁酉,谕(永平府知府冯如京等):

> 须严查各属,遇有一二逃人,获时即行解京;倘隐匿不解,被原主识认,或被旁人告发,所属官员从重治罪,窝逃者置之重刑。①

稍后,明确规定:

> 顺治九年(1652年)九月丙申,定隐匿查解逃人功罪例:凡逃人一次拿获者,本人鞭一百,仍归原主,隐匿之人并家产给与逃人之主,左右邻及甲长各责四十板,旁人出首者即以隐匿之人家产给赏三分之一;逃人二次拿获者,本人正法,隐匿之人并家产解户部,左右邻及四甲长仍各责四十板,旁人首告者亦以隐匿之人家产给赏三分之一。②

只因投充汉人的逃亡日益增多,立法不得不从严。但逃人由二次正法改为三次始绞,而窝主一次即斩,不可谓平。

> 顺治十一年(1654年)九月壬辰……至是王等议:隐匿逃人者正法,家产入官,其两邻各责四十,流徙,十家长责四十;如窝主自行出首者免罪,旁人出首者,将窝主家产分为三分,一分给与出首之人,第二次逃走者,仍鞭一百,归主。第三次逃者,本犯正法。③

当时虽颁有如此的严刑峻法,但仍有大批投充汉人逃亡在外,久假不归,一年之中逃人多至数万,而所获不及十分之一。

> 顺治三年(1646年)五月庚戌,谕兵部:"隐匿满洲家人,向来定拟重罪。朕心不忍,减为鞭笞,在在容留,不行举首。只此数月之间,逃人已几数万。"④

---

① 《章录》卷八,页一一上。
② 《章录》卷六五,页八上下。
③ 《章录》卷八六,页五上及卷八八,页一四上。按康熙《大清会典》卷一〇七,页二下则作:"顺治十七年题准:逃人初次逃者,左面刺字,鞭一百;二次逃者,右面刺字,鞭一百;三次逃者,正法。"而未提及窝主、两邻、十家长,为汉人讳也。
④ 《章录》卷二六,页四上。

迄至康熙初,逃人在外仍时有发生。

> 康熙十二年(1673 年)九月丙戌,谕户部:"据山东抚臣奏:'宁海州,荒芜地二千七百余顷,逃亡户三千余丁。'"①

因而统治者不得不作让步,改定逃人定例:

> 同年同月辛卯,得旨:"逃人在外娶妻,所生之女,若已经聘嫁,不许拆散,亦不必向伊夫追银四十两给与逃人之主,著为例。"②原定逃人三次处死,至康熙二十五年(1686 年)改为免死,只好发给宁古塔(今黑龙江宁安县)穷兵为奴罢了。③

综上所述,据保守一些的估计,从清初入关直到清中期二百年间,汉人相继投充满洲而被编入佐领下人的,当不下好几百万人,而投充汉人逃亡在外,最终归入民籍而恢复汉人民族成分的,即以三分一计之,或在百万左右;但到后来容留在旗籍内的投充汉人至少亦有数十万人,不能否认,容留在旗籍内的投充汉人终于成了满族共同体的一员。上述逃人中不少是在入关前后的多次对明战争中被虏为奴而编入旗籍的汉人。从台北"故宫档案馆"所藏顺治年间审理逃人的 178 件档案资料,据初步作出的整理统计,通过对重返原籍的逃人档案涉及的地区分析,可以看出逃人逃回原籍的地区与皇太极时期多次征明的路线大致吻合。④

三、通婚与过继为嗣

从清末直到新中国成立之初,自来民间广泛流传着,清朝有禁止满、汉通婚之说,其主要根据是光绪二十七年(1901 年)十月乙卯颁布了一道"上谕","上谕"上说:

> 朕钦奉皇太后,(即慈禧太后)懿旨:"我朝深仁厚泽,浃治寰区,满、汉臣民,朝廷从无歧视。惟旧例不通婚姻,原因入关之初,风俗语言,或多未娴,是

---

① 《仁录》卷四三,页一四上。
② 《仁录》卷四三,页一四下。
③ 康熙:《大清会典》卷一二九,页一上。
④ 参见刘家驹:《顺治年间的逃人问题》,收入其所著《清初政治发展史论集》,台湾商务印书馆 1977 年版。

以著为禁令。今则同风道一,已历二百余年,自应俯顺人情,开除此禁。……如遇选秀女年份,仍由八旗挑取,不得采及汉人,克(免)蹈前明弊政,以示限制而恤下情。将此通谕知之。"①

"上谕"中既明说满、汉"旧例不通婚姻","历二百余年",才"开除此禁",则清朝一代满、汉不准通婚,难道还不是事实吗?然仔细按之,今天我们从清代有关官私历史文献资料中是找不到不准满汉通婚正式禁令的。恰恰相反,在清代官书《清实录》里即有大量准许满汉通婚的明文记载:

> 顺治五年(1648年)八月壬子,谕礼部:"方今天下一家,满汉官民皆朕臣子,欲其各相亲睦,莫若使之缔结婚姻。自后满汉官民有欲联姻好者,听之。"

> 同年同月庚申,谕户部:"……嗣后凡满洲官员之女欲与汉人为婚者,先须呈明尔部,查其应具奏者,即与具奏;应自理者,即行自理。其无职人等之女,部册有名者,令各牛录章京报部方嫁;无名者,听各牛录章京自行遣嫁。至汉官之女欲与满洲为婚者,亦行报部;无职者,听其自便,不必报部。其满洲官民娶汉人之女实系为妻者,方准其娶。"②

是知清初满汉准许通婚是有明文规定的,官员子女嫁娶必须报部登记,而平民则否,但只准娶之为妻,而不准纳之作妾耳。至于吴三桂赐四满妇,冯铨赐婚满洲③为例外,出之特赐,不在此内。

乾隆初年,提到了八旗和内务府三旗内部互相联姻的一些规定:

> 乾隆二年四月辛未,逾八旗、内务府(三旗):"向来包衣管领下女子不准聘与包衣佐领下人,包衣佐领下女子不准聘与八旗之人。盖因从前包衣佐领下户口尚少,且男妇俱各当差,恐人生规避之心,是以定例如此。今国家教养休息,百有余年,生齿繁庶,若嫁娶仍遵旧例,则待字逾期,在所不免。今包衣佐领下妇女,俱已免其当差,并无可规避,则嫁娶自毋庸分别。……嗣后凡经选验未经记名之女子,无论包衣佐领、管领暨八旗

---

① 《清德宗实录》第7册,中华书局1988年版,第504—505页。按"皇太后"脱"后"。今据伪满本补。

② 《章录》,卷四〇,页一一上;页一四上下。按《括谈》下页六下节引顺治五年谕。奕赓,道光时人,是即至道光时满人尚旗女准配汉人也。

③ 《广阳杂记》卷3,中华书局1957年版,第141页;又见《清史列传·冯铨传》,中华书局1988年点校本,第20册,卷79,第6557页。

下,听其互相结姻。……"①

必须指出,包衣管领与包衣佐领虽均隶于内务府三旗,最初是不准互相嫁娶的;同样,包衣佐领下女子也是不准嫁给八旗之人的。这完全是由于阶级社会等级制度的限制。到了乾隆初年,这一限制性规定被打破了,八旗和内务府三旗之间听其互相结姻,而满汉平民之间的婚姻关系,一如既往,仍听其报部通婚,私聘是不允许的。

乾隆四年(1739年)九月癸丑,户部等部会议:奉天府(今沈阳市)府尹吴应枚奏旗下家仆将女私聘与民人,其已完婚者,不准断离。……②虽不许旗下人(满洲成员)与民人(汉人)私相聘娶,但已完娶者,仍承认其既成事实,为合法婚姻。惟有清代皇族是不许与汉人通婚的,乾隆末年似有明文规定:

乾隆五十七年定:宗室觉罗不得与民人结亲,违者按违制律治罪。③

从当时颁行的律例考察,直到道光年间才作出明确限制性的规定:

道光十六年三月丙申,又谕:"《刑部现行律例》并无旗(满),民(汉)结姻作何办理专条,《户部则例》载有民人之女准与旗人联姻,一体给与恩赏银两;旗人之女不准与民人为妻,亦无违者作何治罪明文。……著户部妥议具奏。"寻议:请嗣后八旗、内务府三旗旗人内,如将未经挑选之女许字民人者,主婚之人照违制律治罪;若将已挑选及例不入选之女许字民人者,主婚之人照违令例治罪;民人聘娶旗人之女者,亦一例科断。至已嫁暨已聘之女,俱遵此次恩旨准其配合,仍将旗女开除户册,以示区别。俟命下,纂人《则例》,从之。④

依照这一新规定,也只是限制八旗和内务府三旗旗人的已、未经挑选之秀女,不许嫁与民人为妻,已嫁与已聘者仍准其完娶,但开除旗籍,不作为满洲成员看待。而有清历朝挑选之秀女,其中仍不乏汉女。

嘉庆十一年(1806年)五月壬戌,谕内阁:"前于嘉庆九年挑选秀女,见其衣袖宽大,并有缠足者。……男子尚易约束,至妇女等深居闺阃,其服饰自难

---

① 《清高宗纯皇帝实录》(以下简称《纯录》),伪满本,卷四十,页三二下至页三三上。
② 《纯录》卷一○○,页一五上下。
③ (清)奕赓:《东华录缀言》,《佳梦轩丛著》本,卷五,页八上。
④ 《清宣宗成皇帝实录》(以下简称《成录》),伪满本,卷二八○,页一六上下。

查禁。"①人们都知道,满族女子均系天足,盘头窄袖,其衣袖大而缠足者,则为汉女无疑,至少也是满化程度不深而保持汉女装束的汉军旗人女子。因此,对挑选秀女又重新作了规定:

> 嘉庆十八年(1813 年)二月辛未,谕内阁:"从前挑选八旗女子,官员、兵丁、闲散之女,均经一体挑选。……现在八旗满洲、蒙古应行挑选女子人数渐多,下届挑选时,除八旗满洲、蒙古女子,护军、领催以上女子,仍照旧备选外,其各项拜唐阿(满语:baitangga,汉译执事人)、马甲以下女子,著不必备选,著为令。"②

从而八旗秀女挑选的限制又加严了,由从前均须一体挑选的八旗官兵、闲散在内的女子,改为只挑选满、蒙护军、领催以上官兵的女子,而不包括八旗汉军在内。

规定只管规定,历史客观事实则是,上自宗室觉罗的王公贵族与不在旗籍的汉人联姻的,仍大有人在。

> 嘉庆十八年六月甲辰,又谕:"宗室觉罗定例不准与汉人联姻。本日宗人府奏移居盛京宗室户口单内,并写妻室氏族,内有张氏、李氏、白氏、陈氏,是否汉军抑系汉人? 其关氏或系瓜尔佳氏,童氏或系佟佳氏,亦当照本姓书写,不应讹为汉姓。著宗人府逐一查明,并普查宗室觉罗有无与汉人联姻之户,据实奏闻,已联姻者各予应得处分,不必离异。自此日始,申明定制,严行饬禁。"

> 同年同月壬子,又谕:"……兹据查明前次单开汉姓,有系汉军人者,有以章佳氏讹写张氏者、李佳氏讹写李氏者,博尔济吉特讹写白氏者,其中并无与汉人联姻之人。凡分姓受氏,皆系相沿清语,亦如汉姓之张、李并无文义可寻,岂容删减覆字,以讹传讹,浸忘本姓? 嗣后书写氏族,不但宗室妻室宜照本姓书写,其八旗满洲、蒙古人等俱各照氏族书写,不许改写汉姓,以正根本,以杜讹伪。将此通谕八旗并各省驻防知之。"③

值得指出的是,《谕》中的关氏或系瓜尔佳氏、童氏或系佟佳氏、白氏或系

---

① 《清仁宗睿皇帝实录》(以下简称《睿录》),伪满本,卷一六〇,页二上下。
② 《睿录》卷二六六,页六下至页七上。
③ 《睿录》卷二七〇,页八上下;页一五上至页一六上。

博尔济吉特氏,虽说是均出自满洲姓氏而讹为汉姓者,但在满洲旗分内之汉姓,其实就有尼堪(满语 nikan,汉译汉人)、台尼堪、抚顺尼堪三项合计共有 246 个汉姓①。后来习惯上凡汉姓加上一"佳"字,"佳"即"家"的满语字尾—giya 同音异译,实为汉人之姓,属于汉人满化程度较深的标志之一。

尤堪注意者,前引道光十六年"上谕"中所提及的"民人之女准与旗人联姻",而与之相反,则是"旗人之女不准与民人为妻"。不难看出,受限制的只是满洲女子不许嫁与汉人,并不限制满人之娶汉人女子为妻,然则有清一代三百年间上自王公贵族(宗室觉罗),下至平民百姓(披甲、闲散),满汉相互通婚的事实,确实是普遍存在的。不管你从清代"钦定"的律例、各部则例去查考也好,或从钦定官书如《八旗满洲氏族通谱》《满洲源流考·部族附姓氏考》和《八旗通志续集·氏族志·人物志列女传》②等书中去查考也好,都可以找到不计其数的满汉通婚事例来证明这一点。

请次言满人抱养汉人之子的过继为嗣问题。清初,八旗和内务府三旗无嗣人抱养他人之子为嗣,只须报明本主,送部注册,增入本佐领壮丁数内,即可为他的继承人,是完全合法的。这种情况,八旗皆有,而内务府三旗为尤甚。兹举乾嘉年间两条材料于下:

> 乾隆十二年(1747 年)十一月丙辰,兵部议覆:"荆州将军德敏等疏称:'荆州满、蒙闲散及另记档案、开档养子各闲散共一千六百三十余名,现在各佐领下多寡不一,迁有挑选披甲等缺,壅挤不均,请将各闲散均齐'等语,应如所请。除将开档养子闲散二百二十名,俱均齐在各本旗外,其满、蒙闲散并另记档案闲散共一千四百十八名,俱准本旗画一均齐。"③

> 嘉庆十二年(1807 年)九月乙丑,谕内阁:"……朕以八旗户口,生齿日繁。……乃旗人内竟有本无子嗣,而抱养民人之子为子,亦有子嗣本少,复增抱养之子为子,混行载入册籍。……八旗皆有,而内务府三旗为

---

① 拙藏旧钞本《八旗满洲氏族通谱辑要》卷下,末附三项尼堪姓氏。

② 《八旗通志》续集,北京民族文化宫图书馆 1987 年复印本,卷五四至六一(《氏族志》及卷二四一至二四九《人物志列女传》)。

③ 《纯录》卷三〇三,页一五下至页一六上。

尤甚。……"①

上举的两条材料是乾嘉年间八旗和内务府三旗内部普遍存在的情况。其实，入关之初，原规定，八旗和内务府三旗内无嗣人存活日抚养亲族人之子，准承受家产；只是抚养他人之子则否。后又规定不得越佐领认户。

雍正二年（1724年）十月甲申，户部议覆："正白旗满洲副都统奇尔萨条奏：'八旗开档并为义子人等，嗣后不得越佐领认户，请仍留本佐领下当差，方不负原主鞠养之恩。'应如所请。"②同时又规定不许继养汉人之子为嗣，违者俱著为民。

雍正五年（1727年）十二月甲辰，庄亲王（允禄）等奏言："查八旗内有继养另户旗人之子，请拨回本旗归宗；继养民人之子，拨出为民。继养仆人之子，分档仆人之子，内有情愿仍归本主及本主亦情愿容留者，准其容留；情愿为民者，请俱拨出为民。"得旨："继养子嗣人等原非内府之人，除将旗人归并各该旗外，其民人之子及仆人之子俱著为民。……"③而当时实际情况则是，单就内务府三旗查出过继养子等项人丁数字看，就多达2000余名④，八旗尚未计算在内。

乾隆初年，八旗和内务府三旗内无嗣人抱养汉人之子为嗣，作为另户处理。其见于《实录》者，兹举二条如下：

乾隆三年（1738年）十一月乙卯，和硕庄亲王允禄等遵旨查明介福、庆泰二佐领：一系康熙八年（1669年）佟国纲等移入上三旗时由正蓝旗带来，一系康熙四十年（1701年）恩赐温宪公主（清圣祖玄烨第九女），俱应照原定为勋旧佐领。杨姓、唐姓、秦姓祖父远年丁册开在佟姓壮丁之内，应作为带来奴仆。但自康熙年间丁册俱开一户，且注有姻亲字样，与八旗开档养子不同，仍应作为另户，潘姓、傅姓、董姓为佟姓带来投诚之汉人，俱为另户，并造入佐领根源册内。……

同四年（1739年）十二月癸未，户部议覆："平郡王福彭续查正红旗汉军旗分，户口不清人员七百四十六名，册送到部。按款详议：一、闲散马溥

① 《睿录》卷一八五，页二九下至页三一上。
② 《宪录》卷二五，页九上下。
③ 《宪录》卷六四，页二七上下。
④ 《宪录》卷六四，页二七上下。

龙等四十五名,原系另户人之子,后又继养另户人为嗣,请依前奏嗣出之另户唐进忠等事例,将马溥龙等仍作另户入于编审;一、骁骑校马国玺等一百三十四员名原系民人之子,继养旗人为嗣,请依前奏另户万应通等事例,将马国玺等开入另户册,另行记档;一、骁骑校王梦魁等二十六名,本系民人,因亲戚入旗年久,请照副都统策楞奏准民人冒入旗人照养子准作另户之例,另行记档;一、领催高聪芳等三十八名原系开档家人之子,继养旗人为嗣,并有由养生堂抱养为子,不知来由,造入旗档者,已入另户记档之例,另行记档;一闲散高聪英等八十八名,原系开户冒入另户册内,请照署副都统额尔图奏准开户养子内未至前锋、护军、领催已入(另)户册者,另行记档……一、闲散何忠等三十二名内有原系民人继与旗人,因不知来由,从前查办时,或以抱养报,或以未入丁册,俱应作为养子等语。查臣部会奏户口案内八旗另户,凡未及呈报,又丁册无名不准自首者,总属户口不清之人,未便任其脱漏,应将何忠等照例以养子另行记档……一、闲散林士显等八名原系民人因亲戚入旗,或继与开户旗人,从前造送比丁册,入于开户等语,应仍行该旗以开户造报;一、闲散万敏等原系另户人之子,随母抚养与开户人为子,未便另行记档,应照臣部奏定另户旗人之子自幼给旗民正身户下家人抚养呈报归宗之例,准其归宗,俟比丁之年,造入另记报部。"从之。①

从上引一条正红旗汉军旗分内有:继养另户人马溥龙等45人,继养另户人马国玺等134人,照养子准作另户人王梦魁等26人,照养子准作另户人高聪英等88人,照养子开户人何忠等32人,继与开户人林士显等8人,六项继养人合计共333人。正红旗一旗过继为嗣的就有300多人,八旗合计总在2000人以上,如果再加入内务府三旗将在3000人以上无疑。而另一条所说其他民人如杨姓、唐姓、秦姓、潘姓、傅姓、董姓等汉姓之人冒入旗籍的,亦不在少数。

从前引嘉庆十二年"上谕"严禁入旗旗人抱养民人之子为嗣,通行详查严办后,不到三年,失察抱养民人之子为嗣之事,各旗仍有。

嘉庆十四年(1809年)三月戊寅,谕内阁:"镶黄旗蒙古都统等奏请将

① 《纯录》卷八一,页二一上下;卷一〇六,页二四下至二七上。

失察抱养民人为嗣,……马甲卓哩克图、托克托逊身系民人,自幼冒给旗人为嗣。该佐领等未能即时查出,殊属怠玩。……此等抱养民人为嗣之事,大约各旗皆有。该佐领等若能于具报生子时立即查验明确,都统等复加查覆,何至日后有此弊端? 嗣后各旗都统务当严饬所属认真稽查,以辨真伪,断不可任听旗人抱养过继,将此通谕各旗知之。"①

此条材料虽说是专指镶黄旗一旗蒙古成员抱养民人为嗣而言,但可依此推知,其他各旗满洲成员当亦不例外。足见似此三令五申,严禁旗人抱养民人为嗣,其结果仍然是失察抱养民人为嗣,各旗皆有。道光元年(1821年)查出民人冒入八旗满洲、蒙古的官、兵、闲散,多达2400余名。各省驻防八旗的情况大致相同。仅江宁、京口两地驻防的八旗满洲、蒙古抱养民人为嗣的官、兵、闲散,就多达1795名口②。估计八旗和内务府三旗以及全国各省驻防八旗抱养民人为嗣,再加上民人之子冒给旗人为嗣,其总的养子数字必不在少。这就说明满汉通婚之外,过继为嗣的养子,也成为满汉民族成分相互融合同化的捷径之一。

四、入旗改旗和抬旗

入旗与汉人投充满洲或满洲契买民人入旗为奴而编为满洲佐领下人者不同。这里所说的入旗,系指明末清初的降清将领或因罪受罚,应分旗安插,拨入内务府三旗而言。

顺治十八年(1661年)冬十月戊午,户部题:"新投诚官员应分旗安插,见(现)到伪汉阳王马进忠子都督金事马自德,准入正白旗;伪国公沐天波子沐忠显准入正白旗;未到伪延安王艾能奇子左都督艾承业,准入镶黄旗。……"③

康熙元年(1662年)三月戊戌,义王孙征淳(孙可望子)疏请以属下投诚各官均拨三旗,从之。④

① 《睿录》卷二〇八,页一六下至一七上。
② 光绪《大清会典事例》,上海申报馆石印本,卷一一一五,页一下至二上。
③ 《仁录》卷五,页四上下。
④ 《仁录》卷六,页一七上。

又据记载:

> 洪承畴原籍福建南安人。归诚后,隶厢黄旗汉军。祖大寿,辽东人。归诚后,隶正黄旗汉军。孙可望,隶正白旗汉军。①

引文中的"三旗"即内务府三旗的省文。"正白旗"与"镶黄旗"、"正黄旗"系内务府中的三旗。孙征淳请拨入三旗,当亦系内务府三旗中之一旗。清末《题名录》、《缙绅》内所载,凡内务府三旗之人,照例不写"内务府"三字。治清史者不可不知。

据此以推,知明宗室之归入旗下者,似亦与投诚官员同例,均拨入内务府三旗。

> 康熙五年(1666年)五月癸丑,礼部议:"故明宗室朱鼎不便准其入旗。"……得旨:"准入旗。"

> 同十二年(1673年)十一月丁卯,故明宗族朱议㳤……刑部议绞。得旨:"……著免死,归镶白旗汉军旗下。……"②

朱之琏入正白旗汉军③。

是知明宗室之准入旗,即指准其入内务府三旗而言;而明宗族乃归镶白旗汉军旗下,系入下五旗。然则明宗族或者与明宗室贵贱等级有别,入旗亦分上下耶!

康熙八年(1669年)自台湾郑氏投清的官员有郑缵昌、于大海辈,兵部题准归入正白旗。④ 此正白旗应是内务府三旗中的正白旗。

> 同年十一月甲午,兵部又议:"福建水师提督施琅自海上(郑氏政权)投诚,授为右都督,今已归入镶黄旗,应照例改为精奇尼哈番(满语 jingkini hafan,汉译子爵)。但施琅投诚后,劳绩甚多,请加伯衔。"从之。⑤

据此,知施琅之归入镶黄旗亦应是内务府三旗中的镶黄旗,而清人习惯上写作"镶黄旗汉军"耳。

---

① 《东华录缀言》卷二,页二上。
② 《仁录》卷一九,页八上;卷四四,页二上。
③ 《本朝王公封号》,《佳梦轩丛著》本,页一○上及《管见所及》(本同),页五上。
④ 《仁录》卷三一,页十七下。
⑤ 《仁录》,按《东华录缀言》卷二,页三上,云:施琅,厢黄旗汉军人。又《清史列传·施琅传》第3册,卷9,第609页,云"授琅内大臣,隶镶黄旗汉军",无年月,系据《仁录》而误加"汉军"二字。

证之台湾郑氏政权在兵临城下，被迫出降，后郑氏家口与其僚属相继入京，俱收编隶于内务府三旗户下。

康熙二十三年（1684 年）十二月甲辰……郑克塽至京，上（清圣祖玄烨）念其纳土归诚，授郑克塽公衔，刘国轩、冯锡范伯衔，俱隶上三旗。① 此所云"俱隶上三旗"，其为内务府三旗无疑。而《清史列传·郑克塽传》作"隶汉军正红旗"，疑是正黄旗或正白旗之误；言系汉军，非民即清人沿袭旧习的惯称。

兹再举康熙时王辅臣、韩大任二人实曾编入内务府三旗之事，作为补充佐证。

王辅臣，本姓李氏，河南人。上（清圣祖玄烨）问辅臣出身，曰："身者库（满语 sin jeku，汉译内务府包衣管领下食口粮人）。"上惊曰："如此人物，乃隶身者库耶？"立命出之，改隶旗下。此条记载出之《广阳杂记》②，作者刘献廷为耳闻目睹的同时人，所言当为不误。但王辅臣之"改隶旗下"，又明见于《实录》。康熙十三年（1674 年）十二月壬子，敕谕王辅臣曰："……朕（清圣祖玄烨）思尔自大同隶于英王（阿济格，努尔哈齐第十二子），后归入正白旗。"③知王辅臣归入正白旗之前，先隶于阿济格旗下，则此正白旗自是内务府三旗之一。王辅臣隶身者库即是内务府的一个最好证明。

韩大任归降……仁皇帝（清圣祖玄烨）以其为吴（三桂）逆将，因留为内务府包衣参领。此条记载见之《啸亭杂录》④，作者昭梿生年虽较晚，但明云韩大任为内务府包衣参领，所言必有所本，其隶内务府三旗户下无疑。稍晚福格则明言韩大任镶黄旗满洲内务府人⑤矣。

当时社会上最被轻视的下九流之一的优伶，虽为数不多，亦有被皇帝赏识，提拔而入内务府三旗的。例如：苏州优伶，旧时亦有入内务府三旗者，然只准一二人，以其占包衣人等俸饷也。其日侍（皇帝）左右者，谓之什子。⑥ "什子"即戏子，系旧社会上人们对戏曲艺术表演家的侮蔑称呼。然则清初对投

---

① 《仁录》卷一一八，页七下，按《清史列传·郑成功传附郑克塽传》作"隶汉军正红旗"者，误。

② 《广阳杂记》卷 4，中华书局 1957 年版，第 185 页。

③ 《仁录》卷五一，页十九下。

④ 《啸亭杂录》卷 9，中华书局 1980 年点校版，第 304 页。

⑤ 《听雨丛谈》，北京出版社 1980 年版，第 17 页。

⑥ 《养吉斋丛录》卷 13，北京古籍出版社 1983 年标点本，第 153 页。

诚的明宗室和降将或因罪受罚的文人,均使之与优伶一同编入内务府三旗之内,真所谓以优伶畜之,供皇帝戏弄者耶?

改旗与入旗显然不同,而与抬旗颇相似。其言之深切著明者,莫如清人吴振棫,吴振棫有云:

> 国初(清初)各部落及汉人之归附者,分隶满、蒙、汉(军)八旗,亦时有改易。如华善本隶汉军正白旗,其先苏完人,因改入满洲籍,此汉军改满洲也。和济格尔本蒙古乌鲁特人,后隶正白旗汉军,遂为何氏,此蒙古改汉军也。……王国光先世为满洲,姓完颜,其父初为明千总,归附后隶正红旗汉军;乾隆十八年(1753年)命其子孙及同族仍改入满洲正红、镶白二旗,此改隶之后,继又复改也。①

按华善原系苏完人,姓瓜尔佳氏②,王国光先世为满洲,姓完颜氏。③ 二人先祖均于明时先后移居辽东,世为明指挥佥事、千总,入清来归,故被编入正白旗汉军与正红旗汉军;后来才依其原来民族成分而回改满洲旗分的。余不一一列举。

抬旗系指由内务府三旗抬入八旗满洲,或由下五旗抬入上三旗,或依照八旗排列次序由下一旗抬入上一旗而言。吴振棫又云:

> 佟国纲先世本满洲,后率明人来归,隶汉军;国纲请仍隶满洲。部议以佟姓官多,应仍留汉军,国纲一支改隶满洲。……至于建立功勋,或上承恩眷,则有由内务府旗下抬入满洲八旗者;有由满洲下五旗,抬入上三旗者(原注:谓之抬旗)。然惟本支子孙方准抬,其胞兄弟仍归原旗。又皇太后,皇后丹阐(原注:dancan汉译母家之意)在下五旗者,皆抬旗。④

佟氏一支为辽东望族,明初本为女真,后渐受汉化,又其先人世任明职,故被视为汉人,而本人亦每以汉人自视。但女真人汉化程度亦有深浅之不同⑤,其汉化程度较深之人归降清者,自以汉人待之,而被编入汉军旗下。迨至康熙

① 《养吉斋丛录》卷一,北京古籍出版社1983年标点本,第2页。

② 《八旗通志》初集,北京民族文化宫图书馆1987年复印本,卷一九七,页二一下至页二五上。

③ 《八旗通志》初集,北京民族文化宫图书馆1987年复印本,卷二〇〇,页一四下。

④ 《养吉斋丛录》卷1,第2—3页。

⑤ 陈寅恪:《柳如是别传》上册,上海古籍出版社1980年版,第981页,"论佟氏"可资取证。

中,以佟氏为孝康章皇后、孝懿仁皇后的母家为皇亲国戚,依例,佟图赖、佟国维本支由镶黄旗汉军抬入镶黄旗满洲。知佟氏家族繁衍既众,其中受汉化程度之深浅自亦有别,本支之外,不能全部编入满洲旗内。换言之,未被编入满洲旗内的,一定还有不少满洲成员摈弃在外;同样,被编入满洲旗内的,一定也有很多满化程度较深的汉人包括在内。

除上述佟氏一支由镶黄旗汉军抬入镶黄旗满洲外,尚有来保由初隶内务府抬入正白旗满洲①、阿桂由正蓝旗汉军抬入正白旗满洲②。是知一由内务府抬入八旗,一由下五旗抬入上三旗的两个例子。其实,原本汉人,后抬入满洲旗内者,向来有皇后贵妃的母家因特恩抬入上三旗满洲旗内之例,乾嘉年间的高氏、魏氏、金氏,后均被改为高佳氏、魏佳氏、金佳氏,成了满洲正身旗人即满族成员之一③。据很不完全的统计,有清一代三百年间汉大臣编入八旗内的有 178 人,其中因各种不同原因抬旗的不下 40—50 人④依此以推,抬旗由内务府三旗抬入八旗汉军或满洲,由下五旗抬入上三旗或上三旗满洲,或者直接由汉军抬入满洲旗内的,目前虽无准确的统计数字,但通过抬旗这一方式,与可以推知,其中一定有不在少数的汉人转化成了满族成员,这是完全可以肯定的。

五、冠汉字姓与改汉姓

清人吴振棫有云:

> 八旗氏族甚繁……其著姓有瓜尔佳氏、钮祜禄氏、富察氏、舒穆禄(氏)、完颜氏等二百九十六姓;希姓有精吉氏、萨尔都氏等三百四十姓。……凡公私文牍,称名不举姓,人则以其名之第一字称之,若姓然,其命名或用满语,或用汉文;用汉文,准用二字,不准用三字,以其与满语混

① 《纯录》卷一三五,页一一上。
② 《纯录》卷六八九,页二上。
③ 《睿录》卷三三八,页一九上下。
④ 王桐龄:《中国民族史》,北平文化学社 1935 年版,第 626—639 页。按王氏谓 178 人中,"惟官文一人抬入满洲籍"者,误,不知官文先隶内务府正白旗尼堪,后抬入正白旗满洲,仍为内务府户下人也。

也,汉军或系姓,或不系姓,祖孙父子无一定。①

按满族人命名,系以本姓。入关前后即已有之。清太祖努尔哈齐之自称"佟奴儿哈赤",佟其姓,奴儿哈赤其名也;完颜伟,完颜其姓,伟其名也。惜系姓命名,乾隆以降,悬为禁令。即如完颜伟之裔孙麟庆与其曾孙崇实、崇厚辈之命名,亦不复系以本姓了②。满族妇女初亦命名,而自乾嘉以后,未有命名③,或还受汉人习俗影响之故吧。

又满族人命名,各随其便。如清初人之有以一字为名者,詹、球等人④即是其例。若用汉文,满族人命名只准用二字,不准连用三字,似始于乾隆年间。

> 乾隆二十年(1755 年)……有督司何督者,镶黄旗满洲人。高宗(弘历)以其名竟似汉人,何不若书和都或赫督?令改之,仍申饬。

> 同二十五年(1760 年)谕:"八旗满洲、蒙古皆有姓氏,乃历年既久,多有弃置本姓沿汉习者。即如牛呼禄氏,或变称为郎姓,即使指上一字为称,亦当曰牛,岂可直呼为郎,同于汉姓乎?姓氏者乃满洲之根本。所关甚为紧要。今若不整饬,因循日久,必各将本姓遗忘,不复有知者。"⑤

> 又如傅继祖、顾八代、尹继善、帅颜保、李荣保、耿古德、杭奕禄、朱天保、伊贵绶、徐元梦等,皆满洲旗人,命名并同汉人,今则不行三字连用,并不准系以姓氏。⑥

这里很清楚地点明了统治者为什么要限制满族人命名只准用汉文二字而不准连用三字的目的,就是为了防止满族姓氏的"汉化",导致满族人被汉族所同化。而清高宗弘历举出的一个例子,说钮祜禄氏应以牛呼钮氏而变称为郎姓为同于汉姓,其实,不知牛姓更同于汉姓,而郎姓一望而知为满族的姓呢。

解放以后,前清末代皇帝溥仪被改造成为新人,新中国的一个公民,已是古今中外历史上绝无仅有的奇迹了,在他逝世以前几年中,而且被选为全国人大代表,《人民日报》上正式公布的名单中写作爱新觉罗·溥仪。去年春,我

---

① 《养吉斋丛录》,第 3 页。

② (清)奕赓:《寄褚备谈》,《佳梦轩丛著》本,页二一上。

③ (清)奕赓:《寄褚备谈》,《佳梦轩丛著》本,页一四上载:"武肃亲王(豪格)薨时,其殉葬二妾:一名额衣色你,一名舒胡里尼喀齐。今之满洲妇人未有命名者矣。"

④ 《清史列传》,第 17 册,卷 65,第 5148 页。

⑤ (清)奕赓:《管见所及》,页一五下至一三上。

⑥ 《寄褚备谈》,页一二下。

陪一位意大利满学专家斯达理教授去八宝山公墓访问时,查史册,并无溥仪其人。再三追问,看守者回答:"名册上无其名即无其人。"后忽想起何不再查其姓爱新觉罗,果然一查便得。直到今天,前清宗室的后人早已有使用汉文三字连用的汉字姓名的,但亦有少数人回改作爱新觉罗某某者。而我的老友启功(元伯其字,北京师范大学中文系教授,著名书画家,中国书法家协会会长),不但不用爱新觉罗满姓,并且也不冠以金字一类的汉字姓,他依然保持只用汉文二字而不连用三字的本民族旧习。人们以其名之第一字称之为启先生,或简称启公,他听了,欣欣然也。

满族人之冠汉字姓或改汉姓①,受辛亥革命前后反满排满思想的影响实深,特别是在民国初年,满族人受到很大的民族歧视,只要一说是满族,找工作就不被录用,已录用的还得解雇。因此,除宗室溥仪、载涛等头面人物为人所共知,无法隐瞒外,绝大多数的满族人,都隐姓埋名起来,命名莫不冠上汉字姓,或迳改汉姓,使他人不知其为满族。

冠汉字姓与改汉姓有什么区别呢? 冠汉字姓亦可简称冠姓。冠姓即是满族姓氏译汉字音的简化,满字音虽同汉字音,但非汉姓,如满族姓氏中的温特赫氏之简称温,富察氏之简称富或傅,赫舍里氏之简称赫或何,宁古塔氏之简称宁或刘,那木都鲁氏之简称那或南,瓜尔佳氏之简称关,舒穆禄氏之简称舒或徐,纳剌氏之简称纳或那或南等均是。这是因为在汉文化的影响下,改易了原来的多音节满字姓氏,而冠之以一单音节汉字,形似汉姓,故称之为冠汉字姓。

改汉姓则不同,满族本无其姓而直接改用汉姓之谓。乾隆时对于《金史国语解·姓氏类》中的 31 个女真姓,均一一注以满语字音,而删去其原来所附汉姓。认为"姓氏惟当对音,而竟有译为汉字者,今既灼见其谬,岂可置之不论?"②其实,这类女真姓氏改用之汉字姓,辽元时即有,如瓜尔佳氏的汉字姓曰汪,赫舍哩氏的汉字姓曰高,钮祜禄氏的汉字姓曰郎,乌雅氏的汉字姓曰朱,富察氏的汉字姓曰李,舒穆禄氏的汉字姓曰萧,纳喇氏的汉字姓曰康,尼玛

① 参见刘庆华:《满族姓氏录》,辽宁省新宾县民族事务委员会与新宾县满族文化业余研究组 1982 年编印本,第 11—17 页。又金启孮同志近著《京旗的满族》续,《满族研究》1989 年第 2 期,第 69 页,认为满族冠姓,有冠老姓、冠汉姓之别,与鄙意略同。

② 郑天挺:《探微集》,中华书局 1980 年版,第 44—45 页引。

哈氏的汉字姓曰鱼,阿典氏的汉字姓曰雷等。① 其中如舒穆禄原作石抹,应是辽代的述律,改作萧氏②,是有历史渊源的;富察氏李荣保子孙均改用富或傅的汉字姓,而李荣保本人仍用旧姓李氏,乃其先世为明代之赐姓;至于尼玛哈,满语 nimaha,汉译为鱼;阿典满语 akjan,汉译为雷:均系译意为姓,由来已久。而稍有变化者,如钮祜禄满语 niohe,汉译为狼,变称为郎;乌雅满语 ulgiyan,汉译为猪,变称为朱:亦早已约定俗成了。而前引乾隆二十五年的"上谕",竟认为钮祜禄氏之称郎姓,乃弃置本姓而沿用汉姓,并说即使指上一字钮之称,亦当曰牛(上面已提过,兹不再论)。那么,岂不是把瓜尔佳改成瓜、尼玛哈改成尼才不弃置本姓了吗? 但历史事实是,满族人命名冠汉字姓,出之自愿的为多,前清早已如此;改汉姓出于被迫的,尤以民国初年为甚。冠汉字姓与改汉姓,总的说,固然有自愿和被迫的不同,但到目前为止,满汉民族成分问题并不取决于姓氏的汉化与否,无论冠汉字姓也好,改汉姓也好,只不过是代表姓氏的一种符号。汉族人今天不冠姓而以一字命名的比比皆是,何尝不也是和满族人命名不谋而合呢?

据《满族姓氏录》③所载,所冠汉字姓中,伊尔根觉罗氏、舒舒觉罗氏、阿颜觉罗氏、阿哈觉罗氏、塔察觉尔察氏等,均冠赵字姓,不用诸姓氏之第一字为称,而似用诸姓氏的后半"觉"字变称为赵;而喜塔拉氏、鹍卓氏、蒙鄂络氏等之冠赵字姓,显然与上列姓氏满语发音无关,应该说是改汉姓一类了。

此外,还有人认为满族有以名为氏的"随名姓"的说法,即以其父祖名字之一作为本支子孙的姓。例如,清中叶舒穆禄氏有名叫万显丰的,其子孙即以万为姓;清末迁居辽阳的爱新觉罗氏有名叫海臣的,其子孙即以海为姓;迁居沈阳的喜塔拉氏有名叫文忠额的,其子孙即以文为姓。他如图、荣、德、英、成、恒等也都是随名姓。诚如《满族姓氏录》的作者刘庆华同志认为,"满族人父辈一姓、子辈一姓"的随名姓说法,是不正确的。

从上面所述满族人冠汉字姓和改汉姓的事实中,不难看出,有清三百年来,满族的发展史中出现了一些复杂错综的情况。清中叶最高统治者大力使

---

① 参见《满族姓氏录》,第24—69页。

② 《八旗满洲氏族通谱辑要》卷上,页三上。

③ 郑天挺:《探微集》,中华书局1980年版,第44—45页引。

满人命名规范化,只准用汉文二字,不准连用三字,使人一望知为满人而非汉人,避免满汉姓名混淆不清,而导致满人被同化于汉族。当然,历史的发展是不以统治者的意志为转移的。清中叶以后,满人命名不但冠以汉字姓,而且迳改汉姓的已不在少数。前面提到过的民国时期直至解放,满人隐姓埋名的也不计其数。除极少数清宗室以外,单从姓名上去看,在大多数情况下,又有谁能分辨出谁是满人、谁是汉人呢?这是历史事实的一面。

历史事实的另一面,则是清王朝被推翻后到今八十年来,不管在城市或乡村,满汉两民族人民生活在一起,相互通婚有增无减,经济文化交往日益趋于一致,又谁能离得开谁单独生活呢?新中国成立以来,党的民族政策得到大力贯彻执行,填报民族成分不再受到歧视,相反,由于历史上的原因,今天填报少数民族的还可以获得人民政府的一定照顾。记得60年代初,我曾参加过辽宁省凤城县(现已改为满族自治县)的社会历史调查,在一个200多户的生产大队里,竟有190多户报了满族,而报汉族的只有四五户。虽然我参加社会调查的地区不多,但据参加过多次调查的同志告诉我,像凤城县生产大队的情况也还是有的。据查,凤城县原系王公庄园的所在地,报满族的应是庄园壮丁。使我连想到的,清史上的内务府旗人姓名问题,因为内务府的旗籍,多不为人知,所以,凡尼堪(满语,汉译汉人)①之隶内务府者,改易满名,仍以本姓置于名下。如鍾祥之称"鍾杨",鍾本姓杨而非皇帝铸鍾匠之"鍾";文丰、文廉兄弟本姓董之称"文董",明善、文锡、增崇祖孙父子本姓索之称"明索"、"文索"、"增索"等人②,均是其例。

总起来一句话,解放四十年来,如果不是有许许多多有汉族血统的(含汉军旗人、内务府旗人和庄园壮丁)也都填报或回改了满族成分,怎么能像前面提出过的1957年第一次全国人口普查中满族人口总数的265万到1987年第二次全国人口普查时,仅隔三十年,满族总人口数字激增到700万,其增长率竟超过一倍以上呢?

---

① 参见《满族姓氏录》,第4页注1。

② 崇彝:《道咸以来朝野杂记》,北京古籍出版社1982年标点本,第13、20—21页。

六、入旗与出旗为民

前面已提及入旗问题,与这里要说的不完全相同。这里主要想要弄清楚原为孔有德的天祐兵、尚可喜的天助兵和耿仲明以及吴三桂的兵(统称"三藩"兵)是什么时候入的旗。

明末武将最早从山东渡海投清之孔有德和尚可喜,清太宗皇太极礼遇甚渥,对他们相率来降的部属均未编旗,是很清楚的。据清人之追记:

> 国初,(明)元帅孔有德统领之兵,名"天祐兵";(明)总兵尚可喜统领之兵,名"天助兵"。① 随后相继而来的有耿仲明等,明室倾覆时又有山海关总兵吴三桂。因孔有德入关后兵败身亡,三藩之分封,最终为吴、尚、耿三人:

> 国初,吴三桂封平西王,守云南;尚可喜封平南王,守广东;耿继茂(耿仲明子)袭靖南王,守福建。耿、尚二藩下各属佐领十五,绿营兵各六七千,丁口各二万;吴三桂藩下所属佐领五十有三,绿营兵万有二千:是之谓"三藩"。迨三藩除后,其属下佐领尽归京师,拨入八旗汉军,食饷当差。② 并云:

> 三藩平定后,所属下之人俱隶汉军旗下,一体披甲当差。至今繁衍特甚,而原属旗下之人俱贱视之,故相戒无与婚姻云。③ 清世宗上谕杨文乾有云:

> 粤东上三旗俱系逆藩旧人,恣意妄行,生事不法。其性情习气与下五旗迥不相侔,同为旗下,势如水火。④

从追记中很清楚地看出,入关前孔、尚均未编旗,即在入关以后,吴、尚、耿仍各有绿营兵,虽各设佐领若干,并未纳入八旗之内,是知三藩兵全部归入八旗之内,则在三藩平定之后。据《实录》,关于尚可喜的记载:

康熙十二年(1673 年)三月壬午,平南王尚可喜疏言:"臣量带两佐领甲

---

① 《管见所及》,页十四下。
② 《管见所及》,页十二上。
③ (清)奕赓:《东华录缀言》卷三,页三下。
④ 《雍正硃批谕旨》,光绪年间石印本,卷四,页七四上。

兵,并藩下闲丁孤寡老弱共四千三百九十四家,计男妇二万四千三百七十五名口。"

同年四月甲辰,兵部题:"平南王藩下向有左右翼总兵官二员,游击、守备、千总各八员,把总十六员,绿旗(即绿营)兵六千名。"

同十九年(1680 年)闰八月戊戌,议政王大臣等议覆:"……应将尚之信(尚可喜子)标下十五佐领官兵分入上三旗,令驻广东,另设将军、副都统管辖;其三总兵标下兵丁,有愿为兵者为兵,愿为民者为民。"得旨:"……仍留二总兵标下官兵,令新设将军等管辖,其一总兵标下官兵,应行裁去。余如议。"

同二十年(1681 年)七月乙丑,兵部议覆:"……尚之信所属人员,请编为十五佐领,拨入上三旗,应如所请。"从之。

同二十二年(1681 年)十二月癸丑,命尚之孝、尚之隆(均系尚可喜子)等家下所有壮丁,分为五佐领,隶镶黄旗汉军旗下。①

关于耿精忠(耿继茂子,耿仲明孙)的记载:

康熙十二年(1673 年)七月乙未,议政王大臣等会议:"福建今已底定,……靖南王既请自福建迁移,应将王本身并标下十五佐领官兵家口均行迁移。"从之。

同二十年(1681 年)九月丁丑,兵部题:"耿聚忠(耿精忠弟)等呈称:'家口甚多,难以养赡,乞照汉军例,披甲食粮。'……应如所请,编为五佐领,令在京管辖。佐领下设骁骑校一员,小拨什库各四员,马甲各五十四名,步军拨什库兵各十三名。此五佐领俱系耿昭忠、耿聚忠等属下,不便分晰,应将伊等本身一并俱归入正黄旗汉军旗下。"从之。②

而关于孔有德的记载则云:

康熙十八年(1679 年)九月乙未,议政王大臣等又议覆:"……定南(靖南改封)王(孔有德)藩下既留旗兵,应照前设都统一员、副都统二员、参领三员、佐领十五员、骁骑校十五员,应如所请,……令麻勒吉会同(原将军)刘彦明拣选人材壮健辽东旧人,留为披甲。"从之。③

---

　① 《仁录》卷四一,页一七上;卷四二,页二上;卷九一,页二六下至二七上;页九六,页二二上下;卷一一三,页一九上。

　② 《仁录》卷四二,页二六下;卷九七,页二一下至二二上。

　③ 《仁录》卷八四,页三下至四上。

可见,三藩平定以前,虽说各设佐领,并不隶八旗管辖,实为三藩私属,具有半独立性,既平定三藩或在孔有德身亡之后,改设的佐领,一则云"乞照汉军例",一则云"既留旗兵",始一如八旗之制。所设佐领,如果不率之还京,分拨八旗汉军旗下的话,即在外所设佐领,亦必"令在京管辖"。自后改编入八旗汉军的三藩兵,不得仍称"藩下"。①

三藩中惟独有关吴藩平定后部下的处置问题,官私记载语焉不详。《实录》云:

> 康熙二十年(1681 年)十二月甲申,谕:"……逆贼吴三桂已服冥殛……孽贼吴世藩(吴三桂孙)窘迫自刎……伪官军人民等革心来归。"②

《清史列传·吴三桂传附吴世藩传》则云:

> 同年同月,……诏如议,凡助逆肆恶,势迫始降之高起隆、张国柱、巴养元、郑旺、李继业等皆弃市,妻女、财产籍入官;马宝、夏国相、李本深、王永清、江义皆殊死,亲属坐斩;悬世藩首于市,斩三桂骸骨,传示天下。③

《平定三逆方略》末附臣工按语,亦只云:

> 召还禁旅,酌设镇防,安插投诚官兵而消隐慝,分别逆属人口而免株累。④

吴为首逆,兵祸波及八省,顽抗最久,处置自以吴逆及附逆者为重。然吴有五十三佐领,绿营兵过万,虽不能一如尚、耿两藩之编五佐领或十五佐领,亦不能说是逆属人口而遭诛戮殆尽,然则吴藩户下全部丁口作何处置呢?

今据乾隆《盛京通志·天章四诗》台尼堪小注云:"国语(即满语)汉人为尼堪。"又云"康熙年间平三藩,以其遗类戍此守台,因名曰台尼堪"。⑤

其中所说"三藩",似专指吴藩而言,则台尼堪应该说就是发遣辽左的吴藩部下兵丁。又如李棠以御史降于吴三桂,后谪戍辽左⑥。再证以康熙二十一年(1682 年)五月丙辰,在吴藩平定处置完毕之后,"上谕"有云:"至于反叛

---

① 《仁录》卷二四二,页一二上下。
② 《仁录》卷九九,页二上。按《本朝王公封号》页八上:"吴三桂封平王,后以叛灭族"云。
③ 《清史列传》第 20 册,卷 80,第 6645 页。
④ 《平定三逆方略》,《四库全书珍本》本,卷六十,页十四上。
⑤ 《盛京通志》,乾隆四十九年铅字排印本,卷一三,页三下。
⑥ 《广阳杂记》卷 2,第 87—88 页。

案内应流人犯,仍发乌喇地方,令其当差,不必与新披甲之人为奴"①。而在同年同月前几天的一个"上谕"里也提到过"流徙宁古塔、乌喇人犯,……南人脆弱,来此苦寒之地,风气凛冽,必至颠踣沟壑……然发辽阳诸处安置,亦足以蔽其辜矣"②这一类的话,与在吴案办理之后,其逆属人口发遣辽左戍守当差的台尼堪正合。我记得从前在辽宁省满族社会历史调查组工作时,经常去外地调查的同志告诉我:"被调查过的不少满族成员,他们不说世居长白山地方,而说来自'小云南'。小云南不知何所指而云然?"如果我们把这些调查和《八旗满洲氏族通谱》③附载的满洲旗分内之台尼堪,注云"即汉姓",共有四十姓(尚未包括八旗汉军内的尼堪),他们分别散居辽阳、沈阳、抚顺、铁岭、盖州、牛庄等处,大多数说是"国初来归",说"来归年份无考"的亦不少,将这些与文献记载联系起来考虑的话,那么,所谓"来自小云南"的满族成员,说他们是三藩平定后被发配到辽左地方的吴藩兵丁的后人,虽不中亦不远矣。

本书一开始,就提及旧作《关于满族形成中的几个问题》一文中的"汉军旗人的从属问题",那篇文章只举出乾隆十九年(1754 年)七月甲午一条准许汉军旗人出旗为民的一些规定,并以乾隆十年(1745 年)六月的畿辅(今河北省东北部)地区把隶于 518 个庄头名下的 3 万余名壮丁为例,一次放出为民的就有 16000 余名口,超过半数以上。既已放出为民,他们自然都恢复了原来的汉族成分。这里需要加以补充的,是八旗汉军之出旗为民的一些具体情况,汉军出旗为民与庄头壮丁有别,始于乾隆七年(1742 年)。《实录》云:

> 乾隆七年四月壬寅,谕:"八旗汉军,自从龙定鼎以来,国家休养,户口日繁。……朕思汉军,其初本系汉人,有从龙入关者,有定鼎后投诚入旗者,亦有缘罪入旗,与夫三藩户下归入者,内务府、王公包衣拨出者,以及召募之炮手,过继之异姓,并随母因亲等,先后归旗,情节不一。其中惟从龙人员子孙,皆系旧有功勋,历世既久,自无庸另议更张;其余各项人

---

① 《仁录》卷一〇二,页一五下。

② 《仁录》,页一二下至一三上。

③ 见《八旗满洲氏族通谱》,卷下,台尼堪,页一上至四下,查孟心史(森)氏所说:"至三藩既平,而后就其力屈受编者,编为汉军,惟吴三桂所部,除散其裹胁外,悉发边远充军,不编佐领,则以罪人待之。昔在黑龙江,闻台站之军役,皆吴三桂旧部之子孙,当可信也。盖观汉军各佐领中,尚、耿、孔三家皆有,独无吴后,知必另有安插矣。"(见《八旗制度考实》,载入《明清史论著集刊》上册,第 301 页)与鄙人考释正合。

等,或有庐墓、产业在本籍者,或有族党姻属在他省者。朕意欲稍为变通,以广其谋生之路,如有愿改归原籍者,准其与该处民人,一例编入保甲;有不愿改入原籍而外省可以居住者,不拘道里远近,准其前往入籍居住。此内如有世职,仍许其带往,一体承袭;其有原籍并无倚赖,外省亦难寄居,不愿出旗,仍旧当差者听之。……原为汉军人等,生齿日多,筹久远安全计,出自特恩,后不为例。此朕格外施仁原情体恤之意,并非逐伊等使之出旗为民。"①

以福州驻防汉军为例,《实录》有云:

乾隆十九年(1754年)七月甲午,军机大臣等议覆闽浙总督喀尔吉善、福州将军新柱等会奏:"改补福州驻防汉军各事宜:一、汉军愿为民者,令指定所往省分州县,呈明出旗入籍(民籍),子弟与民籍一体应试、捐纳官职贡监,呈地方官换照。男女听与民婚配。"

同年九月乙巳,闽浙总督喀尔吉善等奏:"福州驻防汉军,现令出旗为民,……请将奏准先令出旗之汉军甲兵一千名,内年老衰弱者与闲散人等,概令出旗为民;其强壮技娴者拨绿营食粮充伍。"②

广州驻防汉军亦照福州之例,出旗汉军1000名。所云"汉军生齿日繁,坐守驻防之缺,转不能如汉人之随便谋生,所以令其出旗,正为伊等生计起见,而所遗甲缺,即以满洲充补,亦于满洲生计有益,所谓一举而两得也。"又"汉军出旗后,复为料理安插亲族户口、辗转筹划,是使伊等仍就拘束,不能随便营生,其与不令出旗何异?至于改补绿营粮缺,乃专为汉军中之只能披甲食粮者而设,初非驱散处之汉军尽入绿营也"③从此,直隶天津、江南京口、山陕凉州、庄浪、右卫、绥远城等全国各省驻防汉军④莫不相率效尤而出旗为民了。

各省驻防汉军,不但准许甲兵出旗为民,而且对世职承袭有分之八旗汉军官员,凡情愿出旗为民者,亦准其改入民籍。江南江宁汉军即是证明:

乾隆二十八年(1763年)九月丁卯,谕:"江宁汉军官兵内,有领催一名、生员二名、兵二十四名,皆系承袭勋旧佐领、世管佐领世职有分之人……如不过

---

① 《纯录》卷六四,页三二下至三四上。
② 《纯录》卷四六九,页二下;卷四七三,页一七上下。
③ 《纯录》卷四八六,页一四上下;卷五〇〇,页六下至七上。
④ 《纯录》卷七九七,页一四上至一五上;卷六九五,页二五下;卷七二九,页一四下。

承袭有分而不能袭,及无力迁徙眷口情愿为民者,准其改入民籍。"①江宁汉军官兵之出旗为民既能如此,则其他各省驻防汉军当亦不会例外,兹不再多述。所可注意者,则是已出旗的大批八旗汉军包括各省驻防汉军官兵人等,后又有再入旗籍的。《实录》中有几条这样的记载,可以作为例证:

乾隆二十七年(1762年)闰五月己巳,谕:"今西宁等……已将出旗之人,复入旗籍,实属意外之事!"

同年同月戊寅,谕:"……将开户为民之人复入另册内,挑补钱粮。"

同年同月同日,又谕:"向令查明另记档案人等为民。原因此项人等与正身旗人有间。……乃有业经为民之另记档案人等。复入旗籍挑补马甲、拜唐阿(满语,见前)冒食粮饷者三百余人。今正白旗蒙古又查出开户人等。由此观之,别旗亦必有似此者。"

同年同月乙酉,谕:"……此特指乾隆二十二年(1757年)查出另记档案业经为民,又复入旗,白占旗缺者而言。"

同年六月丁酉,谕:"……(乾隆)二十二年以前……均令作为另户旗人,即有出首之人亦不必查办。"②综上所述,三藩中尚、耿二藩部属编五个或十五个佐领,成为满族成员的为多;而吴藩户下,官方文书无交代,应该说,他们大多数被发配到乌喇(今吉林市)地方,后改辽左(今辽宁省)一带,充作台尼堪,成了满族社会的最下层。成为问题的是入旗包括已出旗后又入旗的和出旗为民的汉军旗人包括另户旗人的人口数字,在满族总人口数中究竟占多大比例,是一个难以解答的问题。我们很难也无法依据可靠数字做出准确统计来。但我们从大量文献资料中仍可得出这样的看法,汉人入旗的固不在少数,而出旗为民的为数也不算不多。因而,结论应该是,八旗中的满汉民族成分问题乃是有清一代三百年间满汉两民族长期杂居共处,交相融合,进进出出,你我难分,与任何民族一样,是历史自然同化交融的必然结果。

---

① 《纯录》卷六九四,页一四下至一五上。
② 《纯录》卷六六五,页九上;卷六六三,页一、二下至三上、一六上;卷六六四,页九上。

满文老档中计丁授田商榷

近年来,国内史学界对入关前满族的社会性质问题,进行了大量的深入探讨,发表了不少很有见地的文章,取得了可喜的成果,兹就《满文老档》中计丁授田方面有关原文的翻译、计丁授田的对象和计丁授田的性质等几个问题,提出我个人一点不成熟的看法,愿与同志们商榷。

一、原文的翻译

《满文老档》中关于清太祖努尔哈齐于天命六年(1621 年)七月十四日,为"计丁授田"事传谕各村,原文译音如下:

Hai jeo bade juwan tumen inenggi , Liyoodung i bade orin tumen inenggi , uhereme gūsin tumen inenggi usin be gaifi meni ubade tehe coohai niyalma morin de buki. jai meni geren baisin niyalmai usin meni bade tarikini. suweni Liyoodung ni ba i beise ambasa bayasai usin waliyaha ambula kai. tere usin be dosimbume meni gaire gūsin tumen usin be ere šurdeme bahaci wajiha. isirakūci Sung-šan-puci ebsi Cilin Ilu Puho Fan —ho Hontoho Simiyan Fusi Dungjeo Magendan Niowanggiyaha Gu šan de isitala tari. tede isirakūci jase tucime tari. julge suweni nikan gurun bayan niyalma ba ambula gaifi usin be niyalma turifi weilebume jeke seme wajirakū jeku uncambihe. yadara niyalma usin jeku akū ofi udame jembihe. udame ulin wajiha manggi giohambihe. bay-an niyalma jeku isabufi , niyara ulin isabufi baibi asarara anggala tenteke gio-hara akū yadara niyalma ba ujicina. donjire de iun gebu sain amaga jalan de hūturi kai. ere aniya tariha jeku be meni meni gaisu. bi te usin be tolofi emu haha de jeku tarire sunja cimari kubun tarire emu cimari usin be neigen dendefi bumbi. suwe haha ume gidara. haha gidaci usin baharakū kai. ereci julesi giohoto niyalma be giohaburakū. giohoto de hūwašan de gemu usin bumbi. meni meni usin be kiceme weile. ilan haha de emu cimari alban usin weilebumbi. orin haha de emu haha be cooha ilibumbi. ineku orin haha de emu haha be alban weilebu.……①

最早为之译成汉文的,是金梁的《满洲老档秘录》,照录如下:

> 为计口授田事,谕曰:海州一带,有田十万日,辽阳一带,有田二十万日,共三十万日,宜分给驻扎该处之军士,以免闲废。其该处人民之田,仍令其就地耕耘。辽阳诸贝勒大臣及素封之家,荒弃田亩甚多,亦宜归入三十万日之内;二处之田,如不敷分派,可以自松山堡及铁岭、懿路、蒲河、范河、欢托霍、沈阳、抚顺、东州、马根丹、清河、孤山等处之田补之:若仍不敷,可令至边外开垦。往者明国富户,大都广有田土,已不能遍耕,则粮诸人,所获粮米,食之不尽,则以出售。至于贫人,家无寸土,瓶无斗储,一餐之粮,亦出自沽买,一旦财尽,必致流离失所。夫富者与其蓄有用之粮,以致朽烂;积有用之财,徒行贮藏:何若散给贫人,以资养赡,既获令名,又积福德也!自谕之后,本年所种之粮,准其各自收获。嗣后每一男丁给地六日,以五日种粮、一日种棉,按口均分。家有男丁,不得隐匿不报,致抱向隅之恨。乞丐僧人,皆给以田,务使尽力耕作,勿自暴弃。其纳赋之法,用古人彻井遗制,每男丁三人,合耕官田一日;又每男丁二十人,以一人充兵,一人应役。②

按金梁《秘录》的《序》有云:"翻译至难,经满、汉文学士十余人之手,费时二载始脱稿。"金氏本人于满文造诣或有不逮,然距今五六十年前,精通满、汉文的老辈当时大都健在。金氏所云,谅非虚语:如果真如孟森先生所说,"由汉译满时一次删润,由满译汉时二次删润,其所存真相若干,得原文比之乃见。"又

---

① 此系作者于 1980 年据原盛京崇谟阁所藏加圈点的《满文老档》(现存沈阳市辽宁省档案馆)用罗马字母译音,再校以藤冈胜二、户田茂喜手稿本(中央民族学院图书馆藏)以及神田信夫等重译《满文老档》译音是一致的。

② 《满洲老档秘录》上册,商务印书馆 1929 年版,第 22—23 页。郭成康、刘建新:《努尔哈齐计丁授田谕考实》,载《清史研究集》第 2 辑 1982 年 6 月,第 88—114 页,此文中指出金译错误、阙略、杜撰、疏陋之处不少。

说："前数年金梁翻老档……大约人后愈觉荒唐,遂弃不复译。"①可是恰恰"计丁授田"这一段译文,既不载于《实录》和《东华录》,也不见于迄今幸存的档册或其他资料之内,自然只能出之于金梁及其所聘"满、汉文学士十余人之手"了。当然,金梁等人多注重译文之"达"、"雅",而忽视了"信"之一字,不无可议之处。至于说金译中增入了"用古人根本遗制"一类不见于原来满文的字句,就是"杜撰",也还值得商榷。② 因为一种语言译成另一种语言,有一些习惯用语和公文术语,是很难完全直接、一字不差地把它们译出来的:在于译出来的或增或删的字句,是否完全走了样,不合原意;只要不失原意,或增或删,应该是允许的吧。一般来说,用文言文翻译远不如用语体文翻译之详明易懂,不致引起误解,这是事实。但仍须承认,在清前期"满译汉"或"汉译满"的档案文件中,许多公文上的习惯用语,不采用汉文或满文的公文术语或习惯用语,也是很难翻译成当时通用的行文套语的。

最近发表的郭成康、刘建新两同志合撰的《努尔哈齐计丁授田谕考实》一文中所译上述这一段满文老档③,与金译对勘一下,如"为计口授田事,谕曰",郭、刘据原文改译为"天命六年七月十四日,以行将前往分田,故先期告谕各村曰",远比金译信实多了;而金氏原译之"辽阳",郭、刘改译为"辽东地方"(下同),似又不如金译"辽阳"之为得。何者,满文 Liyoodung i bade 直译可作"辽东地方",但满文"辽东"乃"辽东都司"之简称,实指"辽阳"一地,并非全指辽河以东而言也。又"军士",郭、刘改译"兵马",军士可包括军马在内,如直译"兵马",势必有所说明,不然,于情理不合。金译"人民"亦远比郭、刘译成"白丁人等"为胜,因原文 baisin niyalma 直译,应为"白身人等",汉文白身实为百姓,译作"人民"为是,下面再谈。金译"明国",郭、刘改译"尼堪国",为满文 nikan gurun 之直译,日本学者有此译法,惟据清初人汉字行文对明朝多作"明国"或"大明国",从无作"尼堪国"者。金译"广有田土,则佃诸人",郭、刘改译成"广占田土,雇人耕种。"其满文老档原文之 turifi,可作"赁"或"租"解,则译成"雇人耕种"或"佃诸人",似均无不可。然按之老档原文 turifi

① 参见《满洲老档事件论证之一》,载《明清史论著集刊》下册,中华书局 1959 年版,第338 页。
② 郭成康、刘建新合撰文,第 111—113 页。
③ 上引郭、刘文,第 99 页。

之后尚有 weilebume 一字,二字连用为被动式,则译成"佃诸人"为胜一筹,何况既云"广有田土",多则成千上万亩,少亦数十百亩,"富户"岂能尽"雇人耕种"之乎?金译"男丁",郭、刘改译"丁口"。查原文为 haha(男子)而非 anggala(人口),自以金译为是。

前几年,中国社会科学院历史研究所清史研究室、北京第一历史档案馆满文组、北京图书馆、辽宁省档案馆历史部与中央民族学院等单位的十几位同志同力合作,花了好几年工夫,最后由第一历史档案馆满文组反复校订、审核通纂的《满文老档》即将出版。其中有关"计丁授田"这一段①,和金译与郭、刘二同志所译均略有不同。如郭、刘所译之"白丁人等"改译成"众百姓"。前面已提到,满文 basin niyalma,原为汉字"百姓"之译满,以金译"人民"为妥。郭刘译成"白丁人",恐容易发生误会,因为汉文"白丁"一词,经常指以前封建社会里无功名的人,有时还指封建时代的"白徒",白徒乃是军士的别称。而这里的 baisin niyalma 显然是指一般平民而言,译之为"人民"或"百姓",肯定比译成"白丁人等"要好一些。又如"尼堪国"改译成"明国",已如前述。兹为补充说明:原谕中的"nikan gurun",译音则为"大明固伦",实为"大明朝"、"大明"或"大明国"、"明国"。日本学者如藤冈胜二的初译和神田信夫等主编的《满文老档》新日译本,均写作"nikan 国",他们都没有直接用汉字"尼堪"二字。我个人完全同意金氏和新汉译本的《满文老档》把它译成"大明"、"大明国"或"明国",比较符合《老档》原意,而且又与当时历史事实相一致。又如"丁口"改译成"男丁","乞丐不再乞讨"也改译成"不使花子求乞"。男丁比丁口符合当时实际,花子究不如乞丐更为通俗稳妥。其他如"辽阳"之改译"辽东地方","军士"之改译"兵马","佃诸人"之改译"雇人耕作",均与郭、刘所译同,因已在前面提出过,兹不一一复赘。这里需要特别提出来讨论一下的是,《老档》原谕中的末一句:orin haha de emu haha be cooha ilibumbi. ineku orin haha de emu haha be alban weilebu.上引三种汉译中,郭、刘把它译成"二十男丁内,一人当兵;此二十丁内,一人应役";金氏译成"每二十丁,以一人充兵,一人应役";新汉译本同于金氏。根据后者(金译和新汉译本)所译,是每

---

① 十几位同志重新译成汉文的《满文老档》,已全部完稿,并抄写成誊清本(下称新汉译本)。我因急于先睹为快,承历史档案馆任世铎同志慨然出以相示,特此致谢。按《满文老档》全二册,已于 1990 年 3 月由中华书局出版,1993 年 2 月翰又记。

二十丁之中既出一丁充兵,又出一丁应役,每二十丁要出二丁是很明确的。如果按照前者(郭、刘)所译,既云"二十男丁内一人当兵",又云"此二十丁内一人应役",似乎每二十丁内出一人当兵之外,不再出一人应役。或者相反,出一人应役之外,也不再出一人当兵。换句话说,当兵与应役是一回事了。总之,三种汉译,究竟每二十丁内出一丁还是出二丁,译文含义似乎不甚明晰,下面还要详细讨论。

最早的日译《满文老档》,为40年代藤冈胜二氏初译的手稿本①,因未及审核校定而藤冈氏逝世,故将其原手稿本影印出版,草创之功,诚不可没。迨50年代日本学者和田清、户田茂喜、今西春秋、三田村泰助等人群策群力,同心协作,除将全书本文用罗马字母转写外,又将藤冈氏手稿本重新与《老档》原文全部校勘一遍,并逐句逐字附上直译和意译,最后由神田信夫氏通纂,以竟其功。兹将日本满文老档研究会译注定本中的这一段选录如下:

十四日,田を分けに行くので,村村に先づ行つて告げ知らせた言は次の通りである。海州地方に十萬晌,遼東地方に二十萬晌,すべて三十萬晌の田を取つて,ここに居る我等の兵の人馬に與へたい。また我等の衆自身者は,我等の處で田に播種するがよい。汝等の遼東地方の諸王諸大臣,富者等が葉てた田は多いのだ。その田を取り入れて我等の取るべき三十萬晌の田をこの周圍で得ることが出來ればそれでよい。もし足りなければ,松山堡より此方,鐵嶺,懿路,蒲河,范河,Hontoho,瀋陽、撫西,東州,馬根單,Niowanggiyaha,孤山に至るまで播種せよ。そこでも足りなければ,境を出て播種せよ。昔,汝等の明国では,富者は多くの地を取つて,人を催つて田を耕作させ,食へ切れない谷を賣つていた。貧者は田も谷もないので,谷を買つて食べていた。買うために財貨が盡きた後は乞食していた。富者は,谷を集めへ腐らせたり,財貨を集めて徒らに蓄へたりするよりは,そのような乞食する無一物の貧者を養つてほしい。さうすれば人に聞かれても名譽であり,來世では福となるのだ。今年播種した谷は各自取れ。我は今田を

① 藤冈胜二译文,参见周藤吉之:《清代满洲土地政策の研究》,东京河出书房1944年版,第416—417页,《资料》转引。

數へて，男一人につき谷を播種すべき五晌の田，棉を播種すべき一晌の田を公平に分給する。汝等は男を隱すな。男を隱せば田を得られないぞ。これ以後は乞食者を乞食させない。乞食にも僧にも皆田を輿へる。各自田を勤勉に耕作せよ。男三人につき一晌の公課の田を耕作させる。男二十人につき一人を兵に徵する。同じ男二十人に一人を公課に働かせよ。①

从上引的新日译本看，比藤冈氏所译更为准确了，连句读都十分仔细，该逗的逗，该断句的断句，一点也不轻易放过。从一开始，金译和藤冈氏所脱译的年月日，新日译本也和我新汉译本（包括郭、刘所译在内）一样，补译了日子（十四日）把上下文连读，也就知道在哪一年哪一月了。"辽阳"之译"辽东地方"，"军士"之译"兵马"，"人民"或"众百姓"之译"众白身者"，"佃诸人"之译"雇人耕作"，"乞丐"或"花子"之译"乞食者"，多同于藤冈氏，与我新汉译本亦大同小异。新日译本将藤冈氏所译之"男丁"改译成"男"，即纯从满文 haha 男子而来。实则能受田者，必须是成年的男子，当以译"男丁"为妥。再如松山堡、铁岭、懿路、蒲河、范河、欢托霍、沈阳、抚顺、东州、马根丹、清河、孤山等地名之前，藤冈氏所译均标出罗马字母拼音，新日译本删去罗马字母拼音，与新汉译本同。所不同者，新日译本不译出欢托霍与清河之汉字来，而只标出罗马字母拼音，以示谨慎之意。按欢托霍这一地名，我新汉译本亦有改作"浑托河"者，在下面还要讨论；但满文原作之 Niowanggiyaha，译为"清河"应不成问题，因为 Niowanggiyaha 一字，前半的 Niowanggiyan 是满文"绿"之意，后半的 ha 乃 he 或 ho 之音变，即汉字"河"之译音。Niowanggiyaha 一字乃满、汉文合成之字，译成清河，也不应成为问题。至于抚顺一名，从金译、藤冈氏直到新汉译本均无不同；而今新日译本直接从满文 Fusi 译成"抚西"。不错，清初文献中有原明抚顺守将李永芳投降后金后，努尔哈齐妻之以女，授为"抚西额驸"，抚西实指抚顺而言。然作为一地名，清初人仍多写作"抚顺"，亦犹"辽东地方"之应作"辽阳"为符合当时史实也。又"beise ambasa"，藤冈氏译作"诸 beile 大臣等"和新汉译文改作"诸贝勒大臣等"，今新日译本改译作"诸王诸大臣"，

① 《满文老档》太祖卷 24，日本东京《东洋文库》1956 年本，第 355—356 页。又沈阳辽宁大学历史系于 1978 年出版的《重译满文老档》，太祖朝第 2 分册，第 41 页，有关计丁授田一段，全同。

远比前两者较为切合当时史实,如果再省去下一"诸"字,译作"诸王大臣等",更与明制相吻合。犹如清初人之将"八大贝勒(八固山)"译成"四大王"、"四小王"①。是因为"贝勒"纯系满语,历代汉人无此称呼,只好译成大小王,当系沿袭明制之旧称而来。又"Hontoho",藤冈氏于罗马字母拼音之后附以"欢托霍"似袭自金译,新日译本删去"欢托霍",纯用罗马字母拼音,均不为错。今新汉译本改作"珲托河"②,则更接近地名的译音。至于《满文老档》原谕中的末一句"orin haha de emu haha be cooha ilibumbi, ineku orin haha de emu haha be alban weilebu"。藤冈氏译作"每二十丁征兵一人,即每二十丁,出一人当差";而新日译本改译"每二十丁,征兵一人,同时每二十丁,一人服役。"上述引文两者的区别,就在于满文"ineku"一字的不同译法:前者把 ineku 译成了"即"字,成为二十丁抽一,则征兵与充役为一事;而后者把 ineku 译成"同时",成为二十丁抽一为兵,另二十丁抽一充役,则征兵与充役为两事。证以《老档》天命六年(1621 年)十一月十八日汗谕众汉人所云:"男丁二十人中,征兵一人"③与天命七年(1622 年)正月初六日下谕:"汉官员管辖四千人者,出兵二百;……管辖三千人者,征兵一百五十人;……管辖二千人者,征兵一百……"④。可以肯定,征兵和充役者是对辽东地区汉民说的,一则"二十丁征一"指征兵而言;一则同时二十丁一人充役,则充役为另一事,而且充役的比例因时因地有所不同。如《满文老档》天命六年(1621 年)十一月十八日汗谕众汉人明言:"倘有急事,十丁中出一人应役;若无急事,百人中出一人应役"。⑤ 翌年(1622 年)正月初四日汗谕有"每十丁中出一丁应役"和同年三月"金州、复州每十丁中出二丁"⑥等语,以及"百人以下、十人以上,则酌情应役"⑦之语,是充役不但有二十丁抽一,而且还有百丁抽一、十丁抽一、五丁抽一的不同规定。由此可见,充役既无定额,视临时缓急而定,则充役与征兵当

---

① 《清太祖武皇帝实录》卷四,页十一下,故宫博物院 1932 年铅印本。

② 《吉林通志》,光绪年间刊本,卷一八,页一六下注作"珲托和",嘉庆《大清一统志》,《四部丛刊续编》本,页六七、二七上作"欢托和",康熙《御制文一集》,光绪五年活字本,卷八页八下作"珲托河"。

③ 《满文老档》卷 28。

④ 《满文老档》卷 32。

⑤ 《满文老档》卷 28。

⑥ 《满文老档》卷 39。

⑦ 《满文老档》卷 28。

为两事。毫无疑问,应以新汉译本和新日译本所译为更合满文原意。

二、计丁授田的对象

总起来看,《满文老档》中"计丁授田"一谕,从一开始就说"传谕各村",当然是对辽东地区包括汉民在内的全体满、汉人等而言;不过谕中所云:"海州地方征田十万垧,辽阳地方征田二十万垧,共征田三十万垧,分给我驻扎此地之兵马。"那很显然,计丁授田一事,实际上是把从海州、辽阳等地征取来的田地分给了驻扎在这一带的满洲贵族和八旗官兵的。但根据郭、刘文章上说:"翻检了天命六年至十年《满文老档》,竟不见一处有关在旗人中计丁授田的记载"①。这是因为郭、刘二同志既认为"计丁授田"一谕是对辽东汉民而言,那么,从海州、辽阳一带征到的三十万垧田亩被八旗圈占外,其余田地就是要按谕中所云"每一男丁五日种粮之田,一日种棉之田"平均分给辽东汉民了。而历史事实是,在颁布"计丁授田"令以后的第二年,天命七年(1622 年),辽沈地区出现了"满、汉人等合居一处,同住、同食、同耕","所有田地,满、汉人等务宜各自耕种"②犬牙交错的满、汉各族杂居共耕的局面。与稍后两年,天命九年(1624 年),一位亲临辽沈地区的目击者朝鲜人报道:"夷兵(指满兵)三万,汉兵四万,屯驻盖州(今盖平县)、海州(今海城县)、辽阳、沈阳、铁岭之间,南北四百里,东西二百里,汉人内耕,夷人(指满人)外卫"③的情况,完全可以相互印证。从表面现象看,辽沈地区计丁授田之后,"满、汉之人"真的"均属一体"似的了。仔细考之,天命六年(1621 年)当满族人等从赫图阿拉一带"远处迁来"辽沈地区时,满族人等"无住舍、食粮、耕田",故令与汉族人等"合居一处"。结果则正如努尔哈齐自己所说的那样:"今闻满洲以汉人之牛车,执汉人令运粮草,并索取诸物,岂令汉人给满洲为仆乎?"④这还只是指那些并未编入八旗内的汉人说的。至于被编入八旗庄田内的汉人,"每十三壮丁,编

---

① 郭、刘文,第 102 页。

② 《满洲老档秘录》上编,第 29 页。

③ 《朝鲜李朝实录》(节钞本),第 1 册,第 56 页"仁祖二年甲子十二月丙戌"条。按朝鲜仁祖二年即天命九年(1624 年),正好在天命六年(1621 年)计丁授田后的第三年。

④ 《满洲老档秘录》上编,第 29 页。

为一庄,按满官品级,分给为奴。于是同处一屯,汉人每被侵扰,多致逃亡"①。由此可见,虽说"同处一屯"的满、汉之人,也还得看各人的身份地位和阶级成分是各不相同的。这从皇太极刚一即位就下令:"按品级,每备御(满名牛录章京,汉称佐领)只给壮丁八、牛二,以备使令;其余汉人分屯别居,编为民户,择汉官之清正者辖之"②,被迫改编庄田,压缩了庄田上奴仆的数目,释放了一批奴仆的大量事实中,也可以充分证实天命六年(1621年)的计丁授田,实际上得到田亩的是八旗正身旗人而不是一般汉人,这一点是毋庸置疑的。

其实,计丁授田原是对八旗成员已有的措施。根据日本学者鸳渊一氏从《满文老档》中列举出清初八旗旗地的记事,天命六年闰二月二十六日就记载有③:

1.达尔汉虾扈尔汉的旗地:费德哩山一带,aisika(?);siberi(?);

2.阿敦阿哥的旗地:德立石,在抚顺城东南;瑚埒路,在旺清边门外(?);toran(?);janggi(?);

3.穆哈连的旗地:札库穆,在玛哈丹、东札库穆河畔;dethe(?);oho(?);

4.济尔哈朗阿哥的旗地:温德亨,在乌拉南;营盘(?);费阿拉,即旧老城;

5.汤古代的旗地:札克丹,在抚顺东札克丹河畔;札喀,在兴京西北札喀关附近;huwanta(?);罗里,即兴京西小罗里(?);jan bigan(?);呼兰哈达,在兴京西;

6.博尔晋的旗地:法纳哈,即铁岭附近白豹冲堡;必音,离沈阳一日程;黑扯木,在英额河北赫彻穆路;杭家,在赫彻穆西北;

7.董鄂额驸即何和里的旗地:浑河;jengge(?);贝欢寨,在兴京东北;鸭儿河,在佟佳江附近;苏完,在辉发东;尚间崖,在抚顺东北、札克丹北;

8.阿巴泰阿哥的旗地:柴河,在铁岭附近;穆瑚觉罗,离沈阳四日程;鄂尔多峰,在黑扯木西北。

上列旗地的分布,大体上是以苏子河为中心,西北达于铁岭及佟佳江一部分地方,可以说是满族的聚居区。这都是在进入辽沈以前旗地分布的一些情况。下列均是天命六年(1621年)七月计丁授田以后遍布整个辽沈地区的八旗旗地的分布情况。

---

① 《清太宗实录》,《大清历朝实录》影印本,卷一,页一〇下至一一上。

② 《清太宗实录》,《大清历朝实录》影印本,卷一,页一一上。

③ 鸳渊一:《清初旗地に關する满文老档の记事》上,载《史林》(昭和十三年,1938年)第23卷,第1号,第6—8页。

天命六年十一月十二日《满文老档》①载："蒙噶图（即孟阿图）、孟古、萨尔古里等道员前来丈量田亩,办理房舍。其奏书曰:各屯汉人乞请既皆一汗之民,粮则共食,房则同住,何令我等迁移等语……"是知孟阿图等为当年受命主持授田之人,因多取田土,又以余地私给汉官及择各处腴田,别立庄屯,为本旗大臣阿山所劾,坐削职很清楚地知道,计丁授田是八旗成员之事,私给汉官尚且不可,汉人是不可能分到一份田地的。

就在努尔哈齐传谕"计丁授田"以后的第二年,天命七年（1622 年）四月十八日,《满文老档》记载有②:

1.正黄旗——八城（实为九城）:费阿拉,尚间崖,营盘（?）,札克丹,范河（?）,抚顺,章嘉西、德立石,奉集堡;

2.镶黄旗——十一城:柴河,抚安堡,花豹冲堡,懿路站,三岔儿堡,铁岭,宋家泊,丁字堡,必音（?）,恰库站;

3.正红旗——十城:温德亨,札库穆,清河城,一堵墙,碱厂,孤山,山羊峪,威宁营,东州,玛哈丹;

4.镶红旗——十二城:沈阳,蒲河,平房堡,十方寺,上榆林堡,静远堡,武靖营,长宁堡,会安堡,虎皮驿,长勇堡,长胜堡;

5.镶蓝旗——八城:旅顺口,牧城驿,金州,石河驿,黄骨岛,归服堡,望海埚,红嘴堡;

6.正蓝旗——十一城:岫崖,青苔峪,makuwalsai（?）,sui—cang—ioi（?）,伊兰博里库,镇东堡,镇夷堡,凤凰城,汤站,险山堡,甜水站;

7.正白旗——九城:复州,栾固堡,羊官堡,永宁监堡,五十寨,盖州,盐场堡,天成堡,庆云堡;

8.镶白旗——九城:海州,东京堡,耀州,穆家堡,析木城,古城堡,长安堡,cing—ceng pu（?）,鞍山。

又过一年,天命八年（1623 年）三月四日,《满文老档》又记载有③:

---

① 《满文老档》上册,第 251 页及《清太宗实录》卷 8,第 119—120 页。

② 鸳渊一:《清初旗地に關する满文老檔の記事》上,载《史林》第 23 卷,第 1 号,第 9—20 号。

③ 鸳渊一:《清初旗地に關する满文老檔の記事》下,载《史林》第 23 卷,第 2 号,第 87—91 号。

1.关于两蓝旗的旗地：Niyehe sancin(？),草河堡,奉集堡;

2.关于两白旗的旗地：加哈河,草河堡,温德亨河,岫岩附近;

3.关于两黄旗的旗地：碱厂城,萨木禅山,英额边门,范河,通远堡;

4.关于两红旗的旗地：通远堡,铁岭,松山堡。

同年六月十八日《满文老档》①又记载有：

1.镶黄旗的旗地：尚间崖,塞赫哩峰,雅哈河,哈达城,乌鲁哩山;

2.正黄旗的旗地：博屯山(？),ehe—orongga—bayan(？),伊拉齐河一带,伊兰穆哈连山;

3.正红旗的旗地：hajan(不明),绥哈城,搜登站,fulgiyaci debagau(？),达杨阿岭,古城,tohoro(不明),(托和罗河);

4.镶红旗的旗地：阿布达哩冈,dung(？),mahaltu ninggu(？),尚间崖;

5.镶蓝旗的旗地：dobakū golo(？),萨伦岭,silhi(？),呼珠岭,苏瓦延冈,□□haha(？),伊兰穆哈连峰;

6.正蓝旗的旗地：乌噜哩山,molokji(？);

7.正白旗的旗地：图扣河,辽孤山,博屯山(？),tasha muhaliyan(山名？);

8.镶白旗的旗地：mahaltu ninggu(？),呼兰山,必音,辽孤山,雅奇山,富勒哈河,德佛河。

从上述天命六年闰二月二十六日、七年四月十八日,和八年三月四日、六月十八日几次所记八旗旗地分布的情况看,不但天命六年七月十四日下令计丁授田以前已经有计丁授田的事实存在,并且在下令计丁授田以后第二、第三两年又在大量地推行计丁授田。再证以康熙二十九年(1690年)刊行的《大清会典》所载："国初按旗分处,原有定界。继因边内地瘠,粮不足支,展边开垦：移两黄旗于铁岭,两白旗于安平,两红旗于石城,其两蓝旗所分张义站、靖远堡地瘠,以大城地与之"②一条,里面说的铁岭即今铁岭县;安平即安平屯,在今辽阳市东南;石城即石城堡,在今凤城县东北;张义站即章义站,在今沈阳市西

---

① 鸳渊一：《清初旗地に關する满文老檔の記事》上,载《史林》第23卷,第2号,第92—103号。

② 《满文老档》卷二一,页二一上,《户部土田二·盛京田上》。按乾隆四年(1739年)《八旗通志初集》卷一八,页三一上《土田志·八旗土田规制·奉天规制》均同,惟"原有定界"《通志》改作"各有定界",只有一字之异,而"原"字更说明八旗分处,早在入关以前已有"计丁授田"的事实存在了。

南;靖远堡即静远堡,靠近十方寺堡,在今沈阳市西北。日本学者周藤吉之氏认为两黄、两白、两红各旗在移到铁岭、安平、石城之前,以上各旗的旗地与两蓝旗一样,仍以辽阳、海州为中心,分布于辽沈地区。这是因为在天命七年(1622年)四月确定八旗旗地的记载中,并不见有张义站、大城、安平、石城等地名,只见有铁岭、靖远堡之名,而铁岭属镶黄旗,靖远堡属镶红旗管辖,所以两黄、两白、两红六旗之移住沈阳,乃是天命七年四月以后之事①。从而证明天命六年至十年的《满文老档》并不是没有有关在八旗成员中计丁授田的记载,而且记载不止一次,多达三四次,当然这类记载只是没有特别指出是在"计丁授田"之后而分驻各地而已。可是康熙《大清会典》已经明说"其两蓝旗所分张义站、靖远堡",则其他六旗所移之地必然也是六旗分别各自分得之地无疑。那么,我们说在天命六年七月下令计丁授田以前也好,以后也好,当时满族社会对八旗成员早已有实行过计丁授田的事实存在,从而表明满族和汉族以及其他各族人等杂居共处,形成了一个满族大聚居、小分散的局面,是千真万确无疑的了。怎么能说天命六年(1621年)七月的计丁授田传谕各村各户,只对辽沈地区的汉民而言,而不包括八旗满洲成员呢?

三、计丁授田的性质

我在20世纪50年代中写的《皇太极时代满族向封建制的过渡》一文,曾根据金译《老档秘录》中天命六年(1621年)七月计丁授田一谕,得出如下结论:

> 所种之粮,准其各自收获。可见被分给以五日种粮,一日种棉的六日田地的每一男丁,已经开始获得财产权。而被剥削的方式却是每男丁三人合耕官田一日和每二十人,以一人充兵、一人应役,很显然就是一种劳役地租的关系了。②

后来,《满族简史》在《辽沈地区社会矛盾的尖锐化和满族封建关系的初步形成》一节中说:

---

① 《清代满洲土地政策の研究》,日本东京河出书房1944年本,第51—53页。
② 拙著:《清史杂考》,人民出版社1957年版,第61—62页。

　　1621 年 7 月,努尔哈齐下令划辽阳,海州等处 30 万日(一作垧)土地,分配给住在那里的满族八旗人丁,规定每一男丁授田六垧,以五垧种谷,一垧种棉。同时,对汉族人民也授田六垧,规定三男共耕官田一日,二十人中一人应役。显然这是参考了明初以来在辽东实行而逐渐破坏了的卫所军屯制度,结合满族原有的八旗每一牛录(以后改称佐领)出二男四牛屯田的办法而制定的。①

基本上和我个人的看法是一致的。

　　目前史学界不少同志也有类似的看法,如李鸿彬同志说:

　　这种"计丁授田"制度,就其土地所有制来说,当时把土地分为官田和份地,直接生产者除了以无偿劳役耕种官田外,便在自己的份地上经营自己的经济;就其生产关系来说,不像奴隶那种人身隶属关系,而是对土地的一种隶属关系,他们是以自己所有的生产资料来生产自己所需要的生活资料,是自己养活自己的劳动者;就其分配形式来说,官田实行的是劳役地租,份地则是"一家衣食,凡百差徭,皆从此出。"由此可见,"计丁授田"在土地所有制、生产关系和分配形式,都反映出封建生产方式的特点。②

周远廉同志也这样认为:

　　天命六年(1621 年)七月和十月,两次下达汗谕,实行"计丁授田"……确立了封建土地所有制和封建赋役制度,使满族的诸申下降为封建依附农民。③

他还进一步指出,自天命六年三月八旗官兵进驻辽沈以后,到天命十年十月,努尔哈齐实行了"计丁授田"、征赋敛役、编丁立庄等政策,确立了封建土地所有制和封建赋役制度,到天命十年底,后金国大体上已经变为八和硕贝勒共治

---

① 《中国少数民族简史丛书》之一,中华书局 1979 年版,第 37 页。

② 《清入关前满族的社会性质》,载《社会科学辑刊》1979 年第 2 辑,第 124—125 页;作者另一篇文章《论满族英雄努尔哈齐》,载《清史论丛》1980 年第 2 辑,第 241 页,更明确地指出:"努尔哈齐于天启元年(后金天命六年,1621 年)七月十四日下谕宣布实行'计丁授田'……意味着……从此满族社会由奴隶制过渡到封建农奴制。"

③ 《关于满族从奴隶制向封建制过渡的问题》,载《社会科学辑刊》1979 年第 4 辑,第 116 页。

国政的封建国家①。金成基同志也有同样的看法：

> 努尔哈齐推行计丁授田……是采取被马克思称之为"最简单最原始"的劳役地租的形态。如今满族个体小生产者所占有的这块六日耕地，同原先他们自己所耕种的那块土地已具有完全不同的性质了。②

以上几位同志都是把天命六年(1621年)七月十四日颁布"计丁授田"政策作为封建土地所有制正式确立的标志。

持稍有不同看法的，有何溥滢、李景兰两同志可以作为代表，何溥滢同志认为：

> 努尔哈齐兴起后的五十多年间，是奴隶制的发展阶段。皇太极执政以后的二十年间，是由奴隶制向封建制急剧过渡的时期。③

李景兰同志也认为：

> 后金政权的建立是女真奴隶制度发展到全盛时期的一个标志。在皇太极继位后的二十年里，后金社会便由奴隶制迅速转向封建制了。④

所不同的是，她们把入关前满族社会向封建制过渡的时间推后一点，定在皇太极统治的二十年之内。

现在有一点可以肯定的是，《满文老档》中"计丁授田"这一条汗谕的对象是对辽东地区广大乡村包括汉民在内的满、汉人等而言，但从海州、辽阳等地征取来的30万坰田地则是要按每男丁授田6坰平均分给驻扎在辽东地区的满洲贵族和八旗官兵的。具体地说，分给八旗兵丁的田地，叫作"份地"；分给满洲贵族的田亩，设置庄园，与在赫图阿拉地区满洲贵族"多至五十余所"的农庄(拖克索)和农庄里的"奴婢耕作，以输其主。……无结卜之役、租税之收"⑤并无二致。就当时作为奴隶制经济支柱的拖克索庄园是大奴隶主对奴隶的剥削关系，就土地所有制来说，份地当然是土地公有制或土地国有制；而贵族庄园，应该就是奴隶制庄园了。证以作为"人质"的朝鲜太子李淐于1641年所目睹沈阳附近的庄屯情况：

---

① 《入关前满族的社会性质》，载《中央民族学院学报》1980年第1期。
② 《清入关前八旗土地制度试探》，载《清史论丛》1979年第1期，第148页。
③ 《满族入关前社会性质初探》，载《社会科学辑刊》1980年第3期，第112页。
④ 《试论后金政权的性质》，载《社会科学辑刊》1980年第6期，第98页。
⑤ 《建州闻见录》，中国社会科学院历史研究所1978年油印本，第27页。

诸王设庄，相距或十里，或二十里。庄有大小，大不过数十家，小不满八九家，而多是汉人及吾东(指朝鲜)被掳者也。大率荒野辟土不多。至于(十月)十六日、十七日所经，则土地多辟，庄居颇稠，而亦皆汉人、东人或蒙种云耳。①

再从保存下来的《顺治年间档》②即顺治四年至八年(1647—1651年)档案中所反映出来的关外几个拖克索的生产关系来看，即到入关之初虽已开始转化为农奴制剥削关系，但还存在着几乎与奴隶制毫无区别的剥削关系。这就不难推断，天命六年至十年(1621—1625年)颁布、推行的"计丁授田"的土地所有制只能是土地国有制的份地和大土地所有制的庄园，即系奴隶制土地所有制。

当然，"计丁授田"谕中对辽东地区广大汉民所允许"每丁给种粮田五垧，种棉地一垧"的诺言，如果不是《老档》有错简或字句舛讹的话，真的如郭、刘两同志所说"不过是纸面上的规定"，那是因为汗谕"计丁授田"，对辽东汉民来说，"平均分给每一男丁五日种粮之田，一日种棉之田"，是口头宣传，是表面文章，而对满洲八旗计丁授田才是说到做到，才是千真万确的。把这一点弄清楚很重要，因为对辽东汉民宣布的"计丁授田"既是口头宣传表面文章，那么，所谓"每三丁合种官田一垧"，也就只能是口头上说说而已，并无其事的了。我个人以往曾认为"计丁授田"谕中既有"官田一垧"的记载，自然各人分到的六垧田亩就是"私田"，收获所得都是个人私有了，因而大胆做出论断，竟主张天命六年(1621年)应该就是满族社会从奴隶制开始过渡到封建制的一个明显标志。然而今天在仔细检阅《满文老档》天命六年至十年(1621—1625年)的记载之后，才发现满洲八旗确实有过几次计丁授田的大量事实存在，而且满洲八旗这些"计丁授田"分得的田亩一直保存到入关以后，都历历可考③。就拿顺治元年到康熙五年(1644—1666年)20余年间在北京周围方500里的几十州县进行过三次大规模的圈地④来说，它与天命年间推行的"计丁授田"

---

① 《沈馆录》，《辽海丛书》本，卷3第19页。
② 参见季永海、何溥滢合译：《盛京内务府顺治年间档》，《清史资料》1981年第2辑，第190—236页。
③ 参见嘉庆：《大清会典事例》(清刊本)卷一三五，页一上至二下。
④ 第一次在顺治元年(1644年)，见《清世祖实录》(《大清历朝实录》本，下同)卷12；第二次在顺治四年(1647年)，见同书卷30；第三次在康熙五年(1666年)，见《清圣祖实录》卷20。

措施前后如出一辙,虽然庄园中的剥削关系显然前后不尽相同,可是清初庄园中的领主所有制成分,是从入关后才开始存在的①,与天命年间的奴隶制土地所有制显然有别,这也是事实。

总括起来说,单就《满文老档》天命六年(1621年)七月十四日下令"计丁授田"这一段记载而论,撇开对辽东汉民所说的纸面上的规定不算以外,从对驻扎在辽东的满洲八旗成员而言,只是根据计丁授田谕令一事本身,就很难得出当时满族社会已开始从奴隶制过渡到封建制的结论来。当然我不是说,在努尔哈齐时期就不存在封建制的因素,恰恰相反,早在明万历四十一年(1613年)满族原有的八旗内部出现了每一佐领出"十男四牛"②的屯田,即是明证。但从17世纪20—30年代满族社会各个方面来考察,迄至目前为止,尚无一件充分确凿可靠的第一手材料可以说明,当时满族社会的性质已经从奴隶制过渡到封建制的阶段,这就是我个人对我在50年代发表的所谓满族到皇太极时代已从旧的奴隶制剥削关系过渡到新的封建制剥削关系,并据计丁授田谕令中提出的"以五日种粮,一日种棉"和"每男丁三人合耕官田三日"所做出的"很显然就是一种劳役地租的剥削关系了"的错误论断,现在正式予以自我摒弃。吟是昨非,自来学人多已有之。我何人斯,敢望前贤肩背?然知错必改,古有明训,亦愿黾勉以赴,敬希同志亮察。

---

① 参见拙作《清代旗地性质初探》一文,载《文史》,1979年第6辑,第133—137页。
② 《满洲实录》,满和对译本,第133页。参见《旧老城》,伪满洲建国大学刊本,第102页。

清代旗地性质初探

　　关于清代旗地性质的问题是满族史中一个极其重要而又亟须解决的问题。和属于历史范畴的一切其他事物一样,旗地也有其发生、发展和消逝的过程,而不是自始至终一成不变的。特别是从 1644 年清军入关以后,在高度发展的汉族封建经济影响之下,旗地不得不从其以农奴制为主导形式的领主经济迅速地向地主经济转化。从 17 世纪 40 年代到 18 世纪 30 年代(顺治初到乾隆初)的大约一个世纪,就是旗地从领主经济向地主经济转化过程中具有关键性的阶段。

　　旗地的种类很多,有皇庄、王庄、官地和八旗官兵庄田(即一般旗地)等等。其中一般旗地不但所占的比重大,而且它的性质和皇庄、王庄也有着很大的区别。根据目前所掌握的资料,我认为一般旗地从 1644 年清军入关之际起,已经走上了以地主土地所有制为主导形式的地主经济的道路,同时也应该肯定它是决定和影响其他旗地即皇庄、王庄等领主经济向地主经济发展的主要因素。只是由于满族统治阶级利用其政治特权和超经济强制,在他们的庄园中竭尽气力地企图保持其原有的农奴制的经营方式,从而使庄园经济向地主经济转化的历程放缓了步伐,延长了岁月。然而历史的发展规律,是不以人们的意志为转移的,所以到了 18 世纪下半期,皇庄与王庄几乎全都被纳入与一般旗地性质相同的地主经济范围之内。当然,谁也不会否认,有一小部分皇庄和王庄,直到清末民初,也还残存着一些或多或少的落后的农奴制的赘瘤。

　　本文着重从 17 世纪上半期到 18 世纪上半期对清代旗地的性质问题作一初步探讨,希望对这一问题,能够得出比较正确的看法和提供一些有用的参考资料;至于整个清代旗地的变化以及和八旗制度的关系等问题,则有待继续收集资料和更多的历史工作者来共同研究。现在,为了把问题简单化和叙述方便起见,将这一问题的粗浅研究和分析,综合为三个方面,即:第一,各种旗地的不同形态;第二,旗地中地主土地所有制是主导形式;第三,庄园中的地主所有制成分。

一、各种旗地的不同形态

众所周知,由于明清之际长期的战祸,辽沈平原和北京附近五百里内的广大地区,原有的大量汉族农民被迫流亡到他乡,而未出走的农民也很少有土地,或者完全没有土地。因此,辽河东西则"荒城废堡,败瓦颓垣,沃野千里,有土无人","地亩荒芜,百姓流亡,十居六七",①黄河以北府县则"荒地九万四千五百余顷,因兵燹之余,无人佃种"②。就在这个条件之上满族统治者以征服者的姿态,利用其政治特权,从汉族劳动人民手中,掠夺了巨额田产。在上述两个地区内,强制实行土地再分配,把他们自己原来落后的奴隶制或领主制的生产方式强加于被征服的汉族人民。其中大部分的土地为满族皇帝和贵族所占有,分设各种大小庄园,而把最大部分的土地作为"份地"分给充当炮灰的八旗士兵。这就是清史上有名的"圈地"。大规模的圈地前后曾进行过三次③,历时二十余年,从圈地十一万顷至十二万顷的绝对数字看,虽只占当时全国耕地面积五百多万顷的五十分之一强④,但被圈占的地亩绝大部分都集中在直隶省(今河北省)境内的几十个州县,因之,弄得该省的许多州县几乎没有民田。例如:雄县民地为4400多顷,被圈地去3000多顷⑤,占百分之七十,房山县被圈地亩数为十分之七,而带地投充的又达十分之二⑥。就这样,迫使原住的汉族人民"庐舍田园,顿非其故","被圈之民,流离失所"⑦,造成了清初满、汉两族间的民族矛盾曾经一度异常紧张的局面,这对当时中国北

---

① 《清世祖实录》(以下简称《章录》),《大清历朝实录》影印本,卷一二,页三下真定巡按卫周胤疏中语。

② 《章录》卷一一,页一一上,河南巡抚罗绣锦疏中语。

③ 第一次在1645—1646年(顺治二年至顺治三年),见《章录》卷二二,页九下至一〇上;第二次在1647年(顺治四年),见同前卷三〇页三上至五上;第三次在1666年(康熙五年),见《清圣祖实录》(以下简称《仁录》),《大清历朝实录》影印本,卷一八,页三下至四下。

④ 《仁录》卷二〇,页二一上。

⑤ 刘崇本:《雄县新志》(排字本),第三册,页一上。

⑥ 冯庆澜:《房山县志》,1928年排印本,卷五,页二二上下。

⑦ 《章录》卷二五,页二下;卷三一,页一一上"户部奏"。

部的农业生产起了一定的破坏和阻滞作用。

因为被圈占的土地转移到了旗人（八旗成员）的手里，所以又叫作"旗地"。旗地名目繁多，兹依其性质不同，大体上可以区分为"皇庄"、"王庄"和"八旗庄田"即一般旗地三大类。先从一般旗地谈起：

1. 一般旗地　即包括八旗官兵在内的八旗庄田。但其中八旗官员占有田地的总和远比旗兵为少，所以这里所说的一般旗地，主要是指旗兵占有的旗地而言。一般旗地可以分为：旗红册地、旗余地和旗升科地三种。后两者产生较晚，留待下节再说。

旗红册地又可分为原占地、圈拨地和带地投充地三种。原占地系在入关以前旗人占有明代人的田地而被赋予使用权的旗地，以奉天省（今辽宁省）为最多，主要分布在东起抚顺，西至宁远（今兴城县），南起盖平（今盖县），北达开原（今县老城镇）的广阔的辽沈平原上。

圈拨地系从 1644 年（顺治元年）到 1666 年（康熙五年），三次大规模的强制圈占北京附近五百里内的广大的汉族民田，以拨给作为统治工具的八旗官员①，当然也包括那些被农民起义军推翻的前明皇室和王公贵族的撂荒田地在内。最初规定：旗兵一人给地 5 坰（一坰约 6 亩），王公以下各官所属壮丁一人六坰，参领以下官员 12 坰，副都统以上官员 40 坰。以后又有增加。

带地投充地则是汉族人民被迫随带自己的田产投献于有权势的旗人保护之下，作为其"世仆"，照旧耕种的田地。

2. 王庄即王公庄园　系属于满族王公贵族所有而具有身份性的世袭的收取"王粮"的大土地。王庄的种类也很多，有恩赐地、带地投充地和私庄等等。恩赐地又可分为圈地、分封地、赠嫁地等。圈地系拨给王公所属壮丁（计口给地三六亩）的地亩，主要设有庄和园：大庄每所地 420—720 亩不等，半庄每所地 240—360 亩不等；园每所地 60—120 亩不等。分封地系加封王公各照本爵拨给的园地。赠嫁地系公主、郡主等出嫁时各照品级拨给的园地。带地投充地同前，但其数量远比投献于八旗官兵的为多。私庄即王公私设的庄园，有马厂（又称牧厂）、围场（又称牧场）等，主要散布在奉天省境内。

---

① 光绪《大清会典事例》（以下简称"光绪《事例》"），商务印书馆 1899 年石印本，卷一五九，页二下至三下。

3.皇庄亦称官庄　是清皇室本身的私有地,有内务府官庄、盛京所属户部、礼部、工部官庄以及三陵所属官庄等等。内务府官庄系专供清皇室而缴纳"皇粮"所设的大土地,所有权属于清皇室,主要可分为带地投充地官庄和承领地官庄两种。带地投充地官庄系"近京百姓带地来投,愿充纳银庄头者,各按其地亩"而设的官庄;承领地官庄则"后有愿领入官地亩,设庄纳银者",即系承领各种入官地的一部分而设的官庄。

盛京属户部、礼部、工部官庄分别属于各该部管辖。户部官庄有粮庄、盐庄、棉庄三种,其收入专供永、福、昭三陵祭祀之用。礼部官庄则以祭品供给陵寝、寺庙。工部官庄则供给宫殿、坛庙、陵寝等的一切营缮费用。

三陵所属官庄系供给三陵祀典所用果谷菜蔬而设的祭田,大半是在入关以前由带地投充地中拨给的一部分所构成。

此外还有官地即国有地,如入官地(即各项充公地)、八旗产地(即历次赎回的民典旗地)、围场、马厂以及营盘地、驿站地等。

二、旗地中地主土地所有制是主导形式

学习毛泽东同志著作中关于我国封建经济的论述,可以获得这样的认识:封建地主阶级土地所有制是政治与经济的结合,地主主要依靠剥削农民的地租过活,农民除负担地租外,还被迫向地主阶级的国家缴纳贡税和从事无偿的劳役。因此,土地买卖和地租剥削是地主所有制的重要标志之一[1]。

一般旗地从拨给正身旗人的那一天起,就被当作一份"份地",规定对每一旗人只赋予占有权和使用权而无所有权。所谓"八旗世业……皆世守焉"[2]和"八旗地亩,原系旗人产业,不准典卖与民"[3]的话,就是指没有所有权说的。以后在1670年(康熙九年)明文规定:"官员兵丁地亩,不许越旗交易,兵丁本身耕地,不许全卖"[4];而"旗民不交产"的例禁尤严。这就是满族统治者在入关之初企图保持其原有的奴主和领主土地所有制而竭力采取的一些补救

---

① 《中国革命和中国共产党》,见《毛泽东选集》第2卷,人民出版社1959年版,第594页。
② 光绪《会典》卷八四,页四下至五下,"八旗都统授田"条。
③ 光绪《事例》卷一五九,页四下,"雍正七年谕"。
④ 光绪《事例》卷一一一七,页二下,"康熙九年又题准"条。

办法。

然而旗地的发展方向,并未依从统治阶级的主观愿望,而是让被征服的汉族原来的土地所有制所逐渐代替。首先,所谓"不许越旗交易"的禁令,并不影响一般旗地的所有权,作为份地的"兵丁本身耕地",全卖虽不许,但部分出售显然是许可的;何况又有"若圈地,则止准旗人认买"的话①,更是旗地在本旗内准许交易的明证。后来,连三令五申"止准承种,不准典卖"的"恩赏地,如典卖于旗人则听"②。其次,所谓"旗民不交产"的例禁,虽也曾给人以一种旗地完全不能买卖的假象;但仔细考之,那仅仅是指旗地不准典卖于民人,"典卖入官",而"旗人典买民地,一体按则输粮"。可见,"不交产"是属于单方面的,被限制的是汉族人民。

抛开例禁不谈,从历史事实中去考察,从入关后不到半个世纪,满、汉两族人民之间大批地出现了有关旗地的"典"、"押"、"转租"等各种不同方式,正如当时人所说:"或指地借钱(即是押),或支使长租(即是转租),显避交易之名,阴行典卖之实"③,"乃变名曰老典,其实与卖无二也"④,这显然等于变相的买卖行为。就是规定作为正身旗人一份份地的一般旗地,在旗人间进行越旗交易的事实也是从很早就已普遍出现。下面便是两个明显的例证:

> 据本旗领催何伦太呈称:身祖陈世珍在日,于康熙二十四年(1685年),用价银一百六十五两白契所买巨流河正黄旗界内坐落后尖山子厢白旗现任佐领李全属下壮丁刻佐洪之曾祖刻花子名下红册地一百零四日八分。⑤

> 海甸清梵寺僧人方住赴部呈称:窃僧祖上原系正红旗满洲色姓户下人。僧祖高景在日,曾于雍正年间(1723—1735年)借主人旗佐,置得正黄旗汉军刘姓坐落雄县(河北今县)地四十亩、任邱县(河北今县)地三十亩。⑥

正由于这种"越旗交易"既成事实的普遍存在,所以到了18世纪50年代,统

---

① 光绪《事例》卷一六〇,页二上"乾隆四十一年议准"条。
② 光绪《会典》卷八四,页五下注"八旗都统授田"条。
③ 光绪《会典》卷一六〇,页八上"咸丰二年谕"。
④ 《皇清奏议》(清国史馆琴川居士排字本),卷四五,页一六上赫泰疏语。
⑤ 沈阳市辽宁省档案馆藏《乾隆三十七年盛京内务府档案》。
⑥ 北京中国第一历史档案馆(以下简称一史馆)藏《嘉庆十三年说堂稿》。

治阶级不得不面对现实,在法律上把旗人典卖旗地肯定下来,规定"旗人田地,遇有缓急;情愿出典者……准其不计旗分,通融买卖"①;而那些从前变相的旗地买卖行为,如"典当房地"等,同样"改典为卖"②,获得了法律上的正式承认。

有人说,清军入关之际,满兵分给的田地,也和皇庄、王庄一样,设立过庄园,并驱使"家奴"(农奴)耕作。因为清代文献上记载有:

> 今满洲兵一人出征,部落有带六七人者,有带三四人者。③

> 满洲兵丁,虽有份地,每年并未收成,穷兵出征,必需随带之人,致失耕种之业。④

> 一壮丁与四三十亩,以其所入为马刍菽之费。一兵有三壮丁。⑤

看来,每一满兵似乎都成了奴主或农奴主,从而人们可能得出这样的结论:旗地上的生产关系应该是奴主和奴隶或领主和农奴关系,即奴隶制或农奴制,或者说,奴隶制或农奴制是旗地生产关系中的主导形式。不错,当时满兵每家有几个"壮丁"或"旗下家奴"的,恐不在少数,但他们多半是"帮贴垦种"乃是属于"帮丁"即雇工性质。一般说来,每一满兵分得的土地,多半由自己的家人(余丁,即闲散)或本身耕种,当然,雇用帮丁或驱使"旗下家奴"耕作也是常有的事。但满兵有没有"旗下家奴"参加农业生产是一回事,而满兵可以不可以设庄乃是另一回事。因为满兵当中一小部分拥有一定数额的"壮丁"和田亩的,当然可以设庄。但必须搞清楚,这一小部分满兵究竟是什么人? 按清制,不但"护军",就连七品的"领催",也都被当作"八旗兵丁"中的一个兵看待的。大家知道,充当护军的人几乎都是由满族王公贵族的子弟中挑选,而领催则通过勒扣俸饷、科派旗兵等手段,以致拥有大量田地,与一般满兵显然有别,他们都是属于统治阶级,当然可以设庄。

再说,贵族家庭出身的护军和占田多的领催等虽然可以设庄,毕竟人数有限;与此恰恰相反,占田少的绝大多数满兵(满洲披甲人)是"不可以设庄"的。

---

① 光绪《事例》卷一一一八,页一下"乾隆二十三议准"条。

② 《总管内务府现行则例》,北平故宫博物院文献馆 1937 年校印本,会计司,卷四,页八〇下"旗人典卖地亩"条。

③ 《皇清奏议》卷八,页二下林起龙疏语。

④ 《皇朝文献通考》,浙江书局 1882 年刻本,卷五,页一三下。

⑤ 金德纯:《旗军志》,《辽海丛书》1934 年本,第八集,页二下。

下面几条材料便是明显例证：

> 我国家（指清朝）初定中原，凡官兵须计丁授田。富厚有力之家，占田多至数百垧；满洲披甲人或父子兄弟，所得之田不过数垧。……其闲散（即余下）人口亦得量给。①

> 驻防官员量给圈地，甲兵壮丁每名给地五垧。②

> 查贫乏兵丁……身在京城，不能自种，有限之地，不可设庄头。③

就在入关后不久，不论设庄与否，凡是居住在圈地内而又耕种旗地的汉族农民，甚至在法律上被当作奴隶或农奴看待的带地投充的投充人，他们和旗地占有者的关系主要变成为地主和佃农的租佃关系，即地主所有制占了统治地位，而领主制退居于次要地位。有事实为证：

> 直隶（今河北省）地方多被旗圈。当日圈地之时，例从村外下绳，是以镇店村庄多在圈内外。然而所圈既广，则零星村庄在圈内者，亦复不少。其带地投充之人，房屋人口尽行入旗。其未经投充之人等，则地虽被圈，人房尚在；又民恋土重迁，虽有拨补地亩，不肯舍房就地，是以父子祖孙相沿居住，民人自住其房而租其地，旗人只收地租而并不问及民房，通省州县，旗民相安，毫无异说，数十年来于兹矣。④

> 旗庄地亩均在近京五百里内，八旗官兵人等各有当差执事，不得不资佃耕种，收取租息，佃户亦得借此养赡身家。⑤

> 定鼎之初，虽将民田圈给旗人，但仍系民人输租自种。民人自种其地，旗人坐取其租。一地两养，彼此相安。⑥

> 各旗下无论贵贱，各给田若干，收其租不复给饷。⑦

值得特别指出的是，最后所引的一条出自《北游录》，著者谈迁北游在 1653 年（顺治十年），以 1655 年（顺治十二年）南归，正在畿辅旗地拨定后的十年。他

---

① 《章录》卷一二七，页一五上下，顺治十六年折库纳密陈四事之一。
② 《八旗通志》，乾隆年间刻本，卷一八，页四一上。
③ 《皇朝经世文编》，积山书局光绪乙未年石印本，卷三五，页七上，孙嘉淦《八旗公产疏》语。
④ 一史馆藏：《乾隆四年二月二十二日档案》。
⑤ 《清高宗实录》（以下简称《纯录》），《大清历朝实录》影印本，卷一七二，页三〇上，顺天府府尹蒋炳奏语。
⑥ 前引孙嘉淦疏中语。
⑦ 谈迁：《北游录》，中华书局 1960 年版，第 347 页《纪闻》下"八旗"条。

身临其境,目击其事,把所见所闻笔之于书,既云"收其租"的租佃关系,当属确实可信。

唯其因为一般旗地从17世纪四五十年代起,即已走上了以地主所有制为主导形式的地主经济的道路,所以,满族统治阶级企图将旗地保持在奴主或领主经济范围内而屡次颁布的一些关于"不许越旗交易"和"旗民不交产"的禁令,实际上不过等于一纸具文。历史事实充分证明,到了18世纪上半期,首先在关内的一般旗地,几乎典卖大半。清世宗胤禛曾经这样承认过:

> 八旗地亩原系旗人产业,不准典卖与民,向有定例。今竟有典卖与民者,但相沿日久,著从宽免其私相授受之罪。①

清高宗弘历也说过:

> 我朝定鼎之初,将近京地亩,拨给旗人,在当日为八旗生计,有不得不然之势。其时旗人所得地亩,原足以资养赡。嗣因生齿日繁,恒产渐少;又或因事急需,将地渐次典与民间为业;阅年久远,辗转相授,已成民产。……再民典旗地不下数百万亩,典地民人不下数十万户。②

据统计,1749年(乾隆十四年)清政府曾用198155两,赎回"民典旗地"1869顷58亩;1762年(乾隆二十七年)又"回赎旗地积至二万余顷之多"。这已回赎的二百多万亩的"民典旗地"并没有再去分设庄头,和未回赎的那些无法统计的"民典旗地"一样,仍交"佣佃农民"耕种,或"另行招佃承种"。从这里很清楚地看出,即使原来曾经设过庄的"民典旗地",到这时,其生产关系都已成为佃农和地主的租佃关系,即地主制,而不再是原先一度存在过的奴隶和奴主或农奴和领主的关系,即奴隶制或农奴制了。

在关外的旗地,特别是一般旗地,情况与关内稍有不同。在许多清初的文献里,都曾这样明显地记载着:

> 辽阳(辽宁今市)、铁岭(辽宁今县)至山海关八旗庄地,多有在边(柳条边)外者,相沿已久,不必迁移,令照旧种住。惟酌量边界开门,毋误耕获。③

> 盛京(今辽宁沈阳市)为我朝丰沛之地……本处之人,向于官差余

———————

① 光绪《事例》卷一一一七,页三上"雍正七年谕"。
② 光绪《事例》卷一一一七,页三下至四上"乾隆四年谕"。
③ 光绪《事例》卷一六一,页一上"顺治十二年题准"。

暇,俱各力田躬耕,以资生计。①

> 力田之家,必募佣人以助耕作。佣工一年可得十二金,布二匹。其以日计者,价倍之。②

由此可见,关外旗地主要是由旗人自己耕种,"佣人助耕"的佣工也已有长工(以年计)和短工(以日计)之别。到 18 世纪 40 年代,情况又向前发展了一步。

> 盛京……本处之人,向……俱各力田躬耕。……今则本身自种者少,雇民佃种者多。③

虽然当时统治阶级也曾提出了:"旗人地亩,不许全雇民人耕种取租,必须三时力作,相率务农"④的主张,企图用法律来限制旗人雇用长工或短工,但这种完全不符合当时实际情况的主观打算,是不能发生多大约束力了。因为到 18 世纪下半期,不但关外旗人雇工助耕的限制完全流于形式,而大量典卖旗地的现象也层出不穷。据统计,在 1773 年(乾隆三十八年)奉天查出"民典旗地"共 126826 垧,合 76095 亩之多。

满族统治者既不能把它自己的落后的生产方式——奴隶制或农奴制强加于被征服的汉族,也只有让汉族原来的先进的生产方式——租佃制继续下去,而满足于征收贡税。例如旗余地和旗升科地就是在 18 世纪下半期的这种情况下产生出来的。

旗余地是旗人红册地以外私自开垦的土地。1766 年(乾隆三十一年)奉天总共丈出旗民余地 1874400 亩,"一并入官"。其中旗余地都已超过原来红册地规定的数目,凡首报者仍作为个人私产,按照红册地中折米地纳赋;而未首报者被查出后,没收为官地,仍"令原种人等按数认种,或转租与人者,听其自便"⑤,但每年必须交纳租银。

旗升科地则从 1800 年(嘉庆五年)起,把"奉天(今辽宁省)旗民人等隐种余地",令其呈报于官,"每亩征银三分",同于民地,所以叫作升科地。当时规

---

① 《纯录》卷二〇六,页一下至二上"乾隆八年谕"。
② 王一元:《辽左闻见录》。
③ 《纯录》卷二〇六,页二上下。
④ 《纯录》卷一二七,页二四上奉天府府尹吴应枚奏语。
⑤ 光绪《事例》卷二八九,页三下乾隆三十一年奉旨。

定:"所首红册地傍滋开之地,仍作为私产,售卖听其自便;其另段私开及纳租余地边开之地,一体首报入官,仍交原佃承种";只有"依山傍水余地,不成丘段者,免其升科"①。

从上述旗余地和旗升科地来看,旗余地"转租与人者听其自便",旗升科地"售卖听其自便",是旗租剥削和旗地买卖的范围比以前放宽多了,而且它们都获得了法律上的保障,只不过把"盛京旗人出租地亩"的期限,统一规定为"三年"罢了②。

与此同时,满族统治阶级为了补救旗红册地典卖的损失,拿出盛京官地中的一部分土地,从1748年(乾隆十三年)起,开始设置"随缺地";又于1800年(嘉庆五年)开始设置"伍田地"。随缺地和伍田地均系拨给八旗官兵作为提供口粮的"份地",不当差时仍须退还,显然是只赋予占有权和使用权而无所有权的领主制土地形态;所不同的是,从一开始,随缺地和伍田地就是"或招佃取租","或交界取租"和"或自行耕种",又显然都是地主制的租佃关系,不难看出,随缺地和伍田地正是领主制和地主制两种不同类型的经济结合为一而成为一种混合的新的经济类型了。

但必须指出,关外一般旗地的租佃关系,在很长一段期间——大约从17世纪末到18世纪初,虽然也早已出现,然而当时关外旗人中"力田躬耕"的自耕农毕竟比关内旗人所占比重要大得多。

根据上述分析,清初关内外的一般旗地,既可以买卖,又有地租剥削,这就充分说明了它的生产关系主要为农民和地主的租佃关系即地主土地所有制。同时,也不能否认,在18世纪下半期,关外旗地中还出现了一种介乎领主制与地主制之间的新的混合的过渡经济类型——随缺地和伍田地,虽然所占比例并不大,但从清代圈地总数16683八顷来看③,其中皇庄为13272顷,王庄为13338顷,八旗庄田即一般旗地为140228顷,皇庄、王庄加起来只占七分之一弱,而一般旗地则占七分之六强。因此,拿一般旗地的性质来判断整个旗地的生产关系,从而肯定旗地中地主所有制为主导形式,也许是不会十分错误的。

---

① 光绪《事例》卷一六七,页一下嘉庆五年又议准。

② 光绪《事例》卷一一一九,页二下乾隆三十四年议准。

③ 所列数字见嘉庆《大清会典事例》(清刻本)卷一三五,页一上至九下;《啸亭杂录》,中华书局1980年版,卷八,第226页"内务府制"条。

三、庄园中的地主所有制成分

根据列宁的教导，农奴制的经济特征是"生产者和生产资料占有者通过实物'相互效劳'，通过使生产者固着于土地，而不是使生产者同生产资料分离的方式来剥削生产者"①。作为农奴制的皇庄和王庄，确实是具有这种经济特征的。首先，皇庄和王庄的直接生产者——庄丁（即壮丁），均被编入旗籍：皇庄为"上三旗包衣"，王庄为"下五旗包衣"，包衣（满语 booi，直译为"家里的"，意即家奴或家仆），在法律上则处于奴隶或农奴的地位。以 1648 年（顺治五年）欧欧哈公主的五个"拖克索"（满语 tokso，意即庄园）和没收的台鲁田库喇嘛的四个拖克索为例②，庄丁的口粮、衣服、耕牛、种籽、饲料以及盐、纸、小器具等物，均由庄园主供给，自己几乎一无所有。可见庄丁不但被束缚于庄地上，而且他们的经济地位简直和奴隶一模一样。其次，庄丁多由"入官奴仆"拨来，或者就是带地投充的投充人，投充人一经入旗"即系奴仆"，奴仆则和土地一样，"典卖悉由本主自便"③。一般情况，庄丁连同庄头包括在内，是随同土地的典卖而典卖。所不同者，属于皇庄的庄丁归内务府掌管，专门设有"慎刑司"，对庄丁操着司法上的处治权，"笞、杖皆决之"，徒以上的罪才送到刑部处理；属于王庄的庄丁归王府掌管，其人身依附关系恐怕要比皇庄更严，差役勒索也更重，甚至"多毙人命"，亦复有之。

尽管皇庄和王庄所具有的农奴制特征仍占主要地位，但从入关后不久，在受到高度的汉族封建经济的影响下，大批新设的皇庄和王庄中不能不包含有地主所有制的成分。这可从以下两方面来加以考察：

第一，在皇庄、王庄的直接生产者成分中，庄丁之外，事实上还有"老佃户"和"现租户"的存在。老佃户俗称"刨山户"，"刨山户"即"原垦佃户"④，他们多半是庄园余地的开垦者和带地投充的投充人。举例如下：

---

① 《列宁全集》卷 1，人民出版社 1957 年版，第 443 页。
② 《顺治年间档》，《清史资料》第三集，"顺治五年正月初四月"条及"顺治五年九月十五日"条。
③ 《户部则例》（清刊本），卷一○，页一○上下。
④ 徐世昌：《东三省政略》，民国铅印本，卷八，奉天省，页七十上下旗务地亩篇。

> 具禀(人)系内务府庄头顾克勤、亲丁顾克新等,同册壮丁李登第、赵起凤等,世居城北正蓝旗界顾家堡子。……窃身之先人顾起凤、顾黑子,由顺治八年(1651年)拨盖(平)居住,开荒垦地,均无课赋。及康熙初年奉旨编庄,身之先人顾起凤及同垦李、赵二姓,代(带字之误)地投充,当此庄缺。①

> 奉天内务府庄头等原系山东民人,顺治八年(1651年)来奉(天)开刨荒地。……康熙十年(1671年)起至三十年(1691年)止,清皇编设内务府庄头八十四缺,将身等自力开垦民地均变作内务府皇粮官地。……自身将刨垦各地,带地投充内务府变作皇家内廷产业。②

> 查该庄(义州境内内务府官庄)头许春声名下官地共三个余亩,为数本巨;该佃户百余人,均系开始垦荒之刨山户。③

老佃户依据当时当地的习惯,规定交纳一定的“年贡”,庄头不得任意更改而增减其租率,这就能使其获得永佃权。从而可知,老佃户是具有身份性的世袭的自耕农,与只具有农奴身份的庄丁是有本质的差异的。

现租户系普通佃农,租种庄地的一少部分,按年交纳“现租”于庄头,是纯粹的自由的个体农民,与庄园主没有任何人身依附关系。举例如下:

> 据庄头黄登魁呈称:情因小人承种官地,一年应纳仓粮、地亩银两以及喂养祭祀牛羊豆石粟米、草束等项,惟赖官地取租偿纳。今佃户民人杨学彦等十人租价分文未给。年前小人屡经讨要,俱支吾推诿时日。因伊等不给地租,官差无措。今春小人欲将官地拿出,另招佃户,租取现租以当官项……④

现租户系依据租地契约,按年交纳本年租子,“年清年款”,才能取得庄园地亩的使用权,双方都不得任意更改。

> 民人租种庄头、园头地亩,止准按年交租,该庄头等毋预年支取。倘仍向预支,许佃户呈控;如佃户希图减省租钱,私行预交,一并治罪。⑤

---

① 《满洲旧惯调查报告》,第175页,参照第三皇产附录三引盖平县城守尉衙门原藏档案。
② 沈阳市辽宁省档案馆藏:《奉天行省公署档》,壬旗字一一七八号。
③ 宣统元年一月十三日《政治官报》第四五三号。
④ 辽宁省沈阳市档案馆藏:《乾隆五十八年三月档》。
⑤ 光绪:《事例》卷一六〇,页四下乾隆五十七年议准。

租期届满,仍须更换新契约。其租契更换,有多至数次,甚至超过十数次的。

从庄园中老佃户、现租户和庄丁同时并存的事实中,可以看出庄园中的租佃关系早已出现了地主所有制成分,这是十分明显的。

第二,从庄园中封建剥削的性质来加以考察,也不难看出,作为庄园占有者对其直接生产者庄丁或老佃户、现租户的经济剥削——旗租,是具有国家赋税(俗称钱粮)和地主地租的双重性质的。其他老佃户和现租户对庄头等交纳的租子(或名地租)纯粹属于地租性质是人所共知的,这里可以不必再加讨论;只有庄丁每年上缴的旗租性质,是必须进一步加以探讨的。

如果把旗租与地租等同起来固然不对,但旗租好像类似民赋而又不完全同于民赋,其中却包含着地租成分则是事实。本来,"旗地征租,民地征赋",不但"名目本自不同",其实质在一定程度上也有所区别。从纳粮庄(简称粮庄)和纳银庄(也可简称银庄)缴纳的"粮石"和"丁银"中就可得到证实。

纳粮庄最初设立时每庄给地 130 垧,庄头和庄丁共定为 10 名,关内每年每庄原纳粮为 100 斤石(每斤石合仓石 3 石 6 斗),关外每年每庄原纳粮为 120 斤石[①]。如果按清初规定的粮价每石折银 2 钱来计算,关内庄 100 斤石 360 仓石,折银 72 两整;再按亩计算,每亩合征银 9 分 2 厘多。关外庄又稍高一些,即每亩合征银一钱一分多。不管关内庄或关外庄,比起清初民地课税每亩征银三分来,都高出三倍以上。直至康熙、乾隆时期[②],情况仍复相同。

纳银庄则不论关内关外,每庄壮丁各给口粮地 53 亩,但因每庄壮丁并无定额,所以才规定:每年按丁每名征银三两。同时又规定:"带地投充新园头,每地俱按亩征银五分。"[③]两相比较,前者每亩合征银约九分,高于后者将近一倍。不但前者比民地每亩三分的课赋高出三倍,连后者也高出民赋很多。

从上述纳粮庄、纳银庄的粮租、丁银上看,只有带地投充的庄园地亩,每亩

① 《总管内务府现行则例》,会计司,卷一,页二上下;卷二,页一上。

② 北京图书馆藏《总管内务府会计司谕众庄头档》。根据 1711 年(康熙五十年)直隶省三十个州县的统计,民地钱粮上地每亩一钱五分左右,其余均在八分以下以至一分六厘以上不等;旗地则不同,"最好之地每亩租银三钱、二钱八分",其余之地"执其中而约略计算,每亩该银一钱二分五厘"云云,可以为证。又光绪《事例》卷一一一八页一下乾隆二十二年(1759 年)又议准云:"旗地旗租每亩一、二钱至三、四钱不等,而现在民人承租官租,每亩银最多者不过钱许",可证。

③ 《总管内务府现行则例》,会计司,卷一页三上下,"粮庄纳粮定额"条。

征银五分，接近于民地钱粮的性质；其他不管是纳粮庄或纳银庄，它们的旗租都超过民赋的三倍左右，就不能单纯看作是民地钱粮了，它同时确实又包括地租成分在内。说旗租即庄园地亩的租银具有国家赋税和地主地租的双重性质，大概是符合历史事实的。

综上所述，皇庄和王庄的经济在清初虽仍以农奴制为主导形式，但从庄园的生产者成分中，我们知道，庄丁之外，还存在有老佃户和现佃户的租佃关系；又从庄园地亩的租银中，我们也知道，旗租剥削中同时就包含有国家赋税和地主地租的双重性质；从而可以肯定庄园中的地主所有制成分，是从入关后不久就早已存在。不错，满族统治者虽也不断努力设法维护农奴庄园的继续存在，但越往后发展，地主所有制成分就越日益增长。无疑的，这是庄园经济受着最先被纳入地主经济范围之内的一般旗地性质所支配和决定，而不是一般旗地受庄园经济的影响和支配。当然，在这两者之中，汉族地主经济仍然是在起着首要的主导的推动作用。

康雍乾三朝满汉文京旗房地契约四种

　　旗地是清代满族土地所有制的一种特殊形式。它在满族入关以前和以后，显然是两种不同性质的。大体上说，在入关以前，由于满族还处在农奴制向封建制过渡的阶段，所以，它基本上是属于以奴隶制庄园和农奴制庄园为主导形式的土地所有制；而在入关以后，满族在进入汪洋大海、四面包围的高度发展的汉族封建经济渗透的压力和影响下，除少量的皇庄和王庄外，占绝对多数的一般旗地很快地向封建地主所有制转化了。

　　新中国成立以前，清代旗地问题很少引起国内学术界的注意，只有日本学者曾经大量搜集东北一带旗人（满人）和民人（汉人）的房地契约，并公开刊印了《满洲旧惯调查报告》共九册①，又周藤吉之氏撰有《清代满洲土地政策の研究》一书②，他们所搜集的房地契，数量虽不少，但多属于乾隆以后，即使乾隆年间的契约亦寥寥可数，而满文契约则迄今尚不多见。

　　新中国成立以后，党和政府非常重视少数民族社会历史调查与民族史的研究工作。国内史学界专门探讨旗地的文章日见增多。这些文章是在掌握大量资料的基础上做出论断，大都是具有较高水平的学术论著，对旗地的进一步深入研究，提供了有价值的研究成果③，我也写过一篇《清代旗地性

---

　　①　按《满洲旧惯调查报告》中之《典 1 惯习》，一册，系日本大正元年（1912 年）宫内季子编；《内务府官庄》，一册，系大正二年（1913 年）天海谦三郎编；《一般民地》上、中、下三卷三册，系大正三年（1914 年）龟渊龙长编；《租权》一册，系大正三年眇田熊右卫门编；《皇产》一册，系大正四年（1915 年）天海谦三郎编。以上共七册，为我个人所藏，均系大正十一年（1922 年）南满洲铁道株式会社三版本。尚缺《蒙地の惯习》和《押の惯习》两册，全书共有 9 册。

　　②　《东洋学丛书》的一种，是一部特别以研究清代旗地政策为中心的专著。日本河出书房昭和十九年（1944 年）刊行本。

　　③　例如 20 世纪 60 年代发表的文章有：左云鹏同志写的《论清代旗地的形成、演变及性质》，载《历史研究》1961 年第 5 期；杨学琛同志写的《清代旗地的性质及其变化》，载《历史研究》1963 年第 3 期；杨德泉同志写的《试论清初旗地的形成及其性质》，载《扬州师范学院学报》1964 年总第 19 期。80 年代李华写有《清初圈地运动及旗地生产关系的转化》，载《文史》1980 年第 8 期。

质初探》①的文章,曾经指出土地买卖和地租剥削是地主所有制的重要标志之
一。和其他同志一样,我对旗地性质的探索,主要在地租剥削上做文章多了
些;谈到土地买卖,只能根据清人提到的:"或指地借钱,或支使长租,显避交
易之名,阴行典卖之实"②和"名曰老典,其实与卖无二"③这类概括言词来说
明有关旗地的"典"、"押"(即指地借钱)、"转租"(即长租)等不同形式,代替
了土地买卖的实际事例。不可否认,典、押长租是等于变相的土地买卖行为,
但直到目前尚未发现一张直接有关旗地买卖契约的实物见证。④

　　顷从旧箧中检出解放前我在北京厂肆访得的清初京旗满汉文典卖房地契
约近二十张,乾、嘉两朝的居多,兹选出其中康、雍、乾三朝满汉文京旗房地契
约四张:一张残缺的康熙中期的卖契,纯系满文,无汉文;两张康、雍两朝末年
的典卖契约,均系满汉合璧,而且雍正那一张是红契;另一张乾隆中期的卖契,
只有汉文无满文。今将四张契约引录于下,一一为之考释,俾供有志从事探考
旗地者之一助云尔。

一、残缺满文卖契

　　原契长 40 厘米,宽 48 厘米,细绵纸,颜色微黄,有水浸湿痕迹,满文行书,
共七行,每行字数多寡不等。前半残缺部分,开始应有" boo uncaha wensu
bithe be ilibure niyalma"译汉为"立卖契人"或"卖房契人"等字样。

　　甲、满文译音

　　…………(残)

---

　　① 《文史》第 6 期,中华书局 1979 年版,第 127—137 页。
　　② 光绪:《大清会典事例》,商务印书馆 1899 年石印本,卷一六〇,页八上,户部·田赋·畿
辅官兵,庄田二。
　　③ 《皇清奏议》(清刊本)卷四五,页一六上,赫泰《筹八旗恒产疏》语。
　　④ 前引《满洲旧惯调查报告》中尚未发现乾隆朝以前康、雍两朝的旗地典卖契约,更无康、
雍、乾三朝的满文契约。1975 年,日本东洋文库明史研究室出版的金一清所著《中国土地契约文
书集》一书中,引录清代最早的契约,也只有乾隆三十六年五月初一日的一张汉文典契,见该书
第 62—63 页。1991 年 11 月我被邀参加东京外国语大学亚非言语文化研究所举办的《满文档案
与清史研究》第三次研讨会,会间石桥崇雄教授展出家藏满文档册,其中有满汉合璧的乾隆十二
年的地契一帧,亦是不可多见的珍品了。

i gulu suwayan i nahatai　　bošokū　canglai i juwe giyan wase boo　ba　gūsin　yan

正　黄　　纳哈岱　拨什库　常来　二　间　瓦　房　地　三十　两

menggun gaime emu　gūsa　he　i　nirui　hobose　de uncaha erebe bayara　nacin

银　得　一　固山　何易　牛录　和博色　　卖　此系　巴雅喇　讷新

akdubulahaini jui　libfi　inu akdubulaha elhe taifin i gūsin juweci aniya ilan

保　　子 里卜非　同　保　康熙　三十　二　年　三

biyai ice　juwe

月　初　二〔日〕

乙、契文译汉

…………(残)

(右翼)正黄旗纳哈岱牛录下拨什库常来将瓦房两间卖与一固山何易牛录下和博色(名下为业),得银三十两巴雅喇　讷新　同保与子　里卜非康熙三十二年三月初二日

丙、考释

这张卖契残存的只是契文的末尾部分。但按契中行文,幸好卖房人和买房的名字、旗份、房数、银价、同保人名字以及所署年月日均完好无缺。

按满语中的"牛录"即后来汉译的"佐领","拨什库"即汉译的"领催"或"骁骑校","巴雅喇",即汉译的"护军","固山"即汉译的"旗"。这里满语"一固山",不能直译为"一旗",实为汉语"同旗"之意。据此,知卖房人与买房人同属正黄旗满洲人。然则"官员兵丁地亩,不许越旗交易"①的规定,同旗交产是许可的。从这一张买契也可以看出这一点,并得到了历史实物印证。

又契文中明写"de uncaha"(卖与)字眼,显然与"典"、"押"、"长租"等类似土地买卖的行为不同。从时间上看,所署康熙三十二年,知同旗交产之事,到康熙中期,恐怕已经不是个别现象而是法律许可的普遍存在事实了。

---

① 前引《会典事例》卷一一一七,页二下,田宅官兵庄田一,康熙九年题准。

二、满汉文合璧典契

原契长 64 厘米,宽 93 厘米,左面满文占宽 53 厘米,右面汉文占宽 40 厘米,细绵纸,微黄色,略有浸湿痕迹。满文行书,17 行;汉文俗体字,15 行。两者每行字数多寡不等,均完整无缺。

甲、满文译音

usin diyalaha wensu bithe be ilibure niylama kubuhe suwayan i gung　furdan
田　典　文　书　书　立　人　镶　黄　公　夫尔淡

nirui　gu　tz giyan yamun i dang se ejere　hafan laba　jui deming emgi takūrara
牛录　国　子　监　衙门　档　子 记录　官　拉巴　子　德明　同　使用

menggun akū ofi cihangga beye i gi jeo harangga sun giya juwang gašan de bisire
银　乏　因　情愿　自己的　蓟州　所属　孙　家　庄　村　有

boo arara untuhun ba emu farsi gašan i šurdeme bisire usin susai sunja mu ere
房　盖　空　地一　块　村　周围　有　田　五十　五　亩 此

usin dorgide bisire jancuhun moo mase usiha moo geren hacin moo uheri gūsin
田　内　有　栗　树　核桃 树　各　种　树　共　三十

funceme kubuhe šanggiyan i booi alai nirui taigian seo tsai min de hebtehe
余　钮〔镶〕白　包衣 阿赖 牛录 太监 苏 才 敏　商议

obume menggun emu tanggū yan gaime diyalaha ere menggun be gemu buhe ede
银　一　百　两　得　典　此　银　均　给

gisureme toktobuhangge emu tanggū aniya jalun amala da menggun bufi jolisi seci
议　定　一　百　年　满　后　原　银　给　赎

diyalanuha amala boo arara ju kūwaran jafara moo tebure hūcin fetere eifu kūwaran
典　后　房　造　堆　墙　铺　树　栽　井　掘　坟　墙

ilibuci be gemu diyalaha ejen i ciha okini aikabade mini ahūta deote juse temserengge
立　均　典　主　任　从　如　我　兄　弟　子　侄　争兢

bisire usin i da ejen amai iui alime gaimbi aikabade amala aniya jalufi jolire erin
有　田　原　主　父　子　承　管　如　以后　年　满　赎　时

de oci diyalaha hudai menggun ci teoliye ere nonggime arara boo sahaha jui
典　卖　银　计　增　造　房　石彻的 堆

kūwaran tebuhe moo fetehe hūcin be gemu erin hūdai de teombume bodofi sasa
墙　栽的　树　掘的　井　均　时　价　　均时价计算　一齐

diyalaha ejen de bumbi jai ilibuha eifu kūwaran be enteheme guriburakū asaburakū
典　主　　给　又　立的　坟　墙　　永远　不迁移　不收贮

seme gisureme toktoho gemu eifu be holbobuha usin be gemu enteheme joliburakū
言　定　所有坟　　连结的　田　均　　永远　不赎

ereci wesihun i baitabe gemu juwe ergi cihangga ofi gisu（n）jefurakū okini seme
从此　　　事　均　双方　情愿　　言　不食

erebe amala ejekini akdun jefurakū okini seme erebe amala ejekini akdun obume
此后　记　信　不食　　　　此后　记　信　为

cohome galai arara bithe be temgetu obuha i funde bošokū maci ajige bošokū
特　手写文书　证　为　　分得　拨什库　马七　小　拨什库

hoosan mukūn i da wanju alihai akdulaha
和尚　莫昆　大　万柱　同　　保

elhe taifin i susai sunjaci aniya aniya
康熙　五十　五　　年　正

biyai juwan jakūn de ilibuha laba deming
月　十　八　日　立　拉巴　德明

乙、汉文典契原文

立典契人系是镶黄旗公夫尔淡佐领下典薄（簿）厅官拉巴同子德明，今因手乏，将自己蓟州地方孙家庄房基一段，周围所有地五十五亩、树木三十余稞（棵），情愿典与镶白旗包（衣）阿赖佐领下太监苏才敏名下为业，共典价银一百两整。其银笔下交足。言明一百年为满，银到许赎。自典之后，任从典主盖房、砌墙、栽树、穿井、安立坟茔，如有弟兄子侄人等争兢者，本主父子一面承管。日后年满赎时，将所盖之房屋、墙壁，栽种之树木，所穿之井，除原典价外，按时价所置合算银两，以（一）同交付典主，将所立坟茔永远不移、所用之地永不许赎。此系二姓情愿，不许反悔。恐后无凭，亲笔立契，存照。

　　康熙伍拾伍年正月十八日　立　典契人　德明（押）　拉巴（押）　本佐领代子　马七小拨什库　和尚　同保　族长　万柱

　　康熙伍拾伍年正月十八日　立　典契人　德明（押）　拉巴（押）　同中言明，其房地起今以后，并不与罗姓相干　中见　罗敏书（押）　延禧（押）　色勒（押）

丙、考释

这张满汉合璧的典契中,汉文的"典簿厅官",满文则作"国子监衙门的记档子官"。按国子监有典簿厅典簿,典簿掌章奏文移,与典籍之掌书籍碑版有别①,知典簿厅官即是国子监之典簿厅典簿。典簿,满文作"dangse ejere hafan";典籍,满文作"dangse bargiyara hafan",与此正合。"包阿赖",满文作"包衣阿赖",知汉文"包"字下脱一"衣"字。清末民初,人们习惯上喜简称"包衣"为"包",犹如"牛录"之简称为"牛"。旗人之间相遇,每喜问"您属哪个牛的?""牛的"即牛录之意。说"哪个牛的",在旗的人不会引起误会的;但这里把"包衣"简称为"包",则"包阿赖"很容易被误认为姓包名阿赖,是"衣"字绝不可省。汉文"树木三十余棵",满文则作"栗树、核桃树各种树共三十余(棵)",注出了各种树名。又汉文保人中的"代子",满语作"分得拨什库",族长作"莫昆大",是康熙初期满语译汉尚未完全规范化,而以直接汉字译音为多。

但按典契中最突出的一点,是规定典期为一百年,满汉文全同。典期的时间之长,几乎为从来官私双方文献记载所不见。② 这种典期长到一百年的死契,正好是说明"典"、"押"、"长租"这类契约显然等于变相的土地买卖行为的一个最有力证据。

又典契汉文的末尾,多出"同中言明,其房地起今以后,并不与罗姓相干。罗敏书(押)、中见(人)延禧(押)、色勒(押)"三行,不见满文。按原契满文均载典人系拉巴、德明父子,典主为苏才敏,与罗敏书毫无关系。然则汉文末尾补写的这三行是后加上去的,可以推断,这一典契已由苏才敏转典与罗敏书名下,再由罗敏书再转典与第三者(佚名)手中,惜未写出第三者姓名,无从稽考耳。试从康熙五十五年为起点,往后推算,由拉巴、德明典与苏才敏,再由苏才敏转典给罗敏书,最后由罗敏书再转典给第三者,时间不会太短,二三十年总有的吧,很可能已经到了乾隆年间。不但原典人的名字改了,就连同保人马七、和尚、万柱也改写成了延禧和色勒,补写的三行只有汉文而无满文,这也只有到了乾隆年间,满语满文不常被使用之后,才会出现这种现象。

最后一点,补定的罗敏书旗份虽不可考,但典人拉巴、德明系属镶黄旗公夫

---

① 《清史稿》第 12 册,中华书局 1976 年版,《职官志》二,第 115 卷,第 3319 页。

② 《清语摘抄》,聚珍堂光绪十五年刻本,《官衔名目》,页一四上至一五上。

尔淡佐领下人，而典主则是镶白旗包衣阿赖佐领下人，前者为上三旗，后者为下五旗，既不同旗，且有上下贵贱之分。然则清初只许同旗交产、不许越旗交产的规定，到康熙末年只不过成了一纸空文，固然这是典契，疑卖契亦不能例外。

三、满汉文卖地红契

原红契长 55 厘米，宽 47 厘米，细绵纸，白色略带浅黄。中缝有裂痕，恐因折叠过久之故。上部有满文"boigon i jurgan"、汉文"户部"字样，知系出之户部衙门所印刷的官方文书无疑。

下面分满汉文两部分，头两行"为遵旨给发执照事"（hese be gingguleme dahafi kooli bithe bure jalin），字迹均为印刷体。盖有三颗"左翼管税关防"（dashūwan galai cifun be kadalara guwan fang）长方形硃色官印。是为红契。

甲、满文译音

dashūwan i galai cifun be kadalara giyantu hese be gingguleme dahafi kooli bithe
　左　翼税　管　监督旨　恭　遵　执照

bure jalin kubuhe suwayan i manju gūsai guwaseo nirui sula fulehun i dai hing
给　为　镶　黄　满洲　旗　关寿　牛录　苏拉　傅勒浑　大兴

hiyan i harangga hu kin bai miyoo ciyan tang giya fen gašan de bisire usin duin farsi
县　所属　胡屈白庙　前　唐家坟村　有田　四块

uheri emu king juwan nadan mu sunja fun geli giyan giya juwang gašan de bisire usin
共　一　顷　十　七　亩　五分又姜家　庄　村　有田

juwe farsi uheri orin nadan mu sunja fun ere juwe bade bisire usin uheri emu king
二　块共　二十　七　亩　五分此二　处　有田　共一　顷

dehi sunja mu nirui baita be icihiyara ilhi nirui janggin faju funde bošokū seke
四十　五　亩　牛录事　管　副　牛录　章京　法柱分得拨什库色克

bošokū i da morhon uheri akdubufi emu gūsai usiboo nirui hūlara hafan
拨什库　大　莫尔浑共　保　一　旗　五十保　牛录　读　官

ingseo de juwe tanggū uyunju yan menggun gaime uncaha cifun i menggun jakun yan
英寿　二　百　九十　两　银　得　卖税　银　八　两

nadan jiha
七　钱

hūwaliyasun tob juwan juweci aniya jorgon biya orin emu
雍　正　十　二　年　十二　月　二十一

乙、汉文红契原文

左翼管税监督偏口为遵旨给发执照事。今据厢黄旗满洲关寿佐领下闲散人傅勒浑，有地肆块，共壹顷拾柒亩伍分，坐落大兴县胡屈白庙前唐家坟；又地贰块，共贰拾柒亩伍分，坐落姜家庄地方。贰处共地壹顷肆拾伍亩。管理佐领事副佐领法柱、骁骑校色克、总催莫尔浑同保，卖与本旗五十保佐领下赞礼郎英寿名下，价银贰百玖拾两。纳税银捌两柒钱。此照。

雍正十二年十二月廿（日）给

丙、考释

这张卖地红契中，满文的"苏拉（sula）"，汉文作"闲散"，有时也作"余丁"；满文的"读官（hūlara hafan）"，汉文作"赞礼郎"；满文的"副牛录章京"，汉文作"副佐领"。按副佐领之设，始于雍正五年（1727 年）[1]。时间与此相符；满文的"分得拨什库"（funde bošokū）或称简"代子"（见前面所引的康熙五十五年汉文典契中），汉文一般译作骁骑校，乃佐领之副手；满文的"拨什库大（bošokū i da）"汉文作"总催"系领催之首领；满文的"一旗（emu gūsa）"汉文作"本旗"或"同旗"（见前引的康熙二十二年卖契中），知"一旗"与"本旗"、"同旗"为同义词。

但按卖地红契中，明写厢黄旗满洲某某将地若干卖与本旗某某名下，卖价若干外，并注明纳税银若干，署雍正年月日。这虽不是越旗交产而是同旗交产，在规定的许可范围之内；但同时也可说明旗地的买卖行为，到雍正年间已经公开化、合法化，并由政府发给正式刊布的印刷好的官方契约执照，盖有户部官府的关防，作为法律保证。

又红契之所以名叫红契，是因为官方颁发的契纸上盖有关防（官印之一种）。此契盖有同样的关防三颗，长方形，关防的左边为满文，"dashūwan galai cifun be kadalara guwan fang"，楷书；右边汉文"左翼管税关防"，专作官印用的篆文。印色砵红犹新。

这张满汉合璧的由官府颁发的卖地红契虽只有一张，但土地买卖正是封建土地所有制重要标志之一，在清初期旗地买卖方面，能得到这一历史实物见证，其重要性是完全可以肯定的。

---

① 参见拙文《沈阳锡伯族家庙碑文浅释》，《清史论丛》1980 年第 2 期，第 282 页。

四、汉文卖契

原契长 48 厘米,宽 43 厘米,细绵纸,纸色微黄,俗体字,共九行,每行字数多寡不等。

甲、契文原文

立卖契人贡格,系正白旗蒙古色克慎佐领下笔帖式,因乏用凭中说合,情愿将万历桥口西边路南空房身地一段,共计三间,今卖与厢白旗方性(姓)名下永远为业。言定价银陆两,其银笔下交足。自卖之后,任凭在(再)盖。如若转卖,由其方性(姓)自便。日后如有贡性(姓)满汉亲族人等争兢之处,有卖主贡格、中保人迟维恒一面成(承)管。恐后无凭,立此卖契,存照。

中保人 沙锦(押满文)

中保人 迟维垣

乾隆二十年四月二十六日 卖房身地人 贡格(押满文)

信行

乙、考释

这张汉文卖契中有好几个错别字:"任凭再盖"中的"再"字,误写为"在"字;"方姓"与"贡姓"中的两个"姓"字,均误作"性"字;"承管"的"承"误写为"成"字;又"万历桥"中的"历"字没有避清高宗弘历讳。说明这张契文出之一般老百姓之手,绝非科目中读书人所写;否则到了乾隆二十年,哪有不知道要避当时皇帝高宗弘历讳的道理的呢?

但按卖契中的卖主贡格,系正白旗蒙古佐领下的笔帖式,而买主方姓系厢白旗下人。正白旗为上三旗之一,厢白旗为下五旗之一,买主、卖主不同旗份,这充分说明到了乾隆初期,越旗不交产的禁令已经不起作用。相反,越旗可以交产已成为公开的合法的事实了。

清制,"旗民不交产"[1]的例禁甚严。所谓"旗",包括满、蒙、汉军在内的

---

[1] 《清史纪事本末》,上海进步书局 1921 年石印再版,卷二八,页一下,云"乾隆五年(1740年)秋七月,禁私售旗地"。按《清高宗纯皇帝实录》(《大清历朝实录》景印本)卷一二二,页六下有乾隆五年秋七月甲戌,禁八旗私行典卖承买地亩一谕,长达五百字,主要禁止将八旗地亩私行典卖与民。此可作为"旗民不交产"的一个有力佐证。

八旗成员,而"民"系指汉人而言,实际情况是,"若圈地则止准旗人认买",就连"止准承种,不准典卖"的"恩赏地,如典卖于旗人则听";而旗地不准典卖于民人(汉人)"典卖则入官",是知旗民不交产,被限制的是民人(汉人)。今考这张卖契中的贡格系蒙古佐领下的笔帖式,很可能是满人;中保人迟维垣和买主方姓(厢白旗下人),也很可能是汉军或汉人。再证以卖契文上说明:"日后如有贡姓满、汉亲族人等争兢之处"的话,可知满、汉交产是许可的,而以前"旗民不交产"的例禁,显然等于一纸空文了。

同时必须指出,卖主贡格为上三旗中的正白旗下人,买主方姓为下五旗中的厢白旗下人,上等而显贵的旗下人反而将自己的房身地卖给了下等而卑贱的旗下人。据此,不难看出,到了乾隆初期,满族内部的阶级分化非常激烈,上、下贵贱有别的经济地位发生了显著的变化。

前引康熙五十五年的典契中,已提到满人到了乾隆年间,平日生活上使用满语满文者日见减少,而通用汉语汉文者日益加多①。这也许就是乾隆年间及其以后典卖房地契约中常见通用汉文而很少见到使用满文的缘故吧。那么,这张只有汉文而无满文的卖契,即可作为这一情况的最好反映。

---

① 参见《满族简史》,中华书局 1986 年版,第 97—98 页。按京旗与东北地区的满族,在通用汉语汉文方面,很显然,北京要早于东北无疑。

清代民族宗教政策

　　清代的民族宗教政策，是指清代满族统治者对于我国边疆各地区各民族创制、执行的不同的民族政策和宗教政策。近 10 多年来，论者对此多有评述①，兹文重申己见，或亦同行专家所乐意倾听者耶？

　　满族作为继蒙元之后入主中土的第二个少数民族，它的统治者十分注意吸收借鉴历代封建王朝统治众多少数民族的经验教训，制定自己的民族宗教政策。同古代相比，昔严尤曾有"周得中策，汉得下策，秦无策焉"②之论；平心论之，清代的民族宗教政策不但超周、秦、汉三代，甚且连煊赫一时、地跨欧亚二洲的大元帝国亦瞠乎其后。何者，元享年未过百，蒙古宗室崇佛而自弱，终趋分崩，忽兴忽亡，悄返北土，几不能自保，以视清代远远望尘莫及。然则清高宗弘历所谓"苗疆之事，未得善策"者③，非无策也，欲得上策耳。当然，今谓清代民族宗教政策的成功，是与历代封建王朝比较而言，并非说它一无可议之处，这当是不言而喻的。

一、东北满族发祥地

　　东北是满族的发祥地④。满族的最早先人是距今三四千年的肃慎人。从

---

　　① 郑昌淦：《明清之际的历史潮流和清王朝的统治政策》，载《民族研究》1980 年第 4 期；刘先照、周朱流：《试论清王朝的民族政策》，载《中国民族关系史论集》，青海人民出版社 1988 年版；张羽新：《清朝前期的边疆政策》，载《中国古代边疆政策研究》，中国社会科学出版社 1990 年版，余不一一列举。

　　② 《汉书·匈奴传下》第 94 卷，中华书局 1962 年点校版，第 384 页。

　　③ 《大清高宗纯皇帝圣训》（下称《高宗圣训》），《九朝圣训》本，卷二七八，第 2 页，乾隆六年四月戊戌。下当详论此事。

　　④ 详见拙文《满族先世的发祥地问题》，载谭其骧主编：《历史地理》第 9 期，上海人民出版社 1990 年版。

肃慎以下,不同朝代的史书上以挹娄、勿吉、靺鞨和女真这些不同的族称所指称的民族,与今天的满族都有着不同程度的渊源关系。其中,女真则为其直接族源。这一点,在明王朝近 300 年的统治下的以数百计的各女真卫所有大量文献足证。

满族的奠基人努尔哈齐(清人追尊为清太祖)系建州左卫的酋长①,承父(塔克世)、祖(觉昌安)的余绪,以 13 副甲起兵报尼堪外兰之仇,转战 20 多年,终于完成了女真各部的统一大业。世人每以努尔哈齐初起兵时"多杀"相责,多杀不能说不是事实;但细按之,除了努尔哈齐"降者招服,反抗者屠杀之"的用兵政策之外,尚有一项民族政策也必须考虑进去才是。明显的一例是:

(苏克素护河部内诺密纳)四部长告太祖曰:"念吾等先众来归,毋视为编氓,望待之如骨肉手足。"遂以此言对天盟誓。② 据《满洲实录》满文原文记载:

taidzu sure beile baru duin amban hendume, membe yayaci neneme dahame
太祖 淑勒 贝勒 向 四 大人 云: 我们 比众 先 降

jihe be gunici, jušen ume obure ahūn deo i gese gosime uji seme hendufi gashuha.
来 念 诸申 勿 为, 兄弟 一样 仁慈 收养 云 誓。③

《满录》中满文 jušen(诸申),汉文译作"编氓"。诸申一词,系从满文女真(jucen)一词音变而来,通常是指女真人中的自由民;到皇太极时期,满族社会阶级结构发生了变化,大部分女真人沦为奴隶身份④,诸申也就变为指称奴隶。这里系指自由民。从诺密讷四个部长要求努尔哈齐的具体情况来分析,诺密讷等要求的不是做个普通自由民(jušen),而是能做努尔哈齐的"手足"(ahūn deo),兼管其部落族寨无疑。其结果则是来投努尔哈齐的甚众。例如:

戊午天命三年(1618 年)十月十二日,闻东海胡儿胯(一作虎尔哈)部长纳哈答率民百户来降,命二百人迎之。二十日至,上(努尔哈齐)升殿,降众见毕,设宴。举家来归者列一处,有遗业而来欲还家者,另立一处。其为首八人,

① 努尔哈齐给朝鲜使者申忠一的回帖,云"女直国建州卫管束夷人之主佟奴儿哈赤",而回帖中印迹为"篆之以建州左卫",此印可以为证。见《兴京二道河子旧老城》,伪满洲建国大学刊本 1939 年。

② 日本今西春秋著满和对译:《满洲实录》(以下简称《满录》),"日满文化协会"刊本 1938 年,卷一,第 25 页。

③ 《满录》,卷 1,第 25 页。

④ 参见拙著《清史杂考》,中华书局 1963 年版,第 19 页。

各赐男妇二十口、马十四、牛十匹、冬衣蟒段、皮裘大囤、秋衣蟒袍小褂,四季衣服俱备,及房田等物。其欲还者见之,留而不去者甚多。乃附信与还家者曰:满洲兵欲杀吾等,因我人畜财物。汗(努尔哈齐)以抚聚人民为念,收入羽翼。不意施恩至此!吾土所居弟兄眷属可皆率之来。① 众所周知,八旗制度中满洲之外,尚有蒙古、汉军,"合一国之众,分隶八旗"②;表面上,凡被编在八旗下的,不管满、蒙、汉军也好,其他被征服及归降的各民族成员也好,都有同等的权利和义务,一视同仁,实质上,满族统治者实行的却是与元朝划分蒙古、色目、汉人、南人四等级相类似的满洲、蒙古、汉军、汉人四等级的民族政策,不但不以平等待汉人,而且也不以平等待汉军、蒙古和其他族人。同样,对东北各少数民族也不例外。一方面,在满族共同体的形成过程中,努尔哈齐及其继承者皇太极的政策都是相对开放的。他们都认为,散布在东北边区图们江、乌苏里江及以东一带的东海虎尔哈部、渥集部和"邻朝鲜境瓦尔喀部众,皆吾所属"③;远处黑龙江流域及以北一带的索伦部、鄂伦春部等众"语音与我国(后金)同,携之而来,皆可以为我用"④。显然,所谓"语音与我国同"者,是指操满—通古斯语族语音者,他们被认为都应纳入这个新兴的满族共同体之内。可以说,满族统治者对东北境内各民族是招纳、吸收、融合的民族政策。纵观有清一代,满族有佛(旧)满洲(fe manju)和伊彻(新)满洲(ice manju)之别;新满洲被编入八旗,久而久之,成为老(旧)满洲⑤。这样,满族共同体中注入了不少新的血液⑥。另一方面,那些东北边远民族,即使语音相同,也被划分在满族之外,如索伦(今鄂温克族)、达瑚尔(今达斡尔族)、鄂伦春、锡伯、赫哲

---

① 《清太祖武皇帝弩儿哈奇实录》(以下简称《武录》),北平故宫博物馆 1933 年排印本,卷二,页十四上。

② 王先谦:《东华续录·序》,光绪二十五年上海石印本。

③ 《满族简史》,中华书局 1979 年版,第 34—35 页引"皆吾所属",误断为"所属有","有"字应属下读。拙著《清史新考》,辽宁大学出版社 1990 年版,第 48 页,亦误从之,今改正。又《武录》卷二,页四上,瓦尔喀作斡儿哈,同音异译耳。

④ 《清太宗文皇帝实录》(以下简称《文录》),伪满景印本,卷二一,页十四下。

⑤ 拙著《清史新考》,辽宁大学出版社 1990 年版中的《关于满族形成中的几个问题》一文,有一段"佛满洲与伊彻满洲的区别问题"专论此事,可参考。

⑥ 清人魏默深(源)氏以为"索伦、达呼尔、巴尔虎、锡伯、卦勒察、毕勒尔等兵,均为东三省驻防劲旅,其人既非满洲,自当详其部落,乃《盛京通志》、《八旗通志》与夫《一统志》、《会典》皆不及之,相沿但呼为'索伦兵',无知此何种部落者。"(见《圣武记·掌故考证》卷一二,中华书局 1984 年版,第 494 页)。此固清官书缺载之失,亦为清人有意讳言之也。

等,虽然也曾编过佐领(满语叫 niru 牛录,八旗的基层组织),但当时并未编入八旗,所以不能成为满族的正式成员①(其中赫哲、锡伯二族与其语音相同)。正因为如此,这几个民族仍能保持本民族的族名,从而成为今天祖国民族大家庭中的成员。

在宗教政策方面,由于满族自古以来就信奉萨满教②,沿黑龙江两岸各民族也普遍信奉萨满教,因而这里不存在宗教问题。所堪注意者,从努尔哈齐起,满族宗室贵族设立堂子(tangse)以祭天,而满族一般平民各家各户只设索罗杆子,请萨满跳神祈福而已。又,据《满录》记载:

乙卯年(1615 年)四月,于城东阜上,建佛寺、玉皇庙、十王殿,共七大庙,共三年乃成。

满文原作:

nīohon gūlmahūn aniya……duin biya de hecen i sun dekdere ergi ala de fucihi sy,ioi huwang ni miyoo,juwan ilman han i miyoo,uheri nadan amba miyoo arame deribufi ilaci aniya šanggaha.③

这里,我怀疑玉皇庙乃是堂子的不同汉译④。尤可注意者,这里所述之赫图阿拉城东建筑的佛寺和十阎罗王殿,毫无疑问,它们均是藏传佛教的庙宇。满族贵州对于藏传佛教在本民族传播的态度是颇可玩味的。史载天聪年间(1627—1636 年),"擅留喇嘛于家"⑤和"私造浮屠⑥(佛塔)"是不允许的。可

---

① 奕赓:《管见所及》,《佳梦轩丛著》,页十七上下,云:"东三省之驻防,有老满洲,新满洲之号,然俱系崇德以前来归之人也,各编佐领(即牛录);若崇德以后归附之索伦、锡伯、达瑚尔、卦勒察、巴尔虎、打牲乌拉,虽各设佐领,不为之满洲也,直以其部名呼之。此外之鱼皮、貂户、赫哲、奇雅喀等,则并佐领无有,设乡长、姓长以领之,均非满洲也。"

② 按萨满 Saman 一词,最早见于南宋徐梦莘《三朝北盟会编》,清光绪四年刻本,卷三,页十下,云:"珊蛮者女真语巫妪也。"珊蛮即萨满,巫妪当为女性,疑属于萨满教的原始早期型。

③ 《满录》卷 4,第 127—128 页。

④ 参见富育光:《萨满教与神话》,辽宁大学出版社 1990 年版,第 131—134 页。刘小萌、定宜庄合著:《萨满教与东北民族》,《中国少数民族文库》1990 年版,第 135—136 页,说"堂子就是观音堂的简称"。按此说自王文郁同志发之,见《读满文满洲实录札记》中的"从古贝、堂子谈起"(《南开史学》1980 年第 1 期,第 135—160 页),认为堂子从观音堂而来,我不敢苟同。盖堂子乃祭天公所,与观音堂无关,据《武录》卷二页十一下有云:"谒玉帝庙而行",玉帝庙应即是玉皇庙;而《清朝实录采要》(日本伍石轩刊本)太祖卷二页三上作"谒堂子而行"可以为证。此则入关前满名译汉,固无定字也。

⑤ 《文录》卷四二,页十八下。

⑥ 《文录》卷五八,页二十四下。

是到崇德七年(1642 年),皇太极与达赖喇嘛就有信使往还,并曾有邀请达赖喇嘛来盛京(今沈阳)的意图。但我们知道满族主要还是崇奉萨满教的。萨满教本来是一种原始多神教,满人在入关后,除崇拜自然天神地祇、山川神、祖宗板子(或匣子)这些传统内容以外,也崇拜佛教中的观世音菩萨和历代汉人广泛崇拜的关公等。这已足可说明,满族贵族的宗教政策是兼容并包的,具有一定的开放性。

二、内外喀尔喀蒙古

从清史和满族史的角度考察,当努尔哈齐崛起之初,女真各部的地理位置正处于明朝、蒙元、朝鲜三者之间。朝鲜位于东南,女真与蒙古逼邻而远交朱明。而历史上的大元帝国地跨欧亚,乃一剽悍勇猛之骑马民族,铁蹄所指,莫不为之披靡。努尔哈齐于 1620 年写给察哈尔蒙古林丹汗的复信,开头说的几句话很值得我们注意:

阅察哈尔汗来书,称四十万蒙古国主巴图鲁成吉思汗致书水滨三万满洲国主神武英明皇帝云云。……吾固不若尔四十万之众也,不若尔之勇也,因吾国之少且弱也①。姑不论"四十万蒙古"之为四十个万户②,"水滨三万满洲"之为建州三卫之③与否,当时蒙古部民之多且勇,远胜建州三卫之少且弱,即努尔哈齐本人亦不能否认。问题是在努尔哈齐从中能得出什么样的对策来。

过了三年,在一次征讨蒙古喀尔喀扎鲁特部落贝勒昂安全获大胜之后,努尔哈齐大摆庆功筵宴。是日适逢天降大雨,他十分形象而有感触地说:

蒙古之人,犹此云然,云合则致雨。蒙古部落合则成兵,其散犹云收

---

① 《清太祖高皇帝实录》(以下简称《高录》),伪满景印本,卷七,页二上下。按《武录》卷三,页九上无察哈尔,又无"巴图鲁成吉思汗"字样,显系《高录》重修者所加。

② 朱凤、贾敬颜合著:《汉译蒙古黄金史纲》,内蒙古人民出版社 1985 年版,第 41 页"四十万蒙古"一词的注。

③ 如果亡友贾敬颜"四十万户"之说能成立的话,我疑"水滨三万满洲"应是建州三卫之别称,因为元初在今松花江畔设有斡朵里等五个万户府,后东南迁抵朝鲜东北境,他称为吾都里,自称鄂多理,即斡朵里,最后返回辽东婆猪江(今浑河)。明设建州三卫,所云"水滨三万满洲",或即指建州三卫而言,亦未可知。

而雨止也。俟其散时,我当蹑而取之耳。①

努尔哈齐这番话明确道出了他对付蒙古的策略思想。由是观之,在完全征服蒙古之后,对蒙古推行分而治之并加以限制利用的政策当在意料之中。需要指出的是,努尔哈齐这一策略思想在整个清代都在起着指导作用。

例如,在内外喀尔喀蒙古被征服以后,对蒙古族贵族宠之以封爵,几乎与满族宗室相等:

> 即论尔等(喀尔喀汗、王、贝勒、公、扎萨克、台吉等)之封号亲王、郡王、贝勒、贝子等爵位,俱系我朝封宗室子孙兄弟之号。其余臣下虽效力立功,并无封贝子之例。惟四十九旗扎萨克,成吉思汗之后博尔济锦氏台吉等诚心归服。我太宗、皇祖(世祖福临)俱赐以宗室封号,亲如骨肉,结为姻亲,累世宠荣,何尝视为奴仆乎?②

对其衣服制度,亦一仍其旧俗:

> 至于衣服制度,不妨仍其旧俗。若因归顺天朝,必尽用内地服色,势亦有所难行。尔等习惯自然,一时岂能骤易;且将旧时衣服尽行弃置,亦殊非爱惜物力之道!③

事实上,清代统治者对蒙古上层采用"众建以分其力"的盟旗制度:

> 大漠以南为内蒙古,部有二十有四,为旗四十有九;大漠曰外蒙古,喀尔喀部四,附以二,为旗八十有六。④

此外,甘、青、新疆回部、西蒙古同样编旗:

> 青海蒙古,部五,为旗二十有八;贺兰山之阴曰西套额鲁特,额济纳河之阳曰额济纳、土尔扈特、和硕特,凡部十,附以一,为旗三十有四;回部为旗二⑤。

所不同者,甘、青、新疆回部和西蒙古只编旗而不设盟,直隶于理藩院耳。

就清统治者言,对内外蒙古和西蒙古的这一分隔、利用、限制政策是有成效的。清圣祖玄烨曾直言不讳地追述说:

---

① 《文录》卷八,页二一上,《武录》卷四,页三上下同。
② 《世宗圣训》卷三五,页三十下至三十一上。
③ 《高宗圣训》卷二六九,页七上下。
④ 光绪《大清会典事例》,上海商务印书馆1908年石印本,卷六三,页一上下。
⑤ 光绪《大清会典事例》,上海商务印书馆1908年石印本,卷六三,页二下至三下。

蒙古人欲各为扎萨克,不相统属。朕意伊等若各自管辖,愈善。昔太祖、太宗时招徕蒙古,随得随即分旗,分佐领,封为扎萨克,各有所统①。

而且踌躇满志地认为:

本朝不设边防,以蒙古部落为之屏藩。②

又说:

昔秦兴土石之工,修筑长城,我朝施恩于喀尔喀,使之防备朔方,较长城更为坚固。③

他还十分得意地夸口过:

朕阅经史,塞外蒙古多与中国抗衡,自汉、唐、宋至明,历代俱被其害;而克宣威蒙古,并令归心如我朝者,未之有也。④

从康熙中叶以后150多年的历史事实来看,长城以北内外喀尔喀蒙古的广大地区相安无事,满、蒙两家的命运与清王朝共始终,此乃清代对蒙古族的民族政策成功之证,说蒙古人是清代北方一道钢铁长城,实不为过;与汉、唐、元三代相比,说"清得上策",也是当之无愧的。

我们不要忘了另一件事实,清代对蒙古政策的成功,是与它的宗教政策紧密相连的。人们都知道,早在元朝,藏传佛教在蒙古中已广泛流行,值得注意的是,在清代,藏传佛教被用之于政治目的。从外表看,清代大力提倡藏传佛教,是顺从蒙古人的宗教信仰自由,无可指责,但仔细考察,清统治者之鼓励蒙古人信奉藏传佛教,实另有所图。考康熙初年,原来题准:

外藩蒙古地方,除册籍有名之番僧(俗称喇嘛)外,其游方番僧,班弟(小和尚俗称),皆著驱逐。⑤

不难看出,当时内外喀尔喀蒙古地区对喇嘛是有限额的。但到康熙晚期,蒙古人之信奉藏传佛教殆成为一时风尚,对活佛顶礼膜拜,家家户户几近倾家荡产。清圣祖深知此中奥秘,毫不讳言地指出过:

朕意以众蒙古俱倾心皈向达赖喇嘛,此虽系假达赖(指七世达赖),

---

① 《清圣祖仁皇帝实录》(以下简称《仁录》),伪满景印本,卷一八五,页二五下至二六上。
② 《承德府志》,清刊本,卷首一。
③ 《承德府志》,清刊本,卷一五一,页一九上。
④ 《圣祖圣训》卷六〇,页二上。
⑤ 《理藩院则例》,《中国边疆史地资料丛刊·综合本》,第123页。

而有达赖喇嘛之名,众蒙古皆服之。倘不以朝命往擒,若为策旺喇卜滩(即准噶尔部首领策旺阿拉布坦)迎去,则西域(指新疆天山北路)蒙古皆向策旺喇卜滩矣!……①

而且圣祖十分自信地强调:

朕不但悉达赖喇嘛之事,回子(指新疆南部聚居区的维吾尔人)及边外蒙古始末,与其祖父姓名俱知之。昔日达赖喇嘛存日,六十年来塞外不生一事,俱各安静。即此可知其素行之不凡矣。②

清中叶,清仁宗颙琰更概括地道出了清代提倡藏传佛教的政治目的:

本朝崇礼喇嘛,非如元代之诌敬番僧,盖蒙古最尊奉黄教,兴黄教即所以安众蒙古。列圣相承,用循是道,则皇父(清高宗弘历)六十年来乘时会以安藏辑藩,定永久清平之基,功德无量云。③

接着又明确点出了"以蒙制藏"的用心所在:

我朝开国以来,蒙古隶我臣仆,重以婚姻,联为一体。青海地方蒙古虽非内扎萨克可比,亦不应稍有歧视。雍正年间,于该处设立办事大臣,本为保护蒙古起见,诚以番族(指藏族)杂居蒙古之外,而蒙古实为中国屏藩,是以蒙制番则可,以番制蒙则倒置矣。④

从上引清圣祖所言可以看出,藏传佛教已长期盛行于内外喀尔喀。当时,在库伦(今乌兰巴托)设有哲布尊丹巴呼克图,在内蒙古地区又设有章嘉呼克图,他们与西藏布达拉宫的达赖喇嘛和日喀则的班禅额尔德尼,合称四大活佛。可见,清统治者对蒙、藏在宗教上亦是采取分而治之的办法。结果,蒙古人一家如果五个或三个男子,就必须有一个至三个男子出家当喇嘛。清统治者以这种"宠佛以制其生"、"以佛制蒙"的宗教政策与分隔、限制、利用的民族政策相结合,使蒙古族一蹶不振,人口下降,各部各旗各自为政,不相统属,一切唯清王朝之命是听。蒙古族是清代民族宗教政策的受害者和牺牲者;但从整个清代近300年的历史看,满蒙联成一体,休戚相关,维护着祖国的统一和领土完整,民族大家庭和睦共处,经济文化双向交流畅行无阻,整个北方相安

---

① 康熙:《御制文三集》,光绪五年活字本,卷一一,页三上下。
② 康熙:《御制文三集》,光绪五年活字本,卷一一,页四下至五上。
③ 《清仁宗睿皇帝实录》,伪满景印本(以下简称《睿录》),卷八八,页九上下。
④ 嘉庆:《御制诗初选集·须弥福寿之庙注》,光绪五年活字本,卷四,页一三下至一四上。

无事达 150 年之久,广大蒙古族人民在为此付出巨大代价的同时,也作出了积极的贡献。

三、新疆天山南北路

新疆建省虽晚,西域之称则早见于两汉。自元于其地置三行省,葱岭以东属巴什伯里行省。寻增天山南、北宣慰司。北则巴什伯里,南则哈喇和卓,后为都哩特穆尔比之。明则四卫拉特(绰罗斯、杜尔伯特、和硕特、辉特)居其北,其南则巴什伯里、叶尔羌、吐鲁番诸地,回部(今维吾尔等族)居之。①

清沿明旧。而卫拉特准噶尔部(即绰罗斯部)首领噶尔丹屡犯外喀尔喀,欲与清争长。清圣祖玄烨三征,噶尔丹走死。其兄子策旺阿拉布坦逃往伊犁,争雄称汗,传子及孙,从孙达瓦齐夺其位。后杜尔伯特、和硕特、辉特三部通好于清,并执达瓦齐降,准噶尔平。先是辉特部台吉阿睦尔撒纳拥立达瓦齐为汗,复引清兵灭达瓦齐,因求为卫拉特四部总台吉未遂,又勾结沙俄,举兵叛清。历雍乾两朝近 30 年,清再出师,一战克库车、沙雅尔、阿克苏、乌什诸城,再战收和阗、喀什噶尔、叶尔羌诸城,天山南北路始平②。

光绪九年(1883 年)新疆正式建立行省,置巡抚及布政使司,以分巡镇迪道兼理按察使衔,迪化(今乌鲁木齐市)寻升府,建省治。凡领府六,直隶厅八,直隶州二,厅一,州一,县二十一③。新疆建行省以前,清统治者对天山南北路各民族采取旗治与民治分而治之的双重政策。何以言之? 曰:天山北路不设府、州、县而为旗治,旗治即凡旗人(八旗成员,包括索伦营、锡伯营等成员在内)以及旗人与民人(包括绿营成员在内的汉人和其他各族人员)之间的民事、刑事等纠纷事件,由基层的佐领衙门,中级的都统衙门,乃至上级的将军衙门组成的系统负责审理判决定案。新疆北部设伊犁(今伊宁)将军及塔尔巴哈台(今塔城)副都统,驻有以参赞大臣为首的满、汉、锡伯、索伦(今鄂温克与达斡尔)等驻防营和管粮通判一员,兵近 15000 名。伊犁、塔尔巴哈台与乌鲁木齐(都统)并为天山北路三大重镇,而伊犁将军则新疆南北部兼而统之。

---

① 《清史稿》,中华书局 1976 年点校版,卷 76,第 2371—2372 页。
② 《清史稿》卷 76,第 2373 页。
③ 《清史稿》卷 76,第 2372—2373 页。

历史上的"回部"一词,系清代对新疆南部维吾尔族聚居区的称呼。与北疆实行旗治略有不同,清高宗底定回疆即南疆,分建八城(喀什噶尔、英吉沙尔、叶尔羌、和阗、阿克苏、乌什、库什、喀喇沙尔),置办事、领队各大臣之外,基本上实行的是民治,即采用本地区固有的传统伯克制而略加改革。这一政策对于统治南疆各族颇有成效。伯克原为南疆维吾尔语的职官名,最高职官叫阿奇木伯克,他的助手叫伊什罕伯克,都是世袭。清统一南疆后,改革伯克制,废除世袭,削弱其权力,给予一定数量的田地、农奴等。据史载,南疆31城设三、四、五品级不同的阿奇木伯克共有40人,整个南疆自五品以下六、七品的伯克,多至百数以上①。阿奇木伯克统辖各城村大小事务,伊什罕伯克协同阿奇木伯克办理事务。新疆建行省后,俱改直隶厅、州、废伯克制,以阿奇木、伊什罕职位较高,仍保留原衔,直至清亡。

除了行政上的分而治之而外,在民族交往方面,清政府采取限制新疆天山南北与内地人员往来的政策。原来新疆天山南北路各族进入内地"不限人数,一概俱准放入边关",多则"成千余人,或数千人,连绵不绝"②。从康熙二十二年(1683年)起,开始规定:

[卫拉特四部]所遣贡使,有印验者限二百名以内,准入边关;其余俱令在张家口、归化城(今呼和浩特旧城)等处贸易③。卫拉特四部贡使入关之所以有200名限额,是因为清初满族统治者以为卫拉特四部远处边陲,其心必异,不可使其进入内地的人数太多,多则人杂,或偷买违禁之物,或与内地之人口角生非,引起纠纷;尤不可使其经常进入内地,以防其深知内地之路径与军事分布之虚实。对于内地汉人,清政府还明文规定:

内地汉民前往回疆各城觅食佣工者,如无原籍年貌、执业印票,及人票不符,即行递解回籍,倘回户私自容留,查出治罪。④

内地汉回前赴回疆贸易、佣工者……如查有擅娶回妇为妻,及煽惑愚回多方教诱,及当阿浑者,即照新例治罪。⑤ 上述规定终清一代相沿未改。这些显

① 《清史稿》卷117,第3402—3406页。参《回疆则例》卷一,页一上至二下。
② 《圣祖圣训》卷五七,页一九上下。
③ 《圣祖圣训》卷五七,页二〇上。
④ 《钦定回疆则例》,《中国边疆史地资料丛刊》本,卷八,页一三上。
⑤ 《钦定回疆则例》,《中国边疆史地资料丛刊》本,卷八,页一四上。

然出自政治稳定考虑的规定限制了各族人民出外经商和个人行动的自由,阻碍了西北边疆各族人民与中原内地主要是汉族人民经济文化的交流。

清代对新疆各族人民的宗教政策在当时是比较开明的,也是比较成功的。我们知道,17 世纪时南疆伊斯兰教分为白山派与黑山派,俗称"白帽回"和"黑帽回"。两派互争统治权。康熙十七年(1678 年),在四卫拉特之一的准噶尔部援助下,以大小和卓木祖先为首的白山派取得喀什噶尔(今喀什县)、叶尔羌的统治权,成为全新疆伊斯兰教派之冠。清代官方明确规定:

> 各城莫洛回子如有习念黑经者,查出即行报明审实,分别久暂酌拟发遣枷责,咨部核覆遵办。……①

伊斯兰教的白山派得到清官方的保护,而黑山派则在禁止之列。清统治者利用白山派实现了它对维吾尔聚居区长达 100 多年的统治。值得注意的是,清统治者并不强迫南北疆各族人民改信藏传佛教,清圣祖曾发出了强有力的指示:

> 如尔等虽招抚回子,遏止其教,亦能令其皈依佛法,跪拜喇嘛乎? 今天下太平之时,惟令各行其道,若强之使合,断不可行。②

所以我们说,清代新疆各族人民信奉伊斯兰教是得到满族统治者充分肯定和保护的。

四、西藏与甘青地区

西藏自古以来就与祖国内地保持着密切的经济文化联系。唐王朝文成公主和金城公主先后嫁给吐蕃王国松赞干布和弃隶缩赞的两次联姻,又进而推动了这种联系的发展。自后,西藏藏传佛教(俗称喇嘛教)萨迦派首领八思巴(1235—1280 年)为元代第一任帝师。1253 年元世祖忽必烈召置左右,从受佛戒。八思巴曾赞助元朝在卫藏建立地方行政机构,置十三万户,调查户口,规定赋役,设立驿站等,使西藏成为元朝直接统辖下的地方行政区划之一。迄今布达拉宫依然保存着唐代遗存的会盟碑刻和寺庙遗址,同时还有完好如新

---

① 《回疆则例》卷六,页二一上。
② 《圣祖圣训》卷六〇,页七下。

的元代颁赐的敕封铜印、诰封、金册,它们都是无可争辩的历史实物见证①。

历明到清,仍沿元制。

清代统治者明确地认识到,藏地全民虔信藏传佛教,要建立、巩固在这里的统治,必须解决好宗教问题。这里,宗教政策与民族政策是不可分的。清代统治者一直十分尊崇藏传佛教,大力提倡和利用藏传佛教,把它当作统治藏、蒙各族的一种工具。清圣祖曾说:

> 汉、唐以来,士人信从佛教者,往往有之,皆其见识愚昧,中无所主,故为所惑耳。②

可见,清圣祖本人是不信佛的。但他的继承者清世宗胤禛却说:

> 我圣祖仁皇帝(玄烨)视尔等(青海王、贝勒、贝子、公、台吉等)如子孙,抚育六十余年。……且念尔等尊崇黄教。是以我朝于达赖喇嘛、班禅额尔德尼备极恩眷,若准噶尔者暗遣贼兵侵犯西地,杀害喇嘛,毁灭供器,实为黄教之罪人。③

两相对照,足见清统治者尊崇藏传佛教系用之于政治目的。清代的这一政策相当成功,故清高宗弘历在内外喀尔喀蒙古设盟旗,改革西藏地方行政制度之后,踌躇满志地说:

> 五十余年以来,蒙古臣仆亲如家人父子,致数万里之卫藏及外扎萨克,边远喀尔喀部落,悉就约束,遵我轨度。④

对此,魏默深氏也曾有过评说:

> 今之黄教非昔之黄教,尤非古之释教。……然葱岭以东,惟回部诸城郭国自为教外,其土伯特四部、青海二十九旗厄鲁特汗、王各旗、喀尔喀八十二旗、蒙古游牧五十九旗,滇、蜀边番数十土司皆黄教,使无世世转生之呼毕勒罕以镇服僧俗,则数百万众必互相雄长……且决骤而不可制。……高宗神圣,百族禀命,诏达赖、班禅两汗僧当世世永生西土,维持教化。故卫藏安,而西北之边境安;黄教服,而准、蒙之番民皆服。……视

---

① 参见黄奋生编著:《藏族史略》,民族出版社 1989 年版,第 106 页;陈庆英译《汉藏史集》,第 145、152 页。

② 康熙:《御制文二集》卷三九,页一下"唐太宗贬肖瑀为商州刺史"条。

③ 《世宗圣训》卷三五,页二五下至二六上。

④ 乾隆:《御制诗十集·御园幕春清暇即事自注》卷五一。

元代尊奉帝师干纪妨政者,曷可复道里计?①

可以这样说,从清太宗皇太极于崇德七年(1642 年)与西藏五世达赖喇嘛互通信使到入关后康、雍、乾三朝,西藏地方与中央王朝基本上是和睦共处的。七世达赖和六世班禅都曾晋京,备受礼遇,优渥之极,无以复加。民族团结的加强有力地维护了祖国的统一。

众所周知,西藏黄教在政治上逐渐获得权势,是和卫拉特蒙古和硕特部顾实汗军事力量的支持分不开的,其至达赖和班禅的名号也是来自蒙古土默特俺答汗和硕特部顾实汗的封赠。据此,知清初中央王朝对西藏的统治是间接统治,而真正直接统治者是蒙古和硕特汗。

清之所以能取得对西藏的直接统治,是利用卫拉特蒙古内部矛盾即准噶尔部进军拉萨,取代了和硕特部的统治地位。这就需要考察清王朝对于西藏的用兵。

从康熙末年起,清王朝曾对青藏高原地区发动过几次大规模的军事进攻,历雍正一朝直到乾隆末年才告结束。第一次出兵即是由于准噶尔部首领策旺阿拉布坦(噶尔丹侄子)遣其部将策凌敦多卜袭破拉萨,残杀和硕特部早已设立在西藏的拉藏汗。清圣祖采取"驱准保藏"政策,一则云:

> 贼亡阿喇浦坦(即策旺阿拉布坦)小丑无知,扰我哈密……于是亲授方略于抚远大将军(皇十四子胤祯)驻节西宁,名以兵威之,实则以德绥之。……②

再则云:

> 贼将军车零敦多布(即策凌敦多卜)践踏寺院,烧毁经典,有失黄教。……抚远大将军王(胤祯)仰体圣意,布德宣威,特保议政大臣宗室延信进藏。……于九月十五日达赖喇嘛安座。此皆我皇上乾纲独断……抚远大将军王知人善任,保举得贤之所致也。……③

终则云:

① 《圣武记》卷 5,第 219 页。
② 《前藏布拉达山东崖上第二碑文》,引自《西藏奏疏》,日本东京东洋文库藏清嘉庆刊本,第一册,页三十上。
③ 《前藏布拉达山东崖上第二碑文》,引自《西藏奏疏》,日本东京东洋文库藏清嘉庆刊本,第一册,页二八下至二九上下。

策妄阿喇布坦一旦欲窃据图伯特图(一作土伯特或图白忒,系清代对西藏地区的称谓),朕以其所为非法,爰命皇子(胤祯)为大将军王,又遣朕子孙等,调拨满洲、蒙古、绿旗兵各数万。……贼皆丧胆远遁,一矢不发,平定西藏。……①

这次军事行动的成功,最终导致雍正六年(1728 年)清政府在西藏设立驻藏大臣,实现了对西藏的直接统治。

按此次出兵西藏,从青海、川西、滇西北三路调拨满、蒙、汉各数万,合计在 10 万以上。这次以"驱准保藏"、兴黄教为旗帜的军事行动起到了安藏蒙与西北各族人民之心的作用。毋庸讳言,行军中曾错杀了一些喇嘛僧人、误毁了一些喇嘛寺庙,这是不应该有的,但必须承认,那些被误毁的喇嘛寺庙大部分是准噶尔部将策凌敦多卜同伙人聚兵反清的据点,两军对阵,各为其主,玉石俱焚,乃是不可避免之事。不能因为清军将领为了维护祖国统一和民族大家庭团结的事业,而错杀了一些喇嘛僧人、误毁了一些喇嘛寺庙,即对其贡献全盘否定,甚至连"驱准保藏"政策的必要性和正义性也不予承认。否则,是不公平的,也为各族人民包括藏族人民所不能接受。

清廷第二次出兵藏地,前已述及,是由于卫拉特蒙古辉特部的台吉阿睦尔撒纳(1723—1757 年)先拥立达瓦齐为汗,于乾隆十九年(1754 年)降清,次年引清兵灭达瓦齐,恃功,因求为卫拉特四部总台吉未遂,又勾结沙俄,扬言得俄助大炮数万,举兵叛清。失败后逃入俄边境,病死。

有人说西蒙古准噶尔部噶尔丹与新兴满族的康熙大帝争主中原,一成一败,噶尔丹仍不失为蒙古族的"民族英雄"。甚至有人说阿睦尔撒纳是"民族英雄"。此则不顾当时全国局势已定于一,民罹长期分裂战乱之苦,人心思定,渴望统一,一旦有起而倡乱、搞分裂祖国活动者,一不得民心,二逆统一之大势,何"民族英雄"之可言?再则阿睦尔撒纳勾结沙俄,引敌入室,亦妄图效噶尔丹之所为,是直民族败类之不如,铁证如山②,谁复能为之哓舌哉?无怪乎清人魏默深(源)氏云:

<hr>

① 按此《大清圣祖仁皇帝御制平定西藏碑文》中语,乃康熙六十年宸翰,雍正二年季夏月吉日立,引自《西藏奏疏》第二册,页二下。

② 北京中国第一历史档案馆藏:《沙俄给阿睦尔撒纳的四封信》,载《清代档案史料丛编》第 7 辑,白纸黑字,是抵赖不了的。

本朝开国初,首抚固始汗(和硕特部首领顾实汗),以通西藏,兼捍甘、凉、湟、洮诸边。故虽以准(噶尔)夷之猖獗,终不敢越西陲而犯青海,岂非扼吭拊背明效哉![①

清廷第三次出兵藏地,是由于廓尔喀(今尼泊尔)于乾隆五十三年(1788年)借口西藏征税太重,侵犯我聂拉木、宗噶、济咙等地;三年后又因后藏内讧,一些藏族僧俗贵族引狼入室,廓尔喀人大掠扎什伦布寺,引起藏族人心惊恐,还有人提出达赖喇嘛、班禅额尔德尼宜迁于泰宁或西宁以暂避其锋的建议。乾隆五十六年(1791年)清高宗弘历下谕严斥:

> 据保泰等奏称:"廓尔喀贼匪来至后藏,入(日喀则)扎什伦布庙中,肆行掳掠。……虽称尊奉达赖喇嘛,而实无爱护之心,达赖喇嘛、班禅额尔德尼不可在藏居住,请移于泰宁或西宁居住"等语。……今贼已退回,而欲将达赖喇嘛、班禅额尔德尼内移,是竟将藏地弃舍乎?设使贼人得据藏地,更思进取,遂将察木多、里塘、巴唐渐次退让,并将成都亦让与贼人,有是理乎?②

高宗遂命出兵反击。清军不但将廓尔喀人逐出后藏,还乘胜越过喜马拉雅山,抵达距廓尔喀首都加德满都仅有40华里的纳瓦科特。廓尔喀被迫乞和,愿尽返侵地以及所掠庙中珍品。清许之,旋即撤军。这不能不说是一次历史上反侵略的正义之战。清高宗认为:第以卫藏为皇祖(圣祖玄烨)、皇考(世宗胤禛)勘定之地,僧俗众人,沾濡酿化,百有余年,讵容小丑侵扰,置之不问?③ 综上所述,清代在西藏、甘青地区的民族宗教政策,有效地维护了祖国的统一和领土完整,值得充分肯定。

五、西南诸省改土归流

土司作为制度始于元,大备于明。明初,凡西南地区苗彝诸族来归于明者,授以原官,而稽其土司、土官、土兵及赋税、差役、防守之制;复定铨选。土司名号:一、宣慰司,从三品;二、宣抚司,从四品;三、安抚司;四、招讨司,皆从五品;五、长官司,从六品。土官名号:一、土知府,从四品;二、土同知,从五品;

---

① 《圣武记》卷3,第114页。
② 《高宗圣训》卷二七五,页一四下至一六上。
③ 《纯录》卷一四一一,页十上。

三、土知州,从五品;四、土通判、土经历、土知事,皆正六品;五、土州同,从六品;六、土州判,从七品;七、土推官、土吏目、土知县、土县丞,皆正八品;八、土主簿、土典史、土巡检,皆从九品。是土官品级视流官皆下一品。土司官初皆隶于吏部验封司,后以有土兵,半隶兵部武选司。每袭替必奉朝命,其无子弟者,即妻子亦皆得袭替。迨明中叶,以土府、州、县等官隶验封司,布政使司领之;而宣慰、招讨、长官等司隶武选司,都指挥使司领之。清沿明制,以武职隶兵部,文职隶吏部,而贡赋会计于户部,终清未改①。

西南诸省土司改流,明已有之,清初相沿。例如,康熙九年(1670 年)二月己巳记载:云南贵州总督甘文焜疏报:"定番州所属尚渡等一百四十五寨,苗、蛮倾心归化,请纳赋起科。"上嘉其诚,命捕兵檄督、抚赏赉。②

又如康熙二十三年(1684 年)十二己酉记载:上谕贵州威宁总兵王潮海曰:"威宁乃猓、蛮杂处之地,性多骄悍。今海内升平,边陲无事,尔在任宜加意抚恤,务使粒宁以副朕意。"③今按康熙时西南土司改流尚属草创阶段,出于苗、彝诸族之自愿者为数不多。大张旗鼓地进行改土归流是在雍正四年到九年(1726—1731 年),专办其事鄂尔泰,而实为之遥控而主其事清世宗胤禛也。则雍正年间西南诸族改土归流一事,不能不说是清史中民族边疆政治上的一大变局。其重要性关系到西南诸省之治乱至大,魏默深氏所谓"云、贵、川、广恒视土司为治乱"者④,洵为至论。

溯自汉、唐以降,西南土司既各拥有土地、人民,又多储兵械,高筑堡寨以自固,各据一方,形同割据。有明一代贵州虽亦建省,而腹地仍沿而未改。故鄂尔泰于受任之日,即移兵以攻贵州广顺之长寨,终于古州,其次,为东川、乌蒙、镇雄三府,依次及于滇省西南边境镇沅、威远、恩乐、车里、茶山、孟养等处,又次及粤边,泗城虽未用兵而改流,而八达、邓横诸寨,则莫不兴师动众,俘斩过当。新辟苗疆,地方数千里,悉纳于清王朝直接统治之下。鄂尔泰用兵由近及远,而黔而滇而粤,强者先治以兵,则弱者不兵而服。约略估计,鄂尔泰前后五六载用兵十数万,皆就近征调,未发京师劲旅一兵一卒;兵费几数十百万,亦

① 参见拙著《清史新考·雍正西南改土归流始末》,第 181—182 页。
② 《圣祖圣训》卷五,页四上。
③ 《圣祖圣训》卷五八,页二下至三下。
④ 《圣武记·雍正西南夷改流记上》,卷 7,第 283 页。

皆因地筹措,田粮杂税外,以盐、铜税为大宗。西南三省改设流官,隶云南布政司者,为府四(乌蒙、东川、镇沅、镇雄),同知四(姚安、普洱、平东、镇雄),通判二(镇雄、普洱),州三(阿迷、镇雄、邓川),州同一(镇雄),州判一(镇雄),县四(鲁甸、会泽、恩乐、永善);隶贵州布政司者,为同知七(长寨、八寨、古州、清江、正大营、郎岱、台拱),通判五(威远、丹江、都匀、归化、清江),州一(永丰),隶广西市政司者,为府二(泗城、太平),厅二(明江、龙州),同知一(柳州),通判一(太平府)、州五(西隆、东兰、宁明、归贤、奉议),县丞一(崇善)①。据此,知清统治者改流之真正目的在进一步加强清王朝对西南三省在政治上、经济上、军事上的直接统治,易言之,改土归流即改经由土司土官的间接统治为清王朝的直接统治。改流政策是成功的,而且,不但在当时,直到今天,也为全国各族包括西南诸省各族人民所赞成。

可是就在雍正西南改流不到十年光景,黔省苗瑶屡次发生反抗之事,论者纷起。而清高宗于乾隆六年(1741年)一面承认"苗疆之事,不得善策",一面又不得不承认改流在办理得人与否耳:

> 昨据署贵州总督张允随奏报:"黔界苗瑶焚劫抢掳,扰害永从等处地方。现在调拨官兵前往擒剿"等。朕思苗性凶顽,向来不服王化,往往抢夺民财,戕杀民命,为地方之害者已非一日。雍正年间始加意经画,以义安民、一劳永逸之计。此办理苗疆之本意也。及数十年来,贵州、广西、湖南三省,一事甫定,一事又起,较之未曾经理以前未见有宁谧之处。即如张广泗在朕前有可保十数年无事之奏,乃言犹在耳,而永从之案又报到矣,岂得谓之无事乎?看来,苗疆之事,未得善策。若云经理之人未尽心力,不足以示惩创,则前此古州之役,亦可谓惩创矣。若云苗人难于革面革心,则经理已久而反复如是,是终无可以化诲之日矣。每有一番戡定,必义设汛添营;有一番剿捕,必致征兵靡饷,国家安得有如许兵力,如许经费,尽用之苗地乎?……有事固不得不办,亦不患人之不能办。但合三省计之,用兵之事,殆无宁岁,长此安穷。揆之经理苗疆之本意,固不若是也。尔等可悉心筹画如何为久远之图。……②

---

① 拙著《新考》,第213—218页。
② 《高宗圣训》卷二七八,页一下至二下。

这里所谓"苗疆之事",系指乾隆六年(1741年)贵州永从等处的苗民起义,此则高宗就乾隆初年一时一地之局部事件有感而发。人们皆知,永从等处的起义不过贵州一省的局部问题,三省则大部平安无事,就全国而言,更属局部之局部问题,固不可以偏概全、以瑕掩瑜,从而否定有清一代的民族政策之为得上策也。

当时人动辄谓清高宗每事必喜翻乃父之案,有言责者尝以西南三省改流出现反复为据,甚至认为鄂尔泰为多事,而对改流加以全盘否定。清高宗每事翻父案与否姑且不论,西南三省改流之役,虽有反复,而清高宗兴师动众,倾全国之力以镇压一隅,何改流翻案之有? 至于改流之长短,平心论之,三省改流,强者临之以兵,杀人盈野,烧杀抢掠之事时时有之,是不能为清统治者洗刷其罪责的;然而经三省改流,使原有落后的奴隶制或农奴制改变为封建制,不能不说是西南诸省苗、彝各族社会发展史上之一大进步! 何况将多年来土司、土官各自为政、独霸一方的割据局面一扫而光,这对加强祖国民族大家庭的团结、推动各民族间经济文化的交往,乃至推进我们统一的、多民族国家的发展,均具重大意义。清人魏默深氏认为:

> 五帝不沿礼,三王不袭乐。今日腹地土司之不可置,亦如封建之不可行。鄂尔泰受世宗旷世之知,功在西南,至今百年享其利。[1]

魏氏持论不可为不公平允当者也。所堪议者,雍正年间西南地区诸兄弟民族既改流之后,户婚、词讼、房田、生计之事,固与汉民无异,然于该地区"大者安设弁员,小者更易乡保",其隶属关系仍受武营约束,始终施以军治。此则沿元、明之旧而未改,谓其未能脱"军事征服"四字之讥,谁曰不宜?

清道光中,鸦片战争打开了一贯坚持锁国闭关政策的中国的大门,中国迅速沦为被列强任意宰割的半殖民地半封建的社会。主权既横遭践踏,国之不国,则清代平昔行之有效的民族宗教政策,不啻一纸空文。盖无主权则无政策可言,此可谓创巨痛深,足可为后人之鉴矣!

---

[1] 《圣武记·雍正西南夷改流记》卷7,第295页。

释 玛 法

玛法(或马法)是满语 mafa 的汉字音译。这里有两个方面的问题需要提出来着重探讨:一是满语玛法应该如何译法? 二是清世祖福临究竟叫过汤若望"爷爷"没有?

先谈玛法的译法。查《御制增订清文鉴》卷十人伦类有玛法 mafa 一字,旁注汉文"祖"字,下面有满文注释,云:"ama i dergi jalangga niyalma be mafa sembi"。① 汉译为"父亲的上一辈的人之谓祖"。释玛法既可汉译为"祖",口语译为"爷爷"亦无不可。可是,再查《清文鉴》同卷老少类也有玛法 mafa 一字,旁注汉文"老翁"二字,下面也有满文注释,一云:"se baha sakdasa be kunduleme mafa seme hūlambi"。②汉译为"上年纪的老人被尊称为玛法"。这就很清楚了,玛法本有两义:一为人伦上的"祖"或"祖父",亦即口语中的"爷爷"之意;一为老少上的"老翁"或"长老",即口语中的"老爷子"或"老爷爷"之意。很明显,二者是有区别的,不能混为一谈。

其次,在谈清世祖叫没叫汤若望"爷爷"之前,我们先了解一下清初的国际往来情况和历史背景,也是很有必要的。目前国内外学者都承认,明末清初之际对中西文化交流作出了贡献的西欧来华的天主教耶稣会士,继利玛窦(Matteo Ricci,1552—1610 年)之后,又有汤若望、卫匡国(Martino Martini,1614—1661 年)、南怀仁(Ferdinand Verbiest,1623—1688 年)诸人。利、汤并称,卫第二次又与南于顺治十五年(1658 年)同时来华,受到清廷的礼遇,一时称盛。汤若望(Johann Adam Schall Von Bell,1591—1666 年),字道未,耶稣会

① 乾隆三十六年(1771 年)刊全本卷一〇,页一三上。按《五体清文鉴》第 1 册,民族出版社 1957 年版,第 1189 页,无满文注释,只有一汉文"祖"字。

② 乾隆三十六年(1771 年)刊全本卷一〇,页二二下。按《五体清文鉴》第 1 册,民族出版社 1957 年版,第 1235 页,亦无满文注释,只有汉文"老翁"二字。

士,德国人。他通晓天文历法,译撰有大量西欧古典天文学论著,顺、康间,掌管钦天监达二十年之久,是明末清初影响较大的几位天主教传教士之一①。

我们知道汤若望受到清朝皇帝世祖和皇太后孝庄的信任和尊敬,是人所共知的事实,但孝庄拜汤为"义父",世祖叫他"爷爷"(祖父)是否也是事实,则是一个有待进一步探讨的问题。当代著名的美国汉学家费正清(John K. Fairbank)教授与赖绍尔(Edwin O. Reischauer)、陶理格(Albert M. Craig)两教授,三人合著《东亚史》《East Asia》提到汤若望,有云:"After the Manchu conquest of 1644, the Ch'ing kept Schall as chief astronomer. The young emperor for several years saw much of him, called him 'grandpa'"。② 可以译为,1644 年满族征服中国,取代明朝之后,清廷仍命汤若望掌管钦天监印务。只有几岁的年轻皇帝(指清世祖)经常见到他,叫他"爷爷"。据此知,费教授是肯定清朝皇帝世祖曾经叫过汤若望做"爷爷"的。

我国已故著名历史学家陈援庵(垣)先生曾于 20 世纪 30 年代写了《汤若望与木陈忞》和《语录与顺治宫廷》两篇考证文章③,根据杨丙辰先生的《汤若望生活回忆录》译稿,不但肯定了世祖叫过汤若望"爷爷",而且还认为世祖之所以称汤为"爷爷",是因为他的生母孝庄皇太后曾经拜过汤为"义父"的缘故。后一篇文章是这样说:"太后(指孝庄皇太后)曾拜若望为义父,故顺治(指世祖福临)称若望为玛法,玛法犹汉语爷爷也。"④就是证明。又费赖之

---

① 《清代人物传稿》上编,中华书局 1984 年版,第 1 卷,第 292 页《汤若望》。按钦天监监正汤若望加太常寺少卿,仍理监事,在顺治三年(1646 年)六日己丑,见《清世祖实录》卷一六页一九上。

② 《耶稣会士的成功》,美国波士顿 1978 年版,第 346 页。

③ 《汤若望与木陈忞》原刊于《辅仁学志》第七卷一、二合期。今采用 1939 年 1 月校订本,收录《陈垣学术论文集》第 1 集,第 490 页。

④ 《语录与顺治宫廷》原刊于《辅仁学志》1939 年第八卷第一期,页四。现据原稿校订,收录《陈垣学术论文集》第 1 集,第 1521 页;又见《顺治皇帝出家》,原刊于《辅仁生活》1940 年第一一期,今亦收录《论文集》第 1 集,第 553 页:两者引文全同。按太后应指清世祖之生母孝庄文皇后,而把太后译成"端敬后",恐误。按端敬后乃孝献庄和至德宣仁温惠端敬皇后之简称,栋鄂氏,系清世祖后妃之一,生前为皇贵妃,顺治十七年(1660 年)卒后才被追赠今谥(详《清皇室四谱》1923 年排印本卷二页九上)。如果是指孝端文皇后,全称则为孝端正敬仁懿哲顺慈禧庄敏辅天协圣文皇后,亦不合。盖孝端卒于顺治六年(1649 年),孝庄卒于康熙二十六年(1687 年),而汤若望连连晋爵,宠荣有加,正在顺治八年(1651 年)世祖亲政以后也。详魏特著、杨丙辰译:《汤若望传》第 2 册,商务印书馆 1949 年版,第 259—266 页。

著、冯承钧译《入华耶稣会士列传》也说汤若望死后,清世祖福临曾对左右大臣说过:"玛法(指汤若望)为人无比;他人不爱我,惟因利禄而仕,时常求恩;朕常命玛法乞恩,彼仅以宠眷自足。此所谓不爱利禄而爱君亲者矣!"①最近出版的《清代人物传稿·汤若望》,根据上述所引,做出如下概括:"玛法(满语)犹同汉语称爷爷,福临习惯以此尊称汤若望,而不直呼其姓名。或说,这是因为孝庄皇太后认了他做义父的缘故。"②这就是说,世祖皇帝之所以称汤若望为"爷爷",不只是因为他对汤的宠眷非同一般,不直呼其名;而且是因为他的生母孝庄皇太后曾经拜过汤为"义父",又多了一层亲如家人父子的关系。所以,"爷爷"这个称呼,不同于一般的"老爷子"、"老爷爷"或封建时代官场上对京官四品以上或翰、詹,外任司、道以上或知府加道衔的官员之称"大人"、"老祖宗"一类的称呼,是非常显而易见的。

有人也许认为,清世祖优待汤若望,还免除了拜跪之礼③,不是正可以作为世祖曾经叫过汤"爷爷"的一个旁证吗?仔细考察一下就很容易知道,这并不是历史事实。兹举魏特(Alfons Väth S.J.)著、杨丙辰译《汤若望传》的一段话:"汤若望走至皇帝(指清世祖)前,就跪于地上,把他的奏疏呈递了上去。……登时皇帝的情调就转变了过来。皇帝请若望起立。现在他知道,玛法的见解是好的。"④同《传》又云:"在 1657 年阴历正月之最末日,就是西历三月十四日,为皇帝(清世祖)寿诞之前晚,皇帝曾在汤若望室间……一脚把这块(蒙盖着一个地沟的)席子踏破,……竟致歪倒地上。……汤若望就向皇帝跪地请求……"⑤上引这两段记载,既然都明说汤若望走至清世祖面前,"就跪于地上"或"跪地请求",十分明显,汤若望去见清世祖皇帝是要行跪拜之礼的。其实,所谓"免除跪拜之礼"是指免除三跪九叩之礼,而不是免除一切跪拜之礼。这在《汤若望传》里是有明确记载的。《传》云:"当一六五一年十月之初,他(汤若望)因皇帝(世祖)赐号,亲自趋朝谢恩时,皇帝竟向他谕免三跪

---

① 《入华耶稣会士列传》,上海商务印书馆 1938 年版,第 198—199 页,又《清代人物传稿》上编,第 1 卷,第 296 页引。

② 《清代人物传稿》上编,第 1 卷,第 296 页。

③ 《陈垣学术论文集》,第 1 集,第 500 页。

④ 《汤若望传》第 2 册,第 291 页。按《汤若望与木陈忞》引魏特《汤若望生活回忆录》中的杨丙辰所译原文与《传》几乎全同,惟《录》中译文脱"就跪于地上"五字,殊为失之。

⑤ 《汤若望传》第 2 册,第 279 页。

九叩之礼。皇帝这一种特别优遇,除汤若望外,仅只为两位大学士和四位部臣之所得享有。"①由此可见,说世祖优待汤若望,免除三跪九叩之礼是事实;如果说对汤若望免除了一切跪拜之礼,则不是历史事实。那么,这就不难说明,免除三跪九叩之礼作为世祖叫过汤若望"爷爷"的一个旁证,也就自然不能成立了。

从上引的史料看,比较早的魏特所著、杨丙辰所译《汤若望传》和较晚一点的费赖之所著、冯承钧所译《入华耶稣会士列传》都只说清世祖叫汤若望做玛法。《传》中还特别提到玛法,并作了如下的解释:"顺治(世祖)惯以玛法 mafa 二字称呼汤若望。这两个满洲字在德文应译作 Ehrwurdiger Vater(译者按中文可译作'尊父'、'贵叟'或'师父'、'尊长'、'长老'、'师尊'或'尚父'等字样),包括一位做儿子的,对于他父亲;一位做学生的,对于他的师傅的一切亲爱敬畏。被这样称呼为父为师的汤若望,有时是很严厉的,但是幼龄的主君(指世祖)却并不见怪,而仍为一位愿听命受教的学子。"②不难看出,魏特用德文把满语 mafa 译作 Ehrwurd i ger Vater,杨丙辰用汉文从德文转译成"长老"、"尚父"之类都很对,并没译作"祖父"或"爷爷";直接把满语玛法译成汉语的"爷爷"(即祖父),或译成英语的 grandpa(即 grandfather),乃是后来 30 年代、70 年代的事。

本文一开始,就指出过满语玛法原有人伦上的"祖"(爷爷)和老少上的"老翁"(老爷子)两种不同的含义和译法。根据清初入关不久的实际情况来考虑,幼龄的清世祖皇帝和西欧来华传教的耶稣会士汤若望的关系应该是属于老少上的师生关系,而不是属于人伦上或类似人伦上的亲属关系。这就决定了,在这里满语玛法译成汉语只能是"老翁"或"老先生"(如对汤若望可译作"汤老先生"、"汤老爷"或"汤老"③)而不是"爷爷";译成英语也只能是 Old man 或 Oldie、Oldy(如对汤若望可译作 Oldie Shall),而不是 grandpa 或 grandfather。

玛法除作为老少上的"老翁"外,引申亦可译作"酋长"、"番头"或"大人"

────────────

① 《汤若望传》,第 268 页。又第 338 页有云:大清"国内通行的敬礼,就是三次,有时竟致是九次,如同向皇帝行大礼一般,伏身跪下,以额部角地作叩首礼。"

② 《汤若望传》,第 261—262 页。按《入华耶稣会士列传》第 198 页云:"帝(清世祖福临)亦从其(指汤若望)言而待之若父,称之曰玛法(mafa),满洲语犹言父也。"这里只是说"待之若父"并没有叫他做父。又玛法 mafa,汉译为"祖"或"老翁";满语的父为阿玛 ama,此误。

③ 《汤若望传》,第 342 页。

之类,由来已久。其证如下:

《明神宗实录》云:万历四十八年(1620年)六月戊戌,朝鲜国王李晖……差陪臣赍本奏辩,其略曰:"……伊(指奴酋,即努尔哈齐)以后金为号,而边臣书中谓建州云者,本其受命于天朝(大明)之部名也。伊以可汗自称,而边臣书中却为玛法云者,待之以番头也。……故酋见答书,尤益嗔狠。……"①按明末人程开祜著《筹辽硕画》所引朝鲜国王李晖之奏与此略同,惟脱"边臣书"中之两"书"字,"可汗"作"汗",又"酋见答书"作"奴酋见此答书,乃以建州玛法等名及天朝父母等语"为少异②,但均以玛法为"番头",作酋长解,是一致的。

清初人管葛山人彭孙贻之《山中闻见录·西人志》有云:王"象乾上书,以为西人(指东部蒙古)诸部弱,不能当插汉(即察哈尔)插汉亦思得通贡互市,莫若歁插(汉)便。……插汉亦遗人报象乾……其胡部皆曰:'我祖若父,世受王太师玛法恩。王太师玛法在,吾属宁敢反乎?'"③是当时蒙古部众竟以玛法称总督宣大山西军务之王象乾太子太师,玛法又可作为"大人"的称呼无疑。

《朝鲜李朝实录·光海君日记》十一年(1691年)四月己巳,备边司启曰:"常闻北道六镇胡人赠给文书,称建州卫玛法云。所谓玛法似指褊裨而言也。今当仿此例,皮封处面右边书朝鲜国平安道观察使书,左边书建州卫部下玛法开拆。里面书朝鲜国平安道观察使朴烨奉书于建州卫玛法足下云,而末端大年号及皮封后面年号,并踏平安监司印信无妨。傅曰:依启。"④

《清太祖武皇帝实录》天命四年(1619年)五月二十八日云:朝鲜遣(原误作"遗")官一员,从者十三人,并前使者,赍书至,其曰:"朝鲜国书(书字衍)平安道观察使朴化致书于建州卫玛法足下……"⑤。按朴化即朴烨。《旧满洲

① 《明神宗万历实录》,江苏国学图书馆传抄影印本,卷五九四,页六上至七上。
② (明)程开祜:《筹辽硕画》,《国立北平图书馆善本业书》本,卷四二,页五六下。
③ 《山中闻见录·西人志》,清初残稿本,依第三、四、五三卷。宣统庚戌二年校刊,《玉简斋业书本》卷八,页八上。
④ 拙辑《朝鲜李朝实录中的女真史料选编》,辽宁大学历史系1979年印行本,第280页引。
⑤ 北平故宫博物院1932年铅印本,卷三,页四下至五上。按日本神田信夫等《满文老档译注》,日本东洋文库1955年版,第146页及《旧满洲档》(台湾"故宫博物院"1969年印行)第1册,第428页与广录、李学智译《清太祖朝老满文原档》,台湾"中央研究院"历史语言研究所1971年版,第2册,第121页均同。按满语玛法外,"建州卫"三字亦用满洲字音译。

档》及乾隆间重纂的《满文老档》均同。从这条所引,可以看出,明末汉人、蒙古人与朝鲜人均以玛法为建州卫酋长或明三边总督之尊称,即清初满人亦不以他人称建州卫玛法为讳。

但至清中期乾隆年间,此种称呼似已不甚通行。如沈垚《落帆楼文集·松筠事略》载:"乾隆五十二年(1787 年)春,郭二格行至库伦,入见公(松筠)。……公曰:'汝今无前往!'郭二格曰:'汗玛法(han mafa,指清高宗弘历)遣我往,敢不前行?'公曰:'汝今犹称皇上为汗玛法乎?'……"①按清高宗弘历在入关后统治全中国已近一个半世纪之久,自不能再以一个少数民族的首领(酋长)或地方军政长官(大人)相称。因此,全中国的最高统治者——皇帝自然不能再称作汗玛法了。

对全国最高统治者皇帝固然不能再称汗玛法,而在一般平民之间却仍有此称。

吴桭臣《宁古塔记略》云:"玛发,称年高者"②。按玛发是满语 mafa 的汉字音译的异写。

杨宾《柳边纪略》亦云:"呼年高者曰玛法。玛法者,汉言爷爷也"③。按此"爷爷"应作汉人口语中之"老爷子"解。

又《清史稿·孝义传》有云:"康熙初,(杨)越友有与张煌言交通者,事发,辞连越,减死,流宁古塔。……凡贫不能举火及婚丧,倡出赀以赒,民相助恐后。各,则嗤之,曰:'何以见杨玛法?'玛法犹言长老,以敬越也。"④按杨越即为《柳边纪略》作者杨宾之父,《宁古塔记略》作者吴桭臣则为清初大诗人吴兆骞之子。吴、杨两家父子均因事于康熙初年发遣宁古塔。两书所记当地的风土人情,耳闻目睹,皆为实录。与此称老年人为玛法者正同,旧习犹未改也。

综上所述,可以得出这样的结论:玛法本来就有二义:人伦上的"祖"和老少上的"老翁"或"长老"。不从当时的实际情况出发,而将所有的玛法均译作"老翁"或"长老",固然不对;相反的话,把所有的玛法都译成"祖"或"爷爷",也同样是错误的。

---

① 吴兴刘氏嘉业堂刊本,卷五,页三上下。
② 浙西村舍本页一〇上。
③ 《国学文库》本,卷四页九三。又《全辽备考》,《辽海丛书》本,卷下,页一一下,全同。
④ 中华书局 1979 年点校本,第 45 册,第 13800 页。

　　有人也许会问：如果说叫汤若望玛法，把玛法译作爷爷是错误的话，那么清世祖的母后孝庄曾拜汤若望为"义父"，又怎样解释呢？从魏特著、杨丙辰译的《汤若望传》考察，《传》中只是说："她（指一位蒙妇）又说，这位皇太后（指孝庄）将来要以父执敬礼汤若望，并且要作他一切之所命令的。她愿意汤若望以女儿看待她。"①这里所说的"以父执敬礼汤若望"和"她愿意汤若望以女儿看待她"，与孝庄皇太后拜过汤若望为"义父"是有很大区别的；何况这些话只是出之一蒙妇之口，又不是孝庄亲口所说，怎么能肯定是事实呢？其实，这一误传很可能是由于当时耶稣会士之被称为 father（德文 Veter），汉译应作"神甫"或"神父"而误译为"父"或"义父"的缘故。直至今日，天主教传教士之被称为神甫，依然如故，又怎么能把 father 译作"义父"呢②？

　　最后还有一点也要指出的是，已故宋史专家聂崇岐教授曾于 20 世纪 40 年代写了一篇《满官汉译》，谈到玛法，说是"华言祖先或老翁也。太庙有此官，'首领玛法秩视拖沙喇哈番，其余七玛法俱视护军校品级。'岂以太庙为供奉祖先之所，故管理职员亦优称之为老翁乎？"③按玛法本有"祖"与"老翁"不同类的二义，"祖"与"祖先"亦非同义语，因太庙有玛法官员遂疑为供奉祖先而设，并将"祖"与"老翁"二义混而为一，似乎欠妥，按清制，不特太庙设有首领玛法、七玛法，盛京地方也设有玛法，如锦州府有玛法一员④，广宁县有清河门玛法二员⑤，锦县有长岭山门玛法一员⑥，宁远州有黑山口门玛法二员、平山营玛法二员⑦。可见东北地方上，连柳条边的边门都各设有玛法一二员，这里的玛法不但与"祖"或"祖先"无关，而且与"老翁"之义也连不起来；玛法不过是清代职官之一种，品级高者同于拖沙喇哈番，低者又与护军校相等而已。

---

① 《汤若望传》第 2 册，第 264 页。
② 《汤若望传》，第 328 页。按德文 Veter 即英文 father，应汉译为"神甫"，而杨丙辰先生译作"义父"，非是。
③ 刊于《燕京学报》1947 年第 32 期，第 113 页。
④ 《锦州府志》，《辽海丛书》三集本，卷七，页二下、三下、四上。
⑤ 《广宁县志》，《辽海丛书》七集本，卷五，页二上。
⑥ 《锦县志》，《辽海丛书》七集本，卷五，页一下。
⑦ 《宁远州志》，《辽海丛书》七集本，卷五，页一下至二上。

释汗依阿玛

我国已故著名明清史专家孟心史(森)和郑毅生(天挺)两位先生,先后于三四十年代,撰写过几篇有关清初摄政王多尔衮是否曾经被尊称为"皇父"的考证文章:孟先生据蒋氏《东华录》顺治五年十一月冬至郊天,奉太祖(努尔哈齐)配,追崇四庙加尊号,覃恩大赦,加"皇叔父摄政王"为"皇父摄政王",凡进呈本章旨意,俱书"皇父摄政王",做出断语:"盖为覃恩事项之乎首,由报功而来,非由渎恩而来,实符古人尚父、仲父之意。"①郑先生更进一步从"皇父摄政王"之一切体制仪注,证实"皇父摄政王"低于"皇上",与"太上皇"亦不相同。而郑先生特别注意到档案材料的重要性,指出当时国立北京大学文科研究所藏有顺治五年十一月十一日覃恩大赦诏,文与《实录》同,又国立中央研究院历史语言研究所所藏大库档案已封存,而文科所所藏顺治五年十一月题本为数较少(今已全部移存北京中国第一历史档案馆,以下简称"一史馆"),又无称"皇父"者,郑先生所见旧档,称"皇父"最早者为史语所藏有顺治五年十一月二十九日工科给事中魏象枢《圣朝大礼既行亟请更定会典》揭帖一件耳②。另外,郑先生考证多尔衮之称"阿马王"即父王,疑当日世祖福临在宫中于多尔衮亦必有此称,则世俗所谓"寄父"也者③,与孟先生的看法基本趋于一致。当然,郑先生的考订缜密,取材翔实,有许多地方可以补孟先生的不足,并有所前进。

---

① 《太后下嫁考实》(《清初三大疑案考实》单行本)页一下至二上。按《清世祖实录》(《大清历朝实录》景印本,以下简称《章录》)卷四一页九上顺治五年十一月辛末诏,只有"叔父摄政王治安天下,有大勋劳,宜增殊礼,以崇功德"几句,改"皇叔父摄政王"为"皇父摄政王"之文,见蒋氏《东华录》,中华书局 1980 年版,第 93—94 页,并非为后为重修《实录》所删去,恐是蒋良骐别有所本,采以入《录》,说详后。

② 《多尔衮称皇父之由来》,见《探微集》,中华书局 1980 年版,第 120—121 页。又注中,郑先生指出魏象枢的揭帖收入《寒松堂全集》(《畿辅丛书》本)卷一,已芟刈"皇父"字样。今查《寒松堂全集》(康熙戊子精刻本)卷一,页八上至九上亦同。

③ 《释阿玛王》,见《探微集》,第 129 页。

广为众知,多尔衮之被封"叔父摄政王"或"摄政叔父王",是在顺治元年(1644年)冬十月①;加封"皇叔父摄政王"是在顺治二年五月②;而改称为"皇父摄政王",则在顺治五年十一月戊辰(初八日)。多尔衮"皇父"之称像前面孟、郑两先生所指出的,既明见于具有官方史料价值的蒋良骐所著《东华录》和当时身为京官目击者工科给事中魏象枢《为圣朝大礼既行亟请更定会典》等事的揭帖中,又有朝鲜《李朝实录》仁祖二十七年二月壬寅所云:"清国咨文中有皇父摄政王之语"的第三者国外记载③,可以作为佐证。按魏象枢揭帖中说的大礼就是指顺治五年冬至,奉太祖配天,四祖(肇祖、兴祖、景祖、显祖)入庙,覃恩大赦而言。朝鲜仁祖二十七年二月壬寅即清世祖顺治六年二月十三日,是朝鲜接到清朝咨文以后的日子,离清朝于顺治五年十一月戊辰(初八日)下诏更定"皇叔父摄政王"为"皇父摄政王"的日子,已有三个多月,这与当时公文路途往返所需要的时间,两者完全相符。

这里需要说明的是,正如郑先生所说,当年未见史语所所藏大库档案,所见到的文科所所藏顺治五年十一月的题本又为数较少。事实上正是如此,原史语所所藏大库档案于解放前夕全部移往台湾外,现从北大文科所移存一史馆的顺治五年的题本完好无缺,但迄今为止,尚未发现顺治五年十一月以前写有"皇父摄政王"字样的题本和批红。所能见到的是顺治五年十一月以后和七年以前大量写有"皇父摄政王"与"皇上"并列抬头或批红"皇父摄政王旨"的题本。单就所藏刑部题本一项不完全的统计,件数以上千计④。兹以顺治五、六、七三年的七份刑部题本为例⑤,顺治五年正月二十六日巡按湖北试监察御史曹叶卜《为特参贪婪署官并陈残疾县正仰祈圣明分别处斥事》的一份题本,无批红;顺治五年十月初六日钦差提督军务兼抚治郧阳等处地方都察院右佥都御史赵兆麟《为循例报明义勇并工食数目仰祈圣鉴留用以增军旅事》,有汉文批红,为"该部知道";满文批红为"meni meni jurgan sa";顺治五年十一

---

① 《章录》卷九,页九下至一〇上,页二一下至二三上;卷十六,页一一下至一三上。
② 《章录》卷一六,页一一下至一三上、页一六上。
③ 日本东京学习院东洋文化研究所1962年刊本,册三五,第300页,原仁祖卷五〇,页六上。
④ 此系据一史馆满文部张莉同志见告如此。
⑤ 七件刑部题本中只顺治六年九月二十九月赵端的一份为作者个人所藏外,其余六份均系张莉同志代为复制,在此谨致谢忱。

月初三日巡按陕西甘肃试监察御史王世功《为厅官朦胧作弊请旨究处以严茶法事》，有满文批红："doro be aliha han i ama wang ni hese：meni meni jurgan sa."译成汉文则为"皇父摄政王旨：该部知道"；另外四份题本为顺治六年正月二十五日刑部等衙门尚书等官贝子吴达海等《为遵旨逐件具题成招事》，批红的汉文是"皇父摄政王旨：王儒等俱依议"，满文则为"doro be aliha han i ama wang ni hese：Wang ju se be gemu beidehe songkoi waji"；顺治六年二月初十日刑部等衙门尚书等官贝子吴达海等《为刑辟宜有定案以便稽查事》，批红的汉文是"皇父摄政王旨：张大清著即就彼处斩"，满文则为"doro be aliha han i ama wang ni hese：jang da cing be tubade uthai sacime wa"；顺治六年九月二十九日巡按浙江监察御史赵端《为审明成招重犯谨遵旨逐件题报事》，批红的汉文是"皇父摄政王旨：三法司核拟具奏"，满文则为"doro be aliha han i ama wang ni hese：ilan fafun i yamun kimcime toktobufi"；顺治七年九月二十五日钦命总理漕储户部右侍郎孙塔《为特参误漕道臣以重国计事》，批红的汉文是"皇父摄政王旨：周之恒、李发藻著察明，从重议处，该部知道"，满文则为"doro be aliha han i ama wang ni hese：jeo dz heng li fa tsoo be getuken baicafi ujelemc gisure meni meni jurgan sa"。其中值得特别注意的是顺治五年十一月初三日和七年九月二十五日的两份题本，因顺治五年十一月初三日正好在顺治五年十一月冬至（初八日）宣布要加封"皇叔父摄政王"为"皇父摄政王"之前五天，在满文批红中已经有了"doro be aliha han i ama wang"即"皇父摄政王"之称，只是这一题本并无汉文批红罢了。可以这样推知，"皇父摄政王"这一改称，很可能满文在汉文之前，也许汉文皇父摄政王之称谓是从满文 doro be aliha hani ama wang 移译而来的，下面还要详谈。也就在顺治五年十一月初三日有满文"皇父摄政王"的批红五天以后，从顺治五年十一月冬至（初八日）正式宣布内外满、汉文武大小官员，凡进呈本章旨意，俱书"皇父摄政王"的明文规定，才得到彻底贯彻执行的。同样，直到多尔衮卒于顺治七年十二月戊子（初九日）以前①，"皇父摄政王"这一称谓，未之或改。

前面曾提及孟先生据蒋氏《东华录》所载加封"皇父摄政王"不见今本《实录》，疑是后来改修《实录》删去；我个人认为"皇父摄政王"的加封诏旨，早就

① 《章录》卷五一，页一〇下。

没有被收录于纂修《实录》之初,并非《实录》既成之后又加删削之也。理由是
蒋《录·自序》里明说"惟以实录、红本及各种官修之书为主"①,是知当时蒋
氏采录《实录》之外,尚有红本及各种官修之书,很可能是从内阁大库的档案
内加封"皇父摄政王"的诏旨中加以摘录入书。加封"皇父摄政王"的诏旨,迄
今为止,虽然尚未发现,但蒋《录》在多尔衮死了十一天之后,于顺治七年十二
月己亥(二十日)下的诏旨,仍称"皇父摄政王",今照录于此:

> 诏曰:太宗文皇帝升遐之时,诸王大臣拥戴皇父摄政王,坚持推让,扶
> 立朕躬。又平定中原,统一天下,至德丰功,千古无两。不幸于顺治七年
> 十二月初九日(戊,戌字之误)时,以疾上宾,朕心摧痛,(下脱"率土衔哀"
> 四字)中外丧仪,合依帝礼。呜呼!恩义("仪"字之误)兼隆,莫报如天之
> 德;荣哀备至,式符薄海之心。②

按此诏亦不见今本《实录》,只在多尔衮卒后的第四天,壬辰(十三日),记载有
云:摄政王多尔衮讣闻,上震悼,诏臣民易服举丧③,而略其诏不加采录。我个
人藏有此诏转钞本一件,亟为移录于此:

> 奉天承运皇帝诏曰:昔太宗文皇帝升遐之时,诸王群臣拥戴皇父摄政
> 王。我皇父摄政王坚持推让,扶立朕躬(钞脱"躬"字);又平定中原,混
> ("统"字之误)一天下。至德丰功,千古无两!不幸于顺治七年十二月初
> 九日戌时,以疾上宾。朕心摧痛,率土衔哀。中外丧仪,合依帝礼,应行事
> 宜,开列于后:
>
> —— 在京文武官员,以成服之日为始,孝服二十七日而除;
>
> —— 在京听选官及举、监生员等,帽摘红缨,腰系白布带二十七日
> 而除;民间帽摘红缨,腰(钞脱"腰"字)系白布带十三日而除;僧、道系白
> 布带十三日而除;
>
> —— 自开丧日为始,在京禁屠宰十三日;
>
> —— 藩王及在外文武官员,以诏到日为始,帽摘红缨,跪听宣读讫,
> 举哀,行三跪九叩头礼,置白布满袍、白腰带,就本衙门朝阙设香案,朝夕
> 哭临三日,以成服之日为始,二十七日而除;民间帽摘红缨,腰系白布带十

---

① 《蒋录》,页一。
② 《蒋录》,页一〇一至一〇二。
③ 《章录》卷五一,页一一上。

三日而除；

—— 在京外音乐、嫁娶,官员停百日,民间停一月。

於戏!恩仪兼隆,莫报如天之德;荣哀备至,式符(钞脱"符"字)薄海之心。布告多方,咸宜知悉。顺治七年十二月二十日。①

据此不难推知,上引蒋《录》所载之顺治七年十二月己亥(二十日)一诏,既可本于原诏全文加以摘录而来;则前此蒋《录》所概括之顺治五年十一月冬至郊天加封多尔衮为"皇父摄政王"之诏亦必本于该诏原文加以摘录而来。同时,从上引原诏中亦可看出,多尔衮卒后十日,不但"皇父摄政王"的称号沿而未改,而且诏中明确宣布"中外丧仪,合依帝礼"来办理丧事,今本《实录》和《清史列传·多尔衮传》将此诏全部删去,只字不载,保有蒋《录》于顺治七年十二月甲辰(二十五日)尚写入了"追尊摄政王为懋德修道广业定功安民立政诚敬义皇帝,庙号成宗"一句②《清史稿·多尔衮传》同③。我认为《清史稿》纂修者也一定核对过原档,才加以肯定下来的。

项日本著名清史专家神田信夫教授应邀来京,参加我中国第一历史档案馆六十周年馆庆。远航重洋,躬携《明清档案存真选辑》一部相赠。适检得其中顺治八年(1651年)正月二十六日追尊皇父摄政王为成宗义皇帝祔享太庙恩诏,照录于下:

奉天承运皇帝诏曰:有至德斯享鸿名,成大功宜膺昭报。皇父摄政王当朕躬嗣服之始,谦让弥光,迨王师灭贼之时,勋猷茂著;辟舆图为一统,摄大政者七年。伟烈居以小心,厚泽流于奕世。未隆尊号,深歉朕怀。谨于顺治七年十二月二十五日祇告天地、宗庙、社稷,追尊为懋德修道广业定功安民立政诚敬义皇帝,庙号成宗;并追尊义皇帝元妃为敬孝忠恭静简慈惠助德佐道义皇后,同祔庙享。既举盛仪,应覃恩赦,合行事宜,条列于后:

—— 在京诸王以下至七品官员以上,各加恩赐;

—— 外藩诸王以下、公以上,各加恩赐;

---

① 此诏钞件系由韩玉田同志(满族)于60年代初从北京故宫博物院钞出寄我。原件谅仍存博物院图书馆,或已移存一史馆。

② 《蒋录》,第102页。

③ 《清史稿》第30册,中华书局1976年版,第9031页。

—— 官吏兵民人等有犯，除谋反、叛逆，子孙谋杀祖父母、父母、内乱，妻妾杀夫、告夫，奴婢杀家长、杀一家非死罪三人，采生折割人，谋杀、故杀、真正人命，蛊毒、魇魅、毒药杀人，强盗妖言，十恶等真正死罪不赦，并隐匿满洲逃人，照例治罪外，其余自顺治八年正月二十六日昧爽以前，已发觉、未发觉，已结正、未结正，咸赦除之。有督抚提问究拟犯人，若系命官不论罪应至死与不应至死者，止追赃，不许议罪，永不叙用，有以赦前事相告讦者，不许审问，即以罪坐原告；

—— 凡文武官员见在议革、议降，罚及住俸、戴罪，并敕督抚提问究拟者，尽与免议；

—— 有负固不服，潜据山海者，如能率众来归，悉赦已往，仍量功升赏；

—— 有因叛逆干连，原系无辜者，该督抚审明，即为具题释放；

—— 附近贼巢居民，原未从贼，有司将须一概混捕、擅杀者，该督抚察实参处；

—— 各处盗贼，或为饥寒所累，或为贪官所迫，实为可悯，如能改过就抚者，准赦其罪；

—— 奸民讹诈，动以谋叛、通贼告害良民，此后如有越境妄告者，该督抚即行严拿，究审情虚反坐，以安良善；

—— 凡应追赃，私察果家产尽绝，力不能完者，概与豁免，毋得株亲视族。

於戏！声名洋溢，昭令德以如存；禋祀攸崇，质群情而允协，布告天下，咸使闻知，顺治八年正月二十六日。①

必须指出的有三点：第一，上引《恩诏》原文中之"皇帝"低于"皇父摄政王"一格，足证本文前面提及的"皇父摄政王"低于"皇上"与"太上皇亦不相同"之说不能成立；相反，适足证成"皇父摄政王"高于"皇上"与"太上皇"正相同②，

---

① 《明清档案存真选辑》初集，台北《"中央研究院"历史语言研究所集刊》之三十八，1959年。此《恩诏》见本集壹《诏敕》，页二二至二四。

② 另据顺治二年六月二十四日山西巡抚马国柱启本（见《明清档案存真选辑》初集叁《弘光史料》第144页）、顺治二年闰六月原任东平侯刘泽清揭帖（见同上，第146—147页）与顺治二年十二月二十八日招抚江南大学士洪承畴题本（见同上，第148—149页）三件档案文书中均为有"皇上"与"皇叔父摄政王"字眼，均并列抬头，又适在加封"皇叔父摄政王"一个月之后。"皇叔父"既可以与"皇上"并列抬头，则亦可为"皇父"高于"皇上"一格之佐证，其"皇父"不啻等于"太上皇"无疑。

以及下引朝鲜国郑太和所提多尔衮"已为太上"的说法为不误;第二,《恩诏》中明说于顺治七年十二月二十五日追尊多尔衮为义皇帝,庙号成宗,与上引蒋《录》所载于七年十二月甲辰,即二十五日正合,足证蒋《录》采录引用的红本原档是可靠的;第三,这一《追尊恩诏》是在顺治八年正月二十五日颁布的,晚于多尔衮之死(顺治七年十二月初九日)四十五天,足足有一个半月,晚于顺治七年十二月二十日下诏臣民易服举丧,有三十四天,亦过了一个月,是目前所能见到的称有"皇父摄政王"最晚遗存的一份珍贵档案史料实物见证。这一《恩诏》可以补蒋《录》所引红本档案之不足,同时又订正了以追尊摄政王为成宗义皇帝,妃为义皇后,同祔于太庙载于同年同月十九日丁卯之误①。

综上所述,我们可以得出这样一个结论:多尔衮生前确实曾经被加封过"皇父摄政王"的称号,有大量的当时国内外官私方文书和档案资料作为证明,是谁也不会否认的历史事实。问题出在:多尔衮的"皇父"之称与太后下嫁有没有关系? 自来国内外史学界是有不同看法的②。

在谈多尔衮"皇父"之称与太后下嫁有没有关系以前,首先必须弄清楚"皇父摄政王"这个称号的满、汉文翻译问题。前面已经提到,汉文"皇父摄政王"有可能是直接从满文"doro be aliha han i ama wang"翻译过来的,当然不能排斥满文"doro be aliha han i ama wang"也有可能是直接从汉文"皇父摄政王"翻译过去的。两种可能中不管哪一种,汉文只能是分成"皇父"与"摄政王"两个词组,满文也只能是分成"Han i ama"与"doro be aliha wang"两个词组。汉文"皇父"与满文"han i ama",汉文"摄政王"与满文"doro be aliha wang",是分别由两个或更多的词组合而成的。我所见到的清代官书和私著中,汉文有把"叔父摄政王"写成"摄政叔父王"的③,这"摄政叔父王"很有可能是从满文"doro be aliha ecike wang"直接翻译过来的;但我从未见到过有把满文"doro be abliha han i ama wang"翻译成汉文而为"摄政皇父王"的,因此,满文的"doro be aliha han i ama wang"只能译成"皇父摄政王",这个词是约定俗成的,

---

① 《蒋录》,第102页。
② 《清代人物传稿》上编,中华书局1984年版,第1卷,第55—73页,王思治同志写的《多尔衮》,只字未提"太后下嫁"的事,当然是很慎重地持保留态度的,而同书第74—78页,李鸿彬同志写的《孝庄文皇后》,明说"下嫁多尔衮",又肯定地持下嫁说。
③ 《章录》卷一六,页一二下,赵开心奏中语。

反之就与汉文语法不合,不成其为一个汉语词了。这里还有一个问题,在清初耶稣会士的书信和著作中,时常见有 Amavan 或 Amawang 一名,国内译著或译成"阿玛王"。阿玛王可以译为"父王",如果按照上述满、汉文语法的分析,父王之称,疑非满文"doro be aliha han i ama wang"原文的简称,或系当时耶稣会士不谙清制王爵的误称。证以意大利人 Martin Martinius(汉名卫匡国)于1651 年(顺治八年)自华回国,1654 年(顺治十一年)写成出版的 *Bellum Tartaricum*《鞑靼战纪》一书中提到"Amavangus",今汉译作"阿玛王",有十二三次之多,提到"Amavangus Lincle to the Emperour",今汉译作"皇叔阿玛王"只有一次,而提到"Amavangus, who was the Emperour'Tutor"与"Amavangus, Tutor to the Empetour"各一次,今汉译均作"摄政阿玛王"。很明显地可以看出,当时卫匡国是把满文"doro be aliha han i ama wang"分成两部分:前者"doro be aliha han"译成了"Emperour's Tutor"或"Tutor to the Emperour",今汉译均作"摄政";后者"ama wang"二字被错误地连成一词"Amavangus",今汉字音译成了"阿玛王",这样分法是不合满文语法,因而在汉译中省掉了"han"或"Empetour"不译,只好汉译为"摄政"了[①]。满文 han i ama 的汉字音译是"汗依阿玛",汉译则是"皇父",下面还要谈及。

现在让我们来谈谈多尔衮之称皇父与太后下嫁有没有关系这个问题。大家都知道,太后下嫁就是指太后下嫁摄政王多尔衮。太后是指清太宗皇太极之妃科尔沁博尔济吉特氏,是清世祖福临的生母,卒于康熙二十六年(1687年),被谥为孝庄文皇后。按皇太极为清太祖努尔哈齐的第八子,多尔衮为第十四子,则知孝庄文皇后系多尔衮的兄嫂,弟妻兄嫂依照汉人传统的封建道德观念来看,这是一件很不光彩也很不文明的事。有清一代,对此讳莫如深,求其明文记载,则无有也。

夷考其实,太后下嫁,当时必有其事。有什么根据呢? 第一,见于当时人

---

① 此据英译《鞑靼战纪》,戴寅译,1939 年复印本,载《清代西人见闻录》,中国人民大学出版社 1958 年版,第 30、50—52、55、63—64 页。今按第 30 页卫匡国说世祖福临用鞑靼语言(即满语)称多尔衮为"阿玛王"(Amawang)是在福临登基的同一天者,误。及费赖之:《入华耶稣会士列传》,冯承钧译,上海商务印书馆 1938 年版,第 198—199 页,又《探微集》第 128—130 页,有《释阿玛王》一专文。详论此事。"Am Van"一词亦见 Arthur W.Hunmel,*Eminent Dhinese of the ch'ing period*,Wa;hington,1943,p.219。

的记载的,明人有张苍水(煌言)作的《建夷宫词》十首①,其中有两首就吟咏了这件事。诗云:

上寿觞为合卺尊,慈宁宫里烂盈门。春宫昨进新仪注,大礼躬逢太后婚。

掖庭又说册阏氏,妙选霜闺足母仪。椒寝梦回云雨散,错将虾子作龙儿。

这十首诗,注明作于己丑,即南明桂王永历三年,清世祖顺治六年(1649 年),正好是在多尔衮于顺治五年十一月改称"皇父摄政王"的第二年,时间适相符合。诗中提到的"太后"和"媚闺足母仪",舍孝庄文皇后莫属;而"错将虾子作龙儿"一句,岂不是正好丑诋清世祖福临尊称多尔衮为皇父之事吗? 按《建夷宫词》十首由张煌言本人收入《奇零草》中,《奇零草》于永历十五年(顺治十八年,1661年)早已刊刻单行。当时海上为敌国。诗中多掺谤毁之成见,自毋庸讳言,然像孟先生所说:"诗之为物,尤可以兴到挥洒,不负传信之责"②,固然不能说世上没有这一类的诗,但张煌言这两首诗传闻必有所本,不会无中生有,凭空捏造的。如果真无其事,兴到挥洒的话,何以康熙年间史学大家全祖望还大肆表彰张煌言,十分肯定地说张"身可死,集不可泯"③为"传信"之作呢?

见于当时国外朝鲜人的记载的,有《李朝实录》仁祖李倧二十七年己丑二月壬寅条④。它是这样记载的:

上(仁祖李倧)曰:"清国咨文中,有'皇父摄政王'之语,此何举措?"(金)自点曰:"臣问于来使,则答曰:'今则去叔字,朝贺之事,与皇帝一体'云。"(右议郑政)太和曰:"敕中虽无此语,似是已为太上矣。"上曰:"然则二帝矣。"

孟先生根据这一条朝鲜人的记载,从"朝鲜并无太后下嫁之说,(清国)使臣向朝鲜说明皇父字义,亦无太后下嫁之言",得出"是当时无是事也"⑤的结

---

① 《张苍水集》,《四明丛书》刻本,卷一,页九上。

② 《太后下嫁考实》,页一下。

③ 《张苍水集》卷首,页四下,《原野》二。

④ 吴晗辑:《朝鲜李朝实录中的中国史料》第 9 册,中华书局 1980 年版,第 3770—3771 页,失载。

⑤ 《太后下嫁考实》,页五上。顷牟小东同志所撰《清孝庄后下嫁之旁证》,载《学林漫录》第 9 集,第 213—218 页,从昭西陵的安置,印证太后下嫁确有其事,亦足备一说。

论。我个人认为,《李朝实录》中既提到"清国咨文中有'皇父摄政王'之语",朝鲜人右议政郑太和也说敕中虽无"与皇帝一体"之语,"似是已为太上矣"云云,以此知多尔衮之称"皇父","已为太上",正好与太后相对称,岂不是太后下嫁的一个最有力的旁证吗?

第二,最重要的是看当时有没有关于太后下嫁多尔衮诏书的确凿证据。据刘文兴(江苏宝应刘岳云之孙,启瑞之子)于 1946 年 10 月所撰《清初皇父摄政王多尔衮起居注跋》所载:

> 清季宣统初元,内阁库垣圮。时家君(刘启瑞)方任阁读,奉朝命检库藏。既,得顺治时太后下嫁皇父摄政王诏;摄政王致史可法、唐通、马可书稿等,遂以闻于朝。

> 时又于起居注档上,见有《皇父摄政王起居注》一册,黄绫装背,面钤有弘文院印。[1]

这等"与《满文老当》同一可贵"之档册,刘氏持归,曾经一度失而复得,家藏逾三十载,后卒以易米。知《起居注》出售他人,在 1946 年以后不久。越十余年,1958 年,四川师范学院图书馆复从广州古籍书店购得。

据了解,1932 年故宫博物院排印的《多尔衮摄政日记》,即据刘氏录《起居注》副本印行,故今故宫博物院图书馆与一史馆均无原档。当时孟心史先生认为康熙十年(1671 年)始有起居注官,则前此即不应有《起居注》,故为易今名。而罗振玉氏审视原本后,不同意孟先生之说,确认其为《起居注》。今《起居注》完好无缺,尚保存于川师图书馆,惜《太后下嫁皇父摄政王诏》散佚多年,迄今不知下落。孟先生既疑太后下嫁并无其事,理所当然地认为必无太后下嫁之诏了,有之亦系伪造无疑。

我认为熊克《起居注原本题记》所说是很有说服力的。《题记》这样说:

> 至于孝庄太后下嫁摄政王事,以原跋(指上引刘文兴《跋》)所叙,在刘氏(启瑞)检库之同时,曾亲见有顺治间太后下嫁摄政王诏书。有此一彰明较著之实证,其胜于任何空泛之议论,固已不待繁言。唯以刘氏曾以其事闻于朝,南明士林于当时并已有所讥刺(如指南明张苍水煌言所作

---

[1] 参见熊克:《清初皇父摄政王起居注原本题记》,载《四川师范学院学报》1981 年第 1 期,第 50 页。

《建夷宫词》),则此幸存而违碍之诏书,经发觉后,是否尚能保留,已不可知。但刘氏在查库时确已发现此一诏书,并有明白之记载,固已不容否认。特如宝应刘氏,既为清季汉学世家,又累世为清之臣属。启瑞一家,更未闻有遭清廷贬遣、处分等情。然则刘氏之报导,不仅无"邻敌"修怨之嫌,更不应与街谈巷议或文士兴到挥洒之笔相比拟。①

又说:

> 另从清太宗(皇太极)在伐明重要时刻亡后,太后盛年寡居;福临以幼冲践祚,并受制于诸叔王,特别受挟制于军政大权在握之多尔衮等情况考察,太后之下嫁摄政王,仅从当世政治背景论,已显得顺理成章。盖此举既可交欢于多尔衮,更可巩固太后及其嫡子幼帝之大位。从素具权谋之太后计,又曷乐而不为!②

我们必须承认,太后下嫁诏书这一第一手档案资料已经遗失是一大遗恨,从而使得国内外史学界对这一问题持不同观点的人,谁也说服不了谁,说明档案资料的重要性有如此者。但根据现有史料来看,我个人仍然认为:一则摄政王多尔衮年近不惑而无子嗣,孝庄文皇后盛年孀闺独处,又素具权谋,能交欢于多尔衮,无疑地可以巩固其嫡子幼帝的大位,从当时政治背景等情况考察,不难推断,多尔衮受封皇父之日,即是太后下嫁摄政王之时;二则从上引仅存的顺治八年正月二十六日追尊多尔衮为义皇帝庙号成宗的那份《恩诏》中,并提到"并追义皇帝元妃为敬孝忠恭静简慈惠助德佐道义皇后,同祔庙享",既然多尔衮生前被封为皇父摄政王,其必有"皇后",亦当在情理之中,然则"皇后"其人谁何,舍世祖福临之生母孝庄文皇后而外,又孰足以当之?此则只提死者,生者自无追尊谥号之理。但由于多尔衮未四十而早殒,诸王多相攻讦,加之入关后,满洲宗室不能不深受汉人封建伦理观念的深刻影响,故对太后下嫁之事,讳莫如深。这一当时追尊义皇帝、义皇后的诏敕,完好遗存到今,虽吉光片羽,亦弥足珍贵者矣;三则《皇父摄政王起居注》原本被保存下来,既有其书而非伪造;那么,太后下嫁皇父摄政王诏,亦必有其诏,或有再被发现之一日;即

---

① 熊克:《清初皇父摄政王起居注原本题记》,载《四川师范学院学报》1981年第1期,第52页。

② 熊克:《清初皇父摄政王起居注原本题记》,载《四川师范学院学报》1981年第1期,第52页。

使它永远失落，不可复得，我则宁信其有不信其无。

前面已谈到汉文"皇父"的满文为"han i ama"，汉字译音为"汗依阿玛"。满文的汗（han）就是汉文的"皇帝"，阿玛（ama）就是汉文的"父"。阿玛（ama）在满文字书里作如此解释："beye be banjihangge be ama sembi"①。汉译则为"生我者之谓父"。多尔衮之被尊称为"皇父摄政王"，既明见于诏旨中，满、汉文武百官凡进呈本章旨意，又俱书"皇父摄政王"，自不能比之于古代"尚父"、"仲父"的尊称。果真如此，汉文记载中固可一概芟刈殆尽，何以下到朝鲜国去的咨文中又无"皇父"作为"尚父"、"仲父"的字义说明，反而引起朝鲜君臣们的彼此猜疑呢？而且，我个人推断世祖福临在宫内对多尔衮，必以阿玛（ama）相称，不但不当面叫多尔衮做阿玛王（ama wang），也不会当面叫做汗依阿玛（han i ama）的。因为如果是在顺治五年十一月多尔衮未封皇父前，世祖对多尔衮，只能当面叫他"额切克"（ecike，叔父），御史赵开心不是明说"叔父为皇上叔父，惟皇上得尔称之"②吗？同样，顺治五年十一月多尔衮既封皇父以后，世祖对多尔衮，也只能当面叫他"阿玛"（ama，父），岂不也可以说是"父乃皇上之父，惟皇上得而称之"吗？叔父或父之上加一"皇"字，行之于一切满、汉文武百官的本章旨意中，君臣上下的体制尊严如此。如果世祖福临的生母孝庄文皇后没有下嫁给他的叔父摄政王多尔衮的话，多尔衮是不会由"皇叔父摄政王"改称"皇父叔摄政王"的。

本文一开始，就提到孟先生否认太后下嫁这件事，他认为多尔衮之被尊称为"皇父摄政王"，是"由报功而来，非由渎伦而来"，而且还说"明遗老（指张煌言）由此而入诗，国人转辗而据以腾谤"③。其实，孟先生忘了一个历史事实，满洲人于1644年入关以前的社会发展阶段虽已由奴隶制迅速向封建制过渡，但很早以前女真人的落后习俗，如朝鲜《李朝实录》中宗十年（1516年）二月己酉条所载的："胡（指女真）俗，兄死则弟娶兄妻，例也。"④这一类弟妻兄嫂、妻姑侄媳，子妻庶母的一些群婚制的残余，不但北方兄弟民族像满族、蒙古

①《御制增订清文鉴》，清乾隆三十六年刊本，卷一〇，页一三下。
②《章录》卷一六，页一二下，赵开心奏中语。
③《太后下嫁考实》，页五上。
④ 拙辑《朝鲜李朝实录中的女真史料选编》，辽宁大学历史系《清初史料丛刊》本，第7种，第187页。

族他们有,南方兄弟民族像彝族、藏族等地也有,而且一直延续到入关初年,是不足为怪的。已故著名史学家陈援庵(垣)先生曾于《汤若望与木陈忞》一文中已经指出过:

> 治栖之俗,当时本不以为异。太祖第五子莽古尔泰死,其妻分给从子豪格及岳托;第十子德格类死,其妻给其弟阿济格;顺治五年豪格死,多尔衮又与阿济格各纳其福晋一人;此皆著之国史。①

陈先生又云:

> 据初修《太宗实录》,天聪时曾禁止婚娶继母、伯母、婶母、嫂、弟妇、侄妇。论曰:"明与朝鲜,礼仪之国,同族从婚娶。"今《太宗实录》已删此条。②

上述天聪时系指天聪三年(1629 年),这年明文规定:"凡娶继母、伯母、弟妇、侄妇,永行禁止。……同族嫁娶,男女以奸论。"但三年后,今本《实录》中于天聪六年(1632 年)仍有"前禁不许乱伦婚娶"一语③,所谓"前禁",即指天聪三年的禁令;其未经修改而今尚保存在《清三朝实录采要》中的原本《清太宗文皇帝实录》,又有天聪九年(1635 年)的明文记载:

> 初,满洲一族妻室,如伯、叔母及嫂等,俱无嫁娶之禁;上(太宗皇太极)以一姓之内,而娶其诸父、昆弟妻,乱伦殊甚,当禁止之。④

这正说明满洲婚姻关系到了入关以前正向封建婚姻制度过渡的皇太极统治时期,虽然三番五次地重申"同族嫁娶"的禁令,而迄至入关之初,仍保留有很早以前十分落后的群婚制残余,是不能简单地说成是"渎伦而来"或"转辗腾谤"所能解释得了的。孟先生既然承认"摄政王(多尔衮)逼肃亲王豪格死于狱,而取其福金"是事实⑤,那么,豪格为皇太极的长子,世祖福临的亲兄,即是多尔衮的亲侄,叔妻侄妇,此而可以无礼,多尔衮于兄嫂孝庄文皇后,世祖福临的生母,弟妻兄嫂,当然同样可以无礼,又何责乎? 所以,世祖福临之称多尔衮为"皇父摄政王"与孝庄皇太后下嫁摄政王多尔衮,两者之间有着内在联系,多尔衮既可称为"皇父",太后当然可以下嫁多尔衮,都是完全可以相信确有其事的。

---

① 《陈垣学术论文集》,中华书局 1980 年版,第 493 页。
② 《陈垣学术论文集》,中华书局 1980 年版,第 494 页,引朱璘《明纪辑略》。
③ 《文录》卷一一,页二〇上。
④ 日本伍石轩刻本,卷五,页一五下至一六上。
⑤ 《太后下嫁考实》,页五上。按此事见今本《章录》卷四七,页六上:"顺治七年正月己卯,摄政王……纳和硕肃亲王豪格福金博尔济锦氏。"

下　编

清史研究

论袁崇焕与皇太极[*]

袁崇焕生于万历十二年(1584年)四月二十八日,卒于崇祯三年(1630年)八月二十六日,终年四十有七;皇太极生于万历二十年(1592年)十一月二十八日,卒于清崇德八年(明崇祯十六年,1643年)九月二十一日,终年五十有二。袁长于皇太极八岁零七个月,而早死十三年。今年正好是袁的诞辰四百周年,广西壮族自治区历史学会与广西藤县县志编纂委员会联合召开纪念袁崇焕诞辰四百周年学术讨论会,相邀参加。我觉得袁崇焕一生的孤忠自效,含冤而死,过去和现在,都曾引起过史学界的莫大同情和重视,撰写了不在少数有分量的论著①;近几年来,史学界对皇太极这一满族杰出人物,不论对他在清史上或满族史上的地位和历史作用,也发表了不少篇专文和专著②。知人论世,各抒己见,见仁见智,成绩斐然,这是完全可以肯定的。然而将二人合在一起,相提并论,迄今尚不多见,此则分别作传,易于立言;合而论之,殊难著笔;何况时代变迁,要求不同,旨趣各殊,取舍亦异,势之所趋,亦情理之所必然也。今不自量,仅就袁崇焕与皇太极的一得一失,一成一败,一何以得而成,一何以失而败,特别是在明天启末、崇祯初即清天聪初(1627—1630年)的三四年间发生的几件大事件,进行一些初步分析和探讨,提出一点个人不成熟的看法,对袁崇焕与皇太极的深入综合研究,只能算是一个尝试,引玉之砖罢了。

---

① 张江裁:《袁督师遗事汇辑》(以下简称《汇辑》)第六卷第二册,拜袁堂1941年铅印本。最近,阎崇年、俞三乐两同志合编《袁崇焕资料集录》,广西民族出版社1984年版,是在《汇辑》已有成果的基础上,广事扩辑增订而成。《集录》是迄今为止搜辑袁崇焕有关资料最为完备的一个集子。此外,郑珂所著《袁崇焕》,中华书局1980年版,是一本较好的简明扼要的历史通俗读物。

② 金成基:《论皇太极》,载《中国史研究》1979年第4期;富丽:《试论皇太极四打北京》,载《四平师院学报》1981年第2期;这类专题论文甚多,恕不一一列举。孙文良、李治亭合著的《清太宗全传》,吉林人民出版社1983年版,下称《全传》,是一本目前有关皇太极最有系统、最为详细的人物传记。又,陈涴所著《皇太极》,黑龙江人民出版社1982年版,也是一本较好的简明扼要的历史通俗读物。

一

我们不能否认,今天祖国民族大家庭的成员之中,在历史上曾多次出现过"兄弟阋于墙",甚至彼此间以兵戎相见的不愉快局面。这是历史事实。问题是我们今天如何来看待这些历史事实。当然,兄弟交恶和相争,是家庭间内部的事,但是也有个谁是谁非的问题。历史上兄弟民族间出现过的交恶或争战都是国内民族矛盾问题,与近现代以来中华民族之反抗帝国主义列强的民族矛盾是有本质区别的。

现在让我们来考察一下明清之际,汉族与满族间的关系。原来属于明王朝统辖下的建州左卫女真人(满族的前身),到明末万历、天启年间(1593—1627年),以努尔哈齐为首的新兴后金政权,崛起于辽东东部,二三十年间,相继统一了建州三卫、海西四部以及东海虎尔哈、库尔喀、瓦尔哈各部①。女真诸部的统一,是女真人社会历史发展的必然规律,是一件好事,是进步的;然而在明王朝(汉族统治者)看来,女真的统一是件大逆不道的事,不但不予承认,而且企图进行干预,大兴问罪之师,一而再,再而三,这就必然引起明与后金之间的军事冲突不断发生,长年累月,争战不已,民不堪命,迄无了结之日。努尔哈齐于天命十一年(1626年)临终之前,几乎把辽东的广大地区全部纳入后金统辖之内。如果明王朝失掉了在整个辽东辽西地区的统治权,即将构成影响到明王朝在全国的统治能否继续维持下去的一个大问题。那么,山海关外的辽西走廊八城就成为明与后金争夺的焦点②,这一点,下面还要详细讨论。这里首先要弄清楚的一个问题,是明与后金争战一二十年的谁是谁非问题。

众所周知,过去国内外不少史学家认为努尔哈齐的兴起,对辽东地区的占有,是背叛明王朝,以下叛上,是"入侵者",是非正义的。这当然是由于千百年来汉族传统的封建正统观念在作祟,同时,帝国主义者为侵占我东北找历史根据,说满族是外来民族,制造舆论,混淆视听,利用历史进行分裂主义的鼓

---

① 建州三卫为建州卫、建州左卫、建州右卫;海西四部为哈达、辉发、乌拉、叶赫;东海各部旧称"野人卫",为改今称,名从主人也。

② 辽西八城为前屯卫、宁远、锦州、右屯卫;大小凌河及松山、杏山、塔山,见《明史》第259卷,中华书局1974年版,第6709页《袁崇焕传》。

吹。须知在封建社会里,一般地说,历代王朝的统治阶级是压迫者,各兄弟民族是被压迫者。明王朝也不例外。前面已提到的东北地区女真各部的统一,明王朝出兵干涉,大动干戈,很显然,战争的正义性是在以努尔哈齐为首的后金一方。正如列宁所指出的:"一切民族压迫都势必引起广大人民群众的反抗,而被压迫民族的一切反抗趋势都是民族起义。"①列宁又说:"反对一切民族压迫是绝对正确的。"②因此,我们不能只看战争的表面现象,而不问争战双方的谁是谁非,战争的实质是什么。这样,我们就应当承认明代女真各部的统一,后金政权的建立,努尔哈齐的反对明王朝民族压迫是绝对正确的。明确这一点是很有必要的。

另一个问题,后金政权究竟是什么性质? 多年来,史学界不少同志把它说成是割据政权或地方性政权,因为如果承认后金国是独立政权,好像满族就不是祖国境内的民族了。其实这种顾虑是没有必要的。一个历史唯物主义者必须承认历史的客观事实和科学性。后金国的出现,标志着满族是以一个统一的独立国家的姿态活跃于东北大地之上。古今中外的历史,一国之内同时出现两个以上的独立政权或国家,屡见不鲜。后金国的出现,既与明王朝没有君臣隶属关系,我们就应当承认它是一个与明王朝同时并存的独立政权,而这个后金政权仍然是属于祖国民族大家庭中的成员之一。

二

努尔哈齐既死,第八子皇太极继位。作为与后金长期相对抗的一方明蓟辽督师袁崇焕,遣使往吊并贺新君即位,兼探后金国内虚实,得知皇太极要求"息干戈以休养"的和解问题③。从当时的历史实际来看,明与后金和解这一问题的条件成熟到什么样的程度,有可能实现和解吗? 回答是肯定的。当时双方都有各自的内部问题。明从万历中期以后,东林党与东林党的反对派的

---

① 《列宁全集》卷23,人民出版社1963年版,第55页。
② 《列宁全集》卷20,人民出版社1963年版,第18页。
③ 《满洲老档秘录》(以下简称《秘录》)下编,商务印书馆1930年版,页二下《袁崇焕复书》,下注天聪元年(1627年)三月。而《太宗与袁崇焕书》,同书下编,页一上,下注天聪元年正月。均见《满文老档》(以下简称《老档》),《东洋文库丛刊》第十二,册Ⅳ,第2—5页、又第16—19页。足证和谈是由皇太极首先提出来的。

统治阶级内部斗争愈演愈烈。特别是到了天启初年,宦官头目魏忠贤得宠揽权①,声势煊赫一时。东林党的反对派投靠到魏忠贤的门下,拼凑成为阉党,影响所及,袁崇焕的前任辽东经略熊廷弼以不附阉党,不克尽展其才。终因经抚(辽东巡抚先为袁应泰,后为王化贞,皆阉党中人)不和,熊以辽师覆没而被戮,传首九边。那时关内外岌岌可危,不到一年,恰巧明熹宗朱由校死,弟明思宗朱由检立,首斩魏忠贤,发愤图治,对辽事思有所作为。袁崇焕坚守危在旦夕的宁远孤城(今辽宁兴城),一战而击退身经数十百战,号称战无不胜、攻无不克的劲敌努尔哈齐,从而取得明思宗的充分信任。袁与熊廷弼一样,对保守关外、恢复辽东,一贯主张"以辽人守辽土,以辽土养辽人,守为正著,战为奇著,和为旁著",②以和为守,以守为攻,乘机出战,而以进行和谈为配合之计,逐步进展而不求急成,这就充分说明袁的遣使吊丧议和,是有诚意的,宁远一役,虽已取得了一次很大的胜利,但为了贯彻以守为战的主张,加强防守力量,大力开展屯田,当然还需要有一段较长的时间休整,屯田更需要有一个和平的环境。和谈对明方来说,就成为当务之急了。

从后金一方观察,内部也不是没有问题的。努尔哈齐之初,建立八旗制度,以旗统兵,即以旗统人。八旗组织具有行政、军事和生产三方面的职能。努尔哈齐的子侄,作为他的代表,分统八旗,称为八"和硕贝勒",也叫八"固山贝勒",汉文初译"四大王"、"四小王"③。最初每旗主以一贝勒,八贝勒并立,这实际上是由氏族制度中发展起来的军事民主主义的残存④。稍后,设四大贝勒:大贝勒代善(努尔哈齐第二子)、二贝勒阿敏(努尔哈齐弟舒尔哈齐之子)、三贝勒莽古尔泰(努尔哈齐第五子)和四贝勒皇太极(努尔哈齐第八子)。余称小贝勒,不敢与四大贝勒分庭抗礼。皇太极的继位,虽不能说已经发生了同室操戈而有萧墙之祸了,但曾经经过了一场激烈的宫廷内部斗争,是毋庸置疑的⑤。历史事实证明,在皇太极即位后的一段时间里,他仍与三大贝勒俱南面并坐,共理国政。一个旗主并立与皇权独尊的斗争正随之展开来。皇太极

---

① 《明史》卷305,第7816—7825页《宦官传二·魏忠贤传》。

② 《明史》卷259,第6713页《袁崇焕传》。

③ 《清太祖武皇帝实录》,故宫博物院1932年铅印本,卷四,页一一下。

④ 参拙著:《清史杂考》,人民出版社1957年版,第30—31页。

⑤ 参见《清外史》,上海五洲书局1914年铅印本,第13页,"萧墙祸"条。

处在乃父新败身亡、骨肉权力之争刚刚平息下来的关键时刻,同样需要一个休整时间和相安无事的环境。和谈对后金一方来说,更是迫切需要和十分有利了。

根据上面的分析,明与后金双方同样都需要有一个休整时间和和平环境,因此,和谈的客观条件是成熟的,双方对和谈的态度也都是诚恳的,和解是完全有可能实现的。

三

如上所述,明与后金的和谈既有可能实现,为什么终于破裂? 是由于后金提出和谈的条件过高,明方没有满足后金的要求吗? 这就需要看看后金提出的条件是些什么。皇太极于天聪元年(1627 年)正月初八日与袁崇焕书,书中叙说了"七宗恼恨"(一作"七大恨")之后,首次提出:

> 今尔若以我为是,两国言归于好。和好之礼,当以金十万两、银百万两、缎百万(匹)、毛青布千万(匹)与我。既和之后,两国互送之礼,每岁我等以珍珠十(颗)、貂鼠皮一千(张)、人参一千斤送于尔;尔等以金一万两、银十万两、缎十万(匹)、毛青布三十万(匹)报我。①

提出和好以后每岁互送之礼是对等的,当然可以为明方所接受,只是后金提出了一个先决条件,那就是要明方先付一笔巨额的金、银、缎、布,等于是叫明方付一笔战败国的赔偿费用。这是为袁崇焕所坚决不能接受的。过了两个月,袁的复书除了驳斥"七宗恼恨"外,作了如下的答复:

> 今若修好,城池地方,作何退出;官生男妇,作何送还;(是在)汗之仁明慈惠、敬天爱人矣。……若书中所开诸物,以中国(指明朝)之大,皇上之恩养四夷,宁少此物? 亦宁靳此物? 然往牒不载,多取违天,恐亦汗所当自裁也!②

袁既指出了皇太极书中所开诸物,无异勒索赔偿,是"多取违天",不能答应;

---

① 《老档》,册 IV,第 5 页;《秘录》下编,页二下;《清太宗实录》(以下简称《文录》),《大清历朝实录》影印本,卷一,页一八上、一八下及页二〇下,均未载全文。
② 《明清史料》,中央研究院历史语言研究所 1936 年版,丙编第一本,页一上。按此件《袁崇焕致金国汗书》未标年月,参稽《老档》,应是天聪元年三月之事。

相反,袁还针锋相对地提出要后金将夺去的辽河以东城池地方退出,官生男妇送还的另一个先决条件。这当然也是为皇太极所坚决不能接受的。但皇太极在接到袁的复书后不久,很快写了回信,信中对要求他退还既得的城池、官民,斩钉截铁地表示坚决不能答应;至于谈到所开诸物,则作了一个很大的让步,不再要求明方先付一笔巨额赔偿,而是以平等互利的口吻说话了。他在信中这样回答:

> 初和之礼,尔等以金五万两、银五十万两、毛青布五百万(匹)送我;我以珍珠十(颗)、黑貂皮二(张)、玄狐皮十(张)、貂鼠皮二百(张)、人参一千斤相答。既和之后,两国互送之礼,(仍同上次所列,兹从略)……①

皇太极对要求先付的巨额财物自动减少了一半,并且偿付与之相等价值的土特产品。所以不能说,后金提出和谈的条件过高,不能为明方所接受,导致了和谈的破裂。但你来我往的和谈,持续进行了三年半之久②,谈又谈不成,决裂又一时决裂不了,这到底是怎么一回事呢?

我们要知道,明与后金议和之事,从当时历史形势来看,是双方的客观需要;但同时又必须考虑到,能否实现这一和解,不能完全取决于当时双方一两个当事人的主观愿望,而当时双方朝野上下执政者的决策和在野党的舆论,也同样是一个起着很重要作用的决定因素。在提出和谈之先,皇太极首先征求过三大贝勒的意见:

> 上复欲致书于明宁远巡抚袁崇焕,召达海、库尔缠入。……上以致书之事,令与三大贝勒议之。达海、库尔缠随诣大贝勒代善第,代善亦素服,独俯卧榻旁;又诣(二贝勒)阿敏第,阿敏在寝室,三福金盛服列坐,而阿敏垂涕;又诣(三贝勒)莽古尔泰第,莽古尔泰与其妹莽古济格格及弟德格类俱盛饰,张筵宴,妇女吹弹为戏,德格类坐右榻弹筝。达海等见之,惊讶而出。③

从上述《实录》所记,皇太极派去的达海、库尔缠等,本是为征求三大贝勒对和

---

① 《老档》册IV,第27页;《明清史料》(1930年)甲编,页四一下。按满文之毛青布,汉文作梭布,貂皮作貂鼠皮,为小异。

② 《老档》册IV,第27页;《明清史料》(1930年)甲编,页四一下。按皇太极与袁崇焕议和的来往书札,从天聪元年正月起讫三年六月为止,凡三年有半。

③ 《文录》卷一,第21页。

谈的意见,三大贝勒并无片言只字的表示,无法推知他们对和谈的赞成与否。可是根据三大贝勒的态度:一个"俯卧榻旁",一个默坐"垂涕",一个"盛饰张筵",结果,达海等"惊讶而出"。从三大贝勒的傲慢表现看,再结合以后和谈破裂的情况来考虑,他们很可能对和谈是采取否定态度的。

又据皇太极在回答李喇嘛的信中有以下一段话:

> 我师既克广宁(今辽宁北镇),诸贝勒将帅咸请进山海关。我皇考太祖(指努尔哈齐)以昔日辽、金、元不居其国,入处汉地,易世以后,皆成汉俗。因欲听汉人居山海关以西,我仍居辽河以东。满、汉各自为国,故未入关,引军而退。①

从中不难看出,皇太极之所以引述其父努尔哈齐时对不夺取辽西的方针政策,无非是用来证实他自己与明和谈的正确性,同时从反面也正好说明皇太极时后金贵族内部如诸贝勒将帅等对议和活动是有不同看法的,皇太极进行和谈不是没有遇到内部的阻力的。

明从万历中叶以后,东林党人抨击朝政,蔚然成风。"天下清流之士群相应和,"②一时声势煊赫无比,总被目为东林党。东林党的反对派图谋对抗,借魏忠贤之力铲除异己,不问事之曲直是非,党同伐异,陷害忠良。熊廷弼之被斩,就是因为他是东林党。这就无怪乎袁崇焕任事之初,虽然获得明思宗的充分信任,当平台召见时,他已预有所感而痛切地说道:

> 臣受陛下特眷,愿假以便宜,计五年全辽可复……

> 五年内,户部转军饷,工部给器械,吏部用人,兵部调兵选将,须中外事事相应,方克有济……

> 以臣之力,制全辽有余,调众口不足,一出国门,便成万里。忌能妒功,夫岂无人? 即不以权力制臣肘,亦能以意见乱臣谋。③

那么,所谓"以臣之力,制全辽有余,调众口不足","亦能以意见乱臣谋",充分说明明末统治阶级内部的激烈斗争达到了白热化程度。阉党头子魏忠贤虽已被诛,而余党犹存,流毒迄未肃清。像温体仁、姚宗文等人或握相权,或踞言路,只计一己之私利,不顾国家的安危,坐袁以:"欺君"、"怀有异志"、"诱敌胁

---

① 《老档》册IV,第30—31页;《秘录》下编,页七上;《文录》卷三,页六。
② 李椷:《东林党籍考》,人民出版社1957年版。
③ 《明史》卷259,第6713页,参《汇辑》卷三,页七上。

和"等罪名①,下狱问斩。而明思宗一人高踞在上,刚愎自用,终于杀袁,自坏长城。后金陈兵一二十万于关外辽西走廊,李自成领导的农民军乘虚而入,迫使明思宗自缢煤山(今景山),明社以屋。

四

明与后金和谈之所以破裂,很显然不能归咎于当时双方一两个主持和谈的当事人的主观愿望赞成与否,还有当时双方内部的不同党派操纵其间的一个重要因素,既如上述;但明与后金为了争夺关外辽西走廊的八城,也是一个关系到当时双方各自能否在辽东地区维持统治下去具有战略性的大问题。毫无疑问,辽西走廊的争夺必然影响到和谈的成功与破裂,有必要再进一步加以阐述。

辽河以东的大小城池既为后金所占有,自然不能退出;同时,皇太极也十分清楚,如果要想在辽东地区长久站住脚,那么,辽西走廊又必然是迫切争夺的焦点了。同样,袁崇焕也知道,如果明王朝要想维持在辽东地区的长久统治,首先必须保持住在辽西走廊的军事据点,然后逐步向东推进,才有收复辽东失地的可能。正是因为这个缘故,双方都有各自的战略部署和军事活动;和谈对双方来说,不过都是一时的权宜之计。这也说明当袁崇焕提出要后金退还辽东城池、官民的要求时,当即遭到皇太极的断然拒绝的原因所在。

袁崇焕首次出关,视察关内外形势,及归,自己认为:"予我兵马、钱谷,我一人足守此。"②当他受命监军山海关,将行,入谒熊廷弼,熊问操何策以往,袁答主守而后能战。熊跃然喜,为图辽东③。这真是"英雄所见略同"了!后来事实证明,袁之坚决反对王在晋议筑重城八里铺于山海关附近,亦犹如熊之坚决反对袁应泰、王化贞辈分兵把守辽河沿岸④,同出一辙。所幸者,袁尚能得到大学士孙承宗的支持,终明之世,清兵未敢越山海关一步;而熊则由于朝中无人,终于导致广宁覆师,应泰自刭而化贞被释,熊竟逮系问斩,辽事每况愈

---

① 《汇辑》卷三,页一〇下至一二上。
② 《明史》卷259,第6707页。
③ 《汇辑》卷三三,页一上,陈伯陶、张伯桢同编《袁督师传》。
④ 《明史》卷259,第6691—6696页,《熊廷弼传》。

下。袁崇焕继起受命危难之际,公而忘私,坚决地认定"宁(远)、前(屯)重地",决不能退让一步。袁本人坐镇宁远,而以赵率教驻前屯卫(今辽宁绥中境)为后劲,满桂驻宁远为前锋,各分汛地。如果一年复城,则赵率教东出锦州(辽宁今市)为前锋,满桂为后劲;再一年,满桂跨而前,则锦州又为后劲。大抵两镇更迭而前,交相为援①,稳扎稳打,逐步向前推进,恢复全辽不是完全没有希望的。

对明方在辽西走廊积极部署的目的所在,皇太极看得一清二楚,所以在回信中明确指出:

> 报尔之书,已经缮毕,方欲遣使,会尔国两次有人逃来,言尔修筑塔山、大凌、锦州等城。又察哈尔使臣至,所云亦然。……兹因筑城,故再为尔言之:若果两国讲和,须先分定疆域,以何地为尔国界,以何地为我国界,各自料理。今尔遣使议和,又修葺城垣,潜图侵逼,得毋因前宁远城冻攻之未堕,自以为得志,诈称和好,乘间修城,为战守计乎。②

袁崇焕也曾指出过后金正在进行和谈之际,竟然出兵进攻朝鲜,是对和谈没有诚意的表现:

> 方以一介往来,何又称兵于朝鲜?我文武官属遂疑大王言不由衷也。兵未回,即撤回;已回,勿再往。③

皇太极反驳说:

> (我)何尝说不征高丽口(疑脱"国"字,按即朝鲜国),为何尔文武兵将口(疑脱"之"字)疑我言不由心也?且尔即来讲和,又……令民前来住种,修复城池。……正是尔言不由心也。④

从而可见,关外辽西走廊八城的争夺战,是关系到双方成败的关键所在。而后金之所以暂时停止对辽西走廊的进攻,是企图先集中全副力量对付朝鲜,解除后顾之忧以后,好再与明作长期周旋。因为不但努尔哈齐时早已知道"南朝(指明朝)虽师老财匮,然以天下之全力毕注于一隅之间,盖犹裕如也"⑤。就

---

① 《汇辑》卷三,页四上。
② 《秘录》下编,页八上。
③ 《老档》册 IV,第 318 页;《秘录》下编,页三下。
④ 《明清史料》甲编,页四一下,《清太宗致袁崇焕书稿》,未标年月。今据《老档》册 IV,第25 页,知此札写于天聪元年四月。
⑤ 《明清史料》甲编,页四八上《天聪二年奏本》中语。

是到了皇太极时,清兵虽然多次越过长城节节胜利,皇太极还得承认明是大国,伐明就必须像"剪枝伐树"一般才成。因为明方的"山海关、锦州防守甚坚,徒劳我师,攻之何益?"①所以必须以"我兵屯驻广宁,逼临宁(远)、锦(州)门户,使彼耕种自废,难以图存,锦州必撤守而回宁远,宁远必撤守而回山海(关),此剪重枝、伐美树之著也"②。这就充分说明关外辽西走廊的八城为明与后金争夺的关键地区,迄至明亡以前,山海一关始终为明方掌握着。如果不是吴三桂开关迎降,清师是无法跨过关门一步的。

前面已经提到,努尔哈齐初期明与后金之间的战争性质,正义性在后金一方;到皇太极时期,战争的性质是不是仍然和努尔哈齐初期一样呢?我个人认为前后是不相同的,当时的客观情况已经发生了变化。萨尔浒一役以后,后金已由战略防守转为战略进攻,明则相反,由战略进攻转为战略防守,两者所处的地位翻了一个个儿。皇太极多次发动围攻辽西走廊的八城,甚至跨独石口、喜峰口、杀虎口等处,深入长城以南,俘掠人畜以数十万计,大量役为奴隶。在这些军事活动中,满族统治者成为压迫者,汉族人民及其上层统治者即明王朝则全都退居于被压迫地位。前面所引列宁指出的"反对一切民族压迫是绝对正确的"一段话,同样可以作为我们判断袁崇焕之反对皇太极军事掠夺和民族压迫也是绝对正确的理论根据。然则袁的七年抗金(清)活动,虽然被诬陷含冤而死,但他仍不失为一位伟大的英雄人物,是必须首先肯定的。不错,皇太极在对明战争这一点上不无可议之处,但他作为努尔哈齐的继承人能适应当时满族社会发展的趋势,使奴隶制很快地向封建制过渡,仍不能否认他是满族的一位杰出人物。

五

这里有一个很有趣的问题,是有关袁崇焕的后裔问题。前人已经做过很精细审核的考订,概括起来有两种不同的说法:一为袁无子之说。根据是,余大成《剖肝录》云"身死门灭";程本直《漩声记》云"身凌迟也,后嗣绝也";《明史》云"崇焕无子";《东华录》则引乾隆四十八年(1783 年)五月戊申查问袁崇

---

① 《秘录》下编,页二四下。
② 《文录》卷五〇,页一四上至一八上,按剪枝伐树之喻出于皇太极之喻,而《全传》第 334 页误以为祖可法、张存仁等所提出的"三著"之一;又注引《文录》作卷五六,亦误。

焕有无后裔的上谕,结果只有"五世孙袁炳并未出仕"(《东莞县志》同);又仲振履《袁督师祠碑记》也只有袁"有胞弟煜之后,迁居粤西"的话①。从上述各种文献记载中,只能得出袁崇焕没有后裔的结论来。

与此相反,另一说法为袁有子之说。它的根据是《东莞县志》,这样说道:

> 袁督师无子。相传下狱定罪后,其妾生一子,匿都城(今北京)民间。大兵入关,为满洲某所得,隶籍于旗。②

《志》中又云:

> 新安陈国泰尝与人言,昔在江南军营时,参领富明阿问:"新安与莞邻县,督师宗裔如何?"答以"督师祖茔去散乡不远,清明、重九,散乡代为祭扫,盖无宗裔矣!"富闻之,次日,即与通谱,密语曰:"余督师几世孙也。尔祀我祖,与兄弟何异?宜告乡人好为之!"③

说袁崇焕有子,是在他被诛后,有一遗腹子。主张袁有子说者并解释了为什么在乾隆晚年查问尚无后裔,则是因为袁的惨死,亲族都发配到千里之外,袁妾既隐匿民间,以袁为抗清名将,不敢暴露自己的身世,深恐有所不利。这是一个可以理解的理由。另一个理由是说袁的遗腹子名叫文弼,流寓外地,因有军功,编入宁古塔正白旗。宁古塔(今黑龙江宁安)离北京很远,一纸公文,或未及闻见,也是常有的事。兹将张江裁所撰袁氏的世系表照录于下④:

```
        (一世)  (二世)  (三世)  (四世)
        袁崇焕——文弼——尔汉——贵——
                              (七世)
                          ┌世有(长)
        (五世) (六世)    ┤世宽
           常在——赶      └世福(即富明阿)
        (八世)
         ┌寿山    (九世)
         └永山——庆恩
```

上列袁氏世系,自崇焕本人以下八世后裔的子孙姓名,历历可考,则前面所说袁无子一说,不攻自破了。

---

① 《汇辑》卷五,页二下张江裁《袁督师后裔考》。
② 《汇辑》卷五,页二下。
③ 《汇辑》卷五,页二下至三上。
④ 《汇辑》卷五,页三下。

表中的富明阿为袁崇焕六世孙,事迹详见缪荃孙所辑《续碑传集》卷五一屠寄撰《袁富将军战略》、《清史稿列传》卷二〇四、光绪重修《吉林通志》卷七一、魏毓兰《龙城旧闻》、杨钟羲《雪桥诗话余集》卷八、董耆庶所撰《江宁将军富明阿去思碑》,以及缪荃孙《艺风堂文集外篇》附录的吉林将军富明阿碑文。诸书中全都肯定富明阿是袁的六世孙,并说他原名世福,幼年披甲入伍,始改今名。后因军功,屡升至江宁将军,旋乞休。同治中,再起改授吉林将军。黑龙江土人称之为"袁富将军"云①。

袁富将军子二人:寿山、永山,皆娴骑射,通文义。1894 年中日甲午之战,永山兄弟赴援凤凰城(今辽宁凤城),城破,永山死之;寿山力战受重伤。寿山后授黑龙江副都统,随置将军。1899—1900 年义和团运动爆发以后,沙俄帝国主义者强夺我黑龙江北岸地数千里,又筑西伯利亚铁路交午于我东三省境内。后俄军入侵齐齐哈尔城,寿山引为奇耻大辱,自杀未遂,服毒自尽。清末,日俄交侵,永山、寿山均能以身殉国,不愧为民族英雄②。

这里必须指出的是,袁崇焕于明末受命督师辽东,坐镇宁远孤城,屡挫后金(清)进攻之师,不愧是一位杰出的抗金(清)名将;但不到三百年,他的七世孙又为了反抗日俄帝国主义列强的入侵,竟成了清代的民族英雄。是寿山、永山等数典忘祖了吗? 回答是否定的。因为富明阿曾经很明确地表示过"余督师几世孙也",他不可能不把自己的身世告诉了他的两个儿子寿山和永山。我认为,从历史唯物主义和辩证唯物主义的观点出发,可以看出袁崇焕之在明末天启、崇祯年间为保卫行将崩溃的君昏政暗的明王朝,固然有他受历史局限性和阶级性的一面,但作为反压迫、反侵略的伟大英雄人物,无疑是应当受到后世的推崇、歌颂和纪念的。

随着时间的推移,袁的后裔早已编入旗籍,从改名和心理状态看,毫无疑问,他们都是完全满化的了。永山、寿山之在清言清,亦犹袁崇焕之在明言明,当然,袁所遇到的强有力的对手,先是努尔哈齐,后是皇太极;而永山、寿山所遇到的劲敌则为日、俄帝国主义列强。可见前者是国内民族矛盾,后者是中华

---

① 《汇辑》卷五,页三下至八下《富明阿事迹》。

② 《寿山事迹》,载《汇辑》卷五,页八下至十二上;《永山事迹》,载同书页一二上。参陈志贵《清末抗俄的民族英雄——寿山将军》与孙克复《近代反帝爱国将领——永山寿山》,均载《瑷珲历史论文集》,《黑河学刊》编辑部 1984 年自刊,第 284 页。

民族与帝国主义列强的矛盾,两种矛盾是有本质区别的。但有一点是明确的,三百多年前的"兄弟阋于墙",到后来终于共同"外御其侮"了;而且从这个例子中可以充分体会到,汉族与满族间的关系,真是成了"你中有我,我中有你"不可分割的血肉关系。这就是我们今天学习和探讨历史事件包括历史上的民族关系,从中可以吸取许多有益的经验教训。

六

最后我们还要指出,袁崇焕之所以失败,皇太极之所以成功,不是由于个人的才能智慧有所不同;若论个人的才能智慧,也许袁比皇太极要略胜一筹。为什么这样说呢? 因为当时二人所处的时代虽然相同,双方也都各有各自的内部问题,但皇太极一方的内部问题,固然不能由他一个人说了算,比较起来,他一个人所起的作用还是很大的;相反,袁崇焕一个人所能起的作用,相形之下,就微不足道了。他之所以能起到一些作用,比如,调兵遣将,筹备粮饷,提供军用器械等等,都是因为能得到皇帝的充分信任,否则寸步难行,一事无成。后来只因明思宗中了皇太极的反间计。袁崇焕虽是一个有胆有识,十年军旅,屡建奇功的抗后金(清)名将,终于下狱问斩,含冤而死。这难道是由于袁个人的才能智慧不如皇太极吗?

梁启超作《袁督师传》表彰袁一生艰苦卓绝的业绩①,对袁所处的时代,两次督师关外、谈和、杀毛文龙以及战守等各种军事活动,进行了明晰而详尽的分析,做出了令人信服的评价,是一篇到今天还值得重新一读的好文章。不过,梁先生在第一节《发端》里提出:"若夫以一身之言动、进退、生死关系国家之安危,民族之隆替者,于古未始有之;有之则袁督师其人也"。② 这里说的"国家"、"民族",如果是指明王朝和汉族而言,当然没有什么错;但从梁先生在民国初年撰写这篇传记文字的时代背景去考虑,恐怕梁先生说的"国家"、"民族"是指中国和中华民族。这从他的《结论》也可以得到证明:"岂唯前代,今日之国难急于明季数倍,而举国中欲求如一袁督师其人者,顾可得耶?"③所

① 《汇辑》卷三,页一八上至二七下。
② 《汇辑》卷三,页一八下。
③ 《汇辑》卷三,页二七上。

谓"国难"、"举国",自然是指中华民国而言,然则梁先生之所以作《袁传》,无非是引喻历史,古为今用,激发人们的爱国主义热忱,为振兴中华而奋发图强,是完全可以理解的,也是无可厚非的。

按照历史唯物主义和辩证唯物主义的要求,明清之际,后金(清)与明王朝是两个同时并存的政权,虽都立国于今天中国疆域之内,当时双方各以"中国"自居,而彼此之间互相视为"外国",是合乎当时情理的。到了今天,除了别有用心的人之外,谁再也不会把历史上的"外国"与今天的中国混淆起来的了,如果把三百多年前的所谓"后金国"或明王朝和今天的中国等同起来,势必将历史上的许多兄弟民族推之于祖国民族大家庭之外。这是不符合历史实际情况,也是为今天全国各族(包括汉族)人民所不能接受的。明清之际,袁崇焕和皇太极的和战,也只能是国内民族矛盾的问题。就是袁本人当关外辽西走廊八城的战守各种军事活动十分危迫之秋,他在《偕诸将游海岛(按指觉华岛)》七律一首中仍然这样写道①:

> 边衅久开终是定,室戈方操几时休?

"同室操戈"一语,正好道破了明与后金(清)的交恶和争战,是一个国内民族矛盾问题。三百年前袁居然能持有这种观点,正是袁的胆识过人之处。直到今天,我们更不能不承认他是中华民族的一位伟大英雄人物②。

【附记】拙作《论袁崇焕与皇太极》于《社会科学战线》1985 年第 1 期发表后,曾邮寄日本清史专家神田信夫教授一份,顷得复书,并附来其旧作《袁崇焕书简について》(刊于 1962 年 2 月《骏台史学》第十二号)。神田教授文中对袁崇焕与皇太极的书札往还,搜集殆遍。拙文旨在说明和谈之成与否而不求其全也,然神田氏之文,可补拙文之不逮者多矣。兹将其所已录出各札目次转录于此:

一　见于《清太宗实录》与《满文老档》者:

1　太宗致袁崇焕书　《实录》卷一天命十一年十一月己酉

2　太宗致袁崇焕书　《实录》卷二天聪元年正月丙子;《满文老档》(《东

---

① 《汇辑》卷一,页一一上。
② 据《北京晚报》1984 年 5 月 25 日报道,北京市崇文区政府和市文物局决定重修龙潭湖公园内的袁督师庙,同时新建一座袁崇焕纪念馆,以资纪念。

洋文库丛刊》本）IV 第 2 页，同月八日

　　3　袁崇焕致太宗书　《实录》卷二同年三月壬申；《老档》IV 第 16 页，同月五日

　　4　太宗致袁崇焕书　《实录》卷三同年四月甲辰；《老档》IV 第 22 页，同月八日

　　5　太宗致袁崇焕书　《实录》卷三同年四月甲辰；《老档》IV 第 32 页，同月八日

　　其中第三札原文的末尾残缺，见《明清史料》丙编第一本一页；又第四札的草稿，见同书第 2 页；第五札草稿，见同书第 4 页。而第三札与第四札的档案写真收于《明清档案存真选辑初集》中的《沈阳旧档》之图版第二十七及第二十八。

　　二　天聪二年太宗曾通一札，见于《实录》卷四同年正月甲子、《老档》IV 第 115 页同月二日外，从三年起，太宗与袁的书札往还频繁，均见于《老档》：

　　1　太宗致袁崇焕书　《老档》IV 二一三天聪三年正月十三日

　　2　袁崇焕致太宗书　同书第 217 页同年闰四月二日

　　3　太宗致袁崇焕书　同书第 218 页同年闰四月二十五日

　　4　太宗致袁崇焕书　同书第 220 页同年六月二十日

　　5　太宗致袁崇焕书　同书第 221 页同年六月二十七日

　　6　袁崇焕致太宗书　同书第 222 页同年七月三日

　　7　袁崇焕致太宗书　同书第 223 页同年七月三日

　　8　太宗致袁崇焕书　同书第 225 页同年七月十日

　　9　太宗致袁崇焕书　同书第 228 页同年七月十日

　　10　袁崇焕致太宗书　同书第 228 页同年七月十六日

　　上述各书札，从前金梁译成汉文，收入《满洲老档秘录》中，《实录》不载，其原汉文不明所自。所幸第一札原文草稿的汉文载于《明清史料》丙编第一本第 9 页。又第八札及第九札草稿的汉文亦载于同书第 6 页。第一札的原汉文及草稿的汉文两件档案的写真均收入《档案存真选辑》中的《沈阳旧档》之图版第三十九及第四十。

　　第二札袁崇焕致太宗书由郑伸、任得良偕杜明忠持回。此书不见《明清史料》与《档案存真选辑》中，而见于《老档》，用拼音转写如下：

anagan i duin biyai ice juwe de， musei takūraha jeng sin， zin de liyang ni emgi
闰　　四　月　初　二　　　我　等　遣　郑　伸　任　得　良　　问

du ming jung ni gajiha bithei gisun， han i hesei jecen i cooha kadalara bing bu
杜　明　忠　持来　书　云　皇帝　旨　边　兵　管　兵　部

cangšu yuwan i bithe， amasi han i booi fejile unggihe， jihe bithei gisun acaki
尚书　袁　书　　汗　家　下　送　　来　书　言　和

serengge， ainci juwe booi fulgiyan juse i jeyen de tušaha be jendurakū ofi kai，
　恐　两　家　赤　子　刃　逢　忍不

han i sain gunin be， abka na sambi dere， damu acarangge acara doro bi， tere be
汗　善意　　天　地　知　　　　和　　和　道理有

emu gisun de toktoburengge waka， meni han sirame teheci， sain genggiyen kengse
一　言　定　　不　我等皇帝继　位　善　明　果断

dacun jecen i weile de cira， juwan fun i yargiyalarakūci， danjibuci jorakū， han
敏捷　边　事　严　十　分　确不　　闻　汗

unenggi dain nakaki seme niyalma be hairaci， acaci ojoro doro be guni， jecen hafan
诚　战　止　人　惜　和　道理　思　边　吏

inu dere bahambi， han i daci sain jurgan inu waliyaburakū， bi mangga rakū
亦　颜　得　汗　原来　义　亦　弃不　我　难　不

wesimbuki， jecen i weile be jecen i ambasa gisurembi， dorgi ambasa be bairakū，
奏　边　事　边　臣　语　内　大臣　不求

doron serengge， temgetulehengge mujangga， damu fungneme wasimbuhangge
印　　证　尤　封　下

waka oci， dembei yabubuci ojorakū， dulimbai gurun i kooli šajin tuttu， han ume
不　大　行　不可　中　国　例　规　汗　勿

ferguwere。
奇

　　神田氏于 60 年代初从某书肆购得这一书札及其原文的写真帖。这写真帖不知作于何时何人之手，亦不知原档现在何处，可以肯定地说，这一写真帖作为二次世界大战之前是毫无疑问的。

　　此札原文照录，并加标点于下：

　　　　钦命行边督师兵部尚书袁：书复汗帐下：书来言歀，盖不忍两家赤子

雁锋镝也。汗之美意,天地鉴临。但欵自有欵之道理,此非一言可定。我皇上嗣宝承天,仁明刚毅,于边事尤严,非十分的确,不敢上闻。汗若果欲罢兵惜人,则思其可欵之理,在边之将吏,体面获存,汗家畴昔之恭顺靡失,不佞遂不难为之请也。边事边臣为之,无烦宰执;印固彰信,但未经封降,不宜冒承,中国之功令如此,汗毋讶焉。此复。

按《老档》于札首多"闰四月初二我等遣郑伸,任得良同杜明忠持来书云"一句,又省书末"此复"二字未译,自是《老档》编纂体例如此。然此一袁崇焕致清太宗书札原件,早已散落人间,辗转流入友邦,不意竟为好古敏求之学者神田氏所得,并公之于世,岂不弥足珍贵者哉?

1985 年 5 月钟翰附识

＊皇太极一名,见《清太宗实录》(《大清历朝实录》影印本,下同);一作黄台吉或洪太主,见拙辑《朝鲜李朝实录中的女真史料选编》(辽宁大学历史系《清初史料丛刊》第七种)第 283 至 284 页;一作 Hong taiji,见日本今西春秋译《满洲实录》("日满文化协会"刊本)卷三第 110 页;一作 Abahai,见 Arthur W. Hummel, *Eminent Chinese of the Ching Period*(Washington,1943 年)恒慕义主编的《清代名人传略》册一第 1 页。按 Aba hai 传的作者系著名清史专家美籍华人房兆楹先生。房先生于上月偕夫人杜联喆(亦明清史专家)回国探亲,同时被邀来北京大学历史系讲学两次,我均前往参加。讲后,我以皇太极的满文名 Abahai,出于何书相质。房先生见告:"当年初到美国,尚不谙满语,写此传时,请教于 George A. Kennedy,他即以此相告,后知实无所本,我应作文声明改正才是。"不意言犹在耳,未旬日,房先生因患心脏病突发,抢救无效,今已作古。言念老学长,谨略作片言,代为声明更正。

1985 年 5 月钟翰又记

清世宗夺嫡考实

一、引　言

尝读清史总觉有同于元史者一点，即由帝位继承而起纠纷。盖满洲风俗似蒙古，多立爱立少，不立嫡长①，与之不无关系。

康熙为清最隆盛之时代，而夺嫡之争最烈。父子兄弟之间，视同敌国。后来引为殷鉴，不立太子②。然乾隆以后，每当爱立，辄有龃龉。关系爱新觉罗一家之盛衰者甚大。本文即著眼此点，对世宗夺嫡始末加以推勘。

从来论世宗事者，疑似之间，不免依违。本文则从隐显之际，断其得位全由阴谋。阿、塞、年、隆诸狱，本为泯灭图谋之迹，而不知其迹愈显。正赖有此，始能得其端倪。故本文以允礽再立再废始，以阿、塞、年、隆终。宫禁事秘，传

① 参内藤虎次郎：《清朝初期の継嗣問題》（谢国桢译：《满清初期之继嗣问题》，载《国学丛编》第 1 卷，第 1 期），见《史林》第 7 期，第 42—56 页；今西春秋：《清の太宗の立太子問題》，见《史学研究》第 7 期，第 1—2 页。以上二文皆只讨论太宗以前之继嗣问题，顺治入关以后则未之及。

② 《上谕内阁》（雍正九年刊本），雍正元年八月十七日云："建储一事，必须详慎……今朕特将此事，亲写密封，藏于匣内，置之乾清宫正中世祖章皇帝御书正大光明匾额之后，乃宫中最高之处，以备不虞。"是为密建之制。据王闿运《湘绮楼日记》（商务本）卷一页二一上有云："点'魏书'一卷……波斯王即位之后，密书其子贤者之名，封之于库。王死，发书视名立之。此世宗立嗣之法，未知为见史而效之，为暗与之合也？"聊备一说。迨乾隆四十八年敕撰《古今储贰金鉴》（乾隆四十九年刊本），首引是年十月十九日上谕云："因建立储贰致酿事端者，不可枚举，自当勒成一书，以昭殷鉴……书成，名为'古今储贰金鉴'。"其实密建之制，自乾隆以后，并未见诸施行。如翁同龢《翁文恭公日记》（商务影印本）卷八页四三下云："荫轩（即徐桐）校书二卷，内谕建储宜早云云，窃以为与我朝故事未合。"同书卷一八页三〇下云："己卯三月二十五日……是日召见东暖阁，首问书房功课，以近日不甚静穆对；次问吴可读折，具次古今典礼本朝不建储之说对。上意踌躇良久，则又以大统所归，即大宗所系。次第详陈，仰蒙首肯再三。"又《越缦堂日记》（商务影印本）卷三二页三三上下引光绪五年四月初十日邸钞两宫皇太后懿旨："我朝圣圣相承，皆未明定储位，彝训昭垂，允宜万世遵守，是以前降谕旨，未将继统一节宣示，具有深意。吴可读所请大统之归，实于本朝家法不合"云云，可与翁记相参证。证以嘉庆、道光、咸丰、同治、光绪诸帝之立，并未预建，自是事实。

闻多误,下语必慎。取材未充,拾遗补阙,期以时日。

二、康熙朝嫡位之争

1. 皇太子之再立再废

康熙十四年十二月十三日(1676 年 1 月 27 日)册立皇子允礽为皇太子①,是为清代立皇储之始。太子立且三十余年矣,何以四十七年九月初四日(1708 年 10 月 17 日)忽有废斥之举②? 又何以有四十八年三月初九日(1709 年 4 月 18 日)再立,五十一年十月初一日(1712 年 10 月 30 日)再废之举③? 苟始以"赋性奢侈","暴虐淫乱","语言颠倒,竟类狂易之疾",坐致废黜;继以"虽被镇压,已渐痊可",复立为皇太子;终以"狂易之疾,仍然未除","狂疾益增,暴戾僭越,迷惑转甚"④,再行废黜禁锢;似不足以塞后人之疑窦! 须知太子髫龄诵书,即承父教⑤,六岁就传,多属名师⑥,通满汉文字,娴骑射;每从

――――――――

① 《大清圣祖仁皇帝实录》(《大清历朝实录》影印本,以下简称《圣祖实录》。又《大清世宗宪皇帝实录》简称《世宗实录》,《大清高宗纯皇帝实录》简称《高宗实录》),卷五八页一九下、二一上。又按同书卷五六页一下至页二上,同年六月癸亥已有欲以嫡子允礽为皇太子之谕,则早在半年以前。

② 《大清圣祖仁皇帝实录》卷二三四,页一下至四下、一〇下至一二下。按皇太子被执在九月初四日,而帝决定废斥太子,则在九月十八日。

③ 《大清圣祖仁皇帝实录》卷二三七,页四上;卷二五一,页七下至一二下。

④ 《大清圣祖仁皇帝实录》卷二三四,页三上、二下、一〇上;卷二三七,页三上下;卷二五一页八下;卷二五二页五下;卷二五三页九下。

⑤ 《大清圣祖仁皇帝实录》卷二三四,页一一上。按王士禛《居易录》(原刊本)卷三,页八下有云"闻上在宫中,亲为东宫讲授四书、五经。每日御门之前,必令将前一日所授书背诵复讲一过,务精熟贯通乃已。士大夫家不及也",可相印证。

⑥ 《圣祖实录》,卷二三四,页一一云:"继令大学士张英教之。又令熊赐履教以性理诸书。又令老成翰林官随从,朝夕纳诲。"又《清史稿》(联合书店缩印本)第 1002 页于张英、熊赐履之外,多李光地、汤斌、耿介三人。按《古今储贰金鉴》乾隆四十八年九月三十日上谕特云:"皇祖时理密亲王亦尝立为皇太子。且特选公正大臣如汤斌者为之辅导。乃既立之后,情性乖张,即汤斌亦不能有所匡救。"今《望溪先生集外文》(《四部丛刊》本)卷六页一上至三下"汤司空遗事"条亦云:"汤某以理学为时所崇,辅教太子,非某不称。"再汪琬《尧峰文钞》(康熙三十二年刊本)卷一四页四上至八下有"工部尚书充经筵讲官汤公墓志铭"亦及此事。惟《居易录》记东宫会讲之事最详,如卷三页一二上至三上东宫讲官有:张英、尹泰、艾肃、李铠、魏希徵、许汝霖。此外东宫讲官尚有:"顾八代、努黑(又作努赫)、耿介、常在、杨大鹤、特默德、汪灝、巢可托、胡任舆、来道、常寿辈(见卷一九、二〇、二二、二九、三〇、三一、三四),可补正史之阙。"再如卷三一页一〇下有云:"(康熙三十八年)二月初三日……命吏部尚书熊赐履、礼部尚书张英日侍东宫,进讲性理。"页七上亦云:"(康熙三十八年)闰七月十七日,驾幸古北口。命吏部尚书熊赐履、礼部尚书张英侍东宫,日讲《周易》。"足为实录佐证。

行幸,赓咏颇多①。三十五年(1696年)帝亲征噶尔丹,命其居守,处理政务;明年行兵宁夏,亦然②。足证三十六年以前帝之于太子,教之诲之,且试之以政者再。不特此也,大抵在四十七年未废之前,太子之眷宠未尝一日少减,声望未尝一日少堕,仪制亦未尝一日少损③。何以知之? 证之南巡至德州之回

---

① 《圣祖实录》卷二三四,页一一下;《清史稿》,第1002页。参《圣祖五幸江南全录》(《振绮堂丛书》本)页二二上皇太子赐山阴耆民王锡元对联:五枝荆树起今代,百秩仙寿萃一门。盖以其兄弟五人,年岁均在七八十以上故也。又页三三上赐灵谷寺对联:沧池影静千潭月,碧树香传五百花。其他类是者甚多。又高士奇《蓬山密记》(《古学汇刊》本)页四下皇太子赐高五言律诗一首,但未及载。今按《居易录》卷三一页一下至二上云:"皇太子赐(徐)嘉炎睿书'博雅堂'大字。又一联云:'楼中饮兴因明月,江上诗情为晚霞。'又赐睿制诗一首云:'玉台词藻重徐陵,经笥由来博雅称。每见趋陪鸳鹭侧,神仙风度在觚棱。'"东宫诗之遗留于今而尚可考者,如《晚晴簃诗汇》(得耕堂本)卷五页二上至三下录其过开山庙、黄河、陪驾幸五台、恭侍圣驾阅视河堤、菩萨顶雪月及瞻仰盛京宫阙念祖宗创业艰难恭赋凡五首。小注云:"诗话理密亲王居东宫,三十二年以疾黜;既乃复立,又三年终黜。圣祖聪明睿知,家庭父子间,非事有至难,必不至若是。诗载'文颖'中,述祖勤民,其言悱恻,固未尝有不克负荷之征。渔洋尝举其赐致仕内阁学士徐嘉祥绝句云……亦复斐然可诵。"此中所云"三十二年以疾黜;既乃复立,又三年终黜"者,盖未之深考。又同书卷七页九下云:"辅国公弘暻,号思敬,理密亲王允礽子,官宗人府右宗人,谥恪僖,有《石琴草堂集》。"卷八页一上云:"辅国公永璥,字文玉,一字益斋,号素菊道人,理密亲王允礽孙,袭封,有《清训堂集》。"据此知皇太子之子孙均有著述。

② 《圣祖实录》卷一七一,页二〇上,康熙三十五年二月甲寅谕大学士等有云:"此次各部院衙门本章,停其驰奏。凡事俱着皇太子听理。若重大紧要事,着诸大臣会同议定,启奏皇太子。"又同书卷二三五页二三上谕曰:"朕初次中路出师,留皇太子办理朝事。举朝皆称皇太子之善。"《圣祖实录》卷一八〇页七上,康熙三十六年二月丁亥:"是日上行兵宁夏,命皇长子允褆随驾。"《圣祖实录》卷一八三页二一下:"五月壬辰皇太子允礽……迎驾。"虽未言留守而云迎驾,则皇太子居守可知。

③ 《圣祖实录》,卷二七七页九上谕:"前允礽为皇太子时,一切礼仪,皆索额图所定。服用仪仗等物,逾越礼制,竟与朕所用相等。"参《清史列传》(中华本)卷八页一二下"索额图传"未引上谕:"昔允礽立为皇太子时,索额图怀私倡议:凡服御诸物,俱用黄色。所定一切仪制,几与朕相似。骄纵之渐,实由于此。"可证太子之仪制仅次于天子。其实太子既立之后,凡元旦冬至诸节,群臣亦行朝贺之礼。《居易录》记载最为明晰。如卷一七页一八云:"礼部会同内阁、内务府议得:凡遇元旦、冬至、万寿庆贺令节,皇太子随皇上于皇太后宫行礼,皇太子率众皇子诣乾清宫皇上前行礼。又臣等伏睹睿龄(指太子)滋茂,敬德日新。凡属臣僚,宜行朝贺之礼。嗣后元旦、冬至、千秋节,设皇太子仪仗于文华门外,皇太子于主敬殿升座乐东。王以下、入八分公以上,排班于主敬殿阶下;文武各官,排班于文华门外;进笺,行二跪六叩头礼。其谢恩诸王各官于皇上前行礼毕,俟驾还宫后,诣昭德门前,于皇太子前行二跪六叩头礼。每月六次常朝官员,免诣皇太子前行礼可也。其行礼仪注,届期具题;乐章,翰林院撰拟;陈设仪仗,交与銮仪卫。奉旨:谢恩官员启皇太子前行礼着停止,余依议。"故卷二二页一八上云:"(康熙三十二年)十一月二十五日冬至,上亲祭南郊。次日,御太和门行庆贺礼毕,诸王群臣诣昭德门行东宫庆贺礼。"及卷二三页二下云:"甲戌(康熙三十三年)元旦,上御太和门,受朝贺。诸王百官仍诣昭德门行贺东宫礼。"据此知太子仪仗亚于天子,康熙三十三年仍然如此,固不得追罪索额图一人。

銮,宋荦之颂扬,高士奇之陛辞及李炳石之觐见①,可知也。

　　然则四十七年突然之变,大捕太子党羽,且拘太子于上驷院旁,继而幽禁咸安宫。②。骤视之殊不可解。仔细案之,太子结党,密谋大事,其关键恐在索额图一人。索于四十年已告老矣,逾年太子病于德州,帝召之待疾一月,未半载而被逮③。谕中云:"伊等结党,议论国事",凡五六见。岂有相处一月而不相告者乎?索固拥戴太子之党者,"施威吓人",徒众极夥④。所谓结党"议论

---

　　① 《圣祖实录》卷二〇九,页二三上,康熙四十一年九月癸酉:"上巡视南河,命皇太子允礽……随驾。"同书卷二一〇页二下,同年十月壬午:"上以皇太子允礽患病,驻跸德州行宫。"又页六下同月戊戌:"谕扈从诸臣:朕因阅河南巡,今以皇太子允礽患病,朕驻跸此山,为时已久,应即回銮,明岁再阅视河工。允礽病体虽稍愈,尚须调理。著暂留此,俟大愈后回京。"参宋荦《西陂类稿》(康熙五十年刊本)卷四一页三下"迎銮二纪"所引上谕:"朕乘冬月巡阅河工,途中皇太子抱恙,耽延数日,今已痊愈。但身体尚弱,宜加调理。朕不便遽令前往。若再候数日起行,恐河冻天寒,水夫纤夫未免苦累。朕因此停往阅河。江南官员各有职守,不必越省迎接,俱著回去。来岁春,朕巡阅河工,应备各项俱著于来春预备。可作速行文晓谕。"圣祖于太子之宠眷如此。

　　《圣祖实录》卷二三七,页六上,康熙四十八年复立允礽为太子,诏有"皇太子允礽久践青宫,夙标誉望"之言。再证以《西陂类稿》卷四一页一六上,康熙四十二年二月二十三日驻跸苏州,宋荦对曰:"臣幼蒙先帝恩遇如此。及臣之壮也,蒙我皇上破格简拔,扬历中外,滥竽旌节。今又得瞻观皇太子。臣何人斯? 遭逢之盛,无以加矣!"可知。

　　《篷山密记》,页四下康熙四十二年四月十九日高士奇自西苑(指畅春园)出,"午刻至皇太子处时,皇太子将至御前,见臣士奇,仍回辇入宫。召至榻前,慰问再四。赐五言律诗一首,南陔春永扁额,绒帽一顶,有金刚石宝蓝龙缎袍、红青四团龙褂各一袭。又欲赐鞍马,以舟行辞。复命侍卫五格与近侍周进朝送至。又令备皇太子自骑走骡送至通州。少顷,又追赐鼻烟合四枚,鼻烟一罐。"再参以《圣祖五幸江南全录》及《西陂类稿》,其中所载太子赏赐之频繁,殆与圣祖相埒。可以想见太子体制之隆。

　　《圣祖五幸江南全录》,页六上,康熙四十四年三月初九日驾幸江南,至清江闸口,"有扬州丁卯举人李炳石恭迎圣驾。皇太子云:'你是何官?'回:'左都李柟子。'皇上又问:'你是谁?'回奏:'臣是扬州举人李炳石,是左都李柟的儿子'"云云。可见人臣朝帝之前,得觐太子;即陛辞之后,亦得一辞太子,高士奇即其一证。

　　② 《圣祖实录》卷二三四,页四下至七下,四十七年九月丁丑圣祖垂涕下谕废皇太子。谕毕,复痛哭仆地。又谕:"其允礽党羽,凡系畏威附合者,皆从宽不究外,将索额图之子格尔芬、阿尔吉善,暨二格、苏尔特、哈什太、萨尔邦阿,俱立行正法。杜默臣、阿进泰、苏赫陈、倪雅汉著充发盛京。"既废允礽而圣祖未尝安寝者凡六夕。同上卷二三四页一〇下至一一上:"先是拘执废太子允礽时,沿途皆直郡王允禔看守。至是抵京,设毡帷,居允礽于上驷院旁。上特命皇四子胤禛同允禔看守。"同上卷二三四页一六上。

　　③ 《圣祖实录》卷二〇五,页一六下,四十年九月戊申:"正黄旗领侍卫内大臣索额图以老乞休,允之。"《圣祖实录》卷二一〇,页二下至三上、一三下。《圣祖实录》卷二一二,页一三下至一六上。

　　④ 《圣祖实录》卷二一二页一三下谕中有云:"举国之人尽惧索额图之人乎?"又页一四上云:"至索额图之党,汉官亦多。朕若尽指出,俱至灭族。"又页一六下云:"索额图施威吓人,议论国事。伊之大党,尽已锁禁。"则索党之众可知。

国事"，必是胁帝让位于太子一事无疑。如拘索谕中有"背后怨尤之言，不可宣说"、"朕若不先发，尔必先之"之语，与废斥太子谕中所云："从前索额图助伊潜谋大事，朕悉知其情，将索额图处死"①，可相印证。意者胁帝退位，索为主动之人，太子不过被动耳。帝虽明知，或牵于天生父子之情，迟迟未发；孰知一逮主动之人，而被动之人亦汲汲不可终日。故四十七年上谕，一则曰："鸠聚党与，窥伺朕躬"；再则曰："今允礽欲为索额图复仇，结成党羽，令朕未卜，今日被鸩，明日遇害，昼夜戒慎不宁"；三则曰："置索额图于死，而允礽时蓄愤于心。"②是太子由被动一变而为主动之人，帝自为计，遑论父子之情，故一旦有"逼近布城裂缝，向内窥视"、"中怀叵测"③之事实发生，太子之不被废，其可得乎？

太子之所以废而复立者，实非因被镇魇而痊可之故④。当时"太子党"外，尚有皇子诸党。其最著者为"皇长子党"、"皇四子党"、"皇八子党"是已，彼此钩心斗角，互相倾轧，无有已时⑤。不有太子，无以阻诸阿哥之野心。明诏

---

① 《圣祖实录》卷二一二，页一五下、一六上；卷二三四，页三下、一九下。
② 《圣祖实录》卷二三四，页二下、三下至四上、一九下。
③ 《圣祖实录》卷二三四，页三下、一九下。
④ 《圣祖实录》卷二三五，页一六；卷二三七，页三。
⑤ 《圣祖实录》卷一八〇，页四下至五下，三十六年二月初四日谕吏部、都察院云："自皇子诸王及内外大臣官员有……交相比附倾轧党援理应纠举之事，务必大破情面，据实指参。"又卷二三四页一三，四十七年九月庚寅谕云："今允礽事已完结，诸阿哥中倘有借此邀结人心，树党相倾者，朕断不姑容。"又卷二三六页一一下至一二上，四十八年正月甲午谕曰："嗣后舅舅（佟国维）及大臣等，惟笃念朕躬，不于诸王阿哥中结为党羽。谓皆系吾君之子，一体看视，不有所依附而陷害其余。"又《上谕内阁》二年七月十六日："圣祖仁皇帝亦时以朋党训诫廷臣，俱不能仰体圣心，每分别门户，彼此倾陷，分为两三党。"其"皇长子党"，见《圣祖实录》卷二三七页一六下云："大阿哥党羽甚多……再闻大阿哥之席北驻扎乌拉白都纳者一二百人……又闻各处俱有大阿哥之人。"至若皇四子、皇八子两党，详后。
《圣祖实录》，卷二三四页三下谕云："允礽……不遵朕言，穷奢极欲，逞其凶恶，今更滋甚。有将朕诸子，不遗噍类之势。"戴铎奏折（《文献丛编》第三辑）页一下亦云："昔者东宫未事之秋，侧目者有云：'此人为君，皇族无噍类矣！'此虽草野之谚，未必不受此二语之大害也。"可相印证。又卷二三四页二〇下至二二上谕诸皇子云："尔等护卫官员……并随从人等多系下贱之人，必有各为其主，在外肆行者。"又二三下谕："当废允礽之时，朕已有旨：诸阿哥中如有钻营谋为皇太子者，即国之贼，法断不容……允禵……党羽早要结，谋害允礽。"又《上谕内阁》二年八月二十二日："从前大阿哥畏人暗害，每夜各门加锁。侍卫夸色亦恐人杀之，窗楞俱用板钉。此等人生在世，日恐见杀于人，虽生何为？"彼此防范如此，其互相倾轧之烈可知。无怪乎圣祖有"观伊等以强凌弱，将来兄弟内或互相争斗，未可定也"（见《圣祖实录》卷二三五，页二下）之叹。

欲于诸子中推举一人①,昭然若揭。储贰之位未正,诸子党争尤烈。圣祖未逾年而再立太子,即所以弹压诸子之党,去其觊觎之念;而以一切暗中搆煽,悉推之索额图父子,盖以主动罪索之子孙,而废太子为被动耳②。

苟明乎此,则太子再立再废之故,不难迎刃而解。何则?盖再立太子,不特不能解散诸子之党,反而加深太子之党,主动被动,合为一体③,图谋不轨,日甚一日,故谕中有云:"允礽……与恶劣小人结党……但小人辈惧日后被诛,倘于朕躬有不测之事,则关系朕一生声名";"数年之间,隐忍实难";"今众人有两处总是一死之言"④。洵以"皇帝"一念,横亘胸中,于是父子之间亦不能相容,圣祖年逾六旬,盖世猜雄,于此则束手无策⑤。自是太子再废之后,无复有敢言之者,王掞、朱天保等请立东宫之得罪,徐倬《道贵堂类稿》"应皇太子教"诗及朱彝尊《曝书亭集》青宫再建诗之削去,即其明证⑥。

---

① 《圣祖实录》卷二三五,页一九;卷二三六,页四上。

② 《圣祖实录》卷二三六,页八下至九上谕满、汉诸臣:"皇太子虽缧绁幽禁,并不怨恨。乃谆切以朕躬为念,故今释之……所以拘执皇太子者,因其获戾于朕耳,并非欲立允裪为皇太子而拘执之也。……且果立允裪,则允禵将大肆其志,而不知作何行事矣。朕悉观其情形,故命亟释皇太子。"又卷二六一页八下至九上谕皇诸子:"朕前患病,诸大臣保奏八阿哥。朕甚无奈,将不可册立之允礽放出。"

《圣祖实录》卷二三五,页一六下至一七上,卷二四八,页一七下至一八下。如蔡升元之革任,即是一例。"五十一年十月谕吏部曰:'学士蔡升元前以皇太子恶之,革任'。"见《汉名臣传》(菊花书屋巾箱本)卷九页二上。

③ 《圣祖实录》卷二四八,页一五上;卷二五〇,页六上至七下。

④ 《圣祖实录》卷二五一,页九下、一〇下、一一上。

⑤ 意大利人马国贤:"*Mcmoirs of Father Ripa*"(London, 1855), p. 83,于描述皇太子被废之后,随云:"On the fourth day of April, 1713……"按 1713 年即康熙五十二年。则知马书所云,当是皇太子再废之事。尤以所记诸皇子立成一行,皆脱帽露头,两手缚于胸际。皇太子当亦如是。此则马所目睹,所记必为实录。然则因废黜皇太子而捆缚诸皇子,彼此倾轧争夺之烈,尤可想见。今按弘旺《皇清通志纲要》(邓文如师五石斋钞本)卷五页六〇上云:"五十年十二月畅春园复废皇太子允礽圈禁。"与马记之所在地畅春园相吻合。或者拘禁允礽在五十年而正式颁布废斥之诏在五十一年十月耶?

⑥ 《圣祖实录》卷二五一,页一二。

《圣祖实录》卷二五三页八上至一〇上:康熙五十二年二月赵申乔请册立太子。谕以皇太子事未可轻定,将原折发还。又卷二七五页一九下至二一下:至五十六年十一月大学士王掞及御史陈嘉猷等八人又密疏奏请建储。谕掞等勿以名起见,不许。又卷二七七页六上至一二下:五十七年正月己巳翰林院检讨朱天保疏请复立允礽。圣祖御行宫正门亲问天保,语及其父都纳。天保斩决。又卷二九一页二五下至三〇上:六十年二月十八日王掞又具折复请建储。随又有御史

2. 允禩之阴谋

皇八子允禩希冀为皇太子者久矣,与皇九子允禟、皇十四子允禛(即允禵)结为死党①。其聚集党羽,欲杀害太子,早始于太子未废之前,且有势将及于圣祖之虞,是即所谓张明德谋刺之案,由皇长子允禔告发之②。其实允禔何

陶彝、陈嘉猷等十一人亦会衔上疏。而《文献丛编》第四辑"康熙建储案"案语谓:"六十年庆贺元旦典礼王掞又具折"者,误读"六十年大庆大学士王掞等不悦,以朕衰迈,谓宜建储"之故。《皇清通志纲要》卷五页七二下云:"六十年辛丑三月十五日王掞奏保皇太子。"亦误。同年三月圣祖手谕诸王大臣斥之。群臣请议王掞等罪。奉旨发往西陲效力。时掞年已七十,由其子奕清代往。其王掞奏请建储原折四件,陈嘉猷等原折二件,存故宫懋勤殿内,今刊于《文献丛编》第四辑页一下至八上。又按王奂曾亦有请复东宫一折(载《旭华堂文集》,乾隆十六年刊本,卷一页一八上至二〇下)未载年月。既有"既经复立之后"一语,则在五十一年以后可知;又云:"皇上敬事圣母",圣母崩于五十六年十二月丙戌,见《圣祖实录》卷二七六页八上,则知此折必在五十一年与五十六年之间无疑。王奂曾官御史,今其名不见六十年御史陶彝等十二人之中,或在五十六年十一月御史陈嘉猷等八人之内耶?故雍正四年五月十四日《上谕内阁》斥之云:"及二阿哥废为庶人,已见斥于皇考。又有一等奸宄之徒妄思复立,以图侥幸。此又背纪乱伦之罪人也。"

乾隆刊本,卷中页一四下至一五上恭诵杜鹃花应皇太子令,页一七下恭诵皇太子咏白杜鹃花诗敬和原韵应教,页一八下淮上送驾蒙皇太子召至舟次赐诗扇一柄敬和睿制原韵,页二〇下至二二下纪恩词有序;卷下页二一下及二三恭进东宫《全唐诗》录刻样剖子及页三七恭跋睿书后;各首涉及废太子者均已划去,当在康熙五十一年以后。其康熙四十二年恭跋睿书后有云:"及端视帧端,有'恭临御书之章',为之欢欣忭舞。盖皇太子视膳问安,既尽孝于凤寝龙楼之内;而承欢养志,自洋溢于临池饮墨之间。乘露倔波,无非愉色;悬针倒薤,总出小心。此实国家万年之有庆,非止臣一家之私荣也!"云云。此则尤见皇太子于未废之前,已微露动摇不安之状。不然。倬何以谆谆以小心谨慎为丁宁耶?至《曝书亭集》刻于四十八年,成于五十三年。《四部丛刊》本系涵芬楼影印原刊本,故卷二三页二有(四十八年)三月十日诏下青宫再建喜而赋诗。诗云:"震惊由地奋,巽命自天申。复睹重光日,毋烦四老人。堂悬银榜旧,笥出纻衣新。愧远青云路,难扬蹈舞尘。"而重刊之本(五十三年以后?)卷二三页二下其诗皆已剜去,痕迹尚存。则削板必是五十一年再废以后事,其为忌讳之故可知。

① 《圣祖实录》,四十七年十月丙午谕:"允礽自幼,朕亲为教养,冀其向善。迨年长,亲近匪类,薰染恶习。每日惟听信小人之言,因而行止悖乱至极。允禩乘间处处沽名,欺诳众人,希冀为皇太子……允禩自幼性奸心妄,其纠合党类,妄行作乱者有故。"

《皇清通志纲要》,卷五页一六下:"二十七年戊辰正月初九日皇十四子禛生。"又页五五上:"四十八年己丑……三月初十日封……皇十四子讳禛贝子。"又页六七下至六八上:"五十七年戊戌……三月中旬命皇十四子禛授王、抚远大将军。"又页七一上:"五十九年庚子……二月十六日命抚远大将军王禛以西宁进兵,驻扎穆鲁乌苏。"再按弘旺《皇清通志纲要功名臣录》(五石斋藏绥福堂珍藏本)卷上页一六下:"恂勤郡王讳允禛,圣祖皇十四子,改名禵。"同书卷一页二三上:"多罗贝勒固山贝子抚远大将军王讳允禛,改讳禵。"知允禵本名允禛,以迄五十九年尚未改易,则改名禵必在六十一年世宗即位以后无疑。

② 《圣祖实录》卷二三五,页三下至五下、八上、二三下。

尝不有希冀皇储之意,故拘禁太子时,竟有"欲诛允礽,不必出自皇父之手"之奏①。争夺之烈,骨肉相残,有如是者!只以皇三子允祉告发喇嘛巴汉格隆为允禔厌胜太子事,帝斥其行事比废太子更甚,计不得售,不得不与允禩结成一党矣②。

太子既废,诸子觊觎之志加剧,而谋害之念如故,性命可谓危殆之至③。诸党以允禩为最横,皇子自允禔、允禟、允䄢、允䄉④而外,满大臣有佟国维、马齐、阿灵阿、鄂伦岱、揆叙辈,汉大臣有王鸿绪辈⑤。声势之大,党羽之众⑥,莫

---

① 《圣祖实录》卷二三四,页四下至五上谕:"朕前命直郡王允禔善护朕躬,并无欲立允禔为皇太子之意。允禔秉性躁急愚顽,岂可立为皇太子?"圣祖虽无立允禔之意,而允禔希冀皇储可知。《圣祖实录》卷二三四,页二〇下。

② 《圣祖实录》卷二三五,页一二;卷二三七,页一六上至一八上。按同书卷二三四,页六上谕:"三贝勒允祉平日与允礽甚相亲睦"云云,知允祉或系党于太子者。

《圣祖实录》卷二三五,页一四下至一五上,四十七年十月壬申谕:"大阿哥允禔素行不端,气质暴戾。朕尝对众屡加切责。尔等俱悉闻之。九月初四日谕旨内,亦曾决绝言之。今一查问其行事,厌咒弟弟及杀人之事,尽皆显露。所遣杀人之人,俱已自缢。其母惠妃亦奏称其不孝,请置之于法。朕固不忍杀之。但此人断不肯安静自守,必有报复之事。当派人将允禔严加看守。略有举动,即令奏闻。伊之身命犹可多延数载。其行事比废皇太子允礽更甚,断不可以轻纵也。"翌日革去允禔王爵,即幽禁于其府内。

《圣祖实录》卷二三六,页四下,四十八年正月癸巳圣祖曰:"允禩乃允禔之党。曾奏言:请立允禩为皇太子,伊当辅之。可见伊等结党潜谋,早定于平日矣。"

③ 《圣祖实录》卷二三五,页二三下至二四上谕:"皇太子既执之后,在途中行时,若非朕委任亲信侍卫,加意防护,废皇太子必为允禔害矣。到京后,令废皇太子居咸安宫,朕亦熟筹及此。凡彼处宦侍,俱责令小心守护。"《上谕内阁》雍正四年五月十四日:"二阿哥旧在东宫,失储君之道。故阿其那、允禟等潜萌希冀之心,而阿灵阿、揆叙、鄂伦岱等又复相附和,将二阿哥百计倾陷,以便遂其私愿。"可相印证。

④ 散见《上谕内阁》,雍正二年四月初八日、八月二十二日,三年二月二十九日,四年正月四日、五月十四日、七月十七日、九月二十九日。

⑤ 《圣祖实录》卷二三六,页八下;卷二三五,页一九下;卷二三六,页四下。

⑥ 《上谕内阁》,四年五月初九日:"从前阿其那、允禟、允䄢等结党营私,每好造言生事。凡僧、道、喇嘛及医、卜、星相,甚至优人、贱隶,以及西洋人、大臣官员之家奴,俱留心施恩,相与来往,以备其用。"又同年七月二十八日:"魏廷珍向日是阿其那家西席。"又六年十月初五日:"高成龄……原系在阿其那门下书馆行走。据此则高成龄平日必与阿其那、塞思黑之党与往来情熟。"按允禩书馆行走之最有名者为何焯。焯为人短小,麻胡,绰号"袖珍曹操"(见《徐星伯先生小集》,《烟书堂小品》本,页二三上"义门小集跋")。其人入八府在康熙四十一二年间,见沈彤《义门何先生行状》(《义门先生集》,宣统元年平江吴氏刊本,附录页二下)有云:"四十一年冬……李光地……以先生荐,召直南书房……寻命侍读皇八子贝勒府。"集中卷七页九上"与某书"云:"昨者追随师(即李光地)席,意外天语,下问幽微。忽有随从藩邸读书之命。"及卷四页七上"与友人书"云:"至京师为藩邸伴读。"所谓藩邸即皇八子允禩也。今《掌故丛编》(故宫博物院1928

能与之抗衡。平日沽名，传播众口①。办事之材，诸大臣无出其右者，即圣祖及世宗亦尝称誉不已②。故东宫之废，以为舍我莫属，俨然以皇太子自居③。先之以允禔之推荐，及事败露，允礽至以死保；继则满汉大臣为之荐奏④，复被黜落；其铺谋设计，都成泡影。岂真以"身婴缧绁……母家微贱"⑤而致落第耶？

细案之不然。此次推选太子，允禩之所以失败，其咎似在马齐一人。自表面观之，马齐固亦禩党，决无破坏之理。乃马齐起自微末之员，纯系贪得之人⑥，躐至高位，图谋专擅，必先已探得消息。不然，帝何以有"勿令马齐预之"⑦之谕？及其所举皆同，无一异议者，不得不招圣祖之疑，反复究问，查出

年版）第六辑刊有允禩致何焯书二影片，内云："先生女儿在内极好。"据《秦道然口供》（见《文献丛编》第一辑页五上下）："允禩将何焯小女儿养在府中。府中之事，俱是福金做主。允禩实为福金所制。"《上谕八旗》（雍正十三年刊本）卷四页三三上则云："将何焯一幼女私养于宅中，以为己女。"其关系之深可以想见。再按《上谕内阁》四年三月三十日："向来如钱名世、何焯、陈梦雷等皆颇有文名。可惜行止不端，立身卑汙。"今姚范《援鹑堂笔记》（道光刊本）卷四六页九上有云："安肃黄芽欲作茎，如饴辇运入神京。晴窗泼墨缘何事？偏动忧葵贱女情"。此长洲何编修焯为友人扇头墨笔生菜题句也。时值景陵倦动，储位久虚，虽宪皇当璧，天眷所归；而中外臣民，未测渊旨，何故托寄漆室之忧云尔。考焯卒于六十一年六月九日，见沈肜行状，适在圣祖崩之前半年。不然。焯之获罪，必重于钱名世、陈梦雷辈，可断言也。

① 《圣祖实录》卷二三四，页二三上；卷二三五，页八上。参《上谕八旗》卷四，页三二下；《上谕内阁》，元年十一月二十九日，三年八月二十一日及四年正月初五日第三谕。

② 《圣祖实录》卷二三五，页二五上谕："乃若八阿哥之为人，诸臣奏称其贤。裕亲王存日，亦曾奏言：八阿哥心性好，不务矜夸。允礽若亲近伊等，使之左右辅导，则诸事皆有箴规矣。"是圣祖亦尝称许允禩矣。世宗诋毁之余，仍赞不绝口。如《上谕内阁》二年四月初七日："朕之此弟较诸弟颇有办事之材，朕甚爱惜，非允禟、允䄉等可比。"又三年四月十六日："廉亲王允禩果肯实心任事，部务皆所优为。论其才具操守，诸大臣无出其右者。"又四年正月初五日第三谕："允禩平日素有才干。"皆可参证。

③ 《上谕内阁》，四年五月十四日："当时伊等（指允禩、允禟等）见二阿哥废黜，妄以为伊等奸讦之所致，邪党愈加坚固。公然欲仗邪党之力，以东宫之位为可唾手而得，慢无忌惮，竟有敢与皇考相抗之意。"《圣祖实录》卷二三四页二三上谕："八阿哥到处妄博虚名，凡朕所宽宥及所施恩泽处，俱归功于己。人皆称之，朕何为者？是又出一皇太子矣。"

④ 《圣祖实录》卷二三四，页二三下、二四上，卷二三五页一九下至二〇上，卷二三六，页一二上。参《上谕内阁》二年八月二十二日："从前众皆保廉亲王为皇太子，视为奇人。"既有"奇人"之称，其得众心可知。

⑤ 《圣祖实录》卷二三五，页二〇上；卷二三六，页四下、八下至九上。

⑥ 《圣祖实录》卷二三六，页一〇上至一一上。

⑦ 《圣祖实录》卷二三五，页一九下。

马齐必系暗通消息之人①。盖圣祖属意于允禩,确已胸有成竹。读四十七年之谕:"今立皇太子之事,朕心已有成算";与四十八年帝自谓:"此事必舅舅佟国维、大学士马齐以当举允禩,默喻于众";及上谕云:"马齐……乃潜窥朕意而蓄是心,殊为可恶"②,则知帝心目中之皇太子,舍允禩其谁? 参以允禩落选之后,而佟国维犹以"总之将原定主意,熟虑施行为善"为言,尤可证也③。惟帝以大权在握,不能旁落④;于是允禩之图谋大位,竟由马齐一手断送。

五十一年太子再废后,圣祖绝口不谈此事。允禩辈果能为之绝念乎⑤? 此又不然。证之五十三年谕云:"允禩仍望遂其初念,与乱臣贼子等结成党羽,密行险奸。谓朕年已老迈,岁月无多,及至不讳,伊曾为人所保,谁敢争执?"及雍正二年上谕:"伊等结成朋党,竭力钻营……巧行贿赂,收服人心……偏置耳目,以愚弄人。专欲待间乘时,成伊大志",与夫允禟寄书允䄉内称:"事机已失,追悔无及"云云⑥。可见圣祖储位尚虚,则诸子之野心不死,固昭昭然也。

帝之所以始欲立禩而中变者,固惧大权之旁落于大臣之手,尤患重蹈允礽之覆车。诚如上谕所云:"朕恐后日必有行同狗彘之阿哥,仰赖其恩,为之兴兵搆难,逼朕逊位而立允禩者……不然,朕日后临终时,必有将朕身置乾清宫,而尔等执刃争夺之事也……二阿哥悖逆,屡失人心;允禩则屡结人心,此人之

---

① 《圣祖实录》卷二三六,页五上下、六下、八下。按马齐喜暗递消息,大抵习性早成,晚年亦未能改。如《上谕内阁》雍正二年五月二十日:"今朋党之人,尚犹未息。即如抄没石文桂家产时,大学士马齐不知从何处得信,于先一日晚间密告之,俾得预为之地。伊系皇考任用大臣,年高如此,岂宜如此行事?"可以为证。

② 《圣祖实录》卷二三五,页三上;卷二三六页五下、一一上。

③ 《圣祖实录》卷二三五,页二〇上;卷二三六页七下。

④ 《圣祖实录》卷二三六,页九,上谕:"今尔诸臣乃扶同偏徇,保奏允禩为皇太子,不知何意。岂以允禩庸劣,无有知识;倘得立彼,则在尔等掌握中,可以多方簸弄乎? 如此则立皇太子之事,皆由于尔诸臣,不由于朕也。"

⑤ 《圣祖实录》卷二五一,页一二,上谕:"前废皇太子之时,朕所诛不过数人,皆系皇太子恶劣所致。今锁拿之人虽多,朕惟将一二怂恿皇太子为恶者诛之。其余概不深究,不忍令臣庶无辜受戮也,嗣后众等各当绝念,倾心向主,共享太平。"又卷二六一页一〇下至一一上谕诸皇子:"允禩甚是狂妄,竟不自揣伊为何等人,于复废二阿哥之时,来朕前密奏云:'我今如何行走,情愿卧病不起。'朕云:'尔不过一贝勒,何得奏此越分之语以此试朕乎?'伊以贝勒存此越分之想探试朕躬,妄行陈奏,岂非大奸大邪乎?"其未"绝念"可知。

⑥ 《圣祖实录》卷二六一,页九上;《上谕内阁》,二年八月二十二日,三年二月二十九日、七月二十九日,四年正月初四日及五年四月十八日。

险,实百倍于二阿哥也"①。则允禩之不得立与太子之再废,实同一命运。

3. 世宗之继承

雍正元年(1723 年)上谕内阁:"朕在藩邸……皇考知朕中立不倚,断无杀戮之事,是以命朕继承大统";同年又谕:"我圣祖仁皇帝为宗社臣民计,慎选于诸子之中,命朕继承统绪";此外屡言:"历年身居藩邸,享安闲之福";"坦怀接物,无猜无疑,饮食起居,不加防范,死生利害,听之于命";"并无希望大位之心";"不特不与人结仇,亦不与人结党"②。据此知世宗之继承,纯出于圣祖一人之授与,似已无疑义者矣。

夷考其实,则大不然。雍亲王之为人,"喜怒不定"四字,足为定评;"戒急用忍",尤其天性险诈,似远出诸阿哥之上③。试举一二例以证之:平昔小心谨慎,能体父意,殷勤恳切,竟获"诚孝"之美名,固无论矣;太子初废,目击诸邸公然角逐,乃反其道而行,阳若不争,且为之保奏,复得"伟人"二字之褒语④。不特此也,且于众前强辩其无此奏⑤。非矫饰之人,不克臻此。果友于兄弟,

---

① 《圣祖实录》卷二六一,页九上下。

② 《上谕内阁》,元年四月十八日。二年七月十六日亦云:"皇考深知朕从无偏党,欲保全尔诸臣名节,故命朕继承大统。"按此谕中之"欲"字,据《世宗实录》卷二二页一二上已改作"必能"二字,其为后来修改之痕迹显然。同上元年八月十七日、二月初十日。同上二年四月初七日。同年八月二十二日亦云:"朕向者不特无意于大位,心实苦之。"按此句《世宗实录》卷二三页一六下已删去。同上二年八月二十二日:"朕未登大位之先,不但朕之兄弟宗室,即八旗大臣官员,并无一人与朕有仇,通国所知。所以方可于尔等之前下此谕旨。即日有之,今便与尔等明言之,以共改此陋习,岂非美事? 朕在藩邸时,不特不与人结仇,亦不与人结党。尔宗室等,一家骨肉,视若仇雠。反将母党、妻族、子婿及漫不相干之人,视为至戚,亲密往来。朕在藩邸有年,与舅族、皇后族及诸姻戚之家,并无一亲密太过者。亦众所共知也。且亦并无与满汉大臣及内廷执事人、侍卫等一人交结亲密往来者。"按《世宗实录》已将"通国共知"至"在藩邸时"凡四十四字及"亦众所共知也"一句删去。细味已删之"即日有之"一句,则世宗结仇结党又明明自认也。

③ 《圣祖实录》卷二三五,页二五上。按圣祖批评在康熙四十七年,由世宗恳求免予记载。迨雍正四年始谕实录馆添入。参《上谕内阁》四年十月初八日第二谕及《世宗实录》卷四九页八上——九下。《上谕内阁》二年闰四月十四日:"皇考每训朕:诸事当戒急用忍,屡降谕旨。朕敬书于居室之所,观瞻自警。"又《硃批谕旨》,光绪十三年上海点石斋缩印本,卷一二,页一三下:"急快二字圣祖当日常以此训诫朕躬。朕现今将'戒急用忍'四字悬诸座右,时自警惕。"可以互证。

④ 《圣祖实录》卷二三五,页五二上、二七下至二八上。

⑤ 《圣祖实录》卷二三五,页八上。按《上谕内阁》二年二十二日:"戊子年(康熙四十七年)二阿哥得罪,令伊保全者,谁之力欤? 虽二阿哥亦知感激也。"末一句虽见删于《世宗实录》卷二三,页一六上,而世宗强辩其无保奏太子于圣祖之前者,即位二年之后又自居其功。

何以圣祖在日,有"二阿哥恐有妨于己,遂至以非理相加"之事;又何以太子临死,有"二阿哥断不可放出",及其既死,有"其身若在,仍属负罪之人;今既如此,其罪已毕"之语①? 真情忽吐,乃知其阴险诈伪之极,不能矫饰于平时。

若谓雍邸向日并无希望大位之心,又无结仇结党之事,谁复信之? 虽世宗尝自为之辩曰:"倘如伊等营谋,朕亦不让伊等;伊所纠合之人,朕岂不能纠合? 伊能市恩小义之名,朕岂不能邀取? 朕素无此志,他人容或不知,深知朕者,无过允祥也";又谓:"朕在藩邸,甚恶此风(指朋党),断不为其所染。廉亲王至今与朕结怨,亦即此故"②。一概推托,且举允祥为证。而不知其结党邀名,与诸阿哥如出一辙,且有过之无不及。观雍正三年四月二十八日上谕明云:"沈竹、戴铎乃朕藩邸旧人",而四年八月三十日上谕竟云:"巴海、戴铎、沈竹皆八阿哥属下之人。"③似此推诿,可谓欲盖弥彰。更证之以阎若璩之客于雍邸,几为当时掩饰殆尽,终难逃后世明人之勘断也④。

雍邸之腹心,自以鄂尔泰、田文镜、李卫三人为最⑤。倚赖之深,信任之

① 《上谕内阁》,二年八月二十二日、十二日十三日第二谕、十二月十五日。又五年闰三月二十九日:"当日二阿哥在东宫时,广蓄奇巧珍贵之物,数倍于皇考宫中之所有。朕仰思皇考恭俭至德,实可垂法万世。钦服之诚,切于五内。益觉二阿哥之所为,可轻可鄙。人人当以为鉴戒也。"按《世宗实录》卷五五页三八上改"可轻可鄙"为"实属无益",删"人人"及"以"三字。则知世宗于太子死后四五年,犹有余恨也。

② 《上谕内阁》,二年四月初七日。按《世宗实录》卷一八页八下至九上删改为:"亦不效伊等营谋,有所纠合之人,以市私恩小义之名。他人容或不知,深知朕者无过允祥也。"语气轻重,大不相同。又同上二年五月二十日。按《世宗实录》卷二〇,页二二下同。

③ 《上谕内阁》,三年四月二十八日。按此谕不见《世宗实录》。再证以《硃批谕旨》卷一五页三上:"不但尔(沈廷正)为其(沈竹)叔,不能化诲;朕昔在藩邸时,何言不加训诫。"《文献丛编》第三辑刊有戴铎奏折,凡十件。戴铎自称"奴才",称世宗为"主子"。沈戴二人俱为雍邸旧人无疑。又同上四年八月三十日第二谕。按此谕亦不见《世宗实录》。

④ 邓文如师:《骨董三记》,三联书店 1955 年版,卷六,第 612—613 页"阎百诗客于雍邸"条。

⑤ 世宗自言:"朕之所以信重鄂尔泰、田文镜、李卫者,正在此等处。"(见《硃批谕旨》卷一五页五五下)又云:"朕每品评督抚优劣,辄以卿(田文镜)、鄂尔泰、李卫三人,指为标准。"(同上卷三二,页一一下)又云:"目今天下督抚诸臣中,朕所最关切者鄂尔泰、田文镜、李卫三人耳。"(同上卷四〇,页四四下)其他散见各篇,不可枚举。兹举三例以概之,如《上谕内阁》七年十月初六日第二谕有云:"李绂曾在朕前密参田文镜,朕降谕旨训诲开导。伊情亏词屈,但云:'不知皇上何以信任田文镜至此?'朕此时谕之曰:'尔若如田文镜之居心奉职,则朕之信尔自亦如待田文镜矣。'乃李绂毫无愧悔之心。"(按此段《世宗实录》卷八七页八下已删去)同年同月二十二日第二谕亦云:"若谓朕能推心置腹以信用鄂尔泰,使得尽展才猷,悉心教养,以成风俗之美,受上天之恩,此则朕所不辞者。"(按《世宗实录》卷八七,页二〇上下同)又《无益之谈》(缪荃孙藕香簃钞本)页一一下有云:"一日又玠(即李卫)上折,愿改授总兵,以展所长。以稿示宾阳子(即顾陈垿

专,始终如一,人莫能与之抗。鄂,满洲也;李,汉人也;田,汉军也①。世皆知田曾为藩邸之"庄头",乃上谕于擢用田之原委,竟谓:"朕在藩邸时,不但不识其面,并不知其姓名",其谁欺乎②? 此外藩下人有年羹尧、傅鼐、博尔多、诺岷、戴铎、沈廷正、沈竹、金昆、黄国材、黄炳、魏经国、党贽、官达③辈,皆在康熙时,各为总督、巡抚、提督,遍布于四方。而上谕云:"朕在藩邸,懒于交接"④。不知由马尔赤哈之荐,于园中一见蔡珽,即加优礼;复由蔡珽而拔用李绂⑤,非

字玉停,太仓人。观其所著书,知亦系诚邸之人,于雍正三年十月三日离京,即在诚亲王被幽之前三年,自云:'吾于虎(指年羹尧)几相值',虽不敢必断其'相值',然终未罹祸者,未始非离诚邸甚早之功也),曰:'君知吾所求否?'曰:'不知。'乃附耳言:'吾能豫决折回批语如是云云。'既而有旨:'李卫总督两浙,加兵部尚书。'又玠密示朱批云:'朕知卿善用兵,惜承平无事,屈卿坐镇浙江。'盖悉如耳语所料焉。"知三人为世宗之腹心则一。

① 《清史列传》卷一四,页一六上。按鄂尔泰后来与怡亲王允祥联姻,见《硃批谕旨》卷二五页二〇下至二一上。《上谕内阁》六年八月初九日。

② 《批本随园诗话》,中国图书公司1914年版,卷一,页一五下:"田文镜,宝坻人,世宗藩邸庄头也。"又同书卷上页一下:"鄂西林以寒士起家,深于阅历。能容众,能知人。由举人初为拜唐阿,贫甚。因世宗在藩邸相识,为心膂中第一人。"鄂、田既均为雍邸人,疑李卫亦是藩邸之人,尚待考耳。《上谕内阁》四年十二月初八日;按《世宗实录》卷五一页九上改"不但不识其面"为"从不识田文镜之面",微异。

③ 《上谕内阁》三年四月二十八日:"朕藩邸属下人中可用者惟年羹尧、傅鼐二人。论才情,年羹尧胜于傅鼐;论忠厚,年羹尧不及傅鼐。"(按此谕不见《世宗实录》。)按年羹尧于康熙四十八年任川抚,五十七年任川督,五十九年二月授将军,六十年五月管川陕,见《皇清通志纲要》卷五页六四下。傅鼐参《啸亭杂录》(《掌故丛编》本)卷五,页一一下——一二下"傅阁峰尚书"条。博尔多见《硃批谕旨》卷九,页九下、九一上,卷一三页五三上;参《永宪录》(五石斋钞本)卷四,页六〇上下。诺岷见《硃批谕旨》卷四五,页一九上。戴铎、沈廷正、沈竹见《上谕内阁》三年四月二十八日;参《硃批谕旨》卷二九,页三二上、四六下。金昆见《上谕内阁》二年十月二十四日。黄国材、黄炳见《硃批谕旨》卷七,页一〇二下。按黄国材任福建巡抚在康熙六十一年十月,见《皇清通志纲要》卷五,页七三下。魏经国见《上谕内阁》五年十二月十五日:"魏经国系藩下至微极贱之人,蒙圣祖仁皇帝高厚深恩,由末弁屡次超迁,用至湖广提督。"参《硃批谕旨》卷二三,页八二下;卷三九,页八三下。按魏经国任提督在康熙六十年,见《皇清通志纲要》卷五,页六九下。常贽见《上谕内阁》六年六月十四日:"常贽系朕藩邸属下,因其为人谨慎安静,平日尚有上进之志,是以用为外任,升授巡抚";参《硃批谕旨》卷一三,页五五上。官达见《硃批谕旨》卷四,页一〇五下。

④ 《上谕内阁》七年十月初六日第二谕。

⑤ 《上谕内阁》七年十月初六日第二谕:"因马尔赤哈通晓医理,常在府中行走。后马尔赤哈补授清江理事同知,朕向伊访问明于医理之人。马尔赤哈则举蔡珽以对,且言相交甚好。朕因令伊邀来一见。而蔡珽辞以职居学士,不便往来王府。且医理粗浅,不能自信。朕深为嘉重,亦未强之。后年羹尧来京,在朕前力称蔡珽、塞尔图二人才守识见,出众超越,我所不及。朕向年羹尧告以前马尔赤哈言蔡珽深通医理,朕曾令相招而伊未来之故。年羹尧乃云:'我传王谕,伊必来效力行走也。'朕言:'若来见亦可。'后伊见蔡珽面言,而蔡珽仍坚辞如前。彼时朕心不但不生嗔怪,且更器重之。次年蔡珽补授四川巡抚。是时朕扈众避暑热河,蔡珽以身属外官,远行在即,

广事交接结纳羽党而何？他如与禅僧相接，致后来有"密用僧人赞理"①之流言，岂偶然之故哉？此其所以登极二年之后，犹谆谆谕以："尔等应以大统视朕躬，不应以昔日在藩之身视朕躬也"，及"诸宗室家毋妄与外边汉人来往……伊等但诱人多事，从中侥幸得利，遂其志愿。尔等敬识之"②。若非亲身经历，何能深悉情伪以为丁宁告诫如此？

雍亲王既结党邀名，亦不可谓不"僭越"矣③。潜萌希冀，预谋攘夺，决非一朝一夕之故。其所以能于圣祖晏驾之日，安然绍承大宝者，隆科多一人之力为多。盖隆时为步军统领，身操警卫京师之兵权，然则榻前受命，口衔天宪，谁敢不从？上谕所云："仓卒之间，一言而定大计"，"授受之际，太平无事"，④虽平淡数语，最能探出当时消息。何以征之？圣祖于六十一年十一月十三日

————————

向年熙转求欲到朕园中一见。朕相见时，观其相貌言论似有才识，优礼待之。彼时蔡珽则极称李绂才品操守，为满汉中所少。是时朕才知李绂之姓名也。朕御极之初，延访人才，以资治理；因记蔡珽之言，起复李绂原官，旋授侍郎。"（按《世宗实录》卷八七页六上至七上略有删改，大意相同。）观世宗所云，无非掩饰。问医而马尔赤哈以"医理粗浅，不能自信"之蔡珽对；述珽数次不相见矣，而方授四川巡抚即求一见；世宗必有嘱托指授可知。

① 《上谕内阁》四年十二月初八日第二谕："朕在藩邸时，批阅经史之余，每观释氏内典，实契性宗之旨。因是与禅僧相接。"按此谕不见《世宗实录》。《上谕内阁》三年五月二十五日："朕在藩邸时，因府第与柏林寺相近。闲暇之时，间与僧人谈论内典，并非以僧人为可信用也。况今临御天下，岂有密用僧人赞助之理？"按《世宗实录》卷三二，页二二上至二三上全同，惟"弘"字作"宏"，避高宗讳耳。证以阿、塞、年、隆诸狱，文觉禅师实为主谋（详后），则世宗之言无往而不自为掩饰。

② 《上谕内阁》二年八月初三日。（按此句《世宗实录》卷二三，页二上已删。）又同月二十二日："尔等毋犹视朕躬为昔日之雍王。"按此句《世宗实录》卷二三，页一七上亦删。自是高宗有意为之掩饰。不知《硃批谕旨》卷六页九三上所批："今日此身非当日雍亲王可比"及卷六页八九上批："当今皇帝即昔日之雍亲王也"与卷六页一〇〇上批："昔日雍亲王即当今皇帝"云云，皆可证验。
《上谕内阁》二年八月二十二日。按此段《世宗实录》卷二三页二〇下至二一上删改为："尔等宗室如有读书作文等事，欲资讲习，当用汉人中举人进士。此辈皆吾国家考取录用之员，其心本自无他。有一种考试不中之人，不安本分，在外各处夤缘，诱人不善，从中觅利。乃汉人中之贱流，断不可与之亲近。尔等敬识之！"两相比较，意味迥乎不同。

③ 《上谕内阁》，"朕初为贝勒时，人称为王，辄为赧颜。"虽赧颜而仍受之，非"僭越"而何？

④ 《上谕内阁》，元年八月十七日，《世宗实录》卷一〇，页一五下同。同上二年八月二十二日："朕向者不特无意于大位，心实苦之。前岁十一月十三日皇考始下旨意，朕竟不知；朕若知之，自别有道理。皇考宾天之后，方宣旨与朕。朕岂可明知而任国家之扰乱乎？不得已继承大业。皇考圣明，凡事预定。所以大业授受之际，太平无事。以成国家之善庆。"按《世宗实录》卷二三页一六下删改为："前岁十一月十三日皇考宾天之后，朕继承大业，授受之际，中外牧宁，以成国家之善庆。"其掩饰之迹，显然明白。再证以《硃批谕旨》卷二〇页二九下："尔（石云倬）今日之苦（其父石琀病故），即朕六十一年十一月十三日之苦也。然朕之苦，更有甚于汝者，其间难以言悉！"真情忽吐，其中自然大有文章在。

(1722 年 12 月 20 日)戌刻崩于畅春园,亥刻回都,是夕铁骑四出,用以弹压①。翌日之命,在内以马齐、隆科多总理事务,在外以年羹尧代理允禵西陲军务②。马固禩党,反复搆煽其间,卖禩求荣,任马即足以制禩死命;隆、年俱兵权在手,任隆、年即足以控制反侧③。故能"中外敉宁"④,此即所谓"太平无

① 《圣祖实录》卷三〇〇,页七上;《皇清通志纲要》卷五,页七四上。又详见马国贤:"Ripa",p. 119,描写圣祖崩命之夕,无数之铁骑四出,殆若当时北京城内发生一大变乱之状。而是夕世宗登基,人人为之慑服。则马为身临其境、目击其事之人,所记必为实录。按《永宪录》卷一页五四上云:"甲午(十三日)戌刻,上崩于畅春苑。上宴驾后,内侍仍扶御銮舆入大内。相传隆科多先护皇四子雍亲王回朝,哭迎,身守阙下。诸王非传令旨不得进。次日至庚子(十九日),九门皆未启。"所录虽不及马记之详,而马与 Angelo,Scipel 三人往弔未得入城,尤与录中所云相合。惟隆科多先护雍亲王回朝之传闻为不足据。因《世宗实录》卷一页六上至七上云:"甲午戌刻圣祖宾天。……十三阿哥允祥、尚书隆科多备仪卫,清御道。上亲安奉大行皇帝于黄舆,攀依号哭,欲徒步扶辇随行。诸王大臣以大行皇帝付托至重,神器攸归。当此深夜,执事繁杂,请上前导以行。上乃前导,哭不停声。"与马记雍王骑马相符。再者马记所云铁骑四出,必是隆科多所指挥之步军巡捕三营,用以弹压诸王者。证以《上谕内阁》二年四月初七日有云:"朕果欲将允禵治罪,当令其不及措手。"(按末句《世宗实录》卷一八,页八上已删。)及四年正月初四有云:"倘若机会不失,伊等首领尚得保乎?"(按《世宗实录》卷四〇,页七上同。)可知世宗潜谋已久,临事周详,岂有不预为之备以防万一者乎?

② 《世宗实录》卷一,页八下至九上,康熙六十一年十一月乙未:"命贝勒允禩、十三阿哥允祥、大学士马齐、尚书隆科多总理事务。"据《永宪录》卷一页五四下:"传大行皇帝遗诏命领侍卫内大臣总理銮仪卫事嗣三等公马尔赛、提督九门巡捕三营统领兼理藩院尚书隆科多、武英殿大学士兼户部尚书马齐辅政。"则马、隆辅政是实,禩、祥徒有其名。年羹尧代允禵事见《世宗实录》卷一,页九上至一一上。

③ 《皇清通志纲要》,卷五页六五上:"五十五年五月初二日马齐入阁办事二次。"又同书卷五页七四上载六十一年十一月之前,马尔赛为领侍卫内大臣六人之一,马齐为大学士五人之一。参以《永宪录》卷四页五八上所云:"八年秋,因怡亲王薨,降旨矜邮允禵,欲加委任。相传令大学士马尔赛谕以圣意,回奏有'杀马尔赛方任事'语。"则允禵辈之恨马齐必与传位事受其掣肘有关。《文献丛编》第四辑戴铎口供二有云:"奴才自汤山叩送,蒙主子天恩教诲。至今四五年来,刻刻以心自勉。虽不敢谓希贤二字,而天地神明可鉴,各处官民可访。在任时几十万钱粮不清,奴才终始不避嫌疑,为主子出力。及闻主子龙飞九五,奴才曾向巡抚蔡珽说:'恐怕西边十四爷与总督年羹尧有事,当以死自誓。'倒借给兵丁钱粮,冀用其力。此奴才之愚衷也。"据此知世宗用年羹尧以箝制允禵,而并年亦防范之。再证以《上谕内阁》三年四月二十八日第二谕:"年羹尧因皇考大事来叩谒时,曾奏:贝勒延信向伊言:'贝子允禵在保德州遇延信,闻皇考升遐,并不悲痛。向延信云:如今我之兄为皇帝,指望我叩头耶?我回京不过一觐梓宫,得见太后,我之事即毕矣。延信回云:汝所言如此,是诚何言!岂欲反耶?再三劝导,允禵方痛哭回意。'"则允禵之为年所扼可知。即世宗亦尝自谓"陕西地方复有总督年羹尧等在彼弹压。允禵所统者,不过兵丁数千人耳。"《大义觉迷录》,香港书局本,页一八一。而林语堂乃谓:"焉知康熙非重用允禵以监视年羹尧?"(见《人间世》第三十期,第 36 页)未免失之过诬,与事实适相反也。

④ 参见注《上谕内阁》,元年八月十七日,《世宗实录》卷一〇,页一五下同。《硃批谕旨》卷二一页五一上所批四川巡抚蔡珽十二月十二日叩接遗诏后之奏折,亦云:"尔不必过虑,中外平安景象,皆赖我皇考六十年来煦妪仁恩之所致也。"则实录改"太平无事"为"中外敉宁"四字,固为有据。

事"也。至十六日宣读遗诏,并未宣布汉文,而以"宣读清字诏书……即与宣读汉字诏书无异"为谕,良足以骇天下人之听闻①。此即所谓"一言而定"也。观其临事之周密,即事前之深谋可知。乃以轻言细语了之,深心人作浅语,固知其语更深。虽巧不可阶,其如难逃天下后世之明鉴何!

后来种种传闻,散播人口,并非事后野人之语,如云:"圣祖皇帝在畅春园病重,皇上就进一碗人参汤,不知何如,圣祖皇帝就崩了驾"之传说②,岂皆褫党所能捏造?证之意大利人马国贤身临其境目击其事之记载,驾崩之夕,号呼之声,不安之状,即无鸩毒之事,亦必突然大变,可断言也。

三、阿、塞、年、隆之狱

1. 阿、塞之诛

康熙六十一年十一月二十日世宗登基,颁诏大赦,有云:"朕之昆弟子侄甚多,惟思一体相关,敦睦罔替,共享升平之福,永图磐石之安。"③据此可知世宗于即位之初,固尚以"保全骨肉"相号召。曾几何时,乃报复旧怨,翦除兄

① 《上谕内阁》,康熙六十一年十一月十六日第一谕及《世宗实录》卷一页一二。而《永宪录》卷一页五四下谓颁遗诏在戊戌即十七日者误。详见《上谕内阁》第三谕,前云:"御史杨保等参奏鸿胪寺官宣读大行皇帝遗诏时,未宣汉文。"据马国贤"Ripa",pp. 120—121之记载,知其中所谓"An act of justice"谅必指"宣读遗诏"一事而言。按《上谕内阁》康熙六十一年十二月初四日:"奉皇太后懿旨:'予自幼入宫,蒙大行皇帝深恩,备位妃列,几五十年。虽夙夜小心,勤修内职,未能图报万一。钦命予子继承大统,实非梦想所期'。"梦想一语又世宗故意借此掩其图谋之迹者。再参以《永宪录》卷一页六一下所录皇太后懿旨:"我自幼入宫为妃,在先帝前毫无尽力之处;将我子为皇子,不但不敢望,梦中亦不思到。"知《永宪录》所据系录自邸报,自是本来面目。若《上谕内阁》必经后来删改润饰,即是一证。

② 《大义觉迷录》记之颇详,如第177—178页:"据曾静供称:伊在湖南,有人传说:先帝欲将大统传与允禵,圣躬不豫时降旨召允禵来京。其旨为隆科多所隐。先帝宾天之日,允禵不到。隆科多传旨遂立当今……据耿六格供称:伊先充发在三姓地方时,于八宝家中,有太监于义、何玉柱向八宝女人谈论:圣祖皇帝原传十四阿哥允禵天下,皇上将'十'字改为'于'字。"张孟劬师"答梁任公论史学书"(《遯堪文集》,1948年上海张氏刊本,卷一第28页)有云:"世宗夺嗣事,某仅于宗室弘旺'皇清通鉴'中得一条。其书于抚远大将军皇十四子允禵下注云:'原名允祯。'由此以推,则遗诏改十四于为四(原注:此已见雍正谕旨,详《大义觉迷录》)改祯为祺,固自易易。"可以证改字之说十分近于情理者矣。兹据《上谕内阁》六十一年十一月十六日御史杨保之参奏,知当时宣读遗诏,并未宣布汉文;则其遗旨为隆科多所隐显然明白,更无论其改字否也。也同上第178—179页。

③ 《上谕内阁》六十一年十一月。

弟, 务绝根株, 大兴朋党之狱。上谕所云: "朕之弟兄及诸大臣……百日之内, 淆乱朕心者百端。伊等其谓朕宽仁, 不嗜杀人, 故任意侮慢乎? 此启朕杀人之端也", 及 "朕当以社稷为重, 虽系兄弟, 亦难顾惜"①, 即其明征。然则初以允禩总理事务为四大臣之一, 继而封廉亲王, 授理藩院、工部尚书, 无非借以父安反侧, 牢笼天下人心, 姑且容忍于一时②。不然, 何以防范之严, 甚于往时, 致招诸大臣之不平; 而竟有 "即让以此位, 不少迟疑" 之忿语耶③?

其实允禩之才力, 本与世宗相当④。只以大位已落人手, 生杀予夺之权, 操之在人。明知 "过为贬损", "小心谨畏", 仍不得免于诛戮; 然犹委蛇柔驯, 正欲使其兄负屠杀兄弟之名, 蒙天下后世之不韪⑤。此时世宗所以不遽致之

———————————

① 《上谕内阁》元年二月初十日, 按自 "百日之内" 以下, 《世宗实录》卷四, 页一〇下已删。《上谕内阁》二年四月十八日。按《世宗实录》卷一八, 页一三下略同。

② 《世宗实录》卷一, 页八下至九上; 卷一, 页一〇上; 卷二, 页一七下; 卷二, 页二六下; 卷四, 页二〇下。《硃批谕旨》卷二一页五一上蔡珽奏折有云: "至八旗之人, 诚为股肱; 然近居肘腋繁多不齐, 俱宜令其心安为最要", 可作一旁证。《上谕内阁》元年二月初十日: "朕承皇考大统, 自临御以来, 诸王大臣人人得享太平之福。朕并无此时姑且容忍, 待一二年后渐加诛戮之心。如朕果怀此心, 天地宗社皇考神灵鉴之!" 按此段《世宗实录》卷四页一一上全删。世宗言虽如此, 证之事实不然。则知所言在牢笼天下人心, 正姑且容忍于一时。

③ 《上谕内阁》二年四月初七日: "朕既受皇考所付重任, 则朕之一身, 上关宗庙社稷, 不得不为防范。以皇考之圣神, 犹防允禩等之奸恶, 不能一日宁处。朕身视皇考何如耶? 且于皇考则为父子, 于朕则为兄弟; 父子与兄弟, 相去甚远。伊等在皇考时, 毫不逊顺, 恣意妄行, 匪朝伊夕, 至今犹然不止, 所当深虑。朕可不念祖宗肇造鸿图, 永贻子孙之安乎?" 按自 "以皇考之圣神" 以下, 《世宗实录》卷一八页九下删改为: "且允禩于皇考时, 毫不逊顺, 姿 (应作恣) 意妄行, 匪朝伊夕, 至今犹然不止。朕可不念祖宗肇造鸿图, 永贻子孙之安乎?" 又四年十月初二日第三谕: "盖以朕之兄阿其那、塞思黑等密结匪党, 潜蓄邪谋, 遇事生波, 中怀叵测。朕实有防范之心, 不便远临边塞。此朕不及皇考者也。" (按此段《世宗实录》卷四九, 页三下全删。) 于防范之迹, 一概抹去。然此自为安全计, 犹可说也。乃三年二月十四日: "朕每有事俱令众人观看。若与较论, 则罪名甚大。朕尚有难以喻众而隐忍不出诸口者, 亦复不少。" (按此段《世宗实录》卷二九, 页一二上亦全删去。) 然则每事令人观看, 谓非监视凌逼而何? 《上谕内阁》二年十一月十三日及三年四月十六日。《上谕内阁》二年四月初七日: "尔诸臣内但有一人, 或明奏, 或密奏, 谓允禩贤于朕躬, 有足取重之处, 能有益于社稷国家, 朕即让以此位, 不少迟疑。" 按此段《世宗实录》卷一八, 页九下全删。

④ 《上谕内阁》三年四月十六日: "无如朕心如此, 而允禩惟欲行其诈伪, 显伊一己之是, 仍冀遂其大志, 使众人议朕之不是, 以见皇考之付托于朕为误。允禩虽具此深心大力, 但向既遇皇考睿照烛奸之圣父; 今又遇朕才力能与相当之兄, 不能逞其伎俩, 益自增其愧恨耳。" 按此段《世宗实录》卷三一页二一上全删。

⑤ 《上谕内阁》二年十一月初二日; 三年四月十六日。《上谕内阁》二年十一月十三日: "朕曾降旨与廉亲王: '汝心既有不服, 便当令汝代理政事。' 廉亲王奏云: '若如此, 我惟有一死而已。' 揣其意, 若彼时诸臣顺从, 廉亲王亦直任而不辞; 若诸臣不容, 则竟舍身以成其名。朕岂肯明知而坠其术中, 逼致死地乎? 朕此一举又万不可也。" 按此段《世宗实录》卷二六, 页一二下全删。

死者，不外散其党孤其势，且隐示禩在掌握，得免与否，全视其徒党敛迹与否为断①。以允禟、允䄉为禩死党，又皆数百万之富，其权谋术数，足以要结人心，煽惑众听②。故于父死未满百日之际，即先迫允禟远徙西宁，著都统楚宗加以约束，旋即拘禁允䄉于汤泉，以李如柏为之监视③。观后来上谕所云："朕即位以来，离散伊（指允䄉）党，令居远地，惟望伊等改悔前行。朕今日岂惧此等匪人党与，所惧者万一事生，必致杀戮多人耳"；"设使当日允䄉、允禟俱留在京，必致相济为恶。欲如今日之安宁无事，其可得乎"，惩治弟辈，得心应手，见于词色，毫无手足之情；而䄉则一母所生者也④。忍哉！

即如碌碌庸才之允祯，亦必逐往张家口外严寒之地，抱病而返，立加拘禁；至若已拘禁十数年之大阿哥、二阿哥，均禁锢终身，死于监所；允祉亦以幽死；允禵命

---

① 《上谕内阁》二年十一月二十二日："允䄉百般激朕之怒，使朕治伊罪，朕岂肯坠其术中？但将伊行事谬妄之处，俾众闻之耳。自亲王以下，闲散人以上，若有归附允䄉结为朋党者，即为叛国之人，必加以重罪，决不姑贷，亦断不姑容也。"按此谕不见《世宗实录》。《上谕内阁》二年四月初七日："诸凡事务，不实心办理，有意耽废，使朕受不美之名。且每遇奏事，并不身到，亦不检点，苟且草率，付之他人。故激朕怒，以治伊罪。朕断不使伊志得遂也。朕之此弟较诸弟颇有办事之材，朕甚爱惜，非允禟、允䄉等可比。朕今惟加以教诲，令其回心改过，至诚佐理政治，堪为得力之人。斯不但成朕友于之谊，亦以全皇考慈爱之衷。伊果抒忱于朕，即无异尽力于太祖、太宗、世祖、圣祖矣。如此则诸王大臣诸复外视伊者，不但伊自受恩，传之子孙，亦永永勿替。若仍不知悛改，肆行悖乱，干犯法纪，朕虽欲包容宽宥，而国宪具在，亦无可如何，当与诸大臣共正其罪。"按《世宗实录》卷一八页七下至八上删改为："诸凡事务，不实心办理，有意耽废。且每遇奏事，并不身到，亦不亲加检点，苟且草率，付之他人。岂非欲故激朕怒，以治伊罪，加朕以不令之名乎？允䄉较诸弟颇有办事之材，朕甚爱惜之，非允禟、允䄉等可比。是以朕屡加教诲，令其回心改过，殚厥至诚，佐理政治，为国家得力之人。不但成朕友于之谊，亦以全皇考慈爱之衷。伊果尽心国事，即尽心于太祖、太宗、世祖、圣祖也。岂惟身受隆恩，且传之子孙，亦永永勿替。若仍不知悛改，肆行悖乱，干犯法纪，朕虽欲包容宽宥，而国宪具在，亦无可如何，当与诸大臣共正其罪矣。"皆可参证。

② 《上谕内阁》三年二月二十九日，按《世宗实录》卷二九，页二六下已删。《上谕内阁》四年七月二十八日第二谕，按此段不见《世宗实录》。

③ 《上谕内阁》元年二月初十日，《世宗实录》卷四页九下同。《上谕内阁》三年二月二十九日，《世宗实录》卷二九，页二四上同。按《掌故丛编》第九辑卷首影印雍正硃批年羹尧密折有云："贝子允禟近日行事光景，颇知收敛。臣此次路过西大通（即西宁）……已留人在彼。凡贝子允禟有何行事之处，臣皆得闻知也。"批："第一要紧，如此方好！"其监视之严可知。《上谕内阁》元年五月二十四日，不见《世宗实录》。

④ 《上谕内阁》二年八月二十二日，按自"朕今日"至"多人耳"凡二十五字，《世宗实录》卷二三页一九上改作："不致生事，罹于国法耳。"《上谕内阁》三年四月十六日，按此段《世宗实录》卷三一页二〇上全删。唐邦治：《清皇室四谱》，上海聚珍1923年仿宋本，卷三，页一五下至一六上。

守景陵，不数年而卒①，谓非良死，自无确证，然以世宗之残忍，决不肯听其苟延。至若崇任怡亲王允祥，厚奖果郡王允礼，则别有故。世宗之所以任允祥者，正以其未尝"纠党邀结一人"，而又能为其穷治邪党，"彻底审出"；所以奖允礼者，正以其能参奏抬写廉亲王之处②。既得其用，复博友于之名，以掩盖一切杀弟丑事。

世宗尚恐廉亲王素怀大志，其心不死；于是穷治党羽，谓之"整理变化"，自谓即被人加以"苛刻严厉"之名，亦受之不辞③。如其所云："暗附朕之兄弟者，朕必明正其罪，置之重辟。使向日结党之弟兄，无附会济恶之人"；又云："党援必由众人附和而成，若人人皆知廉亲王之非，则党援自散，廉亲王一人又何所恃而如此行为乎？"④故费尽苦心，必划除罄尽而后已。如苏努、勒席恒、七十、秦道然、陈梦雷、陶赖、张廷枢、吴尔占、普奇、经希、色亨图、阿布兰、马尔齐哈、常明、德宁、佛格、汝福、阿尔松阿、阿灵阿、鄂伦岱、满都护、噶达浑、

---

① 允祯事见《上谕内阁》二年四月初八日（《世宗实录》卷一八，页一一下至一三下同）；四年九月二十九日（《实录》卷四八页二九上至三〇下同）及五年四月十八日（不见《实录》）；同上二年四月初八日及同月二十六日（《世宗实录》卷一八页二三同），五年四月十二日（《实录》卷五六，页一三下同）。允禵、允礽事见同上二年十二月十五日（《世宗实录》卷二七，页一二下至一三下略同）。二阿哥允礽卒于雍正二年十二月十四日，见《实录》卷二七，页一二上及《清皇室四谱》卷三，页一二下。大阿哥允禵卒于雍正十二年十一月初一日，见《实录》卷一四九，页一下及《清皇室四谱》卷三，页一二上。允祉拘禁于景山之永安亭，以雍正十年闰五月十九日卒，见《世宗实录》卷一一九，页一一下至一二上及《清皇室四谱》卷三，页一三上。允禑卒于雍正九年二月初一日见《世宗实录》卷一〇三，页三上及《清皇室四谱》卷三，页一六。

② 《上谕内阁》元年十一月二十五日（《世宗实录》卷一三，页二一下至二二上略同）。再参以张廷玉奉敕撰和硕怡贤亲王行状（《澄怀园文存》，光绪十七年刊本，卷一四，页一下）亦云："同侪中有以诈术煽诱诸王者，王独不为所动。皇上（指世宗）肇登宸极，恭己以临，特授封怡亲王，命总理事务。盖稔知王忠孝纯挚故也"，足资佐证。同上二年十一月二十五日（《世宗实录》卷二六，页二一下至二二上略同）。允礼事见同上三年三月十三日第三谕，不见《世宗实录》。

③ 《上谕内阁》二年四月初七日："由此观之，其大志至今未已也。"（《世宗实录》卷一八页七下删"由此观之其大志"七字。）又三年十一月初二日："廉亲王允禩与年羹尧居心相类，期于必遂其缘木求鱼之大志，主意断不改悔也。"（按此段《实录》卷八三，页六上全删。）其所删必为世宗掩饰泯灭之迹显然易见。同上四年七月二十八日第二谕："朕之诸弟中，如阿其那、塞思黑、允禵者，权谋术数，足以要结人心，煽惑众听。故恶习渐染甚深，至今尚未悛改。数十年来，朕亲知灼见。是以即位以后，费尽苦心，欲为整理变化。为世道人心久远之计，非苛刻以为能，察察以为明也。"按此谕《世宗实录》不载。同上："故谓朕过严，朕所不受；谓朕过宽，朕亦不受也。若加朕以苛刻严厉之名，冀朕闻知，遂曲为宽纵，任若辈之作奸犯科。此岂帝王治天下之道乎？"

④ 《上谕内阁》三年二月二十九日；按《世宗实录》卷二九，页三一上改作："暗附朕党者朕必明正其罪，置之重辟。使伊等党援解散，无附会济恶之人"，仍是为其掩饰之笔削。同上二年十一月十三日；按《世宗实录》卷二六页一二删为："党援必由众人附和而成。若廉亲王一人何所恃而如此行为乎？"

栾廷芳、武正安、鲁宾、揆叙、五格、二德、阿尔逊、郭允进、徐元梦、巴海辈①，莫不坐以"邪党"。或谴责，或降级，或革职，或削籍，或除名，或监禁，或禁锢高墙②，或充军边地，或正法，或立斩枭示，或已死而犹追治其罪。凡此皆在禩、禟生存之时，恐其助之为害，犹可说也；迨禩、禟既死之后，仍有鲁尔金、乌尔陈、苏尔金、库尔陈、法海、佛保、达尔当阿、托时、查弼纳、萧永藻、高成龄、董永芰、四格、李凤翥辈③之放流诛殛，谓非怨毒之深而何？

---

① 苏努见同上二年五月十四日，《世宗实录》卷二〇，页一一下至一三上略同。勒席恒、七十见同上元年二月初十日，《世宗实录》卷四，页七下至一一下略同。秦道然见同上及五年六月十六日第二谕。陈梦雷见同上六十一年十二月十二日第四谕。陶赖、张廷枢见同上元年二月初十日。吴尔占、色亨图见同上元年三月十三日，《世宗实录》卷五，页一〇下至一一下略有删改。普奇、经希见同上二年闰四月初五日第二谕，《世宗实录》卷一九，页四上至六上略同。阿布兰见《上谕内阁》二年闰四月十四日，《世宗实录》卷一九，页一二下至一四上略同。马尔齐哈、常明见同上二年五月二十日，《世宗实录》卷二〇，页二〇下至二三下略同。德宁见同上二年五月二十八日，《世宗实录》卷二〇，页三九下至四〇上略同。佛格、汝福见同上二年十二月二十二日，不见《世宗实录》。阿尔松阿见同上二年十月二十六日第二谕，《世宗实录》卷二五，页一七删改甚多。阿灵阿、鄂伦岱见同上三年二月二十九日，《世宗实录》卷二九，页二四上至三一下删改颇多。满都护见同上三年七月二十九日，《世宗实录》卷三四，页二三下至二五上略有删改。噶达浑见同上三年九月三十日，不见《世宗实录》。栾廷芳见同上三年十月二十三日，不见《世宗实录》。武正安见同上三年十二月初一日第三谕，不见《世宗实录》。鲁宾见同上四年三月十六日，《世宗实录》卷四二，页一二略同。揆叙见同上四年五月初九日第二谕，《世宗实录》卷四四，页一四下至一六上全同。五格见同上四年五月十四日，《世宗实录》卷四四页二〇下至二三下略同，二德见同上四年七月十五日，不见《世宗实录》。阿尔逊见同上四年七月二十八日第二谕，不见《世宗实录》。郭允进见同上四年七月二十九日第二谕，《世宗实录》卷四六，页三三略同。徐元梦见同上四年八月初十日，《世宗实录》卷四七页一〇下删削殆尽。巴海见同上四年八月三十日第二谕，不见《世宗实录》。

② 《永宪录》卷四，页四三下云："圈禁之制：为屋数间，宽不满丈，高倍之。墙之厚数尺，留穴以通饮食。家人亦得随从，后多物故。"自是禁锢高墙之制。又同书卷三页六九下有云："闻国法圈禁有数等：有以地圈者，高墙固之；有以屋圈者，一室之外，不能移步；有坐圈者，接膝而坐，莫能举足；有立圈者，四围并肩而立，更番迭换，罪人居中，不数日委顿不支矣。又重罪，颈、手、足上九条铁链，即不看守，亦寸步难前也。"则知禁锢高墙不过圈禁中之一种。然证以李绂奏报为允禟在保定预备住处折（刊于《文献丛编》第二辑《允禩允禟案》页一三上下）所云："预备小房三间，四面加砌墙垣，前门坚固。俟允禟至日，立即送入居住。前门加封，另设转桶传进饮食。"与禁锢高墙之制相吻合。

③ 鲁尔金见《上谕内阁》四年十月二十七日，不见《世宗实录》。乌尔陈、苏尔金、库尔陈见同上五年四月十九日第二谕，不见《世宗实录》。法海见同上四年十二月十九日，不见《世宗实录》；按《永宪录》卷五，页四下至七上列此谕于五年正月逮尚书法海之下，其中异同甚多。佛保见同上五年二月三十日，不见《世宗实录》。达尔当阿见同上五年三月二十八日，不见《世宗实录》。托时见同上五年四月初三日，不见《世宗实录》。查弼纳见同上五年六月十六日第二谕，《世宗实录》卷五八，页二七下至二八上略同。萧永藻见同上五年十一月二十三日，《世宗实录》卷六三，页二四下至二五下略同。高成龄见同上六年十月初五日，不见《世宗实录》。董永芰见同上六年十二月十四日，不见《世宗实录》。四格见同上七年正月二十七日第四谕，《世宗实录》卷七七，页一五上至一六上全同。李凤翥见同上七年五月初二日第二谕，不见《世宗实录》。

当禩、禟之未死也,世宗即折磨之凌辱之,无以复加。兄弟骨肉之间,"情如水火,势如敌国"①。观其以一都统约束允禟,令之下跪听诏;因遣人买草,竟革去贝子②。而允禩之掌工部也,节省不可,推诿亦不可,即无心之过,亦莫不推之允禩一人③。即以梓宫奉移山陵,减省一半,为不遵例矣;而供奉御容,自我作古,又以"悲思罔极"为合法④。又如诸母妃迎养兼王府之初,允禩请不时入宫相见而不见许矣;乃三年后,又以诸母妃未尝一造殿下为"系允禩从中阻挠"⑤。似此自相矛盾,令人何所适从?

世宗欲杀禩、禟之心,早已蓄于同为皇子之时,决不肯贷其一死。如康熙四十八年即奏:"此等悖逆之人,何足屡烦圣怒。乱臣贼子,自有国法。若交与臣,便可即行诛戮";雍正元年亦谕:"但迫朕于不得已之时,将凭皇考之威灵,执法诛戮,谁曰不可乎?"及三年三月又谕:"廉亲王⋯⋯每事烦扰朕之心思,阻挠朕之政事,惑乱众心,专欲激朕杀人"⑥可证。三年十二月,拘禁允禩,并革去亲王,严行禁锢;四年三月,废允禩、允禟为庶人;旋改允禩名阿其那,其子弘旺名菩萨保;五月改允禟名塞思黑⑦。八月二十七日(1726 年 9 月 22

① 《上谕内阁》三年四月十六日,《世宗实录》卷三一,页一八上至二一上略同。
② 《上谕内阁》三年二月二十九日,《世宗实录》卷二九,页二四上至三一下略同。又《世宗实录》卷一八页二二上。
③ 《上谕内阁》二年十月初十日第三谕(《世宗实录》卷二五,页六上下大部删去),世宗不受山东修理文庙银四万两之公捐。同上三年六月初二日,不见《世宗实录》。同上二年五月十四日:"廉亲王今日具奏贝子允禟事,又将处满丕事,一并具奏。谓之无心可乎?⋯⋯由此观之,伊等党与尚自与朕为仇。朕又岂可默默而已?岂有数日一次扰乱朕心之理?即曰无心,亦必允禩身有获罪于天之处。冥冥之中有莫之为而为者!"按《世宗实录》卷二〇,页一一下于廉亲王下添允禩二字,自"由此观之"以下凡六十字删减为:"是以间日一次,欲以扰乱朕心耳"十三字,情景迥殊。
④ 《上谕内阁》三年二月十四日,按《世宗实录》卷二九,页一〇下至一二下颇有删改。同上四年正月初五日第三谕,《世宗实录》卷四〇,页八上至一六下略同。
⑤ 《上谕内阁》三年二月十四日第二谕,《世宗实录》卷四〇,页一六下至一八上全同。
⑥ 《上谕内阁》三年二月二十九日有云:"戊子年(康熙四十七年)拿问允禩。开赦后,次年春皇考从霸州回銮。自行宫起身,至南红门,言及鄂伦岱等结党之事,皇考震怒⋯⋯朕遂泣奏云:'皇父圣体初愈,此等悖逆之人,何足屡烦圣怒。乱臣贼子,自有国法。若交与臣,便可即行诛戮'。"(《世宗实录》卷二九,页二四上至三一下略同。)同上元年四月十八日,按此段《世宗实录》卷六页一八已删。同上三年三月二十七日,按《世宗实录》卷三〇,页三四下删"专欲激朕杀人"一句。
⑦ 《世宗实录》,卷三九,页二五上,卷四二,页二下、一一上;参《永宪录》卷四,页一七上。允禟改名见《世宗实录》卷四四,页二三下;按《永宪录》卷四,页二三上以改名塞思黑列在四月之末。或者改名在先,五月始为正式宣布之期耶?至于《上谕内阁》三年七月二十九日,于上谕之首,已有塞思黑一名(《上谕八旗》卷三,页三三上、《永宪录》卷三,页四八上及《世宗实录》卷三四页二三下均作贝子允禟),显然为后来修改之印痕。不然,何以此谕中仍称允禟,即在四年五月以前之一切上谕中,未一提及塞思黑之名耶?

日）塞死于保定，九月初八日（10月3日）阿死于监所，阿、塞之死，决非良死①，下手者李绂，而授意者则世宗也。请以事实为证：世宗先差胡什礼往西宁，带领塞思黑回京，塞"一路……谈笑如常"，固强健也；途过保定，留住两月，饮食亦如常，犹无恙也；乃李绂忽以"腹泻"奏闻，随即痊愈，不数日而病故矣②。证以李绂有"俟塞思黑一到，我即便宜行事"之语，及世宗已有"俱交与李绂，尔不必管"之明旨；而七年上谕又责李绂"并不将塞思黑自伏冥诛之处，明白于众"③，真所谓狐埋狐搰。塞死才旬日耳，阿又以病故闻，何其巧也④！

① 按《世宗实录》卷三七页二三上云："直隶总督李绂以塞思黑于八月二十四日病故奏报。"谓死于二十四日者误。《永宪录》卷四页四七上载于九月，尤误。据《皇清通志纲要》卷四页八上云："雍正四年八月二十七日薨，葬东便门外"，及其《元功名臣录》卷上一，页三〇上云："雍正四年八月二十七日卒于保定府。"再参以李绂奏报塞思黑病故折（《文献丛编》第二辑《允禩允禟案》页一七）称"塞思黑于本月二十七日卯时已经身故"，及《上谕内阁》四年八月二十八日"今日李绂奏报塞思黑病故"之语，足证实录之失。至于允禩之卒，按《世宗实录》卷四八页一三上云："初十日病故"，恐误。因《元功名臣录》卷上一页一〇下云："雍正四年九月初八日薨"，著者弘旺即允禟之子，所记月日当可信。节本《永宪录》（《古学汇刊》本）页七上云："塞思黑死于正（保）定"，小注云："李卫（绂之误）毙之于行台"；又云："阿其那死于监所"，小注云："非良死也"。两注均不见足本《永宪录》，不知何人所加。

② 允禩之罪状不过"视朝廷如同敌国，造作字样，巧编格式，密缝于骡夫衣襪之内，暗传信息"（即《上谕内阁》四年八月二十八日谕中语），详见《允禩允禟案》，刊于《文献丛编》第一、二辑中。其一路情事见《上谕内阁》四年八月二十八日、《世宗实录》卷四七，页二三上至二五下及《永宪录》卷四，页四七上至四八下，三书互有异同。按允禟于五月十五日至保，见《允禩允禟案》页一四下李绂奏报查出年羹尧与塞思黑往来密书折。又页一六下李绂奏报塞思黑病笃折中有"塞思黑在于保定圈住，从前饮食如常。至七月十五日忽患泄泻，随即痊愈"之语。知自五月十五日至七月十五日两月之间，饮食如常，固无恙也。其李绂奏报塞思黑病笃折续云："至八月初九日以后，饮食所进甚少，形容日渐衰瘦。至二十二日……语言恍惚。至二十五日早上，声息愈微，呼亦不应。至晚更觉危笃。"据此知允禟病势剧增，在腹泄已痊半月之后。其死固非腹泄之故，可谓彰明昭著者矣。再参以李绂《穆堂别稿》（道光十一年刊本）卷三二，页一五上至一八上有雍正四年五月十七日谢赐端午锭子药、八月初四日谢赐荔枝佛手柑及八月二十九日谢赐香水梨三劄子，适在允禟抵保及其既死之第三日之间，赏赐频颁，谓非世宗酬劳而何？

③ 《上谕内阁》四年八月二十八日第二谕，《世宗实录》卷四七，页二五下至二六下及《永宪录》卷四，页四八上下，三书颇有详略。参《允禩允禟案》页一五上至一六下李绂奏报塞思黑晕死复苏折。同上四年八月三十日；按《世宗实录》卷四七，页二八上下已将此句删改为"已有旨交与李绂矣"八字，与原文意味迥乎不同。同上七年十月初六日第二谕；《世宗实录》卷八七页六上至八下删改甚多。

④ 《大义觉迷录》页一九九上谕云："阿其那、塞思黑……不料旬日之间，二人相继俱伏冥诛。实奇事也！"是世宗亦自知之。

以世宗迫允禵"若欲同死，悉听尔意"①之谕推之，则阿之暴卒，非世宗授意杀之而何？

阿、塞死且百有余日矣，五年四月十八日之煌煌上谕，因李恒荣之案谕及阿、塞之死曰："阿其那、塞思黑二人之恶，不可枚举，实逆党之渠魁也。二人一日不除，则逆党一日不散，国家一日不安，是以无奈将伊二人拘禁。比时诸王大臣奏请即行正法，而朕未即俞允者，乃一时小不忍，意略迟回耳。不意二人遂服冥诛。然朕为宗庙社稷计，若二人不死，将来未必不将伊明正典刑，以彰国宪。盖朕受皇考付托之重，不得顾小节而忘大义，亦不得顾一身之毁誉而忘国家之安危。朕只论阿其那、塞思黑有必可诛之罪，有必当诛之理，而断不避诛阿其那、塞思黑之名也。诸臣试思：此二人者，宽以容之，不可；严以待之，不可；放纵之，不可；禁锢之，亦不可；果如何措置而后可以除国家之大患乎？"②世宗必死其兄弟，特不欲负杀兄弟恶名。允禩明知不能免死，但不欲独死，欲世宗多杀兄若弟，以负千载骂名。观世宗前后上谕，种种忸怩，及允禩种种言辞，皆以此一念为关键。至于既死其弟之后，知骂名不可避免，乃明明自认，向来特小不忍，非避恶名，其实仍是掩饰，用心亦良苦矣。世宗尝责廉王曰："外市慈厚之虚名，而内忍行惨酷杀人之实事；虽工于掩饰，而欲盖弥彰。"③若以此评还诸世宗，尤觉至确至当。两人智术相等，不过一成一败。圣祖一生弄术，而诸子若此，知其后半生之苦恼不少。世宗既殁，高宗即位，首先将主谋助凶之文觉禅师，驱逐回籍；后来阿、塞二人仍复原名，收回玉牒④。是世宗之行事，又不见谅于其子矣。

---

① 《上谕内阁》四年九月二十九日、《世宗实录》卷四八，页二九上至三〇下及《永宪录》卷四，页五七下至五八上，三书稍有异同。

② 《上谕内阁》五年四月十八日，不见《世宗实录》。

③ 《上谕内阁》三年十一月初二日，《世宗实录》卷三八，页三下至七下同。

④ 《永宪录》卷五，页三〇下至三一上云："文觉日侍宸房，参密勿，上倚之如左右手。是年（雍正五年）腊，七十……十三年冬，今上降谕，严饬僧人。其侍帏幄者，皆放还山。文觉独令沿途步行，归长洲。敕地方稽查管束，无致生事。传闻隆、年之狱，阿、塞之诛，皆文觉赞成，故圣心隐痛。"

《高宗实录》卷七，页三七，高宗于即位之初，即雍正十三年乙卯十一月癸亥下旨："将阿其那、塞思黑之子孙给与红带，收入玉牒。"又同书卷一〇四八，页一七下至一九上在乾隆四十三年正月甲戌（《清史稿》页一〇〇三引高宗谕同），亦可参证。唯据《皇清通志纲要》及《元功名臣录》两书成于乾隆十四年，著者不称菩萨保而称弘旺，似"仍复原名"亦在乾隆之初。

自是而后，诸邸停止阿哥行走，改为上书房，以课皇子①，遂为一代定制。

2. 年、隆之狱

世宗之立也，年、隆最为有功。隆以是封一等公，复加"舅舅"之称；年则封三等公，悉付以西陲之寄②。其所以信任之尊崇之者，蔑以加矣。隆之入朝，见亲王不过起立，亲王则欠身微趋而过③。其于年"赐爵、赐金、赐第、赐园、赐世职、赐佐领"；年在外，督抚跪道迎接，受之不辞；每入京，公卿跪接，策马而过，不稍为之动容；即王公下马问候，亦颔之而已④。复谕将年之子熙过继与舅舅隆科多为子，而隆竟有"我二人（指隆与年）若少作两个人看，就是负皇上矣"⑤之言。是又暗示隆、年并重，豪无轩轾，其尊宠若此。满朝望风承旨，孰敢不媚此二人？后来乃独责诚亲王"待隆科多、年羹尧越礼致候，作谄媚卑污之举动"⑥，而不知皆自己过于隆重，有以启之也。

阿、塞在必诛之列，尽人皆知。独年、隆以功首而就夷戮，且年之显戮，犹在阿、塞之前，则不得其故。世或以年恃功骄蹇，不缴硃谕⑦，为致死之由，当属皮相之论。若深察世宗之为人，则年、隆之戮辱，诚为不可避免之事。盖年、

---

① 按《白田艸堂存稿》（葛堂本），卷首有"雍正元年十一月十六日吏部尚书、公、舅舅隆（科多）传旨王懋竑授为翰林院编修着在三阿哥处行走。"知阿哥行走之制，雍正初年尚存，其停止自在五六年以后。又《清史稿》页四四八"詹事府"条小注云："皇子在上书房读书，选翰林官分侍读、讲，简大臣为总师傅。总师傅之称，自乾隆二十二年以介福、观保等为总师傅始。"

② 《上谕内阁》六十一年十一月二十一日第三谕只言著袭舅舅佟国维公爵，《世宗实录》卷一页二五上于"公"上则增"一等"二字。《世宗实录》卷一页二六下云："（康熙六十一年十一月）丙午谕内阁：隆科多应称呼舅舅，嗣后启奏处书写舅舅隆科多。"则加"舅舅"之称在封公爵二日之后。同上卷五页八上云："（元年三月戊子）封川陕总督年羹尧为三等公。"而《永宪录》卷二上页二七下列于戊戌之后，戊字自是子字之误。唯云："是月进隆科多、马齐、年羹尧太保阶，登基恩也。"可谓实录。《上谕内阁》三年十二月十一日谕年羹尧："授尔为川陕总督，又用尔为抚远大将军，将西陲之事全界于尔，事事推心置腹。文官自督抚以至州县，武官自提镇以至千把，俱听尔之分别用舍。"《世宗实录》卷三九页一四下全同。

③ 《上谕八旗》卷三，页二一上及《永宪录》卷三，页一二下至三一上。

④ 《文献丛编》第六辑《年羹尧奏折》页一六下。《永宪录》卷三，页七九上，《世宗实录》卷三九页八上同。《啸亭杂录》卷五，页一二下至一三上"年羹尧之骄"条。

⑤ 《年羹尧奏折》，页一〇下。

⑥ 《上谕内阁》六年二月初五日，按此段《世宗实录》卷六六页五下已删。《宾阳子年谱》（见后）中下页二八下有云："宾阳子曰：年公起家词林，宜通缟纾；况曩者曾下明诏：有敢不敬，王子且以不孝论。"可证年之尊宠，实世宗有以启之。

⑦ 《上谕内阁》三年五月十七日，《世宗实录》卷三二，页一四下至一六上全同。

隆皆反复无常之人，非得其力，不足以成事，而对于其人，则早有戒心，用毕即杀之除之，早已预有成算，即使二人恭顺自矢，亦决难免祸。不然，年尚可以骄蹇目之，隆则何说乎？此外则年、隆赞佐密谋时，必有许多不可告人之隐，若留活口，终是后患。此亦不得不亟亟加以诛戮之一理由欤？今即由世宗先后谕旨比勘，知不只字字深险，极盖操纵抑扬之能事。于年尤甚。年之才能，远在隆上，故年显诛而隆瘐毙。观其二年十一月十五日谕："夫为君难，为臣亦不易……即如年羹尧建立大功，其建功之艰难辛苦之处，人谁知之？隆科多受皇考顾命，又谁知其受顾命之苦处？"备示牢笼，正所以暂安其心；同年十二月十一日未刊硃批年羹尧折忽云："凡人臣：图功易，成功难；成功易，守功难；守功易，终功难。为君者：施恩易，当恩难；当恩易，保恩难；保恩易，全恩难。若倚功造过，必致反恩为仇，此从来人情常有者"，已略露抑制端倪；及三年未刊硃批年折则云："可惜朕恩！可惜己才！可惜奇功！可惜千万年声名人物！可惜千载奇逢之君臣遇合！若不知悔，其可惜处不可枚举也"，明明道破即将下其毒辣之手①。而年、隆不悟，年犹有"夕惕朝乾"之语病，有类讥刺；而隆则私抄玉牒，存贮家中，授人把柄②。

今考隆之罪案凡四十一款，其中有云："妄拟诸葛亮奏称：白帝城受命之日，即是死期已至之时"；与"狂言妄奏：提督之权甚大，一呼可聚二万兵"③。证以雍正五年上谕内阁："皇考升遐之日，大臣承旨者，惟隆科多一人"，则隆此二语，不啻李斯临死上书之以罪为功，触犯世宗所忌，安能免于"永远禁锢"④？年之诛也，尤早于隆。罪状至九十二款之多⑤，实皆非必杀之罪。盖年之入雍王府，早在康熙四十八年前；而抚川时，世宗即责其有"今日之不负皇上，即他日之不负王爷"之语为"无法无天"⑥。所谓"无法无天"，即此等密

---

① 《上谕八旗》卷二，页三六下；《年羹尧奏折》页一七上；同书，页三一上。

② 《上谕内阁》三年三月二十三日第二谕，《世宗实录》卷三〇，页三一下至三二上略有删减。同书五年六月初八日第三谕，《世宗实录》卷五八，页一四下至一五上略有删减。

③ 《世宗实录》卷六二，页六下、七上。

④ 《上谕内阁》五年十月初五日，《世宗实录》卷六二页九上至一〇上略同。按隆之议罪四十一款在五年十月初五日，上谕与实录同；而《永宪录》卷五页九八列于"秋七月乙卯朔"之下，非。

⑤ 《世宗实录》卷三九，页六下至一三上及《永宪录》卷三，页七七上至八三下。

⑥ 按孟森《世宗入承大统考实》（《清初三大疑案考实》第三篇）页一二下据年羹尧康熙五十六年五月二十日回奏孟光祖至川情形折（《掌故丛编》第四辑《年羹尧奏折》页八下）有"臣属雍亲王门下，八载于此"之语，断定年入雍府在康熙四十八九年间者误。盖年之抚川，即在四十

谋,只能存之于心,不能宣之于口。迨世宗即位之后,年恳请陛见折云:"臣受恩最深,忠君之念不自今日,我皇上至孝本乎性成,自古帝王所未有,此臣平日所深知者。"①可见年早预夺储之谋。读雍正元年正月初二日未刊硃批年折云:"舅舅隆科多,此人朕与尔先前不但不深知他,真正大错了!此人真圣祖皇考忠臣,朕之功臣,国家良臣,真正当代第一超群拔类之希有大臣也!"②可见世宗篡夺之谋,年、隆实预腹心之寄。所谓"先前"二字,至少当在年为川抚之时,与年拆"不自今日"可相印证。故谓世宗蓄谋过二十年,即此可以为证。后来遂责年"今日之功,岂能及鳌拜之大? 而所犯之罪情,则甚于鳌拜。"③以鳌拜为此,不杀何待? 甚且谓其居心"期于必遂其缘木求鱼之大志,主意断不改悔也",则疑年由怨望而萌异志矣;所以有此疑,则由于预断其人必反复也④。而年犹不悟,于奏折中"故意隐约其辞,以启天下之疑",尤足以激世宗速杀之心。不知所谓大功告成,正是死期已至之日,犹斤斤以功自诩,卒致杀身并杀其子⑤。

年、隆皆以兵权在握,得为佐命。世宗初登大宝,即封隆阳尊其名位而阴

八年二月(见《皇清通志纲要》卷五,页六四上);自是十数年,久任川陕,升至总督。果年于四十八年始登雍府之门,岂有立谈间外放巡抚,即属门下之理耶? 以傅鼐年十六(见《啸亭杂录》卷五,页一一下)入藩邸例之,则年之入邸,必在幼年无疑。世宗此谕见《上谕内阁》三年六月初七日第二谕,按此谕《世宗实录》今已删去,而《永宪录》卷三,页一八上至一九上,所引,大致相同。无法无天语见《文献丛编》第一辑雍亲王致年羹尧书真迹。

① 《年羹尧折》,《掌故丛编》第十辑,页七一上。
② 《年羹尧折》,《掌故丛编》第十辑,页七〇下。
③ 《上谕内阁》三年七月十八日。按此段《世宗实录》卷三四页一五上已删,亦不见《永宪录》卷三页三八上下所引论中。
④ 《硃批谕旨》卷一,页七二下云:"近日隆科多、年羹尧大露作威作福、揽权势光景,朕若不防微杜渐,此二臣将来必至不能保全。"按此批在二年十二月十三日齐苏勒折,先于年之议罪一年。
⑤ 未刊硃批《年羹尧奏折》(页一三下谢赐荔枝折)有云:"大功告成,西边平静,君臣庆会,亦人间大乐事。"在二年七月十八日。又同年八月初五日批(页一四上谢赐鲜枣折):"大功告成多日,君臣庆会在迩"云云,表面视之,所谓"大功告成",似指平定青海而言。然证以二年八月十五日《年羹尧奏折》(页一四下)内有:"今年直省以及口外耕种之处,并获丰收,咸书大有。此诚所谓普天同庆,而因以知造物视一人为转移。内外诸臣,身际唐虞,共沾化育。未矢报于万一,复何功之可言?"之语,则年所谓功,明明归之世宗承袭一事。而世宗于此下硃批云:"卿奏可保皆出于至诚。"又自己默认矣。赐年羹尧自尽,见《永宪录》卷三,页八四上。按《无益之谈》页一九下至二〇上云:"雍正乙巳(三年)十月初三日申时,京师忽有虎突入齐化门,登城。人噪逐之。行至宣武门下西米巷,入年遐龄家就擒。遐龄即太保大将军羹尧之父也。羹尧败,赐死之地,即虎就擒之地也。"年之子甚多,惟年富立斩。余子充军。见《世宗实录》卷三九,页一三下至一四上。

夺其实权①。年则储之以制允禵、允禟，独处西秦，手握重兵，而竟一车两马，仆从数人，布帏轿车，帖然受命赴任杭州者，实由任年之始，即早储岳钟琪以制年矣②。而昧昧如王安国者，乃奏称："皇上既烛年羹尧之奸，夺其权而调之内地，在今日不过釜鱼几肉耳。正法亦可，放流亦可"，致遭世宗"笑而鄙之"③。明明道出世宗心事，不能怒骂，乃以此"笑而鄙之"四字解嘲耳。

年之羽党，似多于隆。如胡期恒、金启勋、边正烈、彭振义、刘世奇、张泰基、黄起宪、武正安、周仲举、郎廷槐、白讷、常玺、朱炯、赵成、阮阳璟、黄焜、张适、李世倬、彭耀祖、杨廷柏、张梅、王希曾、周文泽、靳树榛、梁奕鸿、马灼、王持权、金式训、靳光祚、高世禄、董正坤、魏世瑛、杨书、葛继孔、李继泰、赵健、许启

① 隆之尊崇已详前矣，其实于六十一年十一月十四日命总理事务之同一日，即以乾清门一等侍卫拉锡暂管理藩院事务（见《世宗实录》卷一，页一〇上）；因此前隆科多实兼理藩院尚书也（见《圣祖实录》卷三〇〇，页六下）。再如六十一年十一月二十三日加称"舅舅"之同一日，谕"步军统领隆科多总理事务，甚属繁剧；著护军统领衮泰署理步军统领事"（《世宗实录》卷一，页二六下），虽逾月而仍以隆兼管步军统领事务（同上卷二，页二六下），不过徒有其名；迨三年正月终解步军统领之任（《清史列传》卷一三，页七上），而阿齐图实授矣（见《世宗实录》卷二八，页七下）。

② 年之制禵、禟见《年羹尧奏折》页三七下。按后来李绂虽有奏报查出年羹尧与塞思黑往来密书折（《允禵允禟案》页一四），而硃批："二人各有所犯不容诛之罪，何必牵连一事？"是世宗以年制禟，不复疑也。又《上谕内阁》五年四月十八日，不见《世宗实录》。年之受命赴杭见《上谕内阁》三年六月二十一日，与《永宪录》卷三页二五下至二六上颇有异同。同上五年闰三年二十一日："至于平定青海，实系岳钟琪之功，年羹尧不过坐镇指挥而已。若非岳钟琪智勇超群剋期决胜，则年羹尧亦不能成功如此之速。然岳钟琪之所以奋勇直前者，乃为国家弹忠宣力，以靖边疆。岂因年羹尧之私情而遵其调度乎？"按此谕不见《世宗实录》。最近文如师托王剑英同学从太仓图书馆钞得《宾阳子年谱》，其中可资考证者甚多。尤以世宗于用年之初即存去之之念，与锺翰所持之说相吻合。如谱中下页二二下至二三上雍正二年甲辰云："初冬龚念伦入京，云：'闻年太保声势喧赫，欲一识其人。'宾阳子曰：'不足见也，行败矣！上之崇之，乃所以踣之也！吾乡张大复泰基为年人幕宾，亦吾戚也。求附年者，必梯于张；求援张者，必即吾门。吾门限欲断，则谢客曰：如当往者，宜莫吾先！君辈但谨伺我！苟我举足，君辈踵之，何后之有？我戒大复，亦当见几，无与其难。昨年之人，有敕朝臣毕迎，吾以疾不出。太保之门不通名纸者，应未有两也！'"云云，可为佐证。又文如师跋云："'宾阳子年谱'六卷，顾陈垿撰。陈垿字玉停，太仓人。康熙乙酉举人。负王佐之才，通知天文、律历、占算、声韵之学，尤精于医。以大学士王掞荐，入内府湛凝斋纂修秘书。诚亲王胤祉总裁其事，颇被礼遇，叙行人司行人。未几，告归。雍正之初，诸邸宾客多获重谴。独陈垿萧然物外，不与党祸。李卫亦故人也，礼为上宾。见其治狱株连，去之若浼。盖知其时君相无能用之者，甘心匿影远患。诸王角立，记载多阙。谱中所具，虽词旨隐约，而大端已见。昔年缪艺风丈藏钞本'无益之谈'，即自此谱摘录，别本单行，不免错讹。疑未睹全书，故无从校正。太仓图书馆存此谱钞本，从之借钞。从此人间有第二本矣！己丑（1949年）十月大雪节文如居士识于成府村居。"此谱关系康雍两朝史事之大，可想而知，故亟引跋语以为介绍于此。

③ 《上谕内阁》五年四月十八日。

盛、刘子正、严世杰、金德蔚、周元勋、王国正、杨文斌、崔鸿图、张纯、周仁举、年悦、王景灏、王嵩、宋师曾、王允猷、汪景祺、邹鲁、净一道人、田帝育①辈，皆获谴责或诛戮。至于钱名世以党年致负"名教罪人"②之骂名，又处分之罕见者。以视阿、塞，"年之结党，为时尚浅，是以易于解散"③。乃隆于年案，有意扰乱，亦得严加议处④。所谓"隆党"，不过牛伦、程光珠、张其仁、姚让、吴达礼、查嗣廷、马武、塞尔图、塞楞额诸人，其交结揆叙、阿灵阿、菩萨保⑤，菩萨保即允禩之于弘旺，后来撰"皇清通志纲要"者也；并为敌党，又罪之大者。盖世宗时时心目中有反复二字在⑥。攻击年党最力者为李绂、蔡珽，皆深仇也，故世宗赐以所籍年之服物赀财，年赐自尽时，特派蔡珽监刑，使珽快心，兼使年痛心⑦。然未久绂、珽又皆得咎，凡甘为鹰犬者下场往往如是。

---

① 胡期恒至杨书见《永宪录》卷三页八四下至八五上。葛继孔见《上谕内阁》三年六月十六日《世宗实录》卷三三页一九上至二〇下及《永宪录》卷三页二四上至二五上，三书异同之处甚多。李继泰至年悦见《上谕内阁》三年七月十二日，《世宗实录》卷三四页七下至八下同。王景灏见同上三年十月二十九日，《世宗实录》卷三七页一五同。王嵩见《硃批谕旨》卷二四页九五上。宋师曾见《永宪录》卷三页一一。王允猷见《上谕内阁》三年十二月十八日，不见《世宗实录》。汪景祺见同上五年三月十一日，《世宗实录》卷五四页一四上至一八上同。邹鲁、净一道人见同上六年四月二十九日，不见《世宗实录》。按邹鲁与年富立斩，见《上谕内阁》三年十二月十一日第二谕及《永宪录》卷三页八四。田帝育见《上谕内阁》五年四月十八日，不见《世宗实录》。

② 《上谕内阁》四年三月三十日，《世宗实录》卷四二页二〇上至二一上及《永宪录》卷四页一八略同。惟《永宪录》列此谕于四年夏四月癸亥朔之下者误。

③ 《上谕内阁》五年正月十五日。按此段均不见《世宗实录》及《永宪录》卷五页三下。

④ 《上谕内阁》三年六月初七日，第四谕；《世宗实录》卷三三，页八下至九上同。

⑤ 牛伦至姚让见同上四年正月二十八日第二谕，《世宗实录》卷四〇，页三三下至三四上略同。惟《永宪录》卷四页八下至九上列此谕于四年春二月甲子朔之下为稍异。吴达礼见同上四年七月二十八日第二谕，不见《世宗实录》。查嗣廷见同上四年九月二十六日，《世宗实录》卷四八页二四上至二七上及《永宪录》卷四页五二上至五四下，三书异同甚多。马武见同上五年七月初四日，《世宗实录》卷五九页五上至七上删减甚多。塞尔图见同上五年七月初五日，不见《世宗实录》。塞楞额见同上六年十月十八日，不见《世宗实录》。揆叙、阿灵阿见同上四年五月初九日第二谕，《世宗实录》卷四四页一四下至一六上全同。菩萨保见同上五年五月二十八日，不见《世宗实录》。

⑥ 《硃批谕旨》卷五页八七下有云："深信二字不可，亦何必乃尔。若过于深信，必受深欺……如隆科多等，朕若过于深信，未必能如此一旦觉察也。"不特世宗不深信隆科多等，并藩邸一切门下人，从来不之信也。同上卷二七页四二下至四三上又云："从上观人原易，朕当年藩邸门下人，知之确确……其不敢轻信人一句，乃用人第一妙诀。朕从来不知疑人，亦不知信人。"可证。

⑦ 《穆堂别集》，卷三九上，页二四上至二六下，有议覆请诛逆臣年羹尧疏。年参蔡珽，见《上谕内阁》三年正月二十二日（《世宗实录》卷二八，页四上至五上同）及五年三月十一日（《世宗实录》卷五四，页一四上至一八上同）。《永宪录》卷三，页三三；卷五，页二四下。

依据上面所列论证,知世宗之用年、隆,识其反复,早预存欲杀之心。制之之法:先削其兵权,后则按定步骤;初若隆重,继示裁抑;又继则吹求无所不至。先后历时四五年,始了其事。重视之,殆与阿、塞相等。所以不遽诛戮,意在离其党羽,兼为用人取舍之资。惟世宗自谓亲理万机,不假手于人,不似督抚之有幕宾①。然《永宪录》谓阿、塞、年、隆诸大狱,皆由文觉禅师主谋。高宗初立,严饬僧人,皆放还山;独令文觉徒步南行,且年逾七十矣②。《永宪录》著者萧奭③,亲见亲闻,所述如此,自足取信。然与世宗无幕宾之言,大相谬剌矣。文觉能为世宗主谋,其人本领可知。惜其事不详,遍考诸书,竟无所得,仅得其所为文一首④。信能文之高手也。

四、余 论

此文作就,尚有可得而论者,综括为三:第一,世宗篡立,确凿有据。即年羹尧为川抚时"他日不肯负王爷",及雍正元年二折,不肯自书供招,已足为世宗图谋大位逾二十年作一铁证。而旁证若康熙四十七年太子之废,雍王亦在

---

① 《硃批谕旨》卷一页二一上有云:"朕日理万机,刻无宁晷,毫不体朕。且值岁底事繁,那得工夫览此幕客闲文?"同上卷一页二七下又云:"似此无故烦渎,宁不念朕日理万机之劳乎? 在尔(范时绎)未必出于至诚,在朕实费心目观览。即此数行硃字,殊乏幕宾门客代为书写也。"可以为证。

② 按《永宪录》雍正五年腊,文觉年已七十,至十三年之冬,应为七十有八岁矣。唯据文觉所为《花影庵杂记序》(见后)末谓"雍正癸丑,时年七十",知癸丑即十一年,至十三年不过七十有二。此则足纠萧奭传闻之误。

③ 《永宪录》卷六,江都萧奭撰。卷首纪清初列朝创造制度,卷一纪康熙六十一年事,卷二纪雍正元年事,卷三纪二年事,卷四纪三年事,卷五纪四年事,卷六纪五年至六年二月以前事。吴庆坻《蕉廊脞录》(求恕斋本)卷五页一五下至一七下并摘录其自叙。知是书成于乾隆十七年。本文所据者为五石斋钞本,前有文如师题识云:"'艺风藏书记'有此书云:江都萧奭龄著。原稿十三钜册,只残存一卷,后以印于《古学汇刊》。今以此本相校,艺风所见,亦记康熙六十一年至雍正六年事,惟有纲无目。此本缺三年一年事,亦因知同出一本矣。六年以后及乾隆初事皆已随时叙及,知原书断自六年止,意在详叙年、隆、阿、塞诸狱。然则云十三钜册者,恐未必真有其书也。"锺翰按钞本实缺雍正二年一年事。盖卷三之首虽云"二年岁在甲辰",而自第一页第二面以后即纪三年事。

④ 《花影庵杂记序》一首,作于雍正癸丑三月,自署文觉禅师元信,其姓待考。此序载于查为仁《蕉塘外集》(乾隆八年刊本)中。查,宛平人,号心谷;一名成甦,号莲坡;固以诗鸣于时者也。

与诸子同被圈禁之列①。又康熙五十二年戴铎有"诸王当（太子）未定之日，各有不并立之心"之语，所谓"诸王不并立"，其中自有世宗；及康熙五十七年李光地奉旨进京，系为立储之事，乃语戴铎云："目下诸王，八王最贤"，而铎密告之曰："八王柔懦无为，不及我四王爷聪明天纵，才德兼全；且恩威并济，大有作为。大人如肯相为，将来富贵共之"②，虽事实不详，而图谋二字已有注脚。再证以世宗即位后，四五年间，皆为清除敌党，苏努、七十之追罪，鄂伦岱、阿尔松阿辈之正法，以及阿、塞之死。苟非数十年以死相搏之仇恨③，何必一一置之死地而后快意？即年、隆之不可容，卒致或诛或禁，固有种种衅端；而非虑当初密谋，留为他日话柄，又何必过为已甚？凡此皆可作篡立之最好证据也。故分言之，则篡立为一事，阿、塞为一事，年、隆又为一事；合言之，则前者为主，后二者为余波。必合而考之，其事始明，其迹自显④。

第二，《大义觉迷录》不足置信。此则雍正七年因曾静、张熙之案而刊布。世人皆知为讨论"华夷"之见而发，不知其所以"明目张胆，宣示播告"，正为"更有大奸大恶之徒（指允禩、允禟）捏造流言"，而加以强辩耳，如云："若非因曾静之事，则此辈（允禩、允禟）之谣言，辗转流布，朕何由闻知为之明白剖晰俾家喻而户晓耶？"⑤即可印证。今请就谋父、逼母、杀兄、屠弟四端，举其事实

① 《皇清通志纲要》卷五，页五四下云："四十七年九月皇太子、皇长子、皇十三子圈禁。……十一月上违和，皇三子同世宗皇帝、五皇子、八皇子、皇太子开释。"既云开释，其被圈禁可知。
② 《戴铎奏折》，《文献丛编》第三辑，页一下、四下至五上。
③ 《上谕内阁》七年六月二十六日（《世宗实录》卷八三页一下至一五上略同）。世宗于陆生楠细书《通鉴论》十七篇，其中有"蓄必深，发必毒"两语，即以为"此陆生楠指阿其那等而言"，是世宗必先有长期以死相搏之事实存在，然后一见此两语而连想及之；不然，此两语何所见而必系指允禩等而言耶？
④ 孟森：《世宗入承大统考实》，页一上云："世称康熙诸子夺嫡，为清代一大案，因将世宗之嗣位，兴雍正间之戮诸弟，张皇年羹尧及隆科多罪案，皆意其并为一事，遂坠入五里雾中，莫能瞭其实状。"此则适得其反，故舆本文立论迥乎不同。然则读本文者或不以为重复繁琐耶！
⑤ 《大义觉迷录》，页一〇。《上谕内阁》七年十月初六日，《世宗实录》卷八七页四下至六上略同。又按《硃批谕旨》卷二七页四八下鄂尔泰奏："逆贼曾静捏造浮词，恣意狂悖，暗布匪党，耸动大臣。其所以能如此得如此者，臣以为其事有渐，其来有因：如诬谤圣躬诸事，若非由内而外，由满而汉，谁能以影响全无之言据为可信？此阿其那、塞思黑等之本意，为逆贼曾静之本说也；如毁诋天朝等语，则江湖恶类、山野狂愚、不识天日者皆能造伪说，而不至若此之甚，此怀疑贰、蓄怨望诸汉人等之隐意为逆贼曾静之藉口也。"最足说明当时情事。意者《大义觉迷录》或即刊布于七年十月之际耶？

抵触处，为之驳正，以证其诬。圣祖之崩，世宗尚在南郊，乃云："驰至问安，皇考告以症候日增之故"，而一字未及传位之事，固可疑矣；证以遗诏之不在寅刻，果亲王允礼之不在寝宫，则录中所云，必非当日实事①。此谋父之终可疑者也。自谓为仁寿太后"孝顺之子"，已宣言欲慰母后之心晋封允䄶为郡王矣，终未赐封号，仍称贝子；乃母死之日，欲一面同胞之弟而不可得；即如诸母妃三年中不许入宫一见，而录中犹云："无不尽礼敬养"，所言与所行自相抵触②。此逼母之又可疑者也。以大阿哥、二阿哥曾有"断不可放出"之谕旨，此录则改为"二人断不可留"，虽一字之易，其相去不可以道里计；录中又云："将来二阿哥亦可释其禁锢"③。证以二年上谕："其身若在，仍属负罪之人"之语，则录中所云，何可为信？即以锡赉及临死之言而论，前后亦复不同④。是杀兄之名欲盖弥彰也。至若屠弟一事，世宗自云："不辩亦不受"⑤。谓之明明自认，亦无不可。惟录中涉及此事，纰缪百出。如阿死于四年九月，塞死于同年八月。乃录中云："不意此际阿其那遂伏冥诛，塞思黑从西宁移至保定，交与直隶总督李绂看守，亦伏冥诛"⑥。二人之死，其间相去虽止旬日，而一先一后，故意颠倒，决非健忘；不过佯若不知其实情，以图掩饰授意之迹而已。再如允䄶于元年四月留驻汤山，越数日而逮其家人，永远枷示，五月复革其禄米，平

---

① 《大义觉迷录》，页一二。参见《世宗入承大统考实》，页三、三七上。按隆科多之言自较世宗之论为可据。

② 《大义觉迷录》，页一三。《永宪录》卷二上，页五二下、四九上。《大义觉迷录》页一五。

③ 《大义觉迷录》，页一六。

④ 《上谕内阁》二年十二月十五日："二阿哥奏曰：'臣当日与皇上虽无好处，亦无不好处。臣得罪皇考，系大不孝之人，应将臣弃置不问。乃蒙皇上种种施恩甚厚，臣心实深感激！臣今福薄，病已至此，安敢虚言？前若赐臣二寸白纸一条，岂能延至今日乎？臣心稍有知识，岂不知之？仰蒙圣恩，别无他愿，惟望病愈而已。'又训伊子理郡王（弘晳）曰：'于尔君父之前，有一分之能，即竭尽一分之力；有三分之能，即竭尽三分之力。若能一心竭诚效力，以事君父，方为令子'等语。"（《世宗实录》卷二七页一二下至一三下删为："二阿哥奏曰：'臣蒙皇上种种施恩甚厚，臣心实深感谢！'又训伊子理郡王曰：'尔若能一心竭诚效力，以事君父，方为令子'等语。"）而《大义迷录》页一六至一七则云："二阿哥感朕深恩，涕泣称谢云：'我本有罪之人，得终其天年，皆皇上保全之恩也。'又谓其子弘晳云：'我受皇上深恩，今生不能仰报。汝当竭心尽力，以继我未尽之志！'"两相比较，不同自见。

⑤ 《大义觉迷录》，页二二。

⑥ 《大义觉迷录》，页二〇。

日亦不许往拜陵寝；即母后临死之前一日召见，以部文未载谕旨而中止。① 非拘禁而何？乃录中云："允禵之拘禁，乃太后升遐三年以后之事。"②岂非欺人之语？然而屠弟自是实事，而复诬张为幻如此。此录之不足置信，彰彰明矣。

第三，实录有意删改上谕之处，历历可考。关于上谕诋斥阿、塞之处，竭力为之掩饰，当出高宗有意为之。兹分全删及润饰二端，各举一二例以明之。其全删者，如：雍正四年十月二十九日上谕："如阿其那、塞思黑之在皇考时，悖逆之心固已显然昭著，尚不敢于大庭广众公然肆行其悖逆之语。此与四凶之在尧世，有不臣之心，而尚无不臣之迹同也。是以皇考姑容之。朕以藩封，继承大统。彼阿其那、塞思黑之视朕，犹四凶之视舜也。遂肆其欺罔，恣其傲犯，种种逆迹，不可枚举。且敢公然于王公大臣之前，诅咒詈骂。此与四凶之在舜世，悍然肆其不臣之迹同矣。夫舜之去四凶，岂有些微嫌隙私怨于其间哉？盖殛放奸回，为世道人心计耳。故史称：舜流四凶族，于是四门辟。言无凶人也。朕在藩邸四十年，从旁观看，凡党恶渠魁，潜蓄邪谋，背公枉法之事，靡不洞悉。今受皇考付托之重，既知习俗流弊，关系甚钜，如坐视而不为整理，朕实不忍。是以屡降谕旨，谆切开导，冀其悛改，四年于兹矣。而阿其那、塞思黑及同党之巨恶数人，自知平日叛逆之罪，为朕所深知，必不能逃于诛戮，而怙恶之念愈坚。不但不肯悔改，且至肆无忌惮。正如左氏传所谓四凶者，告之则顽，舍之则嚚，诬盛德而乱天常也。朕荷宗社之重寄，念经国之远图，不得已将伊等同党巨恶数人置之于法。而阿其那、塞思黑为天地所不容，相继俱伏冥诛……"③云云。此全段之被删者；其他类此者甚多，不胜枚举。向来修实录，于上谕有删减，无笔削，意在存真，犹可说也，乃润饰斧削之处，屡见于篇。如二年四月初七日上谕原云："朕即位后，不念旧恶，惟笃兄弟之谊，恩予包容，指示教诲，冀其改过，以期终始保全。伊等不知感恩，罔悛旧恶，益复妄行。在昔皇考时，朕尚以兄弟之故，如彼周旋；岂今绍承大宝而有凌逼兄弟指瑕求疵之理乎？"改云："朕即位后，惟笃兄弟之谊，曲予包容，指示教诲，冀其改过，以期终始成全。此朕向在皇考时，即志愿如此。岂今绍承大宝而于兄弟间有指

---

① 《永宪录》卷二上，页三三下、三四下、四六下。《上谕内阁》元年五月二十四日，不见《世宗实录》。参见《永宪录》卷二上，页五一下至五二上。

② 《大义觉迷录》，页一八四。

③ 《上谕内阁》四年十月二十九日第二谕，不见《世宗实录》。

瑕求疵之理乎?"又如三年二月二十九日上谕有云:"总因伊(指鄂伦岱)私相推戴之人(指允禩)未得大位",改作:"总因伊私相依附之人未遂其愿。"①此字句之删润者。《世宗实录》成于乾隆六年。前此《上谕内阁》颁于雍正九年。《永宪录》撰成在乾隆十七年,其凡例自谓皆录自邸钞。尝以三者对勘,《永宪录》虽间有漏遗删节,而语句尚保有最初之真面目。《上谕内阁》则已有修改痕迹。《实录》则又加修改②。若以《实录》字字皆为信史,岂非谬误?不特此也,《圣祖实录》成于雍正九年,《实录》中从来未见允祯之名。若非见于《皇清通志纲要》,后人决不知允祯为允禵之本名矣。修《实录》时,必将康熙时上谕提及允祯者一一改正。此可改正,其他何不可以修改?以是疑《实录》中盛奖世宗及唾骂禩、禵之处,未必皆能得实。今日故宫所存文献,关于废太子者,从未发见,殆皆焚毁无遗矣③。然则为灭迹而无不焚毁者,当

---

① 《上谕内阁》二年四月初七日。《世宗实录》卷一八,页六。《上谕内阁》三年二月二十九日。《世宗实录》卷二九,页三〇下。

② 兹举一例以为证:如《永宪录》卷三页二四引上谕云:"乃(葛)继孔于年羹尧入觐时,又私纳贿赂请托。朕降旨诘问,始供:'原识年羹尧。去冬拉臣手,索古董。臣将青绿花瓢一、寿窑瓶一、图书一匣、宋人尺牍册页一、宋本书二,宋元书六,共十二件,送与羹尧,遂约臣往见。及见,又云:久知你才情好,自然照看。还要给我几件古董。臣又将玉杯一、元人尺牍一、明画三,共五件,送与羹尧'等语。葛继孔人品不堪,夤缘钻营,殊属可恶?著革职,发与李成龙,令开浚河道。如推诿,必治以重罪……"今以《上谕内阁》三年六月十七日对勘之,则云:"乃葛继孔于年羹尧来京时,又私往纳贿请托。及朕降旨诘问,始一一供出云:向原认识年羹尧。去冬年羹尧入京,向臣携手叙旧云:尔是辨识古玩之人,今番从江南来,应送我几件古玩,且来见我。臣因将铜器、瓷器、书、画共十二件,差家人送去。羹尧随约臣往见。又云:我久知你才情肆应,今后自当留心照看。但还要送我几件古玩,臣又将玉器、字、画共五件,差人送去。前后俱交羹尧家人魏之耀收受,等语。葛继孔人品不堪,夤缘年羹尧,至今尚各处钻营,殊属可恶!著革职,发与李成龙,开浚安庆府河道工程效力,若少推诿,必冶以重罪……"知上谕必加笔削,如不曰"拉臣手"而曰"向臣携手",不曰"才情好"而曰"才情肆应"之类,其较《永宪录》为文雅可知。何况十二件、五件古董之名目,一一见之录中;而谕中只以铜器、瓷器、玉器、书、画总数了之,更足证《永宪录》录自邸钞为最初之真面目。再校以《世宗实录》卷三三页一九下至二〇上乃云:"乃慕继孔于年羹尧来京时,又私往纳贿请托。及朕降旨诘问,始供:年羹尧向索古玩。既经馈送,随订往见,且夸奖才情,许其留心照看。前后两次送铜器、瓷器、玉器、字、画等件,俱交年羹尧家人魏之耀收受。葛继孔人品不堪,夤缘年羹尧,至今尚各处钻营,殊属可恶!著革职,发与李成龙,开浚安庆府河道工程效力。若少推诿,必治以重罪……"云云。是实录本于《上谕内阁》而又加以修改,其修改之痕迹显然易见。余详各注中。

③ 前托孙子书先生访求故宫所存康熙朝起居注,并得故宫博物院方面张德泽先生复书,有云:"故宫所藏起居注全部,已于二十一年(1932年)南运。以后内阁大库复发现一部分残本,康熙朝有十年、十一年、十六年、十八年四者者,并不完全。"因其与本文无大关系,故未往借。然两先生之热忱相助,仍属可感,兹亦于此一并致谢。

无限量。因考世宗事,除上谕外,几于无征。而上谕又有足信有不足信。又因世人喜论康、乾间修改前代实录,而未注意康、雍两朝实录初修时已有若干讳饰,故略及之。

胤禎西征纪实

一、引　言

　　燕京大学图书馆藏传抄本《抚远大将军奏议》①一册，不知何人所辑。凡奏议二十六首。以年论，康熙五十七年（1718 年）三首，五十八年十六首、六十年三首、六十一年四首，缺五十九年一年，当非全璧。而即此以观，已足见当时西征规模之大，任寄之专。因纠集他书，成为此文。不特与前撰《清世宗夺嫡考实》互相印证，兼欲将实录、官书所埋没之一段西征史实予以表彰，庶几讨论不厌求详之义。

二、大将军之特命

　　清圣祖第十四子固山贝子胤禎即允禵之拜命抚远大将军，在康熙五十七年冬十月丙辰（十二日）（1718 年 12 月 3 日），乃特命也，废太子胤礽求之而不可得②。其纛用正黄旗之纛，遵亲王例也；其随征之王、贝子、公等，凡十六员，

---

　　①　抄本，一册，不分卷，凡四十四页。1940 年 6 月燕京大学图书馆系据北京图书馆传抄本转抄。以下所引均简称《奏议》。

　　②　参见拙著《清世宗夺嫡考实》注 27。顷又从清圣祖《御制文》（武英殿本）第 3 集卷 14 第 14 页得一证，即康熙四十八年三月初十日谕宗人府有云："兹值复立皇太子大庆之日，胤祉、胤禛、胤祺俱著封为亲王，胤祐、胤䄉俱著封为郡王，胤禩、胤䄉、胤禎俱著封为贝子。"按胤禎即允禵本名，为现存官书中之仅可考见者。又张孟劬师著《清列朝后妃传稿》（绿樱花馆本）卷一页九〇上于皇十四子允禵下小注引弘旺《皇清通志纲要》作"皇十四子抚远大将军多罗恂勤郡王讳允禎，改讳禵"是也。至若 Arthur W. Hummel, *Eminent Chinese of the Ching Period*（United States Government Printing Office, Washington, 1944），Vol. II，P915 于世宗 Yin-Chen 作"胤禎"，则又不知禛、禎二字之有别：一为皇四子胤禛即世宗，一为皇十四子胤禎即允禵，张冠李戴，为大误也。按诸亲王阿哥等名上一胤字，因与世宗御名同，故于康熙六十一年十二月辛未由礼部奏请改为允字（见

皇三子诚亲王胤祉即其中之一①。当其未起程也,圣祖亲诣堂子行礼,其出征之王等以下,俱戎服;其不出征之王、贝勒等以下,俱蟒服;以从②。及其率兵起程之日,即是年十二月乙卯(十二日),颁大将军敕印于太和殿。其出征之王、贝子、公等以下,俱戎服,齐集殿前;其不出征之王、贝勒、贝子、公并二品以上大臣等,俱蟒服,齐集午门外;大将军胤禛上殿,跪受敕印,谢恩。行礼毕,随敕印出午门,乘骑出天安门,由德胜门前往。诸王、贝勒、贝子、公等并二品以上大臣,俱送至列兵处;大将军胤禛望阙叩首,行礼,肃队而行③。其庄严隆重若此,清初以来所未有也。

至于大将军之权力,胤禛于起程之前二日,即疏参正红旗副都统祖维新;既行,复疏参吏部侍郎色尔图及都统胡锡图④;盖借此以振军威。及驻扎西宁,关于作何料理以及留兵若干、所留官兵马匹于何处牧放等事,均由胤禛一

《世宗实录》卷二,页三四)。本文仍用本名者,以此段西征史实在康熙六十一年十二月以前之故。

《圣祖实录》卷二八一,页一六下。按《皇清通志纲要》卷五,页七一上云:"五十九年庚子……二月十六日命抚远大将军王禛以西宁进兵,驻扎穆鲁乌苏。"指既驻西宁以后而言。而魏源《圣武记》(中华本)卷三,页四〇上云:"于五十八年命皇十四子为抚远大将军"者误。关于大将军之授命与出征礼仪,详参《大清会典事例》(光绪三十四年商务印书馆石印本)卷五八〇,页五上至七下"命将出师"条。

《大清会典事例》卷二七七,页一〇上圣祖有曰:"伊[二阿哥胤礽]于拘禁处,以矾水作书致普奇,嘱其保举为大将军,有齐世、扎拉克图皆当为将军之语。朕遣内监往询,伊直认矾水之书,系其亲笔。"时康熙五十七年正月间事也。可知胤礽固尝求为大将军而不可得,则胤禛之拜命为特命尤可想见。

① 《大清会典事例》卷二八一,页二二上。

《奏议》页一下。按《圣祖实录》卷二八一,页二二只谓简亲王之子永谦带伊父之纛前往,将上三旗侍卫派出三十员。又不出征之王等,亦各选护卫三员,贝勒、贝子各二员,公等各一员,随十四阿哥前往效力。不及王等。但起程之前以及起程之日,均有出征之王等行礼,其有亲王随行可知。

按《奏议》页一下,康熙五十七年十二月初五日之奏有云:"臣带领内廷三阿格。"此系于起程之前七日所奏请者。"三阿格"即"三阿哥",必为诚亲王胤祉无疑。又同书页一九上五十八年四月十六日之奏有云:"驻扎西宁。王、阿格等及大臣等所部之军,应如何拨驻?"此"阿格"似亦指胤祉而言。唯据《圣祖实录》卷二八三,页二〇上五十八年三月乙酉云:"皇三子和硕诚亲王允祉恭请上幸王园,进宴。"知胤祉于未抵西宁以前,已半途而返。则抵西宁之阿哥为另一阿哥,其名待考。

② 《圣祖实录》卷二八二,页四上。

③ 《圣祖实录》卷二八二,页一〇下至一一上。

④ 《圣祖实录》卷二八二,页一〇下;时康熙五十七年十二月癸丑也。《圣祖实录》卷二八三,页二一下至二二上;卷二八五,页四上;卷二八三,页二二;卷二八五,页四。

人酌量而行①。再证以圣祖特旨曾云："此次大兵在外,如遇章京并护军校、骁骑校缺出,令大将军即行补授",以及五十八年降旨有云:"现在大将军王带领大兵驻守西宁,由此[北京]降旨,相隔甚远。军事当相机调遣……大将军王是我皇子,确系良将,带领大军,深知有带兵才能。故令掌生杀重任。尔等[青海盟长亲王罗布藏丹津等]或军务,或巨细事务,均应谨遵大将军王指示。如能诚意奋勉,即与我当面训示无异"②,是圣祖固畀胤禛以专征重寄,生杀予夺之权,集于一人之身,又为清代绝无仅有之事。

后来世宗反谓:胤禛所行为僭妄非制,又谓:圣祖令胤禛出征西宁,无非置之远地③,实蔑弃事实,欲为图谋夺位掩饰。雍正十年续纂圣祖《御制文第四集》,其中无一谕与大将军胤禛者④。凡圣祖所以隆重胤禛之处,概从删削。惟恐贻留于后,成为口实。实录、官书更讳其事。所不能泯灭者,大将军之特命一端。故圣祖《御制文集》敕谕中言及"大将军王"者,则屡见不一见;即雍正九年刊布之《上谕内阁》尚沿称"大将军王允禵"及"大将军允禵"者,凡两三见⑤。此则无可如何之事也。

---

① 《圣祖实录》卷二八四,页二上。参《奏议》,页一九上。

② 《圣祖实录》卷二八四,页六;卷二九〇,页一六上至一七下;卷二九八,页一二下。《奏议》,页三二上。又同书页一六下康熙五十八年四月十六日之奏亦云:"窃维国之大法,惟有一君;军中惟有一将。一切语言,皆载在使臣所特[持字之误]书内。"尤为圣祖畀胤禛专征特权之一有力证据。

③ 《上谕内阁》三年六月初七日第三谕有云:"昔年用兵,有诸王掌大将军印者,有大臣掌大将军印者。惟允禵妄自尊大,种种不法,我朝大将军如此行事者后未之闻也!年羹尧不但踵而行之,且杀戮过焉。今乃云循照俗例。夫允禵所行悉僭妄非制,岂可云例?假若云例,则系国家大将军之定制,岂可云俗?此语狂悖已极。在年羹尧职分,即当年诸王掌大将军所行之例,伊尚且不应比拟,而乃效法允禵狂妄不法之举,是诚何心?"(《世宗实录》卷三三页一〇上略有删改。)世宗所言,完全与事实不符;惟于胤禛之被命大将军,其权力为清代绝无仅有一点,得一强有力之反证。又《上谕内阁》二年八月二十二日。

④ 若以康熙三十五六年圣祖亲征噶尔丹例之:离京未逾二年,而《御制文第二集》(康熙五十年刊本)卷一九至二四凡六卷,专载"北征敕谕"谕皇太子者,都七十六首;则胤禛在外凡五更寒暑,意者敕谕颁赐之频繁,必有过之无不及。而今不见一谕,必由世宗授意删削。

⑤ 参见《第四集》卷一四,页一八上;卷一八,页三下;卷二三,页一六下。即《上谕内阁》雍正元年二月初十日言"大将军王允禵"者,凡两见;又二年闰四月十四日有"大将军允禵"及四年十二月十九日有"允禵为大将军"字样。

三、远征之目的

世宗之言曰:"皇考……令允禵出征西宁,置之远地。无知之人反谓:试用允禵,将定储位。遂妄生觊觎。举国之人尽知皇考年高体弱,置继统之子于数千里之远,有是理乎?"①用意在否认胤禛之重命。而不知适足证明胤禛之出征,其目的在"将定储位"之说为可信。盖圣祖尝言:"朕万年后,必择一坚固可托之人,与尔等(诸臣)作主。必令尔等倾心悦服。"②此"坚固可托之人"虽无法确知其所指,而圣祖既许胤禛为良将,复深知其有带兵才能,砥砺之以兵事,俾其邀誉于西陲③,然则圣祖所指望之人,舍胤禛而谁属?

再就此次远征之事实而论,自表面观之,远征目的不外讨灭准噶尔及振兴黄教两点而已。准噶尔之始祖为额森,乃元室之部众处于西北边远之地,历有年所,浸至繁衍,于是侵入青海,攻取蒙古,奄有西北,威胁京师以西七百里之地,此圣祖之所以三征噶尔丹也④。迨噶尔丹既衰,策妄阿喇布坦又兴;策,噶

① 《上谕内阁》雍正二年八月二十二日。参见《上谕八旗》卷四,页二二下至二三上、四八下。

② 《上谕内阁》元年八月十七日。

③ 《允禩允禟案》(《文献丛编》第一辑)页一〇上"何图供词"一云:"大将军天资英毅,礼贤下士"。此或何图转述允禟之语,原系允禟有意为之鼓吹宣扬,不足深信。证以同案页六下"秦道然等口供"云:"再何图兄弟从西边来说:十四爷初到时,声名还假得好。"又页三二上"秦道然口供"有云:"还听得何图的兄弟从西边回来,说:十四爷初到时节,声名还好。"则必非虚伪捏造之言。今考《戴铎奏折》(《文献丛编》第三辑)页五上于康熙五十七年有云:"又闻十四王爷虚贤下士,颇有所图。即如李光地之门人程万策者,闻十四王爷见彼,待以高坐,呼以先生。"戴铎系雍王藩下人,所言如此,自属可信。

④ 额森 essen 即也先,同音异译也。温达等纂《亲征平定朔漠方略》(康熙四十七年武英殿本)卷一页九下至一一上:"厄鲁特西北大国也,分部散处,各立名号,然实本一姓。至本朝有顾实汗者……其属……噶尔丹之父曰和多和亲,自号巴图尔台吉,驻牧北方阿尔台之地,是之谓北厄鲁特。和多和亲死,子僧格嗣。噶尔丹为僧格同母弟,时尚幼,弃家投达赖喇嘛,习沙门法。未几,其异母兄车臣及巴图尔以争属产,故与僧格有隙,乘夜劫杀之,部内大乱。达赖喇嘛遣噶尔丹归,统其众……杀车臣、巴图尔,遂自袭为台吉。肆其凶锋,稍稍蚕食西北诸部,渐至猖獗。"又《上谕内阁》雍正七年二月十八日第一谕于准噶尔一部落之始末,阐述尤详。其言曰:"准噶尔一部落,原系元朝之臣仆,其始祖曰额森。额森之子托浑,渐至大员。因扰乱元之宗族,离间蒙古,恐获重罪;遂背负元朝之恩,叛逆逃遁,藏匿于西北边远之处。元末又煽诱匪类,结成党与,遂自称准噶尔……迨至我朝有噶尔丹、策妄阿拉布坦二人……噶尔丹身为喇嘛,不守清规,不遵佛教,破戒还俗。娶青海鄂齐儿图车臣汗之女为妻。后又潜往青海地方,贼害伊之妻父鄂齐儿图车臣汗,掳其属下人众。续因喀尔喀七旗内彼此稍有嫌隙,奏恳圣祖仁皇帝为之和解。因遣大臣同达赖喇嘛使者前往,为之和议。噶尔丹遣人暗探消息。遂以喀尔喀等卑视达赖喇嘛使人为辞,遣

之侄也,假黄教为名,攻入藏地①。五十七年胤禵遂有抚远大将军之命,诚以"不行翦除,实为众蒙古之巨害,且恐为国家之隐忧",与圣祖之三征"为万年之计"②同一重要。且利用小呼弼勒罕,藉以牢笼西北诸部落,即所谓"收复藏地,以兴黄教"③,目的显然,尽人皆知。所不可解者,胤禵久处西陲,边外所设两路大兵屡次缓进,而图谋大举者,又年复一年④。岂真如世宗所云:"准噶尔弹丸之地,又在极北之区。得其土不足以耕耘,得其民不足以驱使,且人穷地

伊族内微末台吉多尔济查布前往将喀尔喀汗台吉等肆行凌辱。喀尔喀汗等怒其狂背无礼,会众将伊杀害。噶尔丹遂诋杀害伊弟多尔济查布,与喀尔喀搆隙。掩其不备,发兵猝击,喀尔喀众溃,纷纷来投。圣祖仁皇帝深为轸念,施恩育养……诋噶尔丹……借追袭喀尔喀之名入犯边泛。"可补"方略"之阙。又按《朔漠方略》卷四八页四三所载康熙三十六年四月庚戌朔"狼居胥山碑文"略云:"噶尔丹乃独狂逞于朔漠之地,恣行无忌。盖噶尔丹者西北塞外习于战斗之劲寇也。初,厄鲁特有四部落,噶尔丹戕害其兄,兼而并之。劫服诸番部,攻克回子,千有余城,破降喀尔喀七旗。数十万众,其焰日张,其志日侈。康熙二十九年借辞追喀尔喀,阑入乌兰布通。"乌兰布通今赤峰市地,离京七百里,如敖福合译《圣驾亲征噶尔旦方略》(宫内红格抄本)页二六下云:"庚午[康熙二十九年]年,曾引诱噶尔旦[旦即可]至乌兰布通地方,离京止七百里。"亦可参证。至于圣祖三征:第一次在康熙三十五年二月,驻跸拖陵,达克鲁伦河;第二次在三十五年冬月,驻鄂尔多斯;第三次在三十六年二月,由云中直抵宁夏,复循贺兰山出边,次狼居胥山麓。详见《朔漠方略》卷四八页四五下至四八上。

① 噶尔丹于康熙三十六年仰药自杀,策妄阿喇布坦以其骸骨及其女来献。参《朔漠方略》卷四八页四八下。唯策妄阿喇布坦《方略》作策旺喇布滩,固一人异议也。又《上谕内阁》雍正七年二月十八日第一谕云:"策妄阿拉布坦者,噶尔丹之侄也。与伊叔噶尔丹不相和睦,带领七人潜逃至吐鲁番地方居住。圣祖仁皇帝以策妄阿拉布坦向与伊叔不睦……不忍遣兵将噶尔丹余剩部落悉行剿灭;恩加格外,遣使赏给策妄阿拉布坦。彼时策妄阿拉布坦力弱势微,甚为恭顺。其后离间伊之妻父图尔古忒之阿玉气汗与其子三济扎布,诱三济扎布携带万余户至伊住牧之处,因此强占己之。从此遂不安分,肆意妄行,窥伺青海,扰害生灵,率领贼兵前进,被哈密驻防轻兵击败遁回。策妄阿拉布坦又假黄教为名,潜兵入藏。无故害伊妻弟拉藏汗,毁坏寺庙,杀害喇嘛,抢掠供器。是以特遣大臣前往询问,乃伊愍不畏死,阻兵抗命。使臣率师甚少,兵力单弱,伊得以愈肆猖狂。"此为康熙三十六年以后之事,《方略》不及载入。

② 《上谕内阁》雍正七年二月十八日第一谕。又《清圣祖谕旨稿》(《掌故丛编》第一辑)卷一页五下云:"谕顾太监[问行]:朕此一举,虽为残贼嘎尔但[即噶尔丹];亦欲西边外厄鲁特种类甚多,必收之后,方为万年之计。出门时,纵未明言;自离京后,即使人各处宣布朕意。"此康熙三十六年闰三月十八日特谕,与《亲征噶尔旦方略》(页一上)所云:"噶尔旦……势力嚣横,妄自志大;虽捐其躯,断不免于窥伺中原。岂容泛常视之,置诸度外? 若听碌碌庸流避辞劳苦之言,恐后日各省脂膏有似前代之填溢于边塞。"可相印证。

③ 《奏议》,页七下、一七上、一八、二七下、三〇上、四二上。

④ 《上谕内阁》雍正七年二月十八日第一谕云:"圣祖仁皇帝仍赐包容,谕令边外所设两路大兵缓进。屡次遣使前往,示以圣意,谓策妄阿拉布坦果能悔过,恳恩具奏,其时另降谕旨。若仍怙恶不悛,断不可留,然后将此部落人众悉行剿灭。此我圣祖仁皇帝之本意也。"据此知圣祖命胤禵屯兵西边,于军事征讨之外,仍寓招抚牢笼之意。

《圣祖实录》卷二九〇,页一六上至一七下;卷二九二,页一七下至一八上、二一下至二二下;卷二九六,页一七下至一八下;卷二九七,页一六上至一八上。

瘠，又无出产之物。今何所利而用兵于远边乎？即使灭此朝食，亦不足以夸耀武功"①乎？然则劳师于外，凡五更寒暑；藏事既了，何以犹命坐守甘州，不即班师？仔细考之，胤禛曾于六十年十月回京，面受"来年进兵"大计；翌年四月，复返任所；而临行对胤禵之种种嘱托，及圣祖崩时忿极不屈之状，与夫后来致恨年羹尧之语②，始知胤禵远出及久留，正如诸葛亮为刘琦谋，所谓"申生在内而危，重耳在外而安"。揆圣祖之意，胤禵兵权在握，何事不可有为？

──────────

① 《上谕内阁》雍正七年二月十八日，第一谕。

② 《奏议》，页三五上。参《圣祖实录》卷二九五，页六下；卷二九七，页一〇下。
《允禩允禵案》(《文献丛编》一至三辑)页一下《穆景远口供》云："到后来十四爷出兵的时节，他[允禵]说：十四爷现今出兵，皇上看的也很重。将来这皇太子一定是他。"页五下至六上《秦道然等口供》云："又允禵出兵时，允禩日至其家，二三更方回。所商之事，总是要允禵早成大功，得立为皇太子。……又听见姚子孝说：十四爷向我们爷(允禩)说：皇父年高，好好歹歹，你须时常给我信息。这个差使想来是我的了！允禩出门后，果常常差姚子孝往西宁来往。到圣祖欠安之时，闻得要差人去通信。后来去了没有，我不知道。又从前允禩要差人往西宁去，想着一种战车式样，细细的告诉他，叫我托人画了个图样。给允禩看过。随寄与允禵了"。页七下秦道然又供："允禩、允禟、允禵三人原是结成一局，造作好名，收拾人心。意在相机而动，自然非此即彼要得东宫之位……及允禵有大将军之命，允禩便喜欢之极，指望他立了大功，早正储位……允禩要知道圣祖皇帝内庭消息，厚结太监陈福、李坤，叫他伺察圣祖喜怒动静，不时通知他。如此用心，就可知他的心迹了。"页二九下至三〇上《秦道然口供》：允禵出兵之时，允禩隔一二日便至其家，傍晚而去，二三更方回，是实……至允禩与允禵所商之事，不过要允禵早成大功，得立为皇太子……我又听见姚子孝说：十四爷托我们爷说："皇父年高，好好歹歹，你须时常给我信儿。这个差使想来是我的！到允禵出门后，果然差姚子孝来往不停，到家不过一月半月就去了。到圣祖欠安之时，闻得要差人去通信，但不知去了没有。从前还有一次，允禩要差人到西宁去，曾对我说：我想着一种战车式样，要寄与十四爷。我细细告诉你，你画个图样来。我依样托人画了，给允禩看。允禩将此式样寄与允禵去了"。按最后所引《秦道然口供》系初在江南被拘由刑部左侍郎黄炳等审讯，前引之供系多罗果郡王允礼等在京所审讯者。两者字句口气虽略有异同，而所指全为一事而发，尤足见其真实确凿可据。所谓"这个差使想来是我的了"一语，出之胤禵之口，最堪玩味。意指皇太子而言，固已自信其将继承大业矣。
《上谕八旗》卷四，页二三有云："朕即位后，即降恩旨将允禵唤回。允禵于未到京之间，即露种种狂悖；于到京之日，向朕轻躁妄行，状类棍徒"。同书卷四页四九下至五〇下又云："(允禵)到京之日，往寿皇殿叩谒圣祖仁皇帝梓宫，并不哀痛。至皇上向伊哭泣相见，伊并不向前跪抱皇上双膝痛哭。拉锡微加扶携，令请上安。反肆咆哮，奏称：拉锡侮慢我！求连我交与宗人府等语。皇上晓旨开谕，伊愈加忿怒。退出，将拉锡痛骂，辱及父母……皇上谒陵时，回跸行宫。遣拉锡等在城内向伊降旨训诫。允禵并不恭聆，亦不下跪，反行使气抗奏"云云。可见胤禵希冀储位之望已空，中心愤懑，咆哮不屈之状，俨然可睹。
《上谕八旗》卷二页，四一上有云："去年(雍正元年)皇太后宾天时，外间谣言：朕欲令允禵总理事务，允禵奏云：若欲令我总理事务，须将隆科多、年羹尧二人摈斥。再发库帑数百万，赏赉兵丁，我方任事。因朕吝此数百万，又不肯斥此二人，故允禵不从任事。其荒诞无稽，骇人听闻，至于如此"。又按《永宪录》卷四页五八亦云："(雍正)八年秋，因怡亲王薨，降旨矜恤允禵，欲加委任。相传：令大学士马尔赛谕以圣意。回奏有杀马尔赛，方任事语。上置之"。两者虽系谣传，无风不成浪，由此可推胤禵痛恨隆、马在内，年在外以钳制之之心。

而不料世宗能运用一年羹尧，即足以摧其本根。胤禛徒拥虚号，竟成束手矣。

四、军队之布置及兵数

此次出征之兵，分三路而进。胤禛拜命之后四日，圣祖指定：吴世巴、噶尔弼带领第一起兵，于是年十一月十五日起程，驻扎庄浪；赫石亨、宝色带领第二起兵，于十一月二十九日起程，驻扎甘州；胤禛带领第三起兵，于十二月十二日起程，驻扎西宁①。今据《抚远大将军奏议》，知胤禛于是年十二月十七日抵上花园，二十八日抵代遥，于次年正月初八日驻扎保德州，二月初六日至恒城渡口，追及第二队伍，初十日同抵宁夏，自此率第二队以行；十九日驻扎枣园浦，三月初一日至庄浪卫，三路之兵，不约而会于此；四月初，始抵西宁，本拟四月二十日带兵出口，以都统延信谏而止，遂驻扎焉②。

自西宁派往索罗木驻防者，有策旺诺尔布、宝色、楚宗三人；继而派往博罗和硕者，又有旺乌哩、伊里布、和什和恩、宗扎布，以及讷尔苏、诺安都呼、奎惠、永谦、敬顺、舒尔臣、华斌、乌勒珲诸人。自阿什罕至索罗木，分十五站；由索罗木斜对之路，又分五站。站设马匹，各派兵二十名驻扎。而青海八盟均归调遣③。此初抵西宁时军队布置之大概也。

当五十九年春进兵西藏之际，胤禛移驻穆鲁斯乌苏，管理进藏军务粮饷，而以宗查布、讷尔素分驻西宁、古木等地方。大兵既入藏，仍派兵二千驻防青海附近形胜之地。战役既终，留蒙古绿旗兵三千驻彼，而以策旺诺尔布总统之。己仍回驻西宁，后以征取吐鲁番，进驻甘州，为其声援。此六十年五六月

---

① 《圣祖实录》卷二八一，页一八云："先是议政大臣等奏请：派出之兵，由何路发往？奉旨：往西安一路，为第一起；往宁夏一路，为第二起；往宣府、大同、神木、榆林沿边一路，为第三起"。时康熙五十七年冬十月庚申，正在胤禛受命之后四日耳。

② 《奏议》，页二上，又页四二下"遥"一作"尧"，页三上下、四下、一二下、八下至九上、一九上。

③ 《奏议》，页一九，参《圣祖实录》卷二八四，页八下至九上；《奏议》二〇上，参《圣祖实录》卷二八四页九；《奏议》页二二，又页三二下有云："尔等［青海盟长亲王罗布藏丹津等］受皇父厚恩多年，无分内外，予(胤禛)皆视同兄弟。惟此次受任以来，不敢存有私见；良者，我必奏明皇父；如有恶劣不遵法者，我亦无计，当以法律治之"。亦可为胤禛专征重寄操生杀予夺大权之一证。

间事也。自后屡谋进兵,迄未他徙①。

至于兵数问题,从来秘密。时逾二世纪,复经世宗有意抹杀泯灭,其实数不可得而知,固事势之必然也。唯就其奏议约略言之,所云"三十余万"大军,或者稍嫌夸大;至谓"今皇帝之子带领十万重兵"②,似又失之传闻之误。盖罗布藏那木启亲见之兵营,绵延凡二十里,若以"靖逆将军"富宁安所辖兵三万三千四百九十名③推之,合"振武将军"傅尔丹、"征西将军"祁里德、"定西将军"噶尔弼、"平逆将军"延信而言,总数自在十五万以上,可断言也。

五、西藏之被侵

五十九春进藏之兵:一由拉里路,则噶尔弼所统辖者也;一由启哩野路,则延信所统率者也。余如傅尔丹、祁里德、富宁安领三路兵,袭击准噶尔边境之地,以牵制之。此则出之圣祖一人独断④。唯均归胤祯节制。于是傅、祁、富三将屡困准人于西北,以扰其后;西南则副将岳钟琪先一年已攻取里塘、巴塘,故噶亦得从容推进;中路延则三败策零敦多布⑤。未半载而毕其役,入藏之日,是年八月二十三日(1720年9月24日)也⑥。

入藏之役,固由于圣祖指授,诸将奋勇;及读《抚远大将军奏议》,尤见胤

---

① 《圣祖实录》卷二八七,页八,按宗查布即宗扎布,讷尔素即讷尔苏,皆一名异译耳。《圣祖实录》卷二八九页二〇,卷二九一,页一一下;三〇,卷二九二,页一五、二〇上;卷二九三,页四下、七。据《奏议》页四四上下康熙六十一年十月二十七日最后一折,知胤祯仍在甘州。

② 按《奏议》页九上有云:"大将军王领兵三十余万,在各处驻扎。"而页九下延信则云:"今遵圣主深谋,宣扬三十万军威。"(《圣祖实录》卷二八四页二上同)既曰"宣扬",难免夸大。所云"十万重兵",见页三〇上。

③ 《奏议》,页五,《圣祖实录》卷二九七,页一七。

④ 《御制文》第四集卷一五页七上至八下,参《奏议》页二二上。又《奏议》页四下、八下、一〇上延信均作延新。按《奏议》页六上富宁安作富尔阿,祁里德《上谕内阁》雍正二年正月二十九日作奇立德。参见《圣祖实录》卷二八七,页五下;卷二九八页一二上。

⑤ 《圣祖实录》卷二九一,页三一下至三二下;卷二九四,页一二上;二八七,页一八;卷二八八,页八上、一九上、二二上、二三下;卷二八九,页二上至三上、五;卷二八四,页六上;卷二八四,页一九、二二;卷二八七,页一六。参《御制文》第四集卷一五,页八下。

⑥ 《圣祖实录》卷二九三,页四。其参赞延信军务者,为策旺诺尔布、阿琳宝、阿宝、常授、马见伯、李麟(见《实录》卷二八七,页八下)及武格(见《实录》卷二九三,页八下)诸人。又同书卷二八九,页二〇。

祯之能纳小呼弼勒罕①，为争取西北人心之有利条件。与其谓"收复藏地以兴黄教"，毋宁曰"利用宗教以取西藏"，更为近乎事实。至于调遣军队、转运粮饷、牢笼回藏②，又其余事。

乃藏事既了，立碑招地。后来世宗以阿布兰所撰，"并不颂扬皇考功德，惟称赞大将军允禵"者为诬谬③，自是世宗一人之见。今存之"御制碑文"，只"爰命皇子为大将军王"一语，言及胤祯，似已经世宗之修改④。然则阿布兰所称赞者，必为圣祖所许，惜已磨去，不可复睹矣！

六、结 论

胤祯手握兵权，坐镇西北者，四五年。乃一旦变起萧墙，竟恬然听命于一

———————————

① 《御制文》第四集，卷一五，页六下；卷二三，页一七。按小呼弼勒罕即新胡必尔汗，参《圣祖实录》卷二八五页一六上至一八上。今据《奏议》页四上下康熙五十八年二月二十日一折所云："奏为请旨事：窃臣等［起］程之前，奏请皇父训示：臣如顺路，可否会见小呼弼勒罕？见时应如何会见等因具奏请旨。奉旨著叩见等因，训示在案。今闻古木布木庙距西宁五十余里。臣至西宁后，前往古木布木庙不便。可否专往会见之处，谨请皇父训示……为此谨奏请旨。"知能纳小呼弼勒罕之决策，胤祯早定于未起程之前。故后来小呼弼勒罕即于是年四月十六日张贴布告（《奏议》页一八）曰："驻锡古木布木庙小呼噶勒罕谕：传知巴尔喀木地方首领等：现在准噶尔人背逆无道，混乱佛教，贻害杜伯特生灵。上天圣主，目不忍睹，扫除准噶尔人，收复藏地，以兴黄教，使杜伯特众生太平如恒。特派皇子封为大将军，不分轸域，率领大军，至西宁驻扎。不日大军由各路进讨。鄙自驻锡古木布木庙以来，仰蒙圣主重视黄教，举凡衣服饮食，无不受恩甚重。今大将军钦奉上谕，来至西宁。不日新临本庙会见，受恩尤深。况圣上振兴黄教，普济杜伯特众生。溯念厚恩，尤当尽力报效圣主军事，再以雄壮兵一队由打箭炉前进，驻扎喀木、里塘、巴塘等处。此军之举，藉期仰副圣主振兴黄教，普救天下众生深仁之至意。大军所到之处，凡杜伯特人众，皆一致顺从，妥为辅助，仍旧安居，断不至有所骚扰。此举确为杜伯特众生，尔等尚不知此中情节。兹恐尔等畏惧，以致妄行躲避天兵。故特遣使速为晓谕尔众。勉之勉之！"其利用小呼弼勒罕以争取西北人心，昭明彰著若此。

② 《圣祖实录》卷二九三，页一五；卷二九一，页一一下至一二上。参见《上谕内阁》雍正六年十二月初十日及二十一日，两谕均不见实录。

③ 《圣祖实录》卷二九四，页二一上至二二下。《上谕内阁》雍正二年闰四月十四日（《世宗实录》卷一九，页一二下至一四上略有删改）谕中又云："前大将军允禵自军前回时，伊（阿布兰）出班跪接。从来宗室、公于诸王阿哥并无此例也！"足与胤祯拜命乃清初以来所未有之一证。再按同书雍正四年七月二十八日第二谕有"阿布兰原系苏努之党"一语，阿固党于胤祯辈者，无怪乎见罪于世宗也。

④ 《御制文第四集》卷二三，页一六下。按《圣祖实录》卷二九四页二一下删去"王"字。再如谕文中原作"朕以何功焉"（《第四集》卷二三，页一八上）删一"以"字（《实录》卷二九四，页二二下），末作"绥众怀远"（"第四集"卷二三，页一八上）改作"绥众兴教"（《实录》卷二九四，页二二下）。此而可改，其他关涉胤祯之处何不可以改正？

介之使①。半生禁锢，忧愤老死于牖下。拙著《清世宗夺嫡考实》一文，于其受制于年羹尧一点，固已明白指出；唯禛大将军也，而年一总督耳，年何以能制禛？禛何以失败于年手？则一尚待详加探讨之问题也。

简括言之：年之所以能制禛者有三：熟悉西边情形信息，一也；阻止河东粮运于甘凉，二也；藏内差使，及川陕两省缺出，均以军前效力人员替补，三也②。禛之所以失败于年手者亦有三：局处甘凉，兵马减十之六七，一也；人才不为其用，二也；亲信叛离，三也③。蠡县李塨自负王佐之才，胤禛三遣使，以重币招之不就；且远避之江南④，为不可解。然胤禛之不可辅，或大势已去，二者必居

————————————

① 《世宗实录》卷一，页九上至一〇上。时康熙六十一年十一月乙未也。自是禁锢半生：于雍正元年四月拘禁汤山（见《永宪录》卷二上页三三下）。二年七月遣守景陵，四年五月自景陵拘禁于寿皇殿。后来又幽禁于圆明园旁关帝庙（见《永宪录》卷四页五八下）。（考今海淀南头有一关帝庙，双桥旁又有一关帝庙。双桥之关帝庙尤靠近圆明园，或者即是胤禛拘禁之所乎？）直至十三年高宗登基，十一月始行释放。年已四十有八矣。乾隆二年授辅国公。十二年封贝勒。十三年晋恂郡王。卒年六十有八，时乾隆二十年正月初六日酉刻也。参见唐邦治《清皇室四谱》（排印本）卷三页一五下至一六上。

② 《年羹尧折》（《掌故丛编》第七辑），页三〇，《年羹尧折》（《掌故丛编》第九辑），页六二上，《年羹尧折》，（《掌故丛编》第八辑），页五一下。

③ 《年羹尧折》（《掌故丛编》第九辑），页六二上。《戴铎奏折》（《文献丛编》第三辑）页五上胤禛之见程万策，"待以高坐，呼以先生"云云。程万策虽为李光地之门人，而世宗于折尾批云："程万策之傍，我辈岂有把屁当香闻之理？"其非人才可知。真人才如李塨辈，虽三遣使以重币招之而不就。

年羹尧不必论矣，其他部将如都统延信、楚宗辈皆随胤禛西征最得力之人，屡见于《奏议》（页四下、七下、一〇下、一九上、三三下）之中。又拉锡（《奏议》页四四上作拉什）于康熙六十一年为乾清门头等侍卫，本亦与胤禛辈往来亲密（《上谕内阁》雍正四年七月二十八日第二谕）。乃曾几何时，祸起萧墙，收拾胤禛辈者，皆此等部将以及平日往来亲密之人。亲信叛离为胤禛失败之最大原因。

④ 冯辰：《李恕谷先生年谱》（《国粹丛书》本）卷五页一八下云："（庚子六十二岁，康熙五十九年）齐燧侯自西边来，言十四王使人访先生（李塨）。先生懔然畏声闻之过情。六月陕西武举杨兰生来，出蔡瑞寰书，言十四王聘先生，车马在后，使渠先来问讯。先生答以老病不能行。复瑞寰以字，托为代陈，车马之来，务求中止。杨慎修、鲁圣居、张潜夫皆有来书，先生各复以字，各有规勉"。又同书卷五页二〇下云："〔辛丑六十三岁，康熙六十年〕知十四王又差潘、杨二人来聘，不遇而去"。可以互证。塨自负之才，兹举一例即可想见其为人之不凡。如同书卷一页八下至九上有云："赵锡之问平海寇郑国信之策。先生为策略曰：以中国攻海寇则难，以海寇攻海寇则易……诚重购航海商贾，使之出入海寇间，以携其酋目，而煽其党羽；必有为我所动，阴为内助。或率众而来者，即不次官之。丽宫室，美妻妾，厚赍与，使党自诱其党，众自惑自众。腹心内溃，然后以大兵加之，势如拉朽耳。此以海寇攻海寇之道也。后姚企圣平海上，卒如所策。"时康熙二十年，塨才二十三岁耳。

冯辰：《李恕谷先生年谱》（《国粹丛书》本）卷五页一九云："时先生欲南迁，而灵皋（方苞）为

一于此,宜乎其为年所制也。

戴田有事入旗,将北居。因以其南方田宅赠先生,先生即以北方田宅易之。故先生将往江南相宅。灵皋寄字与其侄付先生带回……(康熙五十九年)十一月……十七日渡江……入仪凤门,至方宅,投灵皋字"。即在胤祯遣人来聘四五月之后而已。

胤祯与抚远大将军王奏档

近 10 年来,海内外学人对胤祯及其《抚远大将军王奏档》一书,发表了不少篇有较高水平的论文①,引起清史界的广泛重视,是应该予以充分肯定的。胤祯为清圣祖玄烨之第十四子,康熙晚年,深得乃父宠信,故有抚远大将军之特命。皇太子胤礽一废再废,诸皇子党夺嫡之争日烈。圣祖之命胤祯远出及久留西宁,岂亦有如诸葛亮为刘琦谋,所谓"申生在内而危,重耳在外而安"②者耶?圣祖溘逝,皇四子胤禛继位,胤祯改名允禵,幽禁终身。胤祯西征一段史实几被湮灭,官书、上谕及《实录》改而又改,删除殆尽。迄今仅存的满文原抄本《抚远大将军王奏档》,不分卷,20 册,为胤祯西征在外时亲笔上奏乃父圣祖玄烨之原档。墨迹幸留,铁证如山,其重要性可想而知。40 余年前,拙撰《胤祯西征纪实》③一文,曾牵涉及之,今又草成此文,庶几讨论不厌其详,或亦可免续貂之诮乎?

一、胤祯奏档译汉的版本问题

胤祯于康熙五十七年(1718 年)七月之受特命,远出西宁(青海省今市),坐镇西陲,手握兵权财权,为诸皇子所欣羡而不可得。然胤祯为人谨慎,事无

---

① 据燕京大学图书馆藏本传抄《抚远大将军奏议》节本,已收入《清史资料》第三辑,第159—196 页,1982;日本石滨裕美子:《东洋文库所藏写本抚远大将军奏折与清史资料第三辑所收抚远大将军奏议》,载《蒙古研究》1987 年第 18 期,第 3—17 页;石滨裕美子又撰有《清代抚远大将军奏折、奏议评介》,蒙古族伊力娜译成汉文,载于《蒙古学资料与情报》1990 年第 3 期,第40—44 页;吴丰培据民初蒙藏院满文译汉本整理《抚远大将军允禵奏稿》二十卷,精装 1 册,《中国文献珍本丛书》之一,北京全国图书馆文献缩微复制中心出版,1991 年 4 月。

② 《三国志·蜀书·诸葛亮传》,中华书局 1975 年版,第 914 页。

③ 拙著《清史杂考》,中华书局 1963 年版,第 194—207 页。

巨细，亦必奏请乃父而后行。历时四五年，所上奏稿均用满文缮写而成。原燕京大学今北京大学图书馆善本库珍藏两部胤禛奏稿，均为全本：前者书号NC4662.8/2138，汉文题为《王抚远大将军奏档》，又作《王抚远大将军书》，满文为 goroki be dahambure amba jiyanggiyūn wang ni wesimbuhe bithei dangse，应以译作《抚远大将军王奏档》为妥。一木匣，20 册，末册末页盖有满文"goroki be dahambure amba jiyanggiyūn doron"（抚远大将军印）及"无虑山农"与"廿年典属三部藏"字样，三印均朱色篆文，似即康熙五十七至六十一年间内府底档的写本。宝墨宛然，是近 300 年来唯一幸存的孤本，洵为胤禛奏稿各本所从出之祖本，今简称之为《奏档》本。《奏档》本藏主为无虑山农，且曾在理藩院典属司任职 20 年之久，当为郎中，其姓名莫考。后者书号□917.2123/5342，汉文译本，题为《抚远大将军奏疏》，亦一木匣，20 册，手抄本，墨迹犹新，疑为民初蒙藏院翻译传抄本，今简称之为《奏疏》本。又北大图书馆另藏有《抚远大将军奏议》，不分卷，抄本 1 册，仅收奏稿 26 件，实为选录节本，今简称之为《奏议》节本。中国社会科学院历史研究所清史研究室于 1982 年编辑出版的《清史资料》第三辑第 159—196 页收录之《抚远大将军奏议》，即此《奏议》节本。最近新出版的《抚远大将军允禵奏稿》，20 卷，精装 1 册，收奏稿 256 件，系由吴丰培（玉年）先生据民初蒙藏院汉译本整理修订而成为《中国文献珍本丛书》之一种，1991 年 4 月由北京全国图书馆文献缩微复制中心出版，今简称之为《奏稿》本。

1987 年，日本青年学者石滨裕美子女史据东洋文库藏《抚远大将军奏折》（以下简称《奏折》本），持以与《清史资料》第三辑收录的《奏议》本相勘比，撰有《东洋文库所藏写本抚远大将军奏折与清史资料第三辑所收抚远大将军奏议》①一文。据统计，《奏议》节本只收奏件：康熙五十七年十月二十八日、十二月五日各 1 件，康熙五十八年二月十日 1 件，同年二月二十日 2 件，同年三月五日、十三日、二十三日各 1 件，同年四月十六日 4 件，同年五月十二日、六月十三日各 3 件，（中缺康熙五十九年），康熙六十年十月二十二日 3 件，康熙六十一年五月六日 2 件，同年十月二十七日 1 件。共 24 件。《奏折》本所收：康熙五十八年十一月六日 9 件，同年十二月二十八日 1 件；康熙五十九年二月

---

① 《蒙古研究》1987 年第 18 期，第 6—7 页。

九日 7 件,二月十二日 3 件,同年三月二十一日 4 件,三月二十八日 1 件,同年四月二十二日 5 件,同年五月二十一日 4 件,同年六月二日 4 件,六月七日 1 件,六月十日 2 件,六月二十二日、二十九日各 3 件,同年七月四日 2 件,七月十日 7 件,七月二十二日 3 件,七月二十六日 2 件,同年八月二日 4 件,八月十一日 1 件,八月二十九日 3 件,同年九月二十一日 1 件,九月二十八日 2 件,同年十月十二日 4 件,同年十一月四日 3 件,十一月二十日 4 件,同年十二月十二日 1 件;康熙六十年一月二日、十日各 1 件,同年一月十七日 2 件,一月二十二日 6 件,一月二十四日 3 件,一月二十七日 2 件,同年二月二十八日 3 件,二月二十三日 10 件(下缺)。共 111 件。今已知《奏稿》收录的奏件为 256 件,则《奏稿》多于《奏议》节本逾 10 倍、多于《奏折》本亦近 1 倍半。

1990 年 10 月至 11 月两月间,我乘访问日本之暇,并获神田信夫教授之热忱介绍,得借阅东洋文库珍藏之《抚远大将军奏折档》(即《奏折》),上下两函,共 11 册,每册页数各异,不记页数。每页两面,每面八行,行二十字,抬行两字,每页中缝有"静文西号"四字。静文西号疑是民初北京琉璃厂东西街文化书店之店铺名,显系抄书用纸。想当年日本学者从北京厂肆书估购得,只 11 册,已非全书。我查过各种版本,知东洋文库所藏之《奏折》本首册(第 1 册)同于北京大学图书馆所藏《奏疏》本之第 5 册,因两本同有康熙五十八年十一月六日一折可证;又《奏折》本末册(第 11 册)末页为康熙六十年二月二十三日一折同于《奏疏》本之第 14 册第十六页下也。

又按新出版的《奏稿》本与《奏疏》本均为二十卷,奏件起讫亦均相同,是否同出一源,有待进一步之探讨,详见下节。

二、奏档满文的译汉问题

上节提出的《奏稿》与《奏疏》是否同出一源的问题,亦就是《奏档》满文的译汉问题。据吴丰培先生撰写的《抚远大将军允禵奏稿·序》称:"此稿全是满文,原存于北洋政府的蒙藏院。经该院总裁贡桑诺尔布命该院翻译科派员译成汉文。当时我父吴燕绍先生就在该院工作,素研蒙、藏、维各族历史,广事收集有关资料,亟出资请人抄录全份。原拟付印,奈译文非出一人之手,人名、职称、地名均前后分歧,又译者大部分汉文文笔极差,文意倒置,主次不分,竟难读顺……今就译本编纂……文意不通处加以钩乙，使能读通，汰其重复，保留原意。"是《奏稿》系从《奏档》译本传抄，与《奏疏》虽同出一源，但复经吴丰培先生钩乙删汰，已另成一种与旧貌全异的新译本了。

兹举《奏档》康熙五十七年十月二十八日第一奏满文原文①为例：

goroki be dahambure amba jiyanggiyūn wang amban ni gingguleme wes-imburengge, baicaci, hebe gisurehe bade, ere aniya mudan cooha de tucibuhe hafasa de sunja aniya funlu, cooha urse de juwe aniya ciyanliyang buki, gemu juwan biyai bigan i ciyanliyang buki sehebi, ere yuwan buhe funlu ciyanliyang dasitara de isire be dahame, bigan i ciyanliyang be ging he-cen ci ilan biyangge be goroki morin ulebure bade isinaha manggi, wajiha in-enggi ci sirame, jai biyadara bigan i ciyanliyang gaiki jase tucime teileme do-sire erinde, acara be tuwame gaifi buki sembi, erei jalin gingguleme wesim-buhe, hese be baimbi.

elhe taifin i susai nadaci aniya juwan biyai orin jakūn

amba jiyanggiyūn wang

gūsai ejen amban wangura

tuijanggin amban usiba

araha tui janggin amban galbi

meiren i janggin amban boose

meiren i janggin amban uksun i hesiha

meiren i janggin amban alimboo

meiren i janggin amban gioroi alibu

coohai jurgan i hashū ergi ashan amban bime dorgi yamuni

ashan i bithei da i baita be kamcifi isihiyara, an i cooha jurgan i

baita be icihiyara amban jakdan

《奏疏》②译为：

抚远大将军王臣谨奏：查会议处拟请在军此次官员著给五年俸银、兵

---

① 《奏档》第一册，页一上至二上。
② 《奏疏》卷一，页一上至二上，按《奏折》缺此奏。

丁二军钱粮,均给十个月行营钱粮等语。此次支借俸饷,既(即)便治装,
行营钱粮,自京师先领三个月,俟到喂马场后自用竣之日,陆续再行按月
请领,至出口临阵时,拟请酌量颁给。为此谨奏请旨。

康熙五十七年十月二十八日
大　将　军　王　臣

都　　　统　臣　旺　乌　哩

护　军　统　领　臣　五　十　八

委护军统领　臣　噶　拉　毕

副　都　统　臣　宝　　　色

副　都　统　臣　宗室和什和恩

副　都　统　臣　阿　林　保

副　都　统　臣　觉罗伊哩布

兵部左侍郎兼管内阁学士事务仍办兵部事宜臣札克丹

今据经过吴丰培先生整理编纂的《奏稿》,不但"统一了人名、官名、地名",而
且在每一奏件之"文前摘录事由","每篇拟目,以便检用"①。如《奏疏》第一
奏第一句"抚远大将军王臣□□谨奏",《奏稿》改为"奏请将行营钱粮陆续发
给事",即所谓"摘录事由";并于奏文前标题为"请将行营钱粮陆续发给折",
即所谓"每篇拟目";又《奏稿》将原奏末尾之年月日移于每奏"拟目"之下。
第一奏的奏文中两本亦有异同处,如《奏疏》"陆续再行按月请领",《奏搞》无
"陆续"二字;又《奏疏》末句"为此谨奏请旨",《奏稿》作"谨奏"。再者,原奏
列名者,《奏疏》"大将军王臣"下缺名,而《奏稿》补"允禵"二字。查《奏档》原
未署名,是誊录翻译者为胤禛讳也。则"允禵"之增入,显然出于《奏稿》改编
者之手。同奏列名中有"噶拉毕"下,《奏稿》用括号标"尔弼"二字,并注出依
《清实录》改。又如第二奏,《奏稿》除增拟目有改动外,《奏疏》"奉皇父谕旨
派臣带管正黄旗□支",《奏稿》无"皇父谕"三字;又《奏疏》"除令扎各旗营
外",《奏稿》无"营"字;又《奏疏》"伏候皇父指示谨奏请旨",《奏稿》作"伏乞
训示谨奏"。"候皇父指示谨奏请旨",《奏稿》作"伏乞训示谨奏"。再如康熙
六十一年十月二十七日最末一奏,《奏疏》中"年庚尧"凡四见,而《奏稿》中均

---

① 《奏稿·序》中语。

改作"年羹尧"。依前所述,《奏疏》与《奏稿》的译文迥有差异,知译者非出一人之手。相对比较而言,《奏疏》接近《奏档》的原文,而《奏稿》辗转传抄,或多有窜改。即如年羹尧一名之所以改译作"年庚尧"者,疑在雍正二年(1724年)年羹尧案发之后,译者故为隐讳以远嫌,亦未可知。考《奏疏》最末一奏之前康熙六十一年十月十一日一奏中"西口"凡两见,《奏稿》均写作"西宁"。则知"宁"一字为清宣宗旻宁的避讳字,是《奏疏》的抄译一定在道光年间或其后,早于《奏稿》无疑。又《奏折》本只有11册,前缺4册,后缺5册。上述《奏疏》与《奏稿》相校异同之处,正为《奏折》本所缺,故无从与之对勘。

今略举《奏稿》、《奏疏》与《奏折》三者中数例相对勘:如《奏稿》有"生杀在大将军处理"①一句,《奏折》中"大将军"下有"王"②字不脱;又如《奏稿》有"赏银十万两、绸五百疋"③一句,《奏折》第8册第十五页上"绸"作"紬",而《奏疏》本脱"银"字,又"绸"误"调"④;又如《奏稿》康熙六十年一月二十二日奏⑤末有云:"第巴达克册、噶隆扎什则巴、阿昭拉、杜拉尔台吉、多霍栾达什皆伙同贼准噶尔助逆作乱,毁坏黄教,近害人民等。若不正法,则日后仍从准噶尔贼作乱。是以我等共同商议,第巴达克册、扎什则巴、阿昭拉杜尔台吉、多霍栾达什斩首示众,家产、人口、马牲口、田地抄没。照数查核,皆给达赖喇嘛属下。再一般逢迎准噶尔人等,拟从宽酌量治罪或免释"等语,持以与《奏折》相较,"第巴达克册"作"迪巴达克咱"(下同)。"噶隆"作"嘎隆","伙同贼准噶尔"作"准噶尔伙贼","助逆作乱"上多出"从此等"三字,"黄教"作"道教","迫害人民等"作"破坏地方人等","若不正法"作"不以正法","日后仍"作"日后必仍","从准噶尔贼作乱"作"从中作乱事行","共同商议"删"同"字,"阿昭拉、杜拉尔台吉、多霍栾达什斩首示众"改为"等五人随逆贼帮行,断不可留"、"属下"作"上","一般"作"小","拟从宽"作"应从宽","或免释"删"或"字⑥等。从而充分证明《奏折》与《奏疏》、《奏稿》两者的译文差异显然,译者亦决非一人。然则《奏疏》、《奏折》与《奏稿》三者虽均本自《奏档》,而译

---

① 《奏稿》卷十,页二四上。
② 《奏折》第八册,页五下。
③ 《奏稿》卷一二,页二九上。
④ 《奏稿》第八册,页一五上。
⑤ 《奏稿》卷一二,页二六上下。
⑥ 《奏折》第十册,页一八上。

非一时，又非出一人之手。加之传抄屡易其人，历有窜改润饰。古人云："一源十流"，此之谓也。

三、抚远大将军之特命

前已述及，胤祯受命为抚远大将军出自特命，固无论矣；然胤祯以贝子称王而被称为抚远大将军王，则又何说以对？两年前，我撰有《满族贝子称王考》①一文，曾引《抚远大将军王奏档》中满、汉文之称 goroki be dahambure amba jiyanggiyūn wang 与汉文之称"抚远大将军王"为自称，奏之于君父之前，当非俗称，而为乃父圣祖玄烨所默许；虽亦提及圣祖玄烨《给抚远大将军王胤祯敕书》，《敕书》中亦称其子胤祯贝子为"抚远大将军王"，但我当时尚未亲自见到圣祖玄烨亲笔所写之满汉文敕书。后承北京中国第一历史档案馆张莉同志为我复印馆藏清圣祖玄烨亲笔所写《给抚远大将军王胤祯敕书稿》之满汉文敕书各一份。兹先节录满文②如下：

> huwangdi hese goroki be dahambure amba jiyanggiyūn wang in jeng de wasimbuha……cohome simbe goroki be dahambure amba jiyanggiyūn obufi, manju monggo niowaggiyan tui cooha be uheri kadalabume unggimbi, si yaya babe necin wang nersu galai amban i baita be daiselaha hung su. gūsai ejen yan sin. gūsai ejen tutsung. tui janggin galbi. meiren i janggin alimboo. tsung bing gūwan li lin. bar kul i jugūni jiyanggiyūn funingan sei emgi faksikan i arga deribufi uheri hebdeme yabu……geren jugūn i cooha, monggoso i cooha be fidere fidere forgoso.

次录满文译汉③：

> 皇帝敕谕抚远大将军王胤祯……特命尔为抚远大将军，统领满洲、蒙古、绿旗（即绿营）大兵。一切事宜，尔与平郡王讷尔苏、署理前锋统领弘曙、都统颜信（一作延信）、都统楚仲（一作楚宗）、护军统领噶尔弼、副都

---

① 刊于《中央民族学院建校四十周年学术论文集》，中央民族学院出版社 1991 年版，第124—132 页。

② 见一史馆藏《宫中杂件》中。

③ 见一史馆藏《宫中杂件》中。

统阿林保、总兵李麟(一作李林)、巴儿库儿(一作巴里坤)、富宁安等酌定方略,公同计议而行……各路大兵及蒙古兵丁听尔调遣……

从中不难看出,圣祖玄烨既命胤祯"统领满洲、蒙古、绿营大兵"约 10 万人,同时授胤祯以"听尔调遣"的指挥大权,而且在亲笔敕书中直接称之为"抚远大将军王胤祯"。这是出于当时皇帝本人与胤祯君臣父子之间,朝野臣工,从而效尤,称之为王,名正言顺,又何僭妄之有?

无怪乎胤祯甫抵西宁之日,今青海省西宁市之西宁卫属人民等即呈称"圣主(圣祖玄烨)眷念民和,施恩万户,遐迩普被仁泽,众民得生……幸王(胤祯)新奉谕旨,颁布恩惠,临边地,本愚民等即如亲见圣主,叩瞻天颜"①。又今甘肃省武威县之凉州士民等亦呈称"本凉州地居边壤,近数年因遭旱灾,圣主特沛恩施,叠次豁免人民钱粮草豆,所以小民各得生路……幸王亲承谕旨,率领大兵,来至本省。我小民见王,即如朝觐天颜(指圣祖玄烨),叩谢天恩"②。是胤祯之出征西陲,甘、青官民人等"如亲见圣主",不啻以胤祯为乃父圣祖玄烨的亲身全权代表视之矣。

我昔年撰文曾以随胤祯西征之"王、贝子、公、闲散宗室等凡十六员"中之"内廷三阿格"为圣祖玄烨第三子胤祉;又在小注中据《实录》康熙五十八年三月乙酉"皇三子和硕诚亲王允祉恭请上(圣祖)幸王园,进宴"。认为胤祉于未抵西宁以前,已半途而返北京。则抵西宁之阿哥为另一阿哥,其名待考云云③。1982 年《清史资料》第三辑重刊《奏议》,附注亦指出:"据《清圣祖实录》载:康熙五十八年二月己巳,康熙帝'幸畿甸',命皇三子允祉等'随驾',四月庚寅,允祉'恭请上幸王园,进宴',七月,随帝'行围',则允祉并未抵西宁。此处三阿格,到底是允祉原随出征而后来半途回京,还是本书译、抄过程中出的差错? 待考"④。查胤祯于五十七年十二月十二日起程,同月十七日抵上花园,二十八日抵代遥,于次年五十八年一月八日驻保德州(山西省今县),同年二月六日至恒城渡口,同月十日抵宁夏(今银川市),同年二月中,始抵西宁。知胤祉未抵西宁,则是确凿无疑。但在未离京前的六七天之同年十二月初五

① 《奏稿》卷二,页一六上下。
② 《奏稿》卷三,页一上。
③ 拙著《胤祯西征纪实》,见《清史杂考》,中华书局 1963 年版,第 200 页。
④ 《清史资料》第三辑,第 161 页。

日奏文中明云"内廷三阿格"①,似即是胤祉。惟通读《奏稿》,康熙五十八年四月十六日奏中仍有"王阿格"②,初疑为"三阿格"之误;后检查《奏档》卷一第(七十)页上满文原作"amban ilan age",知"王"指胤祯而非胤祉。又胤祯于未抵西宁之前,同年康熙五十八年一月八日奏中又有"沿途雨雪……臣及诸子仰赖福庇,均甚安好"③和同年八月二十二日奏中有"班禅恭请圣安,并请大将军王、众阿哥等安"④等语。按《奏档》卷一第(十)上与卷四第(四)上满文原文,前者作"amban mini beye juse se",后者作"amba jiyanggiyūn wang geren agesei elhe be baiha"。则知"诸子"、"众阿哥"与"王阿格"为同义语,则"三"之满文为"ilan"而非"ilaci",与"内廷三阿格"《奏档》卷一第(三)上满文原文作"dorgi ilan age"的三个阿哥正合。再证以《奏稿》中"贝子臣禄斌"外之有"臣弘书、臣弘禧、臣广善、臣永乾"⑤等人,似"弘书"即"弘曙","弘治"即"弘晊","弘禧"即"弘晳"。据清室谱牒:弘曙为圣祖玄烨第七子允祐的第一子⑥,弘晊为圣祖第五子允祺的第二子⑦,弘晳为皇太子胤礽的第二子⑧。又"永乾"疑即"王子永谦"⑨,而宗室延信,圣祖玄烨明言"为我之侄"⑩,盖延信为肃亲王豪格第三子猛峨的第三子,豪格为圣祖的伯父,则猛峨为圣祖堂兄弟,其子延信自是圣祖的子侄。延信于康熙二十七年(1688年)正月被授三等奉国将军,受命随胤祯西征,正值知命之年,确为军中的关键性人物,卒以进藏有功,袭封固山贝子,晋多罗郡王。然则胤祯受命抚远大将军西征,其随征之王、贝子、公、闲散宗室等之多,庄严隆重有如此者,有清一代未之有也。

------

① 《奏稿》卷一,页二上。
② 《奏稿》卷一,页三十上。
③ 《奏稿》卷一,页三下。
④ 《奏稿》卷四,页二上。
⑤ 《奏稿》卷一,页四下,《奏议》节本,第161页。
⑥ 牟其汶编纂:《宗室王公世职章京爵秩袭次全表》,清光绪三十二年石印本,卷六,页一三上、一五上。
⑦ 牟其汶编纂:《宗室王公世职章京爵秩袭次全表》,清光绪三十二年石印本,卷六,页九上。
⑧ 牟其汶编纂:《宗室王公世职章京爵秩袭次全表》,清光绪三十二年石印本,卷六,页二上。
⑨ 《奏稿》卷一,页二一上。
⑩ 《袭次全表》卷四,页一〇上下。

四、三个六世达赖喇嘛之真假问题

胤祯之受命西征,目的在完成驱准保藏的军事任务,以西藏"原系固什(一作顾实)汗所创设,世代固什汗之子孙助兴教道,与准噶尔何干?"①而更在贯彻执行其父圣祖玄烨"为推广黄教,撤消准噶尔所立伪达赖喇嘛坐床,以大兵之力送达赖喇嘛"②的宗教使命。所谓"以平靖教务为要事,以军旅为小事"③者也。

先是,五世达赖圆寂后,第巴桑结嘉措选定藏南门隅(今门巴族)之宇松地方人仓央嘉措为六世达赖喇嘛之灵童。旋拜五世班禅罗桑益喜(1663—1737年)为师,剃发受戒,并取法名为罗桑仁钦仓央嘉措,被送至拉萨布达拉宫坐床④。这是最先立的第一个六世达赖喇嘛。迨第巴桑结嘉措被俘处死后,拉藏汗于1707年(康熙四十六年)另立巴噶曾巴伊喜嘉措为六世达赖喇嘛,而以第一个六世达赖为伪,非真达赖喇嘛灵童,清廷命执献京师。但第巴桑结嘉措余部逃至准噶尔,求救于策旺阿拉布坦。1717年(康熙五十六年)准部兵潜入藏,杀拉藏汗,拘禁所立之新达赖喇嘛于扎克布里庙⑤。被禁锢的新达赖喇嘛为第二个六世达赖喇嘛。

两个六世达赖喇嘛谁真谁假,姑且置之不论;而拉藏汗所立之第二个达赖亦被废,又不为西藏僧俗人等所承认,故圣祖为了尊重藏、蒙僧俗人民对达赖之深情厚谊,乃又另立一新小呼毕勒罕,即当时住在西宁塔儿寺的一个西康年轻活佛噶桑嘉措(一作噶勒藏加木错,噶或作嘎,其父为索诺木达尔扎)⑥,实际上为第三个六世达赖喇嘛。据胤祯奏称:"今策旺(阿)拉布坦阅

---

① 《袭次全表》卷六,页三四上。

② 《袭次全表》卷一七,页四上。

③ 《奏折》卷一,页五〇下。按《奏稿》卷六页二九上"要事"作"要务",以"要事"为是。

④ 牙含章:《达赖喇嘛传》,北京人民出版社1984年版,第40页。

⑤ 牙含章:《达赖喇嘛传》,北京人民出版社1984年版,第41页,参《奏稿》卷一五,页八上。

⑥ 牙含章:《达赖喇嘛传》,北京人民出版社1984年版,第43页,按《奏稿》卷三,页一六下与卷六,页一一上均作"小呼毕勒罕之父索诺木达尔札",而《奏折》第五册页(一四)下则作"达赖喇嘛阿玛索诺木达尔扎","阿玛"满文"ama",意即"父"也。亦足证《奏折》与《奏稿》两者译本非出一人之手。

此文,我们意以达赖喇嘛呼毕拉罕为非,策旺拉布坦可识否? 霍木什木(即塔儿寺)博迪萨都呼毕拉罕达赖喇嘛,圣主识外,何人(能)识亦非先五代达赖喇嘛呼毕拉罕圣主所封。今封此呼毕拉罕,我们派万兵咨送,先在盟地,策旺拉布坦极奸猾人,不致(敢)言说"①。又奏:"土伯特(即唐古特)众喇嘛人民,俱言在西宁现有呼毕拉罕,实为达赖喇嘛之呼毕拉罕。天朝圣主将新呼毕拉罕安置在达赖喇嘛禅榻上座,广施法教,实与众人相望之意允协"②。故又有"本青海人众,无论圣主如何颁布,无不遵行"③之奏。此即胤祯所称"令达赖喇嘛坐床,定黄教之道,以安各唐古特、蒙古等之心"④,正合前引完成"平靖教务为要事"的宗教使命之意。

新立的小呼毕勒罕噶桑嘉措即第三个六世达赖喇嘛,原住西宁塔儿寺,由胤祯派兵护送,于康熙五十九年(1720 年)四月二十二日从西宁起行,同年五月二十四日抵三音索洛木,六月二十日到达木鲁乌苏⑤。一路护送满洲兵 800名、绿旗兵 800 名⑥,合 1600 名。不分昼夜,兵不解甲,第三个六世达赖小呼毕勒罕居其中⑦,前呼后拥,戒备甚是森严。从木鲁乌苏起,始由都统延信接送,同年九月十五日赶至拉萨布达拉宫坐床,一切平安无事⑧。圣祖以第三个六世达赖年幼,尚未学经,而五世班禅世代尊敬,令其奉之为师,受教经义。五世班禅于同年十月十八日至藏。是日,延信率领大臣官员等出藏在十里外迎接,献哈达;第三个六世达赖出布达拉宫亲自迎接,执弟子礼甚谨,呈哈达三次叩见。五世班禅坐高床,为一级坐。令达赖坐原床,补行坐床礼⑨。礼至隆重也。

关于六世达赖喇嘛,如前所述,共有三人:第一,即第巴桑结嘉措所立之仓央嘉措,始终得到藏、蒙僧俗人民的认可;第二,即拉藏汗所立之伊喜嘉措,但未得到藏、蒙各部僧俗人民的认可,被策旺阿拉布坦废黜后,清廷亦未再过问;

---

① 《奏折》第二册,页八下,按此奏不见《奏稿》。
② 《奏稿》卷五,页一三上。
③ 《奏稿》卷五,页二三上。
④ 《奏稿》卷五,页一四下。
⑤ 《奏稿》卷八,页三上,页一九上。
⑥ 《奏稿》卷一一,页一四下。
⑦ 《奏稿》卷一四,页一四上。
⑧ 《奏稿》卷一二,页三上至一一上。
⑨ 《奏稿》卷一五,页一上至二下。

第三,即自西宁塔儿寺觅得之噶桑嘉措,被清廷又册封为新六世达赖喇嘛,并送至拉萨布达拉宫坐床。噶桑嘉措得到藏、蒙僧俗人民的认可,圆寂后,由于仓央嘉措被默认为六世达赖,故清廷亦默认噶桑嘉措为七世达赖。这一段真假六世达赖喇嘛公案的过程,就是如此①。

五、胤祯回京奔丧的时间问题

胤祯于康熙五十七年(1718 年)年底离京西征,三年后于康熙六十年(1721 年)年底曾回京一次,请求来年如何进军准噶尔部之事,所奏:"臣(胤祯)不亲去恭聆圣训,难以率行;且臣三年久离皇父(圣祖玄烨)膝下,孺慕殷切"②。当时议政大臣亦均以"来年进兵,事关至要,大将军王(胤祯)不亲自觐见,面聆圣旨,则难率行"③。而圣祖既同意"令大将军王来,印交讷亲王讷尔苏(苏一作素)",但又以策旺阿拉布坦处(指准噶尔部)若有大事,大群随来,则大将军王停来④。是知胤祯之坐镇西陲固不可一日轻离职守也。考之是年十月,有胤祯领子(即侄弘曙)"急速于是月二十日甘州(今甘肃省张掖县)起身"⑤赴京之奏,以前一年胤祯回京"沿口绕行四十日"计,是年十一月下旬或十二月上旬当可至京也⑥。

越年,康熙六十一年(1722 年)九月十九日,胤祯又有人觐请旨之奏,最大理由为:"来年皇父七旬圣寿超古大庆典礼,天下满、蒙、汉并凡人图册人等无不欢悦,虽绝域外国人等亦无不欢悦。为臣子者逢此盛典,仰瞻天颜,晋叩万万岁大庆之意尤不能止"⑦。同年十月二十七日胤祯尚有派员护送策旺阿拉布坦差员踹那木喀等进京的最后一奏,各本均同。则知胤祯离甘州启程赴京必在是年十月底或十一月初,抵京当在十二月初旬或中旬。

---

① 黄奋生:《藏族史略》,北京民族出版社 1989 年版,第 258 页。
② 《奏稿》卷一八,页四五下至四六上。
③ 《奏稿》卷一九,页四上。
④ 《奏稿》卷一九,页四上。
⑤ 《奏稿》卷一九,页四下。承邓锐龄教授检示《仁录》卷二九五页一四下云:"癸丑,抚远大将军允禵至南苑陛见。"癸丑为康熙六十年十一月十七日,与我推断为十一月下旬正合。邓教授不吝指示,谨伸谢忱。
⑥ 《奏稿》卷一八,页四六上。
⑦ 《奏稿》卷一八,页四六上。

众所周知,圣祖玄烨卒于康熙六十一年十一月十二日(1722 年 12 月 19日),世宗胤禛即于第二日下谕:"西路军务,大将军职任重大,十四阿哥允禵(即胤祯,雍正元年所改)势难暂离;但遇皇考大事,伊若不来,恐于心不安。著速行文大将军王,令与弘曙二人驰驿来京。军前事务,甚为紧要。公延信著驰驿速赴甘州,管理大将军印务,并行文总督年羹尧于西路军务粮饷及地方诸事俱同延信管理。年羹尧或驻肃州(今甘肃省酒泉县)或至甘州办理军务,或至西安办理总督事务,令其酌量奏闻……应速行文大将军王将印敕暂交平郡王讷尔素署理,即与弘曙来京"①。事实上,胤祯与弘曙分别由副都统阿尔纳(纳一作恩)、阿林保分成两起②,疑是强行押解胤祯回京。但据记载,世宗于康熙六十一年十二月十七日有"大将军王来时,朕止令副都统阿尔纳随来,弘曙令副都统阿林保随来"③一谕,知胤祯于圣祖逝世后一个月零五天已到北京,则咨送谕旨及胤祯来京,一往一返仅三十五日。在两个半多世纪以前交通很不发达的情况之下,是很难想象能达到行走如此神速地步的。

关于胤祯回京奔丧的时间问题,结合上述历史事实考察,比较合理的推测是,胤祯于康熙六十一年九月十九日奏请入觐祝乃父七旬万寿大典,同年十月底或十一月初从甘州于同年年底前赶至北京。是胤祯抵京之日,即在圣祖逝世之同时或稍后几日,不待乃兄世宗胤禛于父死之第二日急忙下诏召之回京奔丧也。按上次胤祯回京请示,是有乃父亲笔敕书方能起程;此次如果不是乃父手敕,只凭乃兄世宗一纸文字即命驾言旋,束手待缚,亦是不可想象之事。何况时间如此巧合,胤祯于圣祖临终之前即已离任起程来京,正好为乃兄世宗所利用耳。

再者,上次胤祯回京偕侄弘曙同行,亦已得圣祖许可,未闻二人分作两起行走;而此次又是叔侄二人一路同行,何以必须分成两起,胤祯由副都统阿尔纳伴随、弘曙由副都统阿林保伴随④? 而一路同来之参赞大臣渣克旦(一作查

---

① 《清世宗宪皇帝实录》(以下简称《宪录》),伪满景印行,卷一,页九上至一〇上。
② 《宪录》卷二,页一〇上。
③ 《宪录》卷二,页二九下。
④ 《宪录》卷一,页一〇上。

克丹）又何以被说成是"擅自违旨前来"而受到"革职留任"、发"回军前效力赎罪"①之处分？此则正足以启后人之疑窦，如果历史上无世宗夺嫡一公案之存在，则当时自不会发生如此之多不易解答的问题也。

【附记】
本文经苏晋仁和邓锐龄两教授过目，并提出修改意见，特此致谢。

---

① 《宪录》卷二，页二九下至三〇上。

清圣祖遗诏考辨

　　历来谈清圣祖玄烨之死及其子世宗胤禛的嗣位问题，国内外史学界迄今仍有不同的看法。我在快 40 年前写的《清世宗夺嫡考实》一文①，曾指出世宗嗣位时宣读的圣祖《遗诏》是满文而不是汉文这一点，迄未进行深入探讨。我在当年也曾托友人查访过康熙一朝的起居注，以捆载南运未返而不果得。最近北京中国第一历史档案馆编辑部将整理好的《康熙起居注》一书交由中华书局正式出版，公诸于世。一史馆朱金甫同志复赐我一份现今仅存的清圣祖《遗诏》满汉文对照原件缩印照片②，再四展阅，真是喜出望外。《遗诏》原件满文的部分虽已残缺不全，仅存后半部，不及汉文的一半，但满文的行文措词，看似从汉文译出，因而对这份《遗诏》的真实性，心窃疑之。爰据各种官私著述和档案，与《遗诏》原件仔细校勘，一一为之考辨，以就正于方家。

一、《遗诏》现存原件（格式照旧）

甲　汉文部分③

　　　奉

天承运

　　皇帝诏曰从（来帝）王之治天下未尝不以敬

天法

　　祖为首务敬

---

　　①　拙著《清史杂考》，人民出版社 1957 年版，第 153 页。

　　②　缩印照片为 28.2 厘米×9.4 厘米。汉文部分字迹尚清晰醒目，虽有数处缺损，亦易于填补，但满文部分残缺太甚，字迹又细小模糊，非用放大镜几不可辨认。

　　③　按汉文《遗诏》，《清圣祖仁皇帝实录》（简称《仁录》）据《大清历朝实录》景行本，卷二七五页五上至一三上与《清圣祖御制文集》（光绪五年（1879 年）排印本）四卷，卷二〇，页一上至一七下，均引录全文，惟《文集》中之世宗讳"胤禛"二字为缺文。

天法

祖之实在柔远能(迩)休养苍生共四海之利为利一天下之心为心保邦于
　　未危致治于未乱夙夜孜孜癗瘵不遑为久远之国计庶乎近之今朕年届
　　七旬(在位六十)一年实赖

(天地

宗)　社之默佑非朕凉德之所致也历观史册自黄帝甲子迄今四千三百五十
　　余年共三百一帝如朕在位之久者甚少朕临御至二十年时不敢逆料至
　　三十年三十年时不敢逆料至四十年今已六十一年矣尚书洪范所载一
　　曰寿二曰富三曰康宁四曰攸好德五曰考终命五福以考终命列于第五
　　者诚以其难得故也今朕年已登耆富有四海子孙百五十余人天下安乐
　　朕之富亦云厚矣即或有不虞心亦泰然念自御极以来虽不敢自谓能移
　　风易俗家给人足上拟三代明圣之主而欲致海宇升平人民乐业孜孜汲
　　汲小心敬慎夙夜不遑未尝少懈数十年来殚心竭力有如一日此岂仅劳
　　苦二字所能该括耶前代帝王或享年不永史论概以为酒色所致此皆书
　　生好为讥评虽纯全尽美之君亦必抉摘瑕疵朕今为前代(帝王)剖白言
　　之盖由天下事繁不胜劳惫之所致也诸葛亮云鞠躬尽瘁死而后已为人
　　臣者惟诸葛亮能如此耳若帝王仔肩甚重无可旁诿岂臣下所可(比拟)
　　臣下可仕则仕可止则止年老致政而归抱子弄孙犹得优游自适为君
　　(者)勤劬一生了无休息之日如舜虽称无为而治然身殁于苍梧禹乘四
　　(载胼)手胝足终于会稽似此皆勤劳政事巡行周历不遑宁处岂可谓
　　(之)崇尚无为清静自持乎易遘卦六爻未尝言及人主之事可见人主原
　　(无)宴息之地可以退藏鞠躬尽瘁诚谓此也自古得天下之正莫如我朝

(太)祖

(太)宗初无取天下之心尝兵及京城诸大臣咸云当取

(太)宗皇帝曰明与我国素非和好今欲取之甚易但念系中国之主不忍取
　　也后流贼李自成攻破京城崇祯自缢臣民相率来迎乃鄣灭闯寇入承大
　　统稽查典礼安葬崇祯昔汉高祖系泗上亭长明太祖一皇觉寺僧项羽起
　　兵攻秦而天下卒归于汉元末陈友谅等蜂起而天下卒归于明我朝承席

先烈应

　　　　天顺人抚有区宇以此见乱臣贼子无非为真主驱除也凡帝王自有

天命应享寿考者不能使之不享寿考应享太平者不能使之不
享太平朕自幼读书于古今道理粗能通晓又年力盛时能弯十
五力弓发十三把箭用兵临戎之事皆所优为然平生未尝妄杀
一人平定三藩扫清漠北皆出一心运筹户部帑金非用师赈饥
未敢妄费谓皆小民脂膏故也所有巡狩行宫不施采缋每处所
费不过一二万金较之河工岁费三百余万尚不及百分之一昔
梁武帝亦创业英雄后至耄年为侯景所逼遂有台城之祸隋文
帝亦开创之主不能预知其子炀帝之恶卒致不克令终皆由辨
之不早也朕之子孙百有余人朕年已七十诸王大臣官员军民
以及蒙古人等无不爱惜朕年迈之人今虽以寿终朕亦愉悦至
太祖皇帝之于礼亲王饶余王之子孙现今俱各安全朕身后尔等若能协心保
全朕亦欣然安逝雍亲王皇四子胤禛人品贵重深肖朕躬必能克承大统
著继朕登基即皇帝位即遵典制持服二十七日释服布告中外咸使闻知
（康）熙六十一年十一月十三（日）

最近由人民出版社出版的《雍正传》的著者冯尔康同志指出，这个"康熙
遗诏"的汉文原件，涂抹处有"欲致海宇升平，人民乐业"一句，其"人民乐业"
四字压缩在两个字的空档之内。此外，"盖由天下事繁"句中的"事繁"二字，
"惟诸葛亮能如此耳"句中的"亮能"二字，"礼亲王、饶余王之子孙现今俱各安
全"句中的"安全"二字，均只占一字的空档，显系原来书写有误，抹去后填写
的字样。又错讹的字有"承"字写作"承"，当中少了一点。冯同志并指出："这
个诏书是胤禛搞的，不是康熙的亲笔，也不是他在世时完成的，不能作为他指
定胤禛嗣位的可靠证据"①。冯同志指出的都很对，历史事实也正是如此。

这里需要补充的是，《遗诏》中的"蜂起"二字，《实录》改作"蠭起"，《遗
诏》中的"采缋"，《实录》改作"采绘"；《遗诏》中的"现今"，《实录》改作"见
今"；《遗诏》中的"布告中外"，《实录》改作"布告天下"：改得更为典雅。从而
不难看出，前者为原文，后者似是出之于后来修改润饰之笔了。但很不容易理
解的，则是"歷观史册"句中的"歷"字，《实录》作"歷"而《遗诏》反而作"歷"；
"小心谨慎"句中的"慎"字，《实录》作"愼"而《遗诏》反而作"慎"；"为真主驱

① 《雍正传》，人民出版社1985年版，第62页。

除也"句中的"真"字,《实录》作"眞"而《遗诏》反而作"真";"雍亲王皇四子胤禛"句中的"禛"字,《实录》作"愼"而《遗诏》反而作"禛"。最末"胤禛"二字,系《实录》于30年代初影印出版时,原本缺文,由近人王君九(季烈)先生所填补,始不置论外,其他如"愼"、"真"(世宗胤禛,应避嫌名)与"歷"(高宗弘歷,避讳作"歷")三字,何以《实录》不避讳而《遗诏》反而为之避讳?特别是"歷"字乃清高宗之名,又何以《实录》不避而《遗诏》亦为之避?像这样一些疑问,一时殊不得其解。

顷又从一史馆得见另一清圣祖《遗诏》原件缩印照片①,只有汉文而无满文,与满汉文俱全的《遗诏》相对勘,明显不同的地方是这份只有汉文的《遗诏》无签署年月日,是有意或无意没有签署,今已不得而知了。但从两份《遗诏》的异文来看,只有汉文本的《遗诏》中的"非朕凉德之所至也"句中的"至"字,满汉文本的《遗诏》改作"致";又汉文本的"盖因天下事繁不胜劳惫之所致也"句中的"因"字,满汉文本改作"由"。根据这一两个字的改动润饰的痕迹来看,我疑心汉文本写成在前而满汉文本则修定在后;如果这一推测能成立的话,没有签署年月日的汉文本写成较早,等到译出满文的满汉文本《遗诏》告成时,很显然,那签署的康熙六十一年十一月十三日是后加上的。

汉文本《遗诏》原件幅面视满汉文本为大,满汉文本中的脱落之字,此汉文本均完好无缺,但汉文本幅面下部伤损特甚,今幸有满汉文本遗存下来,不难一一为之填补。如:第七行末"保邦于未"下缺"危致治于未乱夙夜孜孜"十字;第八行末的"实赖"二字中的"赖"字,只残存左旁"束"的上部;第十行末缺"年共三百一帝如朕在位之"十一字;第十一行末缺"敢逆料至四十年今已六十一"十二字;第十二行末缺"终命五福以考终命列于第五"十二字;第十三行末缺"下安乐朕之富亦云厚矣即或"十二字;第十四行末缺"人足上拟三代明圣之主而欲致海"十四字;第十五行末缺"年来殚心竭力有如一日此"十一字;第十六行末缺"酒色所致此皆书生好为"十字;第十七行末缺"天下事繁不胜劳惫之"九字;第十八行末缺"若帝王仔肩甚重无"八字;第十九行末缺"孙犹得优游自适为"八字;第二〇行末缺"四载胼手胝足终于会"九字;第二一行末缺"乎易避卦

① 缩印照片为30厘米×15厘米,字迹十分清晰,惟幅面下部缺损特甚,每行均有数字或十余字之脱落,均为填补。此照片系一史馆朱金甫同志告知,并由徐艺圃同志代为复印见寄,热忱相助,谨此申谢。

六爻未尝"八字;第二二行末缺"得天下之正莫如我朝"九字;第二五行末缺"取也后流贼李自成攻破京"十一字;第二六行末缺"安葬崇祯昔汉高祖系泗上"十一字;第二七行末缺"陈友谅等蜂起而天下卒归于"十二字;第三〇行末缺"享寿考者不能使之不"九字;第三一行末缺"能通晓又年力盛时能"九字;第三二行末缺"一人平定三藩扫清漠"九字;第三三行末缺"故也所有巡狩行宫不施"十字;第三四行末缺"之一昔梁武帝亦创业英"十字;第三五行末缺"知其子炀帝之恶卒致不"十字;第三六行末缺"员军民以及蒙古人等无不"十一字;第三八行末缺"协心保全朕亦欣喜安逝雍亲"十二字;第三九行末缺"帝位即遵典制持服二"九字。这是汉文本《遗诏》的残缺部分,并一一为之填补如此。

圣祖《遗诏》虽有汉文本和满汉文本之不同,而两份原件同时存在,必有一份撰成在先而另一份修改于后,已如上述。很有可能,汉文本在前而满汉文本在后,但同时必须首先肯定这两份《遗诏》都不是真的。否则,两份《遗诏》不可能同时存在,其中必有一份是后人伪造的,这种可能性也不能完全排除。但不管怎样,这两份《遗诏》的同时存在,对圣祖《遗诏》是否具有真实性的判断,也还是很有帮助的。就拿汉文本在前而满汉文本在后这一点来说,这汉文本就是一个很有说服力的历史文献见证。

乙　满文部分①

……

hūlha be geterembume
　贼　　　剿除

sy šang ni　ba　i emu falgai da ming gurun i taidzu
泗上　　地方 之一　亭 长 明　　太祖

h（ū-wangdi）
　皇帝

jiduji han gurun de ohobi, yuwan gurun i dubei forgon de cen io-liyang se
　　汉　　　　　　元　　 末 时　　 陈友谅 等

sasa……
纷纷

———————

① 《遗诏》满汉文本原件的满文部分,我用拉丁字母转写为音译,复经刘小萌同学为我细心审校,并纠正了好几处,一并致谢。

musei gurun
我　　朝

mafari doro be sirafi
先　烈　承

abka de acambume niyalmai gūnin be dahame abkai de fejergi be baha. ede
天　　　应　　　人　　心　　顺　　天　　下　　　得　此

facuhūn amban hūlhai jui balai ......
乱　　臣　　贼　子

mukiyebume jafaha be saci ombi yaya di wang sade ini cisui abka hesebuhe
使灭　　　知　　凡帝　王　等　自　然　天　命

babi jalafun bahaci ......
有　长寿　得

taifin i banjici acarangge be taifin i banjiburakū obume muterakū. bi ajigen
太平　享　应　太平　不享　使　不能　我　幼年

ci bithe hūlame julge te i 〔doro〕 ......
从书　读　古今　道理

tofohon hūsun i beri jafame juwan ilan sefere i kacilan be gabtambihe, cooha
十五　力　弓　持　十　三　把　箭　　发射　兵

baitalara dailame yabure baita de gemu heo seme mutembi ......
用　戎　临　事　皆优　　为

jalan de emu niyalma be balai waha ba akū. ilan fudaraka hūlha be necihiyeme
平生　一　人　妄杀　未　三　逆　　　平

toktobufi, monggo i babe bolgo obume geterembihengge, gemu emu
定　蒙古之地　清　　扫　皆一

〔mujilen〕 ......
心

bodoho ci banjinahangge. boigon i jurgan i ku i menggun be, cooha baitalara,
筹　运　户　部　库　银　兵　用

yuyure be aitubure baita ...... gelhun akū heni namgiyaha ba akū. ere cohome
饥　赈事　敢　不些须　费　不此　特

buya irgen i umgan šugi turgun， giyarime yabure de tatara gung be yangselame
小　民　之　脂　膏　故　　巡狩　　　　行宫　　采绘

miyamirakū ofi. emu bade. baitalahangge，　emu juwe tumen yan ci dulenderakū
不施　　　一　处　　所用　　　一　二　万　两　　不过

bira　weilere　bade，　aniyadari　ilan　tanggū　tumen　yan　funceme　baibure　de
河　工　　　　每年　三　百　万　两　余　　用

duibuleci tanggū ubu de emu ubu hono akū. seibeni liyang gurun i u di inu fukjin
比　　百　分之一　分　尚　不　昔　梁　　武帝亦　创

doro ilibuha baturu kiyangkiyan bihe， amla se sakdafi， heo ging de hafirabufi， tai
业　　英雄　强健　　　　后　年　老　侯　景　　所逼　台

ceng ni jobolon de tusahabi. sui gurun i wen di inu fukjin
城　之　祸　　遭　隋　　文　帝　亦　开创

……ini jui yang di i ehe be doigonde same mutehekū ofi， unenggi sain bahafi
其子　炀　帝之恶　预　　知　不能　　果　善　得

dubehekūbi. ere gemu erdeken i kimcihakūci bangjinahangge
不终　此　皆　较早　　不辨

……〔tanggū〕funcembi. mini se inu nadanju se oho， geren wang ambasa
百　　余　我　年亦　七十　岁已　诸　王　大臣

hafasa cooha irgen， monggoso ci aname， mini sakda niyalma be gosirakū
官员　兵　民　蒙古等　以及　我　年迈　人　　不爱

……te udu jalgan i dubecibe， bi inu urgunjembi. jai
今虽　寿　终　我亦　欣喜　再

……〔dor〕o wang bayangga wang ni juse omosi， te gemu gulhūn muyahūn i
礼　王　饶余　王之子　孙　今均　全　保

bi. mini beyei amargideri.
我　身　后

suwe uhei gūnin i karmatame gulhun obume
尔等　协　心　保　　全

……mimbe umesi alhūdahabi. amba doro be afabuci mutembi， mini sirame
我深　肖　大统　承　克　我继

…… 〔d〕ergi tulergi de bireme selgiyehe.

　中　　外　　　　传

…… 〔omšon〕biyai juwan ilan de

十一　　月　十　三　日

从上引《遗诏》原件的残缺不全的满文部分来看,值得我们注意的有以下几点:一、残存的满文《遗诏》原件后半部,是从汉文《遗诏》中的"剪灭闯寇,入承大统"开始,直到末尾"布告中外,咸使闻知"打止,其中"中外"二字与《实录》改作的"天下"不同,《遗诏》原件满汉文相同,疑是原文如此;二、满文《遗诏》原件所签署的日期,虽脱漏"康熙六十一年十一"几个字,而"月十三日"字样却十分清晰可辨,与汉文《遗诏》签署的年月日完全一致;三、满文部分独缺"雍亲王皇四子胤禛人品贵重"这最重要的一句,是偶然的自然缺损,抑或是由人为所造成的残破这一疑问,目前尚无可靠证据可以做出回答,也就无法臆测了,不过前两点关于《遗诏》原件满汉文签署日期的一致,并且很可能是汉文在前而满文在后;四、从残缺不全、不及汉文全文一半的满文部分,也不难看出,所谓汉高祖系一泗上亭长,明太祖乃一皇觉寺僧,创业英雄的梁武帝为侯景所逼害于台城,开创之主的隋文帝不能预知其子炀帝之恶等等历史故事,行文措词,援引故实,均似满文从汉文直接译出,如果再拿来和《上谕内阁》、《实录》与《起居注》等官书、档册一一对勘,对《遗诏》的真实性不能不使人产生一个深刻的问号。

二、与《上谕内阁》比勘

如所周知,清圣祖玄烨卒于康熙六十一年十一月十三日甲午(1722 年 12 月 20 日)戌刻,而《遗诏》的颁布则在这年同月十六日丁酉(1722 年 12 月 23 日),相隔只有三天,当时档册和官私著作,记载均无异词。所不同者,《实录》①有云:

丁酉,宣读大行皇帝(指圣祖玄烨)《遗诏》,颁行天下。……《遗诏》捧出时,上(指世宗胤禛)立乾清宫檐下,大学士谨捧《遗诏》由中路而出,

① 《清世宗宪皇帝实录》(以下简称《宪录》),《大清历朝实录》景行本,卷一,页一二上下。

上跪。俟《诏》过,乃起。

宣读的《遗诏》并未明说是满文或是汉文,抑或两者兼而有之。但考《上谕内阁》①则载是曰:

> 礼部奏宣读大行皇帝《遗诏》仪注……奉旨:"……《遗诏》特晓谕内外,颁行天下。"

同日又载②:

> 御史杨保等参奏鸿胪寺官宣读大行皇帝《遗诏》时,未宣读汉文。奉上谕:"杨保等参奏一案,虽非大事,然亦有关系;……且宣读清字诏书时,大小臣工既已共闻,即与宣读汉字诏书无异。此盖皇考(圣祖)在天之灵,使满、汉人员翕然如一家之意也,有何分满、汉之处? 著将本发还。"

很显然,当时宣读满文《遗诏》时,汉文《遗诏》尚未写成,否则,为什么不同时宣读呢? 而世宗胤禛却强为之辩,说什么"宣读清字诏书……即与宣读汉字诏书无异",这岂不是等于告诉大家汉文《遗诏》实际上并没有写好吗? 而他仍强词夺理地说这是其父圣祖"在天之灵使满、汉人员翕然如一家之意",很难令人信服。因为迄今仅存的满汉文字《遗诏》原件,既然签署的日期是同一天(十三日),为什么宣读的只有满文而无汉文? 如前提到的,汉文本写成在前而满汉文本在后,为什么圣祖卒后三天所宣读的只有满文而无汉文? 这是不能不使人们对《遗诏》原件(包括满汉文本和汉文本)的真实性产生怀疑的原因所在。说来也很简单,《上谕内阁》所载的《上谕》是当天发布的,可靠性强,当天只宣读满文《遗诏》肯定是事实。因此,同一天御史杨保等参奏而被世宗批驳的那道《上谕》,到乾隆初年纂修《世宗实录》时就自然而然地被摈弃不录了。

《上谕内阁》中还有三处提到《遗诏》,引录如次。一则云:

> 十八日上以大行皇帝《遗诏》内有二十七日释服之旨;③

再则云:

---

① 雍正七年(1729年)武英殿本,康熙六十一年十一月,页六上。参见《宪录》卷一,页一二上。
② 《上谕内阁》康熙六十一年十一月,页七下至八上。
③ 《上谕内阁》康熙六十一年十一月,页一一上。参见《宪录》卷一,页一五下至一六上。

> 二十一日诸王大臣等……请遵大行皇帝《遗诏》二十七日释服
> 具奏;①

三则云:

> 二十三日诸王大臣等……再四面请遵奉大行皇帝《遗诏》,以二十七
> 日释服。奉上谕:"……勉从所请。"②

上引三道《上谕》中提到的《遗诏》应该就是前面所引宣读过的满文《遗诏》,
虽然说最后一道《上谕》中提到的《遗诏》,与宣读满文《遗诏》的时间相隔已
有七天之久,但现在还找不出可靠证据来说明在七天之后宣读的最后一道
《遗诏》就是现存的满汉文或汉文本原件。如果说七天之后已经有了汉文本
的话,那只能是迄今仅存的这份签署好的"康熙六十一年十一月十三日"的满
汉文本《遗诏》原件而不是那份汉文本《遗诏》原件,因为汉文本《遗诏》,如前
所述,可能撰成在满汉文本之前,但在圣祖卒后三日的十六日那一天只宣读过
满文《遗诏》,并没有宣读汉文《遗诏》,事实上不但汉文本《遗诏》不存在,而
且满汉文本《遗诏》也并不存在。

据记载,圣祖玄烨死了二十天之后,康熙六十一年十二月初四日乙卯
(1723 年 1 月 10 日)那一天:

> 礼部奏,恭上皇太后(世宗生母)尊号应行典礼仪注。奉上谕:"钦奉
> 皇太后懿旨:'予自幼入官,蒙大行皇帝深恩,备位妃列,几五十年,虽夙
> 夜小心,勤修内职,未能图报万一。钦命予子缵承大统,实非梦想所
> 期'。"③

表面看来,这道《上谕》充分表明世宗母后的虚怀若谷,谦挹自持,是一篇充满
情词恳切的官样文章;但从深处一想,所谓"钦命予子缵承大统,实非梦想所
期"一语,这岂不是世宗自己承认他之继位,连他亲生母亲在圣祖临终后一无
所闻,做梦也没有想到过,从而暴露出其父圣祖事先从未言及传位给谁,顶多
只能说圣祖弥留之际才做出传位给谁的决定,则世宗自己不免有篡位之嫌了
吗? 因此,这道《上谕》到了纂修《世宗实录》时改写成:

---

① 《上谕内阁》康熙六十一年十一月,页一四下。参见《宪录》卷一页二二下。
② 《上谕内阁》康熙六十一年十一月,页一六下至一七上。参见《宪录》卷一,页二四下。
③ 《上谕内阁》康熙六十一年十二月,页四下至五上。

奉皇太后懿旨："予蒙大行皇帝深恩，备位妃列，几五十年，虽夙夜小心，勤修壹职，未能图报万一。今日予子仰遵遗命，缵承大统，实深悚惕！①

《实录》中所引的这道《上谕》，实本于《上谕内阁》，两者基本相同。只末了一句，《实录》将《上谕内阁》的"实非梦想所期"改成"实深悚惕"，虽几字之差，而用意不同自见。疑《实录》纂修者为清高宗弘历替其父掩盖篡位之嫌或不无关系。

又《世宗实录》载，康熙六十一年十一月十三日甲午（1722 年 12 月 20 日），圣祖疾笃，召诚亲王允祉、淳郡王允祐、多罗贝勒允䄂、固山贝子允禟、敦郡王允䄉、固山贝子允祹、皇十三子允祥、尚书隆科多至榻前，宣谕曰：

皇四子胤禛人品贵重，深肖朕躬，必能克承大统，著继朕登基，即皇帝位。②

诸皇子在圣祖弥留之际与隆科多一同被召到病榻之旁是否是事实③，姑且不论，兹将这次宣谕与汉文本和满汉文本《遗诏》末尾几句相校，除宣谕中"皇四子"前的"雍亲王"三字未提或被删掉外，其余一字不差地两者完全相同。从而说明《实录》中所引的这一宣谕，应该说它就是从满汉文本《遗诏》原件中照录过来的。那么，满汉文本《遗诏》原件所签署的日子是十三日与《实录》所载甲午亦即十三日"宣谕"这一天完全相同，也就不足为奇了。前面提到的汉文《遗诏》在十六日以至二十三日以前这七天之中既然没有撰写成，这等于说，《实录》中所引的"宣谕"，自然也就不足为据了。

还有一个问题，前面既然说当时宣读的《遗诏》是满文而不是汉文，有御史杨保等参奏的批谕可以作证，又为什么说迄今仅存的汉文本和满汉文本《遗诏》原件中的满文系从汉文转译出来的呢？其实，这也不难解答。当时宣读的满文《遗诏》，一定很简单，不过寥寥数语，恐怕很可能就是满文《遗诏》中残损不堪的"深肖朕躬，克承大统，著继朕"（mimbe umesi alhūdahabi. amba doro be afabuci mutembi, mini sirame）和完全脱漏的"即遵典制，持服二十七日释服"这最重要的一段，因为当时诸王大臣等三番五次地上奏请求要世宗遵

---

① 《宪录》卷二，页六下至七上。
② 《宪录》卷一，页五下至六上。
③ 《仁录》卷三〇〇，页六下。

照圣祖《遗诏》中所说的"二十七日释服"的话①，即可证实这一点。再者，从《实录》康熙六十一年十一月十三日圣祖弥留时在病榻前宣谕的"皇四子"继位那几句，正好与现存的汉文本和满汉文本《遗诏》原件中的这几句并无二致，也是一个很有力的证明。也就是说，所谓康熙六十一年十一月十三日圣祖病榻前宣谕的一段，很可能满文在先而译成汉文在后，恐怕就是圣祖卒后三日即十六日那天宣读的那个满文《遗诏》，亦未可知。

三、与《实录》比勘

《实录》康熙六十一年十一月十三日甲午戌刻，圣祖玄烨死，同日颁布的《遗诏》不足为据②，已如前述。兹又检得《实录》康熙五十六年十一月辛未（二十一日，1717 年 12 月 24 日）一个《面谕》③，十分重要。为了更便于比勘，兹将全文引录于下：

> 上御乾清宫东暖阁，召诸皇子及满、汉大学士、学士、九卿、詹事、科道等入，谕曰：朕少时，天禀甚壮，从未知有疾病。今春始患头晕，渐觉消瘦。至秋月塞外行围，蒙古地方水土甚佳，精神日健，颜貌加丰。每日骑射，亦不觉疲倦。回京之后，因皇太后违和，心神忧悴，头晕频发。有朕平日所欲言者，今特召尔等面谕，从来帝王之治天下，未尝不以敬天法祖为首务。敬天法祖之实，在柔远能迩，休养苍生，公四海之利为利，一天下之心为心，体群臣，子庶民，保邦于未危，致治于未乱。夙夜孜孜，寤寐不遑。宽严相济，经权互用，以图国家久治之计而已。自古得天下之正，莫如我朝，太祖、太宗初无取天下之心，尝兵及京城，诸大臣咸奏云当取，太宗皇帝曰："明与我国素非和好，今取之甚易，但念中国之主，不忍取也。"后流贼李自成攻破京城，崇祯自缢。臣民相率来迎，乃翦灭闯寇，入承大统。昔项羽起兵攻秦，后天下卒归于汉，其初汉高祖一泗上亭长耳。元末陈友谅等并起，后天下卒归于明，其初明太祖一皇觉寺僧耳。我朝承席先烈，应

---

① 参注 305 页③、306 页①、②。

② 参注 297 页③。

③ 《仁录》卷二七五，页五上至十三上。

天顺人,抚有区宇,以此见乱臣贼子无非为真主驱除耳。今朕年将七旬,在位五十余年者,实赖天地宗社之默佑,非予凉德之所致也。朕自幼读书,于古今道理,粗能通晓。凡帝王自有天命,应享寿考者,不能使之不享寿考;应享太平者,不能使之不享太平。自黄帝甲子至今,四千三百五十余年,称帝者三百有余。但秦火以前,三代之事,不可全信;始皇元年至今,一千九百六十余年,称帝而有年号者,二百一十有一。朕何人斯,自秦汉以下,在位久者,朕为之首。古人以不矜不伐,知足知止者,为能保始终。览三代而后,帝王践祚久者,不能遗令闻于后世;寿命不长者,罔知四海之疾苦。朕已老矣,在位久矣,未卜后人之议论如何;而且以目前之事,不得不痛哭流涕,预先随笔自记,而犹恐天下不知吾之苦衷也。自昔帝王多以死为忌讳,每观其遗诏,殊非帝王语气,并非中心之所欲言,此皆昏瞀之际,觅文臣任意撰拟者。朕则不然。今预使尔等知朕之血诚耳。当日临御至二十年,不敢逆料至三十年;三十年,不敢逆料至四十年;今已五十七年矣。《尚书·洪范》所载:一曰寿,二曰富,三曰康宁,四曰修好德,五曰考终命。五福以考终命列于第五者,诚以其难得故也。今朕年将七十,子、孙、曾孙,百五十余人,天下粗安,四海承平,虽不能移风易俗,家给人足,但孜孜汲汲,小心敬慎,夙夜不遑,未尝少懈,数十年来,殚心竭力,有如一日,此岂仅"劳苦"二字所能该括耶?前代帝王,或享年不永,史论概以为侈然自放,耽于酒色所致。此皆书生好为讥评,虽纯全尽美之君,亦必抉摘瑕疵,朕为前代帝王剖白,盖由天下事繁,不胜劳惫之所致也。诸葛亮云:"鞠躬尽瘁,死而后已。"为人臣者,惟诸葛亮一人耳。若帝王仔肩甚重,无可旁诿,岂臣下所可比拟?臣下可仕则仕,可止则止,年老致政而归,抱子弄孙,犹得优游自适,为君者勤劬一生,了无休息,如舜虽称无为而治,然身殁于苍梧;禹乘四载,胼手胝足,终于会稽,似此皆勤劳政事,巡行周历,不遑宁处,岂可谓之崇尚无为,清静自持乎?《易·遯卦六爻》未尝言及人主之事,可见人主原无宴息之地可以退藏,"鞠躬尽瘁",诚谓此也。昔人每云帝王当举大纲,不必兼总细务。朕心窃谓不然。一事不谨,即贻四海之忧;一时不谨,即贻千百世之患。不矜细行,终累大德。故朕每事必加详慎,即如今日留一二事未理,明日即多一二事矣。若明日再务安闲,则后日愈多壅积。万几至重,诚难稽延。故朕莅政,无论巨细,即奏章内有一字之讹,必为改定发出,盖事不敢忽,天性然也。五十余年,每多先事绸缪。四海兆人,亦皆戴朕德意,岂可执"不必兼总细务"之言乎?朕自幼强健,筋力颇佳,能挽十五力弓,发十三握箭,用兵临戎之事,皆所优为;然平生未尝妄杀一人,平定三藩,扫清漠北,皆出一心运筹,户部帑金,非用师赈饥,未敢妄费,谓此皆小民脂膏故也。所有巡狩行宫,不施采缋,每处所费,不过一二万金,较之河工岁费三百余万,尚不及百分之一。幼龄读书,即知酒色之可戒,小人之宜防,所以至老无恙。自康熙四十七年大病之后,过伤心神,渐不及往时。况日有万几,皆由裁夺,每觉精神日逐于外,心血时耗于内,恐前途倘有一时不讳,不能一言,则吾之衷曲未吐,岂不可惜?故预于明爽之际,一一言之,可以尽一生之事,岂不快哉?人之有生必有死。如朱子之言,天地循环之理,如昼如夜。孔子云:"居易以俟命。"皆圣贤之大道,何足惧乎?近日多病,心神恍惚,身体虚惫,动转非人扶掖,步履难行。当年立心以天下为己任,许"死而后已"之志,今朕躬抱病,怔忡健忘,故深惧颠倒是非,万几错乱,心为天下尽其血,神为四海散其形,既神不守舍,心失怡养,目不辨远近,耳不分是非,食少事多,岂能久存?况承平日久,人心懈怠,福尽祸至,泰去否来,元首丛脞而股肱惰。至于万事隳坏而后,必然招天灾人害,杂然并至,虽心有余而精神不逮,悔过无及,振作不起,呻吟床榻,死不瞑目,岂不痛恨于未死?昔梁武帝亦创业英雄,后至耄年,为侯景所逼,遂有台城之祸;隋文帝亦开创之主,不能预知其子炀帝之恶,卒致不克令终。又如丹毒自杀,服食吞饼,宋祖之遥见烛影之类,种种所载疑案,岂非前辙?皆由辨之不早,而且无益于国计民生。汉高祖传遗命于吕后,唐太宗定储位于长孙无忌。朕每览此,深为耻之!或有小人,希图仓卒之际,废立可以自专,推戴一人以期后福。朕一息尚存,岂肯容此辈乎?朕之生也,并无灵异;及其长也,亦无非常。八龄践祚,迄今五十七年,从不许人言祯符瑞应。如史册所载,景星庆云、麟凤芝草之贺,及焚珠玉于殿前,天书降于承天。此皆虚文,朕所不敢,惟日用平常,以实心行实政而已。今臣邻奏请立储分理,此乃虑朕有猝然之变耳。死生常理。朕所不讳,惟是天下大权,当统于一。十年以来,朕将所行之事、所存之心,俱书写封固,仍未告竣。立储大事,朕岂忘耶?天下神器至重,倘得释此负荷,优游安适,无一事婴心,便可望加增年岁。诸臣受朕深恩，何道俾朕得此息肩之日也？朕今气血耗减，勉强支持，脱有误万几，则从前五十七年之忧勤，岂不可惜？朕之苦衷血诚，一至如此。每览老臣奏疏乞休，未尝不为流涕！尔等有退休之时，朕何地可休息耶？但得数旬之怡养，保全考终之死生，朕之欣喜岂可言馨？从此岁月悠久，或得如宋高宗之年未可知也。朕年五十七岁，方有白须数茎，有以乌须药进者，朕笑却之曰："古来白须皇帝有几，朕若须鬓皓然，岂不为万世之美谈乎？"初年同朕共事者，今并无一人；后进新升者，同寅协恭，奉公守法，皓首满朝，可谓久矣，亦知足矣。朕享天下之尊、四海之富，物无不有，事无不经，至于垂老之际，不能宽怀瞬息，敌视弃天下犹敝屣，视富贵如泥沙也。倘得终于无事，朕愿已足。愿尔等大小臣邻，念朕五十余年太平天子惓惓丁宁反复之苦衷，则吾之有生考终之事毕矣。此谕已备十年，若有遗诏，无非此言，披肝露胆，馨尽五内，朕言不再。

从上引的《面谕》，与目前仅存的满汉文本和汉文本两份《遗诏》原件相比勘，上列引文中凡每字之下附加圆点者，均系与两份《遗诏》原件的汉文部分完全相同。这就不难推断，汉文《遗诏》系从《面谕》转抄、修饰、增改而成。所不同者，有以下几点：一、《面谕》详（将近三千字）而《遗诏》略（约一千余字）；二、《遗诏》与《面谕》叙事的层次安排，前后略有不同，如"自古得天下之正，莫如我朝"一段，《面谕》安排在前而《遗诏》移之于后，《面谕》层次多，显得杂乱无章，而《遗诏》经过重新安排，层次井然；三、《遗诏》行文措词比《面谕》显得典雅，有所修饰润色，如"公四海之利为利"句中的"公"字改为"共"字，"以图国家久远之计而已"一句改为"为久远之国计，庶乎近之"，"自幼强健，筋力颇佳"一句改为"年力盛时"，"在位久者，朕为之首"改为"如朕在位之久者甚少"等等，均更为妥帖；四、时间不同，两者语气用词亦因之而异，如"今朕年将七十"与"今朕年将七旬，在位五十余年"两名不得不改为"今朕年已登耆"与"今朕年届七旬，在位六十一年"，同样"今已五十七年矣"也改作"今已六十一年矣"了；五、时过境迁，原有今异而不得不为之改动、删削者，如《面谕》中提到的"朕已老矣，在位久矣，未卜后人之议论如何，而且以目前之事（按指第二次废皇太子胤礽事），不得不痛哭流涕，预先随笔自记，而犹恐天下不知吾之苦衷也"与"十年以来（按指康熙四十七年第一次废皇太子以后），朕将所行之事，所存之心，俱书写封固，仍未告竣。立储大事，朕岂忘耶？……脱有误万几,则从前五十七年之忧勤,岂不可惜"两大段,所谈均系圣祖死前五年所碰到的最为棘手的一废再废皇太子胤礽这一件关系到封建王朝的继承皇位大事,所以在《遗诏》中不能不被全部删掉了;六、原无今有而新增入的,如《遗诏》一开始,用的敕诏上习用套语"奉天承运皇帝诏曰"一句以及末尾所用"布告中外,咸使闻知"云云,乃是历代敕诏的格式如此,非一般《面谕》可比,故《遗诏》不能不照样一一为之增入了。

综上所述,《面谕》与《遗诏》虽有详略、增减、修改润饰的不同,而后者出之于前者,全文结构,措词语气,字斟句酌,均清晰可辨,明眼人是能一见便知的。

四、与《起居注》比勘

我们知道,清代正式设立起居注馆,是在康熙九年(1670年);曾一度被裁撤,则在康熙五十七年(1718年)①。今中华书局出版的《康熙起居注》,起于康熙十年(1671年)九月,迄于五十七年三月,中间缺佚二十九年(1690年)九月至四十四年(1705年)十二月,已残缺不全了②。不但康熙六十一年十一月十三日的《遗诏》不见于《起居注》,为理所当然之事,就连康熙五十六年十一月二十一日长达三千字左右的《面谕》也只字未提,付诸阙如,似乎有点不得其解了,留待下面再说。今按《面谕》中有以下几段话,值得我们深思:

> 自昔帝王多以死为忌讳,每观其《遗诏》,殊非帝王语气,并非中心之所欲言,此皆昏瞀之际,觅文臣任意撰拟者。朕则不然。今预使尔等知朕之血诚耳。

> 自康熙四十七年(1708年)大病之后,过伤心神(按指第一次废皇太

---

① 光绪:《钦定大清会典事例》,光绪二十五年石印本,卷一〇五五,页一上下。

② 据《康熙起居注·说明》介绍,现存的康熙朝起居注册共有九八二册,其中汉文本为四九三册(内有七册系稿本,其余均为正本),满文本为四八九册,分存于北京与台北两地。北京所存康熙朝起居注册共计三〇二册,均系正本,其所属年月是:康熙十年九月至康熙二十八年十二月、康熙三十九年(残)、康熙四十五年以及康熙五十三年正月至五十七年三月。台北所藏的康熙朝汉文起居注册计有一八四册,亦均系正本,其所属年代为:康熙二十九年至康熙四十二年、康熙五十年至五十二年。另外,北京图书馆收藏有康熙十二年及四十二年的汉文起居注册稿本七册。本文作者希望在不久的将来,台北方面亦能将所存其余康熙朝汉文起居注册共一八四册,全部刊印出来,以成完璧,尤为士林所深望!

子胤礽初事），渐不及往时，况日有万几，皆由裁夺，每觉精神日逐于外，心血时耗于内，恐前途倘有一时不讳，不能一言，则吾之衷曲未吐，岂不可惜？故预于明爽之际，一一言之，可以尽一生之事，岂不快哉？

此谕已备十年，若有《遗诏》，无非此言。披肝露胆，罄尽五内，朕言不再。

圣祖既然公开承认，自古帝王的《遗诏》都不是出于他们自己之手所写，《遗诏》所说也不是他们本人的心里话，只不过到了临终昏迷之际，才临时"觅文臣任意撰拟者"；所以圣祖反其道而行，"预于明爽之际，一一言之，可以尽一生之事"；他最后还坚定明确地表示："若有《遗诏》，无非此言。"这岂不是等于说在他逝世的前五年，就已经公开宣布了他这次的《面谕》就是他的《遗诏》吗？如果根据他所说"此谕已备十年"这句话，再往前追溯十年，正是康熙四十七年初废皇太子胤礽那一年，经过那次沉重的打击，圣祖心身受到了很大的创伤。可见圣祖对他自己的身后大事像传位一事，经过深思熟虑，至少已有十年之久了。然则《面谕》等于圣祖的《遗诏》。现存的《遗诏》（包括汉文本和满汉文本）原件系从《面谕》增删、修改润饰而来，此外圣祖弥留之际并没有第二份《遗诏》大概是可以肯定无疑的了吧。

从这里也不妨再进一步推测一下，目前出版的《康熙起居注》一书中康熙五十六年十一月二十一日这一天之所以脱载《面谕》全文，恐怕是在圣祖死去后不久，为了寻找作为撰写《遗诏》的依据，《面谕》这一份最好的第一手资料势必要从起居注馆中被调取出来，等到既被增删、修改润饰成了正式的《遗诏》之后，被提调出来的那份《面谕》也就自然不再送还起居注馆了。因此，今天《康熙起居注》中不见这份长达三千字的《面谕》的记载，也就一点不奇怪了。

还有一个问题需要解答的是，《面谕》既从起居注馆被调了出来，《康熙起居注》一书中所以没有记载，而在《实录》里又为什么将《面谕》全文一字不漏地被保存下来了呢？惟一合乎情理的解答是这样的：按清制，《面谕》除了起居注馆保存有一份存档外，内阁大库还应保存有另一份同样的存档。这在《起居注》中有明文记载：

康熙五十六年（1717 年）十二月二十五日乙巳，谕曰："朕所下谕旨，乃朕一生至苦之事。今尔等请公同具奏，'内阁、起居注（馆）各写一通，谨加收贮。此外有何应存之处恭候指示'等语，无一语言及朕躬之事。

若欲朦胧完结,其如朕垂老之身何!"①

据此,知当时《面谕》存档被提取去作为撰写《遗诏》的依据,而忘了再去内阁调取那另一份同样的《面谕》存档。到后来日子一久,纂修《圣祖实录》时又未及细检查勘,不但增删、修改润饰而成的《遗诏》被载入了《实录》康熙六十一年十二月十三日甲午之下,而长达三千字左右在内阁的《面谕》存档或许被认为与《遗诏》无关,所以才被收入《实录》康熙五十六年十二月二十五日乙巳之下,一直幸存到今。

五、余 记

《面谕》虽不见于《起居注》之中,但《起居注》中谈到有关圣祖的谕旨和《面谕》的事,曾有这样几段:

> 唯朕朱书谕旨及批本发科之旨,始为真确耳。其《起居注》所记,难于凭信也②。

> 朕有数事,屡欲为尔等言之,及见时又相忘矣。……朕身亦有一事,为尔等言之:"朕近日精神渐不如前,凡事易忘。向有怔忡之疾,每一举发,愈觉迷晕。天下至大,一念不谨,即贻四海之忧,一日不谨,即贻数千百年之患……"③

> 朕一生之事,缮写十年,"朕言不再"之语,已尽之矣。奏称"此外有何应存之处,恭候指示"等语,若更有指示尔等之处,朕岂不写出?④

上引三段,均系康熙五十六年三月、十月、十二月的谕旨,最后一段即十二月的谕旨,其中所说"朕一生之事,缮写十年,朕言不再"一语,系指康熙五十六年十一月二十一日《实录》所载的那份《面谕》而言;而且圣祖最末还明确表示:"若更有指示尔等之处,朕岂不写出?"这正如前面所指出的,《面谕》也就等于圣祖的《遗诏》,此外如果说圣祖还有什么第二份《遗诏》,那是不存在的。

---

① 《起居注》第三册,页二四七五。按引文末句"其如朕垂老之身何!"原标作"其如朕垂老之身何据?"误,"据"字应连下读。参见《仁录》卷二七六,页一六上下。

② 《起居注》第三册,页二三七一。参见《仁录》卷二七一,页二四下。

③ 《起居注》第三册,页二四五二至二四五三。参见《仁录》卷二七四,页二五下至二六上,有删节。

④ 《起居注》第三册,页二四七五。参见《仁录》卷二七六,页一六下。

旧作《夺嫡考实》，从比勘《实录》、《上谕内阁》、《永宪录》各种官私史料，推断世宗的嗣位系由图谋篡夺而来。四十年后的今天，复从目前仅存的汉文本和满汉文本两份圣祖《遗诏》原件的对勘考订，证实了圣祖《遗诏》先有汉文本，再译成满文而有满汉文本，而两者均系从《面谕》增删、修改润饰而成。如果没有《面谕》这份第一手资料完好无缺地幸存下来，世宗一手遮天篡改而成的圣祖《遗诏》，可谓天衣无缝，几可以假乱真的了。幸而今天有《面谕》的发见，终于弄清了圣祖的《遗诏》是伪造的，并找出伪造的《遗诏》依据之所从出，亦足为世宗篡位增添一个历史文献见证。

说世宗篡位是一回事，而雍正一朝的用人行政，励精图治，又是一回事；不能因为世宗得位的不正，就一定也要否定雍正十三年间的所作所为。当然，世宗跟其父圣祖相比，圣祖对清王朝多民族的统一大业的完成，政绩卓越，作出了巨大的贡献，不失为一个杰出的、了不起的创业君主①，是应该首先给予肯定的；但世宗继之而起，孜孜汲汲，夙夜不遑，刷新政治，日理万机，为巩固和加强清王朝的封建主义中央集权，起了重要作用，也是史学界都承认的事实。如果说清前期将近一个半世纪的"康乾盛世"，可以上与"汉之文景"和"唐之贞观"相比拟的话，那么，人们公认的短短十三年间主持军国大政的世宗，则是一个承先启后的关键性人物，恐怕也是不能轻易予以否定的。

1986 年 6 月脱稿同年 12 月补充修订

【附记】　此文系最近于 1986 年夏间提交在大连召开的清史国际学术讨论会的一篇论文，原只知一史馆藏有清圣祖遗诏满文对照原件一份。会后复经一史馆徐艺圃、朱金甫两同志提供另一份汉文遗诏原件，后者无满文亦无年月日，个别字稍异外，余均相同。据此以推，前者似是正件，撰写在先，后者从其传抄而来，亦未可知；与此相反之理由，惟其无满文无年月日，后者似又撰成在先，其为正件之可能性更大。总之，两者以何件为先，殊难断言。但目前一史馆所藏遗诏原件有两份，必有一伪或两者皆伪，其不可信则一。今复据此两份遗诏原件，重新再四对勘，逐一修订考释，论证为之加详云。

1986 年冬月锺翰再识。

---

①　参见刘大年：《论康熙》，载《历史研究》1961 年第 3 期，第 5—21 页。

柳如是与钱谦益降清问题

柳如是出身康里，多结识当代名流，由一名妹诗人而成为一个爱国烈女子。弱冠待字，能自动择婿，平等自由婚姻得如愿以偿；而知命之年赍志以殁，反清复明之梦，终成泡影。其孤怀遗恨，匪特不见称于当世，犹且蒙垢于后人，洵为千古一大憾事！

钱谦益以东林领袖，文宗诗匠，良史之才，为一代大手笔。早蓄大志，中遭贬黜，晚乃主持江南文坛逾二十载。年近花甲，竟与年逾弱冠之名妓柳如是结缡，老夫少妻，传为千古佳话。只因清兵南下，南明福王朱由崧小朝廷倾覆，柳劝钱同以身殉未果，钱随例北迁，竟坐此列入《贰臣传》内，被斥为一个有才无行之人，负没世骂名。

30年前，老一辈已故国际著名史学家陈寅恪先生晚岁失明，愤然著书，尚论女侠名妹柳如是与文宗国士钱谦益于300年之前，披寻钱、柳二氏之篇什于残阙禁毁之余，源源本本，实事求是，剖析论证，无一字无来历，亦无一字无故实，抉微阐幽，旁征博引，还其本来面目。书成，命名为《柳如是别传》。全书80余万言，以柳氏本末为主线，而附之以钱氏有关事迹，并详述柳氏与陈子龙、程孟燧、谢三宾、宋徵舆、李待问等人的交往关系，多发前人未发之覆。通过柳氏一人广搜博采有关史料而进行的细密研究，既是一部最高水平的历史巨篇，又是一部不可多得的文学名著，为海内外学术界所推许。

肤浅末学如翰，展诵《柳如是别传》虽亦有日，多不得其解，瞠目结舌之不暇，何敢置喙其间，以贻笑大方。顷者陈寅老纪念论文集征稿，我又岂可无一言以应命？窃以为柳苟不偶钱而名不扬，钱不得柳助而反清复明之志不坚，两者相得益彰。爰草《柳如是与钱谦益降清问题》一文，以张陈寅老之说，聊充编末，敢申仰止景慕之忱云尔。

一、柳如是幼年与钱柳姻缘

首先要提出的一个问题,是柳如是的姓氏和名字问题。《柳如是别传》已经进行了详尽的考察,做出了令人信服的答案。兹故据以简括介绍如下:

柳如是(1618—1664 年)①名是,复字如是,号我闻居士,又号美人②。与钱谦益结缡后,称柳夫人,号河东君,或河东夫人。钱氏称之为妇、内、内子、内人、内家、卿或君,亦呼为柳儒士,但从不以"姬人"或"妾"相称,其见重如此。

柳本姓杨,名云,复字朝云,号影怜,一号婵娟,或云娟、缜云。一度自称杨朝,改名爱,号隐雯,简称隐③,字蘼芜,号青寄,一号昔依。

柳氏,浙江嘉兴人,所谓禾中人④的便是。为人短小,能歌善舞,豪于饮。性机警,饶胆略,诗词歌赋书琴字画,无一不能,亦无一不精,尤擅长于词,为 300 年前一个了不起的奇女子。

柳之父母失考。幼年出自吴江大学士周道登家,为周母的侍婢。或说柳为周的宠姬,殊不足据。这是因为周于明天启七年(1627 年)冬,始被召为东阁大学士,崇祯二年(1629 年)因事勒令致仕,家居数年卒。据考,周卒应在崇祯五年(1631 年)⑤,柳如是生于明万历四十六年(1618 年),至崇祯元年(1628 年)已是年满十岁的妙龄女郎了。如果依此推测,柳初入同里徐佛云家为婢,很可能是在十岁以前,由徐氏转入周家,当在十岁以后。而史载周于崇祯二年以前出仕在京不在家,等崇祯二年罢官还家,则柳已是十二三岁的少女,是不大可能被抱置于男子的膝上的。如果说,柳在入徐家以前,先已沦入

① 按胡文楷《柳如是年谱》,载《东方杂志》卷四三,第 3 号,1947 年 2 月,柳如是生于明万历四十六年(1618 年)。周采泉:《柳如是杂论》(以下简称《杂论》),江苏古籍出版社 1986 年版,第 1 页云柳如是生年为 1628 者,误。

② 《柳如是别传》(以下简称《别传》)上册,上海古籍出版社 1980 年版,第 23 页云"美人"二字当是河东君之字或号。《杂论》第 1 页又云因《心经》有"如是我闻"一语,号其室为"我闻室",亦号"我闻居士"。

③ 《别传》上册,第 34、36 页。

④ 《别传》上册,第 56、233 页。

⑤ 《吴江县志》(乾隆刻本)卷二八《周道登传》云崇祯元年(1628 年)春致仕,家居一年卒。但据《明史·周道登传》,中华书局 1976 年本,第 6481 页,则云周罢归,阅五年而卒,从之。

周家①，则柳最多不过七八岁或五六岁的女娃，周是无向其母索取几岁的女娃为妾之理的。由此可见，说柳曾为周的宠姬，与仆私通，故被驱除之事，完全不近情理，与当时事实不符，是对柳个人的造谣诬蔑和人身攻击。

其次要谈的一个问题是，钱柳结缡以前与柳交游中往来最多、最相好的几个人物。第一个要推陈子龙（1608—1647年），字大樽，号卧子，江苏松江人，崇祯年间进士，官兵科给事中，人称为"陈黄门"，为与东林党抗衡的几社名士。其次为程孟燧（1565—1643年），字孟阳，又字松园，号园沙，安徽歙县人，家居嘉定有年，与钱谦益交最契，是钱柳姻缘的牵线人之一。再次为谢三宾（生卒年待考），字象三，浙江鄞县人，为钱谦益典试浙江时所取士，后因争柳失败而攻击钱不遗余力。再次为宋徵舆（1618—1667年），字辕文，江苏华亭人，也是几社名士之一。再次为李待问（生卒年待考），字存我，江苏华亭人，崇祯十六年（1644年）进士，以忠义艺术标名于一时，为松江名士。再次为李雯（生卒年待考），字舒章，江苏华亭人，亦为几社名士之一，与陈子龙等齐名。余不一一列举。

柳与上述诸名士朝夕往还，文酒唱和，时值明崇祯九年至十二年间（1636—1639年），正是柳方十八九待字之年。柳娇艳聪慧，多才多艺多情，自不甘久屈人下，为争取平等自由婚姻而力求主动选择自己的终身伴侣，自然是一件合乎情理之事。以年龄论，程孟燧长于柳五十多岁，程虽钟情于柳，年龄过于悬殊，自不在柳择偶考虑之内；宋徵舆与柳同岁，又经一度情场考验本可中选，但宋终因家庭压力而告吹②；谢三宾人品卑劣③，素为柳所鄙视，自亦不在柳选择对象之列。程、宋、谢三人不计外，合乎柳心目中终身伴侣条件的，尚有陈子龙、李待问、李雯三人。三人中二李经不起情场考验而落选④，剩下的只有陈子龙一人了。陈虽长于柳十岁⑤，年龄还算不太悬殊，而陈之才学情操与柳最相投契，可以说，陈应是柳惟一的情投意合最理想的终身伴侣。

---

① 《别传》上册，第58、340页。

② 《别传》上册，第69、77、81页。

③ 《别传》中册，第396页云"三宾人品卑劣"，第428页柳以谢三宾"大异赌墅风流"，骂三宾为谢氏不肖子孙，鄙视如此，自无入选之理。

④ 《别传》上册，第72—73页。

⑤ 《别传》上册，第77页。

　　现在的问题是,柳与陈同居既有年①,又是两相情愿的一对理想情侣,为什么柳不与比她只大十岁的陈子龙结成终身伴侣,反倒和一位比她大三十多岁的老头子钱谦益结婚了呢? 说来也很简单,因为钱的原配夫人陈氏当时虽还健在,而钱仍能以平等之礼娶柳,柳非纳妾而是继配身份,这正合乎柳寤寐以求的男女平等自由婚姻的愿望。与此相反,陈子龙虽与柳情谊甚笃,又同居有年,但陈的原配夫人精明强干,驭下甚严,陈家的大权全操于张氏一人之手,张夫人是不会容许陈纳柳为继配以夺其位的②,正所谓"卧榻之侧,岂可许他人鼾睡"者也。陈既不能摆脱原配张夫人之控制,自不能与柳结百年之好。钱深知柳之第一恋人为陈子龙,钱、柳既结缡以后,钱亦不以陈、柳二人旧日情好而屡见于诗词为讳。事实证明,钱以老年而得妙龄女郎之柳氏,宠爱怜惜之情无以复加,一切惟柳氏之言是听③,婚后近三十年之闺房生涯是美满的,柳对钱一生钟情并无半点怨言,是众所周知的。

　　问题在于:柳之所以能与钱结成终身伴侣而不是陈子龙,其最主要的原因是由于钱氏能始终如一地尊重柳的个人自由和个人人格,做到了以男女平等相待的婚姻自由而与柳相结合;然而恰恰相反,陈子龙做不到这一点④。

　　钱死,柳以身殉;既葬,当时人谥之曰真娘⑤,是当之无愧的。

二、钱谦益降清的重评

钱谦益降清是事实。清代官书《清实录》云:

　　顺治二年(1645年)五月己酉,定国大将军和硕豫亲王多铎等奏报:"五月十五日我军至南京。忻城伯赵之龙率魏国公徐州爵、保国公朱国弼、隆平侯张拱日、临淮侯李祖述、怀宁侯孙维城、灵璧侯汤国祚、安远侯柳祚昌、永康侯徐弘爵、定远侯邓文囷、项城伯常应俊、大兴伯邹顺益、宁

---

　　① 《别传》上册,第43页。按罗振玉《贞松老人外集·顾云美河东君传册跋》有云"蘼芜"(即柳如是)初归云间孝廉(指陈子龙)为妾,陈、柳同居有之,说柳"先适陈卧子为妾",非是。

　　② 《别传》上册,第45、308—309页。

　　③ 《别传》上册,第333页;中册,第421页。

　　④ 《别传》上册,第46、252页。

　　⑤ 《别传》下册,第829页。

晋伯刘允基、南和伯方一元、东宁伯焦梦熊、安城伯张国才、洛中伯黄周鼎、成安伯柯祚永,附马齐赞元,内阁大学士王铎,翰林程正揆、张居,礼部尚书钱谦益,兵部侍郎朱之臣、梁云构、李绰,给事中林有本、陆朗、王之晋、徐方来、庄则敬及都督十六员,巡捕提督一员,副将五十五员,并城内官民迎降。"①

又《清史列传·王铎传》云:

顺治二年五月,豫亲王多铎克扬州,将渡江,明福王[朱由崧]走芜湖,留铎守江宁。铎同礼部尚书钱谦益等文武数百员出城迎豫亲王,奉表降。寻至京候用。②

《钱谦益传》亦云:

顺治二年五月,豫亲王多铎定江南,谦益迎降。寻至京候用。③

它如《多尔衮摄政日记》有云:

(顺治二年)六月初三日,王(指摄政王多尔衮)又问:"江南既下,有甚好人物?"大学士等(指冯铨等)对:"地方广大,定有贤才。"王又言:"不是泛论地方贤才,只是先生们胸中有知道的否?"大学士等对:"钱谦益是江南人望。"王又问:"如今在否?"大学士等对:"昨归顺,文册上有名字,现在。"王颔之。④

钱谦益同时人顾苓私著《河东君传》亦云:

乙酉(顺治二年)五月之变,君(指柳如是)劝宗伯(指钱谦益)死,宗伯谢不能。……是秋宗伯北行,君留白下(指南京)。宗伯寻谢病归。⑤

即钱本人亦不以降清为讳,《西湖杂感·序》有云:

浪迹山东,系舟湖上。漏天半雨,夏月如秋。登登版筑,地断吴根。攘攘烟尘,天分越角。岳于双表,绿字犹存。南北两峰,青霞如削。想湖山之繁华,数都会之佳丽。旧梦依然,新吾安在? 况复彼都人士,痛绝黍

① 《清世祖实录》,《大清历朝实录》本,卷一六,页一九下至二一下。按此魏国公徐州爵之"州"字,非;《清史列传·赵之龙传》,中华书局 1988 年校注本,第 6547 页作"胤",是。

② 《清世祖实录》,《大清历朝实录》本,卷七九,第 6543 页。

③ 《清世祖实录》,《大清历朝实录》本,卷七九,第 6576 页。

④ 北平故宫博物院 1935 年排印本,页二上。

⑤ 《别传》下册,第 827、864 页两引。按传中特举沈明抡为人证,自属可信。

禾。今此下民,甘忘桑椹?侮食相矜,左言若性。何以谓之,嘻其甚矣。①

《序》中的"侮食"、"左言",典出《文选》,诚如《别传》指出的"牧斋用此典以骂当日降清之老汉奸辈,虽己身亦不免在其中"。不能不说钱的降清是他一生历史上的一大污点了。

然而知人论世,必须对一个历史人物进行全面而有分析的综合考察,不能只抓住一点不放,就轻易做出评价来。清高宗弘历对钱谦益的否定,显然出于政治上的一时需要。所以他说:

> 钱谦益本一有才无行之人,在前明时身跻阮仕;及本朝定鼎之初,率先投顺,洊陟列卿,大节有亏,实不足齿于人类。……今阅其所著《初学集》、《有学集》,荒诞背谬,其中诋谤本朝之处不一而足。夫钱谦益果终为明臣,守死不变,即以笔墨腾谤,尚在情理之中;而伊既为本朝臣仆,岂得复以从前狂吠之语刊入集中?其意不过欲借此以掩其失节之羞?尤为可鄙可耻!②

后来清高宗立《贰臣传》,以钱谦益入乙编:

> 至若钱谦益行素不端,及明祚既移,率先归命,乃敢于诗文阴行诋毁,是为进退无据,非复人类。……若与洪承畴等同列《贰臣传》,不示等差,又何以昭彰瘅?著交国史馆总裁于应入《贰臣传》诸人,详加考核,分为甲、乙二编。③

当时随声附和的大有人在,如徐鼒说:

> 盖自汉唐以来,文人之晚节莫盖,无如谦益之甚者。纯庙(指清高宗弘历)斥毁其书,谓不足齿于人类。盖以为有文无行者戒哉!④

其实,顺康时人对钱氏的看法并非一致。谈迁说过:

> 岁星在吴,文不终厄。牧斋[钱谦益号]得其渏兰,卧子[陈子龙号]得其豪筋。……虞山(钱谦益)、云间(陈子龙),俱善变也,虞山工于转

---

① 《有学集》,《四部丛刊》本,卷三,页三上下,参《别传》下册,第1023页。

② 《清高宗实录》,卷八三六,页五下至六上。按《实录》中"名教之大闲"的"闲"字,是;《清史列传·钱谦益传》作"关",非是。

③ 《清高宗实录》卷一〇一,页二三下至二五上。

④ 《小腆纪年附考》,《敞帚斋丛书》本,卷八,页二四上,参《别传》下册,第837页。

击,卧子工于直入。①

又如朱鹤龄与吴梅村(伟业)书中有云:

> 夫虞山公(指钱谦益)生平梗概,千秋自有定评,愚何敢置喙?若其高才博学,囊括古今,则夐乎卓绝一时矣。②

其推重钱之诗文如此。当时也有持否定态度的,如汪份与方苞就有争论:

> [汪份]与方苞交最笃,苞称钱谦益文秽恶,份初不谓然,后卒以为知言。③

文人自古相轻,钱颇有自知之明,尝云"江左文章流辈在,何曾道有蔡克儿"与"昭代可应无大树,汝曹何苦作蚍蜉"④,此乃钱因当日有非议其文章者,感愤而作。

所堪注意者,像钱这样一个江南的头面人物,当南明福王小朝廷既覆,迫于多铎的兵威而降清,自不能不剃发,不能不随例北行,乃大势所迫,何责于钱一人之身?或有难之者曰:河东夫人不是劝过钱同以身殉吗?答曰:钱未听柳劝,失之怯懦寡断,是事实;然总得容许钱氏对清廷有一个认识的过程嘛。若从钱降清以后的 20 年间,除所作应酬文字不能触犯时忌外,其他撰写的大量诗文都是他个人对家园故国之思,所谓心悬海外之云(指台湾郑成功),目断月中之树(指南明桂王永历帝),才是钱的内心感情的真实流露,怎么能像清高宗所说钱既为清朝臣民,就不能再有眷念故明之情了呢?

三、钱谦益被逮北行一案

这是指钱谦益于顺治四年(1647 年)因谢陛、卢世㴶的牵累,被逮北行,赖柳如是挈重贿,营救释归一案而言。周采泉同志据程先贞所著《海右陈人集》有钱谦益一序及集中载《和钱牧斋先生柳姬题杜亭壁韵》一诗,说钱序作于丁亥(顺治四年),正是钱氏自京引疾南归时所作,而程和诗明标钱、柳应是夫妇

---

① 《北游录》,中华书局 1960 年版,第 270 页。
② 《遇庵小稿》卷一〇《与吴梅村祭酒书》,参见《别传》上册,第 25 页。
③ 《清史列传·汪份传》卷七一,第 5813 页。
④ 《有学集·金陵杂题绝句二十五首》卷八,第 19 页;参见《别传》下册,第 1158 页。

同行,从而认为钱谦益系因黄毓祺案于同年又被逮北返,而与谢陛、卢世㴶无关①,似是事实无可非议者矣。

但成为问题的是,钱谦益为《海右陈人集》作序,明明是署丙戌(顺治三年,1646年)而非丁亥。钱于顺治三年引退南旋,柳留南京并未随行,如果说钱于顺治三年南还路过德州为程《集》作了序,柳是无法与钱相伴同行的。钱序虽署有年月,而程和诗并无年月,是无法证明两者都在同一年所作,很有可能程和诗在前而钱序在后。

钱于顺治四年被逮北上,柳如是同行,明见于《河东君传》:

> 丁亥(顺治四年)三月,捕宗伯(钱谦益)巫,君(柳如是)一囊,从刀头剑铓中,牧圉饘橐惟谨。事解,宗伯和苏子瞻(轼)御史台寄妻韵,赋诗以美之,至云:"从行赴难有贤妻。"②

则知钱被逮、柳从行是事实,钱自记云:

> 丁亥三月晦日,晨兴礼佛,忽被急征,银铛拖曳,命在漏刻。河东夫人沉疴卧蓐,蹶然而起,冒死从行,誓上书代死,否则从死。慷慨首涂,无刺刺可怜之语,余亦赖以自壮焉。狱急时,次东坡(苏轼)御史台寄妻诗,以当诀别。……生还之后,寻绎遗忘,尚存六章。③

是知钱被逮、柳从行之年月日,言之凿凿,绝无可疑之处,惜均未提及钱因何人何案而被逮耳。

有一最有价值之史料涉及钱被逮者,为江南最高长官洪承畴于顺治四年丁亥七月初十日《呈报吴胜兆案揭帖》,有云:

> 顺治四年三月内有戴之俊前向[苏松常镇四府提督吴]胜兆吓称苏州拿了钱谦益,说他谋反。随后就有十三个人来拿了提督。你今官已没了,拿到京里,有甚好处?我今替你开个后门,莫如通了海外,教他一面进兵,这里收拾人马,万一有人来拿,你已有准备。胜兆又不合回称我今力单,怎么出海?戴之俊回云,有一原任兵科陈子龙,他与海贼黄斌卿极厚,央他写书一封,内大意云:胜兆在敝府做官极好。今有事相通,难形纸笔,

---

① 《海右陈人集》,上海古籍出版社1981年版,钱序页一下及卷下,页六四下。
② 《别传》下册,第828页。
③ 《有学集·秋槐诗集·和东坡西台诗韵六首·序》卷一,页三上下;参见《别传》下册,第892页。

可将胜兆先封为伯,后俟功成,再加升赏。其余不便尽言。来将尽吐其详等语。①

从上述吴胜兆状招内,提到吴与陈子龙通海案,而只字未及吴、陈与钱有无关系。

钱于顺治三年被逮至南京,因系四十日得讼释,直至顺治六年(1649年)始放还常熟老家。把钱被逮与黄毓祺一案连在一起的,似始见于《清实录》:

> 顺治五年戊子(1648年)夏四月辛卯,凤阳巡抚陈之龙奏:"自金逆(声桓)之叛,沿海一带与舟山之寇,止隔一水。故密差中军各将稽查奸细,擒到伪总督黄毓祺,并家人袁五,搜获铜铸伪关防一颗,反诗一本,供出江北窝党薛继周等,江南王觉生、钱谦益、许念元等,见在密咨拿缉。"疏入,得旨:"黄毓祺着正法。其江北窝贼薛继周等,江南逆贼王觉生、钱谦益、许念元等,着马国柱严饬该管官拿,袁五着一并究拟。"②

钱本人亦提及戊子被囚南京的事:

> 戊子岁,余羁囚金陵(即南京)。乳山道士林茂之偻行相慰问,桐皖间遗民盛集,陶、何瘠明亦时过从,相与循故宫,踏落叶,悲歌相和,既而相泣,忘其身为楚囚也。③

前面已提及,钱谦益被逮在顺治四年三月,假释仍在南京,与钱自述五年偕桐皖间遗民循故宫,踏落叶,忘其身为楚囚,正相符合。但据《实录》五年四月陈之龙奏,钱谦益系黄毓祺案中待拿归案之犯,似不知钱仍在南京为颂系之因者,为不可解。否则,清代官书如《实录》未必尽可信赖矣。

祝芸堂著《纯嘏编·孤忠后录》,有云:

> 顺治四年丁亥,黄毓祺起兵海上,谋复常州。正月,毓祺纠合师徒,自舟山进发,常熟钱谦益令其艳妓柳如是至海上犒师。……顺治五年戊子,下黄毓祺于海陵(江苏泰县)狱。六年乙丑,黄毓祺死于金陵狱。④

已知钱被逮在顺治四年三月,柳于正月至海上犒师,容或有之,则钱与黄案有

---

① 《洪文襄公呈报吴胜兆叛案揭帖》,载《史料丛刊初编》下册,页一下至二上。参见《别传》下册,第891—892页。

② 《清世祖实录》卷三八,页八上下。

③ 《有学集·新安方氏伯仲诗·序》卷二〇,页十一上,参见《别传》下册,第963页。

④ 《别传》下册,第888—889页引。

关,很有可能。钱被逮在先,黄于五年被捕在后,六年死之,而不及钱,钱或由人情关系而获幸免者耶。

总之一句话,钱于顺治四年被逮囚系南京,与黄毓祺案有关,很可能是事实,不会是"事出有因,查无实据"的吧。

四、钱谦益与修史

30 年代中,孟心史(森)先生曾为《洪承畴章奏文册汇辑》作跋,有云:

> 清初任何大事,皆以为世祖(福临)之太后(孝庄)委曲助成。如下嫁摄政王(多尔衮)之说,吾已辟之。既辟其议典礼、颁恩诏之无稽,又因不议礼颁诏而又称皇父,如果中有暧昧,不应自暴其丑。因此并信其不下嫁,而仅有暧昧之说,亦不足信,何况今世盛传之恩诏原文,及钱谦益具名之奏请耶?①

孝庄太后果否下嫁摄政王多尔衮为一事,②而世所传之恩诏有无原文遗存为另一事,说钱谦益为婚仪具奏撰文又为一事,三者不可混为一谈。孟先生驳钱谦益为婚仪具奏撰文,甚是。其持不同意见者,乃谓:

> 当时(指顺治五年)下廷臣议婚仪,海内知牧斋文名,故授予礼部尚书,主持此事。……牧斋勉为撰文,主张刊布誉黄,普告天下。……此项誉黄,至今尚存在北平天安门正阳楼上,尚有人见之。③

我们都知道,钱谦益原为南明福王小朝廷之礼部尚书,降清后于顺治三年改授礼部侍郎,旋即南还常熟故里,则所云为议婚仪,于顺治五年授予礼部尚书,勉为撰文,纯系附会,嫁名钱谦益耳,不攻自破。据传,孝庄太后下嫁摄政王多尔衮原诏,直至清末,尚存内阁大库,有人亲见之,惜今已散佚,不可复睹矣。

江宁邓文如(之诚)师尝云:"明清之际,毕竟以钱谦益诗为第一,实足继苏(东坡)、黄(山谷)而起,余人俱嫌笔弱。"陈寅老更指出:

---

① 《明清史论著集刊》下册,第 470 页。
② 参见拙著《释汗依阿玛》一文,载《满族研究》1987 年第 2 期,第 9—15 页。后收入拙著《清史新考》,辽宁大学出版社 1990 年版,第 98—109 页。
③ 唐伟之:《关于钱牧斋》,载《宇宙风乙刊》第 41 期,第 20—21 页。

牧斋之诗,有钱遵王(曾)所注《初学集》、《有学集》。遵王与牧斋关系密切,虽抵触时禁,宜有所讳。……然综观两集之注,其有关本事者,亦颇不少。①

钱谦益之笺《杜工部集》,注意诗史一点,寅老认为:

在此之前,能以杜诗与唐史互相参证,如牧斋所为之详尽者,尚未之见也。②

尤能道出钱之志在修史。如钱同时人程先贞所咏:"抵掌遗经探本末,折衷信史溯渊源。当年饶有真谋略,所惜无人听响音"③。是程以《初学集》为诗史,钱志在修明代之史,钱诗不啻为一部明代的诗史。

以钱所作《金陵杂题绝句》二十五首之第二十三首为例:

被发何人夜叫天,亡羊臧获更堪怜。长鬐衔口填黄土,肯施维摩结净缘。④

据《别传》指出:"此诗疑为牧斋过金陵陈名夏子掖臣故居而作"。第一句以浑夜夫比陈名夏,因名夏数次论死,虽暂得宽免,终以自承曾言"留发复衣冠"事处绞。是名夏之志在复明而不得善终。第二、三两句乃钱自谓己身与名夏虽皆志在复明而终无成。第四句则谓名夏不如己身之能老归空门。此则寥寥数语,不啻谱写出一段清初志在复明之亡臣痛史。《初学》、《有学》两集中所咏各诗大都类是,俯拾便是,恕不一一枚举。

钱氏于《历朝诗集·自序》明云:

《中州[集]》之诗,亦金源之史也。……山居多暇,撰次《国朝诗集》……托始于丙戌。⑤

丙戌为顺治三年(1646年),即钱氏自京托疾告休南还之年,既以《中州集》自期,则撰次《国朝诗集》,亦不啻撰次有明一代之史也。

钱氏于《胡致果诗·序》又云:

孟子曰:"诗亡,然后春秋作。"春秋末作以前之诗,皆国史也。人知夫子

---

① 《别传》上册,第7页。
② 《别传》下册,第993页。
③ 《海右陈人集》,卷下,页三三上。
④ 《有学集》卷八,页一九下;参见《别传》下册,第1159—1161页。
⑤ 《别传》下册,第985—986页引。

之删诗，不知其为定史；人知夫子之作春秋，不知其为续诗。诗也，书也，春秋也，首尾为一书，离而三之者也。余虽老而耄矣，尚能磨厉以竢之。"①

钱于诗与史之关系，辨之甚明。则钱之撰次《国朝诗集》，志在修史，不是很彰明昭著的吗？无怪乎金堡有言云：

虞山（钱谦益）其为今之后死者宽假欤？为今之后死者兴起欤？吾不得而知，而特知其意不在诗。……虞山平生好游，皆取其雄俊激发，留意用世，思得当，而扼于无所试。②

一点不假，金堡说钱之作诗"意不在诗"，在"留意用世，思得当，而扼于无所试"，其主要宗旨在修史，暗寓复明之意，论诗乃属次要者，实得钱氏平生志向之所在。

五、钱柳参预复明运动

钱氏于顺治三年自京南旋，即与柳氏参预反清复明活动。四年因"谋反"被逮，囚系四十日讼释，六年还家，以迄于康熙三年（1664 年）谢世。20 年间，钱、柳从事复明活动从未间断。

《秋槐诗集·丁亥夏题海客钓鳌图四首》之第四首云：

老马为驹气似虹，行年八十未称翁。劳山拂水双垂钓，东海人称两太公。③

丁亥顺治四年（1647 年），海客为房可壮之号，鳌为王鳌永之名。《别传》指出，拂水在江苏常熟县，乃钱氏自谓；劳山在山东即墨县东南六十里海滨，用以指房氏。盖谓两人同为暂时降清，终图复明。海客在东北，钱氏在东南，分别投竿错饵以引诱降服满洲诸汉人，以反清复明为职志者也。

据瞿式耜《瞿忠宣公集·报中兴机会事》中引钱氏偷生图报，联明将反清等语，最足以看出钱、柳从事反清复明之政治活动：

……[臣式耜]于永历三年己丑（1649 年）七月十五日，自家起程，

---

① 《有学集》卷一八，页二一上至二二下。
② 《别传》下册，第 988 页引。
③ 《有学集》卷一，页三上。参见赵刚：《钱谦益晚年修史与思想转变》，《文史知识》1988 年第 5 期，第 116 页，作者说钱修史乃晚年之事，非是。

今[九]月十六日抵臣桂林公署,赍带臣同邑旧礼臣钱谦益寄臣手书一通,累数百言,绝不道及寒温家常字句,惟有忠驱义感溢于楮墨之间。盖谦益身在(虏)中,未尝须臾不念本朝,而规画形势,了如指掌,绰有成算。据言:"……现在楚南之劲[敌],惟辰、常马蛟麟为最。……幸蛟麟久有反正之心,与江浙□提镇张天禄、田雄、马进宝、卜从善辈,皆平昔关通密约,各怀观望。……若谦益视息余生,奄奄垂毙,惟忍死盼望銮舆拜见孝陵之后,盘水加剑,席藁自裁"等语。臣反复披阅,虽谦益远隔万里……而彼身为异域之臣,犹知眷恋本朝,早夜筹维,思一得以图报效。岂非上苍悔祸,默牖其衷,亦以见天下人心未尽澌灭,真祖宗三百年恩养之报。①

与钱氏《投笔后集·秋兴六首》之第四首中所咏"腐儒未谙楸枰谱,三局深惭肇帝思"及《后秋兴十二首》之第三首中所咏"廿年薪胆心犹在,三局楸枰算已违"等隐语②对照参看,则钱、柳参预复明之政治活动,不是更为深切著明,昭然若揭了吗?

钱、柳说马进宝反正一事,实与黄宗羲有关。黄氏《思旧录》即载其事:

> 一夜,余将睡,公(钱谦益)提灯至榻前,袖七金赠余曰:"此内人(自注:即柳夫人)意也。"盖恐余之不来耳。是年(顺治七年庚寅,1650年)十月绛云楼毁,是余之无读书缘也。③

据考,黄宗羲至常熟访钱在顺治七年三月,而钱往金华游说马进宝反正在同年五月。两月之间,一先一后,穿梭访问,时间如此巧合,钱、马相见,则黄必为之介。柳之殷勤款待黄,无疑亦为预谋策动马进宝反正之一人。

沈佳《存信编》有云:

> 永历六年(壬辰,1652年)冬,谦益迎姚志卓、朱全古祀神于其家,定入黔请命之举。七年(癸巳,1653年)七月,姚志卓入贵筑行营,上疏安隆,召见慰劳赐宴,遣志卓东还,招集义兵海上。……八年七月,遣内臣至厦门,册封漳国公郑成功为延平王。九年三月简封朱全古兼兵科给事中,视师海上。④

---

① 《瞿忠宣公集》,光绪丁亥重刻本,卷五,页三下至五下。
② 《别传》下册,第1014页引。
③ 《别传》下册,第1016页引。
④ 《别传》下册,第1039页引。

钱之《投笔集·小舟惜别》云：

北斗垣墙暗赤晖，谁占朱鸟一星微。破除服珥装罗汉，（自注："姚神武[志卓]有先装五百罗汉之议，内子[柳如是]尽囊以资之，始成一军。）减损斋盐饷伏飞。娘子绣旗营垒倒，（自注：张定西（名振）谓阮姑娘："吾当派汝捉刀侍柳夫人（如是）。"阮喜而受命。舟山之役，中流矢而殒。惜哉！）将军铁稍鼓音违。（自注：乙未（顺治十二年，1655年）八月神武（姚志卓）血战死崇明城下。）须眉男子皆臣子，秦越何人视瘠肥。①

柳如是捐赏以助姚志卓军，乃顺治十一、二年间（1654—1655）事。钱、柳参加复明之军事活动，见于歌咏，跃然纸上，至今诵之犹有生气。

《秋槐别集·丙申春就医秦淮，寓丁家水阁浃两月，临行作绝句三十首》之第六首云：

东风狼籍不归轩，新月盈盈自照门。浩荡白鸥能万里，春来还没旧潮痕。②

丙申顺治十三年（1656年）。"东风"即"东虏"之代词，指清廷；"新月"指南明桂王永历小朝廷。与《长干塔光集·燕子矶归舟作》作于次年顺治十四年丁酉所赋七律之下联"金波明月如新样，铁锁长江是旧流"③之旨在期望明室仍可复兴、郑成功攻取南京及钱氏己身自许之心情，可以想见一斑。至此，钱、柳结缡已历十有六载，终由言情儿女转而成了一对爱国之英雄了！

同年冬，《投宿崇明寺僧院有感二首》之第二首云：

禾黍陪京夕照边，驱车沾洒孝陵烟。周郊昔叹为牺地，蓟子今论铸狄年。纶邑一成人易老，华阳十赉诰虚传。颠毛种种心千折，只博僧窗一宿眠。④

《别传》指出，此首一、二两句谓钱氏此次重游金陵谒拜孝陵，在南京倾覆之后，不胜兴亡之恨。第一联上句钱氏谓马、阮起用己身为礼部尚书，不过以其文采照耀一世之故，深愧不能如牺鸡之自断其尾，以免受祸害也；下句钱氏意谓回首当年已同隔世，殊有蓟子训在秦时目睹此铜人之感也。第二联上、下两

---

① 《别传》下册，第1040页引。
② 《有学集》卷六，页九上；参见《别传》下册，第1076—1077页。
③ 《有学集》卷八，页八下；参见《别传》下册，第1076—1077页。
④ 《有学集》卷八，页一七上；参见《别传》下册，第1153—1154页。

句,钱氏意谓虽有复明之志,但年已衰老,无能为力,虚受南明桂王之令其联络东南伪帅遗民,以谋中兴之使命。七、八两句则自谓暮年假藉学道,归老空门耳。

最后,《张苍水集·上延平王书》有云:

> ……殿下东都之役,岂诚谓外岛(台湾)足以创业开基,不过欲安插文武将吏家室,使无内顾忧,庶得专意恢剿。……殿下诚能因将士之思归,乘士民之思乱,回旗北指,百万雄师可得,百什名城可收矣。又何必与红夷(荷兰)较雌雄于海外哉?况大明之倚重于殿下者,以殿下能雪耻复仇也。区区台湾,何预于神州赤县?……夫思明者,根柢也。台湾者,枝叶也。无思明,是无根柢矣,安能有枝叶乎?……使殿下奄有台湾,亦不免为退步,孰若早返思明,别图所以进步哉?……①

此书作于顺治十八年辛丑(1661 年),正是郑成功大举驱逐盘踞台湾近 40 年的荷兰殖民者,收复台湾之际,不可谓不为历史上一大壮举。然郑氏之收复台湾而不保有厦门根据地,大失当日从事复明运动诸将帅遗民之望。不独张煌言一人之言如此,其他旧帅故老亦莫不如此。何者?郑成功既远离东南沿海而以台湾为根据地,孤悬大海之中,自保足虞,何能大举越海而进取中原?此钱氏之所以于顺治十八年辛丑逼除之夕,遂自白茆港移居苏州城内旧宅也。所堪注意者,柳夫人仍留居芙蓉庄,直至钱氏将死始移入城内同居。寅老则谓,柳夫人之留居芙蓉庄者,殆以为明室复兴尚有一线希望,海上交通犹有可能,仍可有所作为,较之钱氏之心灰意冷,大有区别②,洵为的论。

六、钱氏家难与柳氏殉节

钱谦益病逝于清康熙三年甲辰(1664 年)五月二十四日,距生于明万历十年壬午(1582 年),享年八十有三。其夫人柳如是于同年六月二十八日,去钱之卒才逾一月,即自胫而死,距生于万历四十六年戊午(1618 年),终年四十有七。事实证明,钱、柳结缡二十有五载,情感甚挚,始终如一。柳之以身殉钱,

---

① 《四明丛书》约园刊本,卷五,页一七下至一九下。
② 《别传》下册,第 1983 页。

与明末名妓沈隐之殉夏子龙颇相似，或一时社会风气使然，容亦有之。①

有难之者谓，明季富室，为患乡里，有蓄奴婢逾千百人者，夺人田宅妻女，把持官府，干预考试、词讼，无恶不作。钱谦益以富冠江南，多为不法，当不在少，钱死而乡人群起抄其家，逼死柳夫人。钱之不法，虽无实据，总不能说事出无因吧？即在绛云楼毁后，钱家用度如常，仍不失王谢旧风，致遭乡人众怒而罹家难，亦事理之必然乎？

人们熟知，钱氏家境早落，晚年生计维艰，主要靠卖文为活。临死之前，尚嘱黄宗羲为代草文三篇，获润笔三千金②，作为医药费用之资，其窘状可以想见。钱死之日，其族贵钱朝鼎辈即遣人登门立索三千两，叫喊什么"有则生，无则死。毋短毫厘，毋迟瞬息，毋代贳饰③。"此等人来势冲冲，不多要也不少要，偏偏只要作文三篇得来的三千金，这难道还不能说明钱朝鼎等族贵们对钱、柳的家底是一清二楚的吗？那么，说钱死前家财富裕才惹起乡亲们的抄家，是与事实不符的。这是需要替钱、柳一家澄清洗刷的第一点。

又有人说了，钱氏既是明季江南巨室之一，与柳如是结缡于芙蓉舫中，又为筑绛云楼与我闻室于半野堂之西侧，房珑窈窕，绮疏青琐。旁龛古今金石文字，宋刻书数万卷。列三代秦汉尊彝环璧之属，晋唐宋元以降法书、名画，官、哥、定、宣之瓷，端溪、灵璧、大理之石，宣德之铜，果园厂之髹器，充其中。柳氏于是乎俭梳静妆，旦夕相处，煮沉水，斗旗枪，写青山，临墨妙，吟咏讽诵，间以调谑，如李清照之在赵明诚家故事④。钱氏不可谓非富有之家，为什么绛云楼一炬，竟败落到卧病无医药之资的地步呢？须知，钱、柳从顺治三年丙戌（1646年）起，即参预反清复明活动，翌年钱被逮，柳奔走营救，虽说是人情得释，总不能一无破费。而策划反清复明，暗中联络，在在需人，亦在在非钱莫办。待绛云楼既焚，钱、柳身亡以前的十四五年间，复明活动迄未一日中缀，与南明瞿式耜交通，钱、柳亲身往还苏杭沿海一带，羁旅亦不赀。然则钱卧病无

---

① 《别传》上册，第34—35页。按黄裳同志《榆下说书》，三联书店1982年版，第213页，谈到柳如是之死，认为"这是如是一生对封建主义的最后一战，也最后一次地胜利了！"可备一说。

② 《别传》下册，第1024页。

③ 《别传》下册，第1208页引《孝女揭》。

④ 顾公燮：《丹午笔记》，江苏古籍出版社1985年版，第93页，可以参考。

医药之资,原因即在此。这是需要替钱、柳一家解释清楚的第二点。

前面提到过,钱居乡盛气凌人,欺压乡里,我们不能完全否认一无其事。这里要特别指出的是,钱、柳既从事反清复明的地下活动,平日暗中联系之人之事,自不能公开于众,或有得罪许多人的地方,亦在所难免,是完全可以理解的。钱氏活着,门生故旧遍东南各省,尚可支撑一时;钱氏死了,树倒猢狲散,遭人暗算,以图报复,亦自难幸免了。这是需要替钱氏家难和柳氏殉节剖白的第三点。

最后一个问题是,柳之死,不是像人们自来传说的那样,说柳被逼债逼死的。事实上,若无钱朝鼎辈的逼迫,柳也有以身殉钱之可能,但也必须承认,康熙元年(1662年),南明桂王朱由榔已为吴三桂所杀,延平王郑成功亦已身亡于台湾,至此,复明大业之一线希望遂斩。两年后,相与朝夕共图复明之同谋人,终身伴侣钱氏一死,则国破家亡,柳夫人不死何待?说柳之死,系以身殉钱,亦即以身殉国(明),又有何不可?这是需要替柳氏表白的第四点,也是最后的一点。

陈梦雷与李光地绝交书

根据记载,陈梦雷(字则震,又字省斋)与李光地(字厚庵)同于康熙九年(1670 年)庚戌科,考中二甲进士,李第二名,陈第三十名;又同籍福建,李安溪县人,陈侯官县人①。同选庶吉士,散馆又同授翰林院编修。同年、同里、同官,情投志合,最称莫逆。后相继旋里省亲,逾年,同罹耿精忠变乱之中,同投耿幕,陈迫受户曹员外,李遁迹安溪深山。陈、李同系热宦之人,乃以同谋蜡丸密疏,李获重赏,陈则遣戍沈阳。② 陈便与李割席作《绝交书》,当时即已单行,后又收入《闲止书堂集钞》与《松鹤山房文集》中。1955 年,邓文如(之诚)师重印《骨董琐记全编》,内增《骨董三记》,将其全文录引,并附按语。③ 翰顷又检得洪煨莲(业)师所遗,《陈省斋与李安溪绝交书》抄本④。兹为迻录,并以

① 房兆楹、杜联喆合编:《增校清朝进士题名录附引得》(1941 年 6 月引得编纂处出版),第 30—31 页。按萧奭《永宪录》(中华书局 1959 年版)第 83 页云:"陈梦雷,福建晋江人"。疑系传闻之误。又钱仪吉《碑传集》(江苏书局光绪十九年校刊本)卷四四,页一五作"闽县人",亦误。

② 陈梦雷《送官之盖州序》云:"壬戌(康熙二十一年,1682 年)之秋,余以谣诼,蒙恩贷得谪沈阳。"见《闲止书堂集钞》(上海古籍出版社 1979 年版,以下简称《集钞》)卷一,第 17 页。又,《永宪录》第 83 页作"遣戍奉天",奉天即沈阳。按庄葳《陈梦雷和古今图书集成》(载《书林》1980 年第一期,第 45 页)及唐天尧《陈梦雷与古今图书集成》,载《福建师范大学学报》1981 年第 2 期,第 101 页,两文均从之,是也。但清人陈寿祺《陈梦雷传》(见《碑传集》卷四四,页一五下)与钱林《陈梦雷传》,见《文献征存录》咸丰八年,1858 年刻本卷一,页六三上,两传均作"谪戍尚阳堡",《陈梦雷小传》,见《清诗纪事初编》,中华书局上海编辑所 1965 年版,第 969 页(以下简称《初编》),从之,按堡在今辽宁省开原县东四十里,似误。

③ 《集钞》,卷一,第 37—58 页;《松鹤山房文集》(康熙五十一年,1712 年刻本,凡二十卷,共八册。铜活字本,精美清晰,缺卷四,其余各卷略有钞补,中国科学院图书馆藏。以下简称《文集》。另有《松鹤山房诗集》九卷。谢国桢在《陈则震事辑》收录《明清笔记谈丛》,上海古籍出版社 1981 年版,以下简称《谈丛》作《松鹤山房诗文集》二十卷,误。)卷一三,页一上至二下。《骨董琐记全编》(以下简称《全编》),三联书店 1955 年版,第 441—448 页。

④ 此抄本共九页,据洪煨莲师 1938 年 12 月 29 日于末尾批云:"是顾起潜(廷龙)购得双照楼吴氏(昌绶字印丞)旧藏者。观其纸墨,似亦近年转抄者耳。因借归,请冯续昌(世五)代抄之,业自校焉。"

四者互校,附注异同于各字之下:

不孝(陈梦雷自称)学识庸浅(两刻本"浅"均作"陋"),稚年得谬通籍,性复刚褊寡合,不能与俗俯仰。老年兄(指李光地)以桑梓巨望,道貌冲和,折节下交,谬(两刻本均作"每")以远大相许。不孝亦不自量其瞀暗,思托附骥尾,相与有成。每探赜析微,穷极理性,闿间晨夕,自谓针芥之投,庶几终始也。岂意彝(洪师批,"彝"原当是"夷",抄者避改)险易操,初终殊态,狡(两刻均本作"猜")忮其心,险幻其术,几陷不孝丧身覆巢而不悔也。呜呼痛哉!不孝释系之日,不胜愤懑,号于司寇(魏象枢),然粗述相负大略耳。其于不可告人之隐,犹未忍(抄本脱"忍"字)宣之于众也。而老年兄怙终迷复,善于饰非文过,不稍自(《三记》脱"自"字)加咎省。窃恐不孝虽钳口结舌于绝域,而乡里愤悱,朝绅公论,从此而起,九皋闻天,或至对(《三记》"对"误作"村")簿指摘,则交谊瓦裂,厚道陵(《三记》"陵"误作"零")替。由后追昔,岂不怆然?是用布其颠末,鲜所忌讳,惟老年兄平心静气察之,幸甚!昔甲寅〔康熙十三年(1674年)〕之变,不孝遁迹僧寺,逆党刃胁,老父(《三记》"父"误作"人",梦雷父名会捷,字斌侯)[1]追寻,不孝挺身往代。刀铍林立,蹀尸践血,不孝恬不为动。见贼不跪,语不为屈,以为苟得全亲,一身死不足恨耳。逆怒,将置于刑,已复放归。不孝即削发披缁,杜门旬日。逆贼分曹授官,不以相及,自幸得免。贼臣教以遍加网罗,防杜不测,遂胁以伪(抄本"伪"误作"为")官。然不孝就拘而往,不受事而归,辞其印札,不赴朝贺。瘠形托病,三年一日。此通国所共闻,有心所共叹,不假不孝一二谈也。年兄家居安溪,在六百(《三记》脱"百"字)里之外,万山之中,地接上游。举族北奔,非有关津之阻;徜徉泉石,未有征檄之来。顾乃翩然勃然。忘廉耻之防,徇贪冒之见,轻身杖策,其心殆不可问。而(抄本脱"而"字)不孝以素所钦仰之心,犹曲为解谅,谓不过为怯耳。故六(抄本脱"六"字)年叔(指李光地之季叔李日煜)初来,不孝即毅然以大义相责,令速归劝阻;又恐年叔不能坚辞,不足动听,复遣使辅行。而年兄已高巾褒袖,投见耿逆,遂抵不

---

① 《原皇清敕封征仕郎翰林院庶吉士乡饮大宾七十四寿斌侯二府君行状》,见《文集》卷一九,页一上。

孝家矣。(《集钞》作"见耿逆而来矣",似误)不孝方食骇遬,投匕而起。然思只手回天,孤立无辅(抄本"辅"作"补",误),举目异类,莫输肺腑。冀年兄至性未灭,愚诚可感,庶几将伯之助。故严词切责,怒发上指,声与泪俱。先慈(陈梦雷母王氏①)恐不孝激烈(抄本"烈"作"裂",《三记》作"怒",异)难堪,遣人呼入,家严出以婉词相讽,至自述老朽,以(两刻本均脱"以"字。)布衣受封,已甘与儿辈阖门共(《集钞》"共"作"其",误)毙,年兄亦为改容。家严乃呼不孝出(《三记》脱"出"字)与年兄共议。促膝三日,凡耿逆之狂悖,逆帅之庸暗,与夫虚实之形、间谍之计,聚米画灰,靡不备悉。不孝又谓以皇上(指清圣祖玄烨)聪明神武,天道助顺,诸逆(《三记》"逆"误作"道")行将次第削平,矧小丑(指耿精忠)区区,运之掌股者哉?年兄犹以落落难合,及不孝引杨道声(《三记》作"道深",或作"道升",即杨文言字)与年兄抵足一夕,年兄既深服其才,且见其胜国衣冠之遗,犹有不屑与贼共事之意,始信前言。不孝于是定计:不孝身(《集钞》"身"误作"自")在虎穴,当结(《三记》"结"作"从",误)杨道声以溃其腹心,离耿继美以瀽其羽翼,阴合死士以待不时之应;年兄遁迹深山,间道通信,历陈贼势之空虚,与不孝报称之实迹,庶几稍慰至尊南顾之忧。年兄犹虑既行之后,逆贼有意外之诛求,欲受一广文(指教官)以归。不孝谓不得一洁身事外之人,军前不足以取(《三记》脱"取"字)信;若后有征召,当坚以病辞,万一贼疑怒,至发兵拘捕,吾宁扶病以出,以全家八口为保。年兄始(抄本"始"作"以",误)慨任其事。临行之日,不孝诀曰:他日幸见天日,我(《三记》脱"我"字)之功成,则白尔之节;尔之节显,则述我之功。倘时命相左,郁郁抱恨以终,后死者当笔之于书,使天下后世知国家养士三十余年,海滨万里外,犹有一二孤臣,死且不朽。呜呼!当此之时,不孝扬眉怒目,陨泪欷歔,天地为之含愁,鬼神为之动色,凡有血气,闻之当无不扼腕酸心,捐躯赴义者!呜呼!息壤在彼,而忍忘之乎?年兄既行,耿(精忠)郑(锦)构兵,音耗莫通。不孝两次遣人出关,终不得达,意(抄本脱"意"字)年兄当已代陈天听,而年兄犹豫却顾。及至耿逆

① 《原皇清敕封征仕郎翰林院庶吉士乡饮大宾七十四寿斌侯二府君行状》,见《文集》卷一九,页一下。

败衄,闻招抚之令,始遣纪纲抵省①,谓不孝能劝谕归诚,乞与其名。噫嘻! 不孝托病拒逆,何由进帷幄之言? 年兄身(《三记》"身"作"自",误)在泉郡,何由预劝降之策? 其为术岂不疏乎? 然不孝所喜者,年兄(抄本脱"年兄"二字)已乃心王室,意在见功,事蔑不济。而彼时耿逆猜忌方深,城柝严密,片纸只字,不能相通;且纪纲(张浩②)颇称解事,可宣心腹。因备告以耿逆势未穷蹙,不肯归诚。今幸耿继美已被离间,出镇浦城,内生疑端;海贼(郑锦)虽已连和,彼此未忘瑕衅。不若各散流言,使二逆(耿、郑)相图,以分兵势。一面遣人(指李仆夏泽)由山路迎请大兵,道由杉(《三记》"杉"作"松",误)关③,一鼓可下;临城不顺,则内应在我。反覆叮咛,两日遣归。盖自张浩回后,不孝方幸年兄之克有成功,而不虞其万一相负也。亲王(指康亲王杰书)入境,年兄抵省相见,乃诡言谓:"尔时假道汀州,恐为耿氏捉获,则我可幸全,尔立齑粉矣。今幸同见天日,尔报国之事非一,吾当一一入告。尔俟吾奏闻之后,然后进都。"又做诗相赠,不讳省中誓约之言,美不孝反周为唐之功。不孝亦遂安心以待,岂疑(抄本"疑"误作"宜")有护短贪天之意乎? 丁巳(康熙十六年)之秋,与年兄束装赴阙,而年兄以闻讣归。不孝见年兄方寸已乱,不复与商,遂以戊午〔康熙十七年(1678 年)〕之春,入都请罪。盖亦自信三年心迹,舆论共嗟,不必待人而白。初(抄本脱"初"字)不料道路阻隔之先,京师之讹言百出也。及到,始知以陈阙姓名之故,误指不孝曾为伪学士,殊为骇然。而铨部(指吏部)无据呈代陈之例,吾乡抚军又易新任(原任郎廷相,新任姚启圣),于是遣人具呈归家。盖将以具疏可否,请于抚军,然后诣阙席藁。在都傲邸闭户,公卿大臣未通一刺;一二师友通问,不孝一语不及年兄。今从前在都诸君,历历可问耳。不孝家人归时,值年兄以通问迎请将军(指宁海将军拉哈达)。事(抄本脱"事"字)闻,上重念

---

① 《绝交书》中"张诰"之名凡两见。

② 按《榕村语录续集》(光绪三十年,1895 年,黄家鼎序刊本。以下简称《续集》)卷一〇,页一一上作"来诰"。又按《全编》第448页八小注云:"张旺,《语录》作朱旺"。"来"字或是"朱"字之误。但"张浩"、"张旺"或"朱旺",未知孰是。

③ 《清史列传》,上海中华书局1928年铅字本,卷一〇,页二三下《李光地传》有云:"时道路梗阻,置疏蜡丸中,遣家僮夏泽间道出杉关。"杉关为当时交通要道,可为旁证。

年兄从前请兵之劳，温纶载锡，晋秩学士。亲王（见前）亦信年兄昔日之节，亲属子弟，皆藉军功，给札（《三记》"札"作"礼"，误）委官，昆从显荣，僮仆焜耀。是不孝无功于国家，而所造于年兄者，岂浅鲜哉？夫酌清泉者，必惜其源，荫巨枝者，必护其根。年兄当此清夜自省，宜何如报德也？乃功高不赏，但思抑不孝以掩其往事之愆。时家严以抚军在泉，遣使具呈咨到京。而年兄竟留其呈词，不令投致，巧延家人，三月不遣；又恐同人别为介绍，贻书巧说，阻其先容。不孝在都半载，不闻音耗。五千里远道，徬徨南归。呜呼！年兄竟用心至此耶？所幸者，宁海将军（拉哈达）驻师泉郡时，或误传不孝入都道毙者。（抄本脱"者"字）泉之人士，扼腕嗟叹，嚣然谓："学士（指李光地）辞伪请兵，实由陈某（陈梦雷）。今不为代白，使郁郁赍恨以死，天道宁复可问？"语闻将军，询于年叔（指李日煜），而年叔亦抱不平之愤，慷慨为述始末。遂使不孝数载不发之隐衷，一旦暴于年兄家庭（抄本"庭"作"人"）之口，斯（《三记》脱"斯"字）盖冥冥之中，哀愚忠之被抑，忌凉薄之满盈，天牖（《三记》"牖"作"诱"，异）其中，非人力所能损益也。不孝抵家，将军招至军前，恩礼有加，罔测其故，尚意为年兄揄扬之过，戴德不遑；而年兄抵郡，不思事由公论所致，但疑不孝泄其语于将军，阳为具揭代白，而于吴都统（申①）及内阁觉公（疑是觉罗伊图）之前，阴行诽谤，二公窃笑而已。及至具揭之日，将军、都统面诘年兄之负心，年兄惭惶引咎，自许入都代陈。不孝见揭帖不尽隐讳，心犹信之。及觉公语以将军得闻始末之由，且述年兄向渠极言不孝入都托足无门，至为师友所厌，皆劝令南归。而泉之人士，皆谓将军已悉其详，故年兄不敢讳，其具揭实非本心，不过欲（两刻本均脱"欲"字）留不孝军前，以阻入都之路者。不孝闻之，惘然惊惋，不食积日。盖自是始知年兄用心之险，然未敢尽以为信也。不孝疏上，奉严旨。年兄入都，遂趑趄嗫嚅，竟负将军、都统（《三记》脱"都统"二字）面约之言。及徐弘弼状下于理，不孝缮疏自明，年兄排闼直入力阻，后潜具密疏，草率了事，而不孝已逮西曹矣。年

---

① 按《文集》卷一七，页一九上有《副都统吴公传》，吴名申，姓钮祜禄氏；又同卷页三四上有《都统杨公传》，杨名文魁。此既云"都统吴公"，当是吴申，不云吴副都统而云吴都统，尊称之也。

兄疏上，益都（指冯溥①）骇叹，谓陈某苦心至（《三记》"至"作"如"）此，而厚庵前乃语我："（抄本"我"下衍"谓"字）陈某十七年入都，为耿逆探听消息。前后何剌谬耶？"不孝闻之，举以相质。年兄巧于回护，谓益都高年听闻之误。不孝心虽疑之，然事非情理所堪，犹愿其或不出此也。不孝既坐系，廷讯在即，年兄慰劳，坚称徐弘弼所告赦后谋叛，原与不孝无涉。枢部（指兵部）因疏内有名，一概混拘，不由上意，一讯即释，不必多言。指天誓日，厚貌深文，足以动人听信。不孝智昏神昧，始终受欺。对鞫之日，指斥逆党，而赦后之事，置不予争；又思宁人负我，毋我负人（抄本与《三记》均脱此四字）。事既得白，年兄行藏，不肯一述于众听（抄本与《三记》均脱"听"字）。一念坚忍，竟陷不测之罪。呜呼痛哉！不孝三载，千辛百折，寝食不宁，使其鹬蚌（指耿精忠与郑锦）相持，腹心内溃。孙武之死间，直以八口性命殉之。卒之王师入境，由海寇（郑锦）掣肘于后，耿继美纳款于前。万里孤臣，未尝无藉手以报圣明（《三记》"明"下有"于"字）万一。然先事未达于宸聪，使血诚一无可据；而梓里传闻，皆知不孝外示病赢，阴约内应，诸逆震骇，怒目龃牙，卒受其先发制人之毒。事有固然，又何怪乎？使年兄不受约于先，则不孝当别遣人通信；不许代白于后，则不孝当早进京自明。徐弘弼诬告之言，何自而（《集钞》脱"而"字）至哉？即使其初相误，非出有心，使不孝对鞫之时，知徐弘弼以赦后事诬告，则亲王入境，不孝曾启陈诸帅观望可疑，宜加防备；逆贼水师战船，宜早收罗。徐弘弼所告在十六年以后，不孝具启在十五年之冬。举此一端，足破其妄，何俟指陈纤悉，以累朋友之清节高名乎？爰书既定，朝野有心，莫不愤叹。年兄不自咎悔，对人反责不孝以十四年纪纲到省，不与回书，且责不孝以不死，以自明其易地必死也。呜呼！捐躯致命，惟事后始可相信，安有责人以死，而人遂信其能死者乎？姑无论六百里望风委赘，能死与否，人臣当万死一生之际，一饭不忘君，用间出奇，忘身冒险，天地鬼神，共临共鉴，亦安在其必死也？至于纪纲回郡，未有回书。三日促

---

① 按谢国桢《陈则震事辑》引陈梦雷《与富云麓（鸿基）书》，见《谈丛》第280页，于益都师相下注"冯铨"者，误。盖冯铨乃顺天涿州人，冯溥为山东益都人；又冯铨系顺治间的大学士，冯溥才是康熙初年的大学士，又是益都人。

膝之谈，何事不悉耶？凡人交际琐屑，尚不肯尽形笔墨，不孝所约何等事也，敢宣尺牍乎？年兄片纸相投，亦不过寒温数语，其劝谕耿逆之言，亦自口致。假使（两刻本"使"均作"设"）不孝裁答，其肯繁亦不敢笔之于书。负心者出以示人，是请兵一事，与不孝渺不相关之确据也。自不孝定案之后，涉历寒暑。年兄遂无一介，复通音问，其视不孝不啻握粟呼鸡，槛羊哺虎。既入坑阱，不独心意不属，抑且舞蹈渐形。盖从前牢笼排挤之大力深心，至是而高枕矣。及（抄本衍一"年"字）叔入都，亲临慰视，激烈抵掌，欲叫阍代请，而年兄坚谓："事已得释，若重渎圣听，恐反滋疑，事脱有不测，吾焉肯相负？"遂使年叔不敢轻为举措，挥泪而别。今岁之春，闻上问者至再矣。诸大臣未见密疏，何所容议？然奏请者有人，援引释放之例者有人。年兄此时身近纶扉，缩颈屏息，嗫不出一语，遂使圣主高厚之恩，仅就免死减等之例，使不孝身沦厮养，迹远边庭。老母见背，不能奔丧；老父倚闾，不能归养。而此时年兄晏然拥从鸣驺，高谈阔步，未知对子弟何以为辞？见仆妾何以为容？坐立起卧，俯仰自念，果何以为心耶？夫忘德不酬，视危不救，鄙士类然，无足深责；乃若悔从前之妄，护已往之尤，忌共（《三记》"共"误作"其"）事之分功，肆下石以灭口，君子可逝不可陷，其谁能堪此也？独不思当日往返，众目共瞻，今不恤舆论之是非，但思抑一人以塞漏。遂至巧言以阻察友，而不计人议己之薄；造端以欺师相（冯溥），而不虑（《三记》"虑"作"计"，与上一"计"字重出）人疑己之诬，阳为阴排(?)①于大帅之前，而不思人恶我之反覆。掩耳盗铃，畏影却走，平日读书何事？谈理何功？岂非所谓目察秋毫而不见其睫者耶？呜呼！年兄至是已矣，知人实难，择交匪易。张（耳）陈（余）凶终，萧（育）朱（博）隙末。读书论世，谓其名利相轧，苟一能甘心逊让，何至有初鲜终？岂知一意包容，甘心污斥，而以德怨，祸至此极！向使与年兄非同年、同里、同官，议论不相投，性情不相信，未必决裂至此！回思十载襟期，恍如一梦，人生不幸，宁有是哉？不孝将具（《集钞》"具"作"吁"，异）疏呼冤，则非臣子思过之义；将昌言示众，则非绝交不出恶声之仁。诚恐回通毕露，掩

---

① 按"阳为阴排"，殊不成文。上文既有"阳为具揭代白，而于吴都统及内阁觉公之前，阴行诽谤"等语，疑为"阳揭阴诽"之误。

覆末由,悔吝孔多,噬脐将及。每追昔日晨夕过从之欢,览张陈、萧朱之戒,可为于邑。是以修(《集钞》"修"作"陈")书谢绝,兼布腹心,或者年兄戒迷复之凶,敦报(《三记》脱"报"字)德之义,溯泉荫之本源,悔下石之机智,补牍详陈,无所隐讳。免冠引咎,积诚动天。圣主必嘉其逊让,朝野亦颂其义声。失之东隅,收之桑榆,则改过不吝,有光古人。不孝虽已割席,敢不拜在下风,以承嘉誉?承惠资斧,已藉郑肇老先生代璧。执鞭之暇,聊致区区。西向挥涕,不知所云。

从上面引录的陈梦雷写给李光地的长达四五千言洋洋大观的《绝交书》看,论世知人,我认为值得提出来要作进一步探索和讨论的,有以下几个问题。

一、《绝交书》究竟撰于康熙哪一年

众所周知,三藩之乱,首先由吴三桂于康熙十二年(1673年)在云南发动,福建耿精忠于第二年(康熙十三年,1674年)继起响应。前后仅四年,吴未灭而耿先降。可以知道在康熙十六年(1677年)以前,陈梦雷与李光地的交好,尚未破裂,当然不会发生有《绝交书》的事情。今据《绝交书》,陈梦雷明言:原定"丁巳(康熙十六年,1677年)之秋",与李光地"束装赴阙",后以李"闻讣归",陈"遂以戊午(康熙十七年,1678年)之春入都请罪"。"及到,始知以陈昉姓名之故……抚军又易新任,于是遣人具呈归家。盖将以具疏可否请于抚军(姚启圣),然后诣阙席藁"。则知陈梦雷第一次赴京请罪是在康熙十七年(1678年);而《闲止书堂集钞》中有《己未(康熙十八年,1679年)入都江干留别诸同学》一首[1],是康熙十八年为陈梦雷第二次入京。第二次"在都僦邸闭户",与师友很少往还通问。但因"在都半载,不闻音耗,五千里远道,徬徨南归"。"抵家,将军(拉哈达)招至军前,恩礼有加"。半年后陈梦雷返闽后曾上疏自明,结果"奉严旨","已逮西曹矣"。那么,陈梦雷被逮入京,如果不在康熙十八年,又在哪一年呢?检《西曹坐系书怀兼寄两弟》一首,中有云:"可怀圜土今朝事,七载孤臣日夜心。"[2]从康熙十三年顺推七年,正是康熙十九年

---

① 《集钞》卷二,第159页。
② 《集钞》卷二,第160页。

（1680 年）。知陈梦雷被逮入京是在康熙十九年。再证以书中所云："老母见背，不能奔丧"，我们知道，陈梦雷之母王氏卒于康熙十九年，则《绝交书》当撰于这年之后。至于所说"今岁之春，闻上问者至再矣"，今岁是哪一年呢？下面跟着说：李光地"此时身近纶扉，缩颈屏息，嗫不出一语。遂使圣主高厚之恩，仅就免死减等之例，使不孝身沦厮养，迹远边庭"。按陈梦雷于康熙二十年廷鞫论斩，二十一年蒙特旨减死，谪戍沈阳①。与书中所云康熙二十年"定案以后，洊历寒暑"，过两年为康熙二十二年正合。而《癸亥春日即事》有"辽海春回朴被温"与"陪京佳气自葱芊"等句②，与书末所云"西向挥泪，不知所云"，正是康熙二十二年癸亥（1683 年）梦雷谪戍已抵沈阳（清代陪京）以后所写的情景，与《自题小影》所云"问余何事碧山岑，千载臣心寄素琴"③，及其仆杨昭所作《闲止书堂集钞跋》所说"十年染翰无非忠孝文章"，从康熙十三年下推十年正在康熙二十二年，亦完全吻合。总起来一句话，书中的"今岁之春"，指的正是康熙二十二年。那么，从"今岁之春"稍微往后推一点，《绝交书》撰于康熙二十二年的秋间，这一推断也许不会太错吧。

二、《绝交书》单行和刻本的问题

先谈《绝交书》的单行问题。邓文如师在《骨董三记》引录《绝交书》之后，所加按语有云："《绝交书》今载《松鹤山房文集》，此本字句数处小异，批无后二则。玩'上达九阍，万人叹赏'语，度当时或曾单行。"据李光地《榕村语录续集》："丙寅（康熙三十五年，1686 年）年再入，徐健庵（乾学）即以陈则震《绝交书》送进，上疑团百出。盖在发遣之后五年矣。"④据此，知《绝交书》在康熙二十五年已有单行无疑。今抄本书末有批二则，一云："得一道人曰：不是一番寒彻骨，怎得梅花扑鼻香？若非遭际至此，则此篇奇文何自而来？今上达九阍，万人叹赏，彼苍不可谓无意也。台鼎虽尊，其如千秋何哉！"又云："气盛言

---

① 按《清圣祖实录》卷一〇〇，页一二下至一三上，康熙二十一年正月戊辰，只云得旨从宽免死，而《集钞》卷一，页七一《送官子之盖州序》中自云："壬戌（康熙二十一年，1682 年）之秋，余以谣诼，蒙恩贷得谪沈阳。"知从宽免死在这年的春天，谪戍沈阳则在秋天。

② 《集钞》卷二，第 164—165 页。

③ 《集钞》卷二，第 175 页。

④ 《全编》，第 448 页。

达,南宋以后好手!"与《文集》同而为《集钞》所无。抄本与《集钞》无而为《文集》所有的另二则,一云:"黄叔威曰:叔夜(嵇康字)之《绝交》,(刘)孝标之《广论》,一则旷达过情,一为感触世故。先生不幸,身自遭此,乃千百年来未有之事。噫!安得立请上方斩马剑,一取此辈头乎?"又云:"前面多少含忍,后面则痛心已极。无复可奈,不知是泪是血,是笔是墨?其文气一往奔注,有怒浪翻空,疾雷破柱之势!后死有人,当不令如此大节,遗落天壤也。"①按得一道人未详为何许人。今据《绝交书》一开头就说:"虽钳口结舌于绝域,而乡里愤悱,朝绅公论,从此而起。九皋闻天,或至对簿指摘,则交谊瓦裂,厚道陵替。由后追昔,岂不怆然!是用布其颠末,鲜所忌讳。"末了还说:"将具疏呼冤,则非臣子思过之义;将昌言示众,则非绝交不出恶声之仁。诚恐回遹毕露,掩覆末由。悔吝孔多,噬脐将及。……是以陈书谢绝,兼布腹心。"则知《绝交书》早已撰成,不仅康熙二十五年徐乾学呈进一份于清圣祖玄烨之前,而且陈梦雷《与给谏彭无山(鹏)先生书》末尾也提到"使二十载孤臣之苦衷热血不得达于至尊。……外附李光地原赠诗,并某(梦雷自称)与李《绝交书》一纸。"②知陈梦雷这封信写在康熙二十五年徐乾学上呈《绝交书》之前,再从"二十载孤臣"约略之词,按康熙元年算起,往后稍多推两年,正好与"今岁之秋"的康熙二十二年相合。从而知道,《绝交书》写成于康熙二十二年之秋,同时就已单行于世,不但呈进给了康熙皇帝一份,所谓"上达九阍";而且更多分赠诸师友,转相传诵,而使"万人叹赏"了。

其次再谈刻本问题。据目前所知,《绝交书》的刻书有两种:一是陈梦雷旧仆杨昭抄录编集的《闲止书堂集钞》,康熙三十二年癸酉(1693年)刻印于福州,《集钞》卷一即收有《绝交书》。这是《绝交书》刻本的最早一种。二是康熙五十一年壬辰(1712年)刊刻的《松鹤山房诗文集》,《文集》中亦收有《绝交书》,则是较晚二十年的另一种刻本。此外,据《陈梦雷小传》,有云:"别有文集三卷,与《绝交书》同刻于康熙十五年(1676年)。"③如前所述,《绝交书》

---

① 《文集》卷一三,页一二上下。
② 《文集》卷一三,页四五下、四六上。按谢章铤所著《围炉琐记》卷一亦云:"《闲止书堂集钞》中有与安溪相国(李光地)绝交书约二千余言。大抵谓平耿之策,出于省斋,而相国负心冒功,致其投荒万里,辞旨凄愤,令人泪下。先辈云:省斋是书始出,李氏子弟嘱人四处收毁,每篇酬以《安溪集》一部。然传钞者众,卒亦不能磨灭。"虽系追叙,仍不失当时实录。
③ 《初编》下册,卷八,第970页。

既撰成于康熙二十二年,同一年已有单行,二十五年并由徐乾学呈进清圣祖玄烨一份。则此"别有文集三卷"疑即二卷本的《闲止书堂集钞》,其中确与《绝交书》同刻,不但有文,而且有诗。所说:"同刻于康熙十五年",或系一时偶然误记。洪煨莲师遗下的这一抄本,所据虽系近年转抄,而字句与两次刻本均略有不同,其为转抄自当时早已流行的单行本,似又无疑义的了。

三、关于陈李之争的真相

陈梦雷与李光地的交恶,如果像《绝交书》上所说的那样,则陈情真事实,理直气壮,所谓"瘠形托病,三年一日","千辛百折,寝食不宁",与"三年心迹,舆论共嗟",以及"七载孤臣日夜心"与"十载臣心寄素琴"等语,充分说明了李的情虚理屈,卖友求荣。或者有人要说,此乃陈的一面之词,不足以使李心服口服,老吏断狱,势必两造俱在,面质对证,依情据理而断。因此,现在需要提出来弄清楚和解决的有以下四个问题:

第一个问题是:蜡丸密疏是否出之于陈、李合谋? 有蜡丸密疏这一件事是事实,因为不但《绝交书》上说了,而且李光地在他所著的《榕村语录续集》里也说过"蜡丸进表自通"的话,都是二人共同承认的。问题在于,陈、李二人三夕深谈,最后才定下计来,陈说:他自己"身在虎穴,当结杨道声(杨文言字)以溃其腹心,离耿继美以翦其羽翼,阴合死士以待不时之应;年兄(指李光地)遁迹深山,间道通信,历陈贼势之空虚与不孝报称之实迹"。其中所说"间道通信",与"所约何等事也,敢宣尺牍乎",自然是指蜡丸密疏之事。而李则说:"后蜡丸进表自通,蒙有优旨。耿逆平,予至福州,陈(梦雷)反责予表上何不挂其名,予唯唯而已。"①这好像是李"不辩亦不受"似的,但仔细推敲,说他是明明自认亦无不可。何况当李临行之日,陈又誓约:"他日幸见天日,我之功成,则白尔之节;尔之节显,则述我之功。倘时命相左,郁郁抱恨以终,后死者当笔之于书,使天下后世知国家养士三十余年,海滨万里外,独有一二孤臣,死且不朽!"如果真的陈、李没有合谋定计之事,陈是很难说出这番话来的。人们说李为煊赫一时的理学名家,实则道貌岸然其外,卖友求荣其内,不是没有

① 《续集》卷一〇,页六上。

道理的。

第二个问题是：密疏中的耿藩内幕消息从何而来？退一步说，如果陈梦雷确实没有和李光地合谋蜡丸密疏的事，那么，有关耿精忠内幕的形势和军事虚实这些方面的可靠消息，远遁于省城（福州）六百里以外安溪深山的李光地何从得知？当时耿的心腹耿继美、杨文言等与李并未谋面或深谈，也无从探听。陈既明言与李"共议，促膝三日，凡耿逆之狂悖，逆帅之庸暗，与夫虚实之形、间谍之计，聚米画灰，靡不备悉"。是陈向李提供了蜡丸密疏中的有关耿藩内幕消息。与此相反，李则说："陈言本朝用兵如儿戏，焉能有机可乘？"①言下之意，李全盘否认了陈提供耿藩内幕消息的可能性。但有一点是可以肯定的，陈提出李"作诗相赠，不讳省中（指福建省会福州）誓约之言，美不孝（梦雷自称）反周为唐之功"；证以《李厚庵原赠诗》中确有"李陵不负汉，梁公（狄仁杰）亦反周"的诗句②，也是李本人自认不讳的。细玩李诗"不负汉"、"亦反周"的比拟之词，说陈与蜡丸密疏渺不相关，是说不过去的。

第三个问题是：传递耿藩消息，何人作证？今据陈梦雷自言，只说"间道通信，历陈贼势之空虚"，不但自己派去的人，并未指明姓名，就是说：李"片纸相投，亦不过寒温数语"，更没有指出李派来的人为谁了。但李在《续集》里则说杜肇余（杜臻字）曾穷诘陈："'那时老先生（陈梦雷）在福州，他（李光地）在安溪，中间关津颇多。老先生有此蜡丸稿，如何能达与李老先生？或是他差某人来，老先生差某人去？将此人指出姓名就可质审。'他（陈梦雷）说：'他差人来，偶然不曾问其姓名。'"③其实在《绝交书》中陈三番两次地提到李日煜、张浩等人都是被差往返传递消息的人，李光地本人也从来没有否认过，完全可以质审。今李却在追叙的这一长段回忆录中，虚构无人质审，无非是借他人之口，来证明蜡丸密疏乃李光地一人所为，陈梦雷并未参预其事而已。再证以陈《与徐健庵书》，有云："及事后到省相晤，谬相嘉叹。（李光地）谓：所言若合符节。彼时密疏不欲列（陈梦雷）名，诚恐事泄俱毙无益。今幸见天日，谋实尔（陈梦雷）出，自当一一入告。"与《绝交书》中所说："尔时假道汀州，恐为耿氏捉获，则我（李光地）幸全，尔（陈梦雷）立虀粉矣！今幸同见天日，尔报国之事

① 《续集》卷一〇，页六上。
② 《集钞》卷二，第 121 页。
③ 《续集》卷一〇，页八下。

非一,吾当一一入告。"虽然所说的是两件不同的事,但陈梦雷指出李光地说话的虚伪情态,却是前后如出一辙的。至于李说:"则震怀中出一纸告予(李光地)说:蜡丸本是他(陈梦雷)做的,我(李光地)删去他的名字。"①不过,这是李故意从反面虚晃一笔,说陈自己说是他做的,以引起杜臻的反驳来否认陈与蜡丸密疏有关。而李光地之所以始终否认与陈梦雷合谋蜡丸密疏,也曾说出了一些心里话,他说:"他(陈梦雷)以为抓住我,便不得不救他。不知他算计左了。惟其如此,我更难开口。"又说:"前五年皇上在永定河舟中又提起这话云:他(陈)要你(李)一救救他完全,才快活。予略奏云:他说臣别的都可不辨,惟有两端:说我要做耿精忠教官(即《绝交书》说的'广文'),如何不做他的大官,就当一名兵,也是从逆,何苦既从逆,又要做个教官? 他又说:臣上蜡丸书是他定的稿,实无此事,果然如此,臣亦负心;实无此事,臣即为朋友,也不敢捏造无影的事欺君父。"②很显然,陈、李二人密室共谋之事,绝无第三者在侧,李既狠下一条心,否认其事,口说无凭。诚如李光地说陈梦雷的话,"他如此说,皆是赖的话"③,拿这话来说李光地他自己,是最恰当不过的了。

第四个问题是:蜡丸密奏一疏是李光地亲手所写,而由陈梦雷提供了耿精忠内幕军政各个方面的可靠情报,恐怕也是事实。本来是陈、李二人合谋共事的:陈家省城(福州),埋伏在耿幕里,观察动静,作为内应;李回安溪,潜迹六百里外万山之中,也比较容易掩人耳目,暗通消息,上报朝廷。事成功就,重赏升官,应该是陈、李二人都有份才是。结果却是一赏一罚,李高官厚禄、身近纶扉之荣;而陈背井离乡、远戍在外达十五年之久。从此,李对陈"遂无一介,复通音问",视若陌生之人。李曾夸口过:"近姚总制(启圣)重予(李自称)言,有同年张雄者,亦曾事伪(指耿精忠)。予托之于姚,姚即特疏叙其功,竟以部属用。"又说:"当时予同年张雄、宋祖墀皆从贼(亦指耿精忠),予送与姚熙之(启圣字),后列在台湾战功簿中,张雄竟得补部属,官至郎中,宋亦无事。"又说:"当决叛案时,明公(珠)问予曰:徐学诗、陈起蛟、金镜三人皆老先生(李光地)全活之。予逊谢无此事。(明珠)曰:皇上看你情面,宽陈梦雷。若止宽他

① 《续集》卷一〇,页八下。
② 《续集》卷一〇,页二下。
③ 《续集》卷一〇,页八下。

一个,像个看情面的意思,故此将这三个陪他不杀,已宽释。耿案已定。"①张
雄、宋祖埡既能得李一句话,即可免死授官,则陈何独不能,从今天眼光看来,
封建社会里君臣、师友间的关系是尔虞我诈,惟利是图,什么事情都干得出来
的。正如陈在《绝交书》中指出的:"诚恐回通毕露,掩覆末由,悔吝孔多,噬脐
将及。"因为蜡丸密疏的事,促膝三夕,仅仅出之二人之口,深恐为别人所知,
秘之又秘,不"抑一人以塞漏",是无法保持其本人一生荣幸的。陈深受其害
地吐露出了他心里话:"知人实难,择交匪易。"又说:"向使与年兄(指李光地)
非同年、同里、同官,议论不相投,性情不相信,未必决裂至此?!"理学名家李
光地的高貌深文,卖友求荣,言而无信,出尔反尔,这是由于他的阶级本性和时
代局限所决定的。终康熙一朝,李光地也只做到十二三年大学士(从康熙四
十四年十一月到五十七年六月死打止)。如果李光地真的是一位封建皇帝的
话,陈梦雷能于康熙三十七年释归,并充任诚郡王胤祉的伴读,并于近二十年
的时间里从容从事编纂《古今图书集成》这样一部巨型的百科全书式的类书,
那简直是不可想象的事;相反,很可能的是,如陈梦雷也曾想到过的,李光地会
"护已往之尤,忌共事之分功,肆下石以灭口",将其陷害而死,甚至处以极刑,
又何患无辞呢?

四、有无李光地营救陈梦雷其事

据史载康熙十九年李光地至京上疏所言:"耿精忠罪状显著,诸大臣等正
在会议:渠魁当治,胁从当宽。皇上自有睿裁,无俟微臣置喙。唯是臣旧同官
原任编修陈梦雷者,当耿逆之变,家居省会,有七旬父母,不能脱逃。及贼以令
箭白刃逼胁伊父,梦雷遂为所折,勒授编修,固辞触怒,改降户曹员外,托病支
吾。律以抗节捐躯之义,其罪固不能辞矣。独其不忘君父之苦心,经臣两次遣
人到省密约,真知解见,有不敢不言者。当耿逆初变,臣遁迹深山,欲得贼中虚
实,密报消息。臣叔日煜潜到其家探听,梦雷涕泣,言隐忍偷生,罪当万死,然
一息尚存,当布散流言,离其将帅,散其人心,庶几报国家万一。臣叔回述此
语,臣知其心之未丧也。至十四年正月,耿、郑二贼连和。臣闻国家方行招抚

① 《续集》卷一〇,页六下、七下、九下。

之令,因遣人往约其或劝谕耿逆归诚,或播流言离间二贼之好,使大兵得乘机进取。梦雷言贼势空虚,屡欲差人抵江浙军前迎请大兵,奈何关口盘诘难往,因详语各路虚实,令归报臣。此臣密约两次,知其心实有可原者也。比臣入京,始闻因变乱阻,讹传不一,有逆党希图卸担,信口诬捏者,甚有因藩下伪学士陈昉姓名,误指为陈梦雷者。今皇上削平叛乱,明正是非,使陈梦雷果为伪学士,甘心从逆,是狗彘之流,臣虽手刃之市朝,尚有余恨。今大兵凯旋在即,陈梦雷托病被降情节,亲王、将军一一可问。至两次受臣密约,皆在患难之中,冒死往来之迹,非容旁人质证,臣若缄密不言,其谁能知之?臣断不敢为朋友而欺君父,伏惟睿鉴!”①如此恳切陈言,与事实基本相符,似乎李光地曾经营救过陈梦雷确有其事是不成什么问题的了。但考之《榕村语录续集》,说上疏营救陈梦雷,却又完全不一样了。李光地亲自说:陈梦雷“言:予不肯上章奏,所云面奏则诈耳。东海(徐乾学)又复至予处为陈(梦雷)言。予曰:‘予非惮章奏,恐无济于事耳。’东海云:‘君不欲求其有济,但上章奏,为朋友之事毕矣。’予曰:‘信若此乎?’东海曰:‘然’。予云:‘予作疏恐有不尽心,君可为我代作一稿。’徐(乾学)即成,予一字不移写上。上对北门(郭绣)云:‘李某何为饶舌?’不喜者久之。”②从这里很清楚地知道,李光地始终没有营救过陈梦雷,这一疏稿完全出于徐乾学之手,并非李的本意。李曾三番两次地说:“其实他(陈梦雷)说本上何不说蜡丸事,本即徐健庵(乾学)与他自己做的。我何尝改他一字?他自己说不上的话,却教我说,可笑!”再则说:“如今王藻儒(掞)、张京江(廷玉)都还信他(陈梦雷)的话。京江偶谈陈则震事,尚曰:想老先生(李光地)为他事伪(指耿精忠),不便并名,故此删去。我(李光地)曰:这却不妨。皇上那时听得贼有一个向本朝者,无不喜。我即不肯与并名。而本后声说一句,有何妨?也夺不了我的功。我如何删净了他?”三则说:“我若强入其名,事不可知,万一被人搜着发觉,岂不是我倒害他(陈梦雷)身家性

---

① 《清史列传》卷一〇,页二五上下。按《清史稿》卷262,中华书局1977年版,第9896页明言:“光地使(其叔李)日煜潜诣梦雷探消息,得虚实,约并具疏陈破贼状。光地独上之。”又言“光地两次疏陈密约状,梦雷得减死戍奉天。”《史稿》本于《清史列传》,不知光地营救陈梦雷一疏实徐乾学代李光地所为。《史稿》撰者未加深考,误认为李光地自撰,失之粗心。

② 《续集》卷一〇,页六下至七上。

命,如何敢着他如此。"①依我个人看来,营救陈梦雷一疏,不管是否出于徐乾学一人的手笔或徐、陈二人合写而成;蜡丸密疏很可能是李光地一人的手笔。陈梦雷所争的是蜡丸密疏中的敌情由他一手提供,有他一份功劳,他是与李光地蜡丸密疏的合谋者,则是事实。钱林《陈梦雷传》则说:"光地在贼中用蜡丸上密疏有功,超拜学士,而梦雷方蹈不测,无以自明,希光地为助,卒莫能昌言救之。"②邓文如师所著《陈梦雷小传》明言:"耿精忠之变,梦雷受伪职,谋与同年生李光地合进蜡丸报虚实,为两人保身家之计,光地据为己功。事平,光地峻擢学士,而梦雷以从逆论斩。梦雷刻行《与李光地绝交书》,责其欺君卖友,护短贪功。徐乾学、王掞皆为梦雷不平,乾学密为之开脱。"③比较符合当时情事,持论也最为公允。

五、陈梦雷的生卒年

最近几年来发表了几篇有关陈梦雷的文章,有的说陈生于顺治七年(1650 年),但没有提到他的卒年④。有的说陈卒于乾隆六年(1741 年),又没有提到他的生年⑤。因此,有人就把陈的生年和卒年两者合在一起,就得出陈"享年九十一"的结论来⑥。今据《骨董三记》说陈:"奉敕编辑《图书集成》三千余卷,御书'松高枝叶茂,鹤老羽毛新'联赐之"。文如师并注云:"梦雷晚号

①　《续集》卷一○,页九下、一○下、一一上。按谢国桢先生说徐乾学在代李光地所撰营救陈梦雷一疏中之所以提到蜡丸密疏的事,是"徐氏之意,盖欲榕村(李光地号)填入此事"(见《谈丛》第 283 页)。这只是谢先生推测之词,恐徐、李二人的本意也并非如此。

②　《文献征存录》卷一,页六三上至六四上。

③　《初编》,下册,第 969 页。按萧一山氏《清代通史》,台湾商务印书馆 1963 年版,卷上,第 784—785 页,于《书籍之编纂》表后,增入《图书集成》一条云:"三藩之乱,耿精忠逼梦雷从逆,杨文言在耿幕,与交密,二人知耿事必无成。乃告光地通疏京师,请师由间道进,清廷得光地蜡丸书,奖其忠贞,光地授上赏。精忠乞降,梦雷入都自陈,以从逆论死。光地仅证其非得已,而不言上疏请兵事,故仅得减死戍辽东。"云云。萧氏认为光地上疏营救梦雷,仅据《清史列传·李光地传》徐乾学代撰营救一疏,证其从逆非得已,信以为真,是由于萧氏没有检阅《榕村语录续集》卷一○的原故。

④　庄葳:《陈梦雷和古今图书集成》,前引第 45—46 页。

⑤　姜亮夫:《历代人物年里碑传综表》(以下简称《碑传综表》),中华书局 1965 年版,第 619 页。

⑥　唐天尧:《陈梦雷与古今图书集成》,前引第 101—102 页。按唐文顺治七年(1950 年)"七"误作"九",公元未误。

松鹤老人本此"①。既言"鹤老",陈当然是高龄了。查《松鹤山房文集·进汇编启》有云:"谨于康熙四十年十月为始……至此四十五年四月";又云:"雷自康熙十八年入京师,至今共二十八载"②。从康熙十八年加二十八年是康熙四十六年(1707年),则清圣祖玄烨所赐"松鹤"一联当在康熙四十六年或稍后一点;但我们知道《松鹤山房文集》刻于康熙五十一年(1712年),毫无疑问,"松鹤"一联的赐予一定是在康熙五十一年以前。又《文集·告假疏》明说:"臣今年五十有六,离家已二十八载";另一《请假疏》也明说:"臣离家已三十余年,今年已六十岁"③。从后一疏标明是康熙四十九年,从四十九年上推六十年,因知陈的生年正是顺治七年(1650年),则前一疏所说陈"年五十有六,离家已二十八载",当在康熙四十六年了。那么,"松鹤"一联的赐予,很可能是在康熙四十九年陈梦雷六十岁和稍后一点五十年这两年之内,也比较符合"鹤老"这一赞词。

陈的生年在顺治七年既然肯定了,说他的卒年在乾隆六年可靠吗?《碑传综表》之所以把陈的卒年定在这一年,根据是《碑传集》卷四四陈寿祺所撰《陈梦雷传》。细查《陈传》的原文只说"雍正初,复缘事谪戍,卒于戍所"④,并未明言陈的卒年。今考陈的第二次发遣,是因为康熙晚年,诸王子争夺皇位的斗争,陈被牵连到皇三子胤祉一党之内,胤祉被禁锢。陈谪戍船厂是在雍正元年(1723年),清世宗胤禛在雍正六年提起此事,他这样说过:"陈梦雷系降附耿逆之人,蒙圣祖仁皇帝(玄烨)宥其重罪,从宽发遣。后又开恩赦回京师,令其在诚郡王(胤祉)处行走。乃伊生事招摇,交结邪党,意欲扰乱国政。其种种不法之处,朕知之甚悉,不可一日姑容。是以于雍正元年,乃令将伊发遣,不使留住内地,煽惑人心。"⑤可见雍正元年第二次发遣,陈本人是与家口一同前往的。文如师据《永宪录》所载:"雍正元年正月,以陈梦雷系从逆之人,不便

① 《全编》,第449页。
② 《文集》卷二,页四上下。
③ 《文集》卷一,页三〇下,及同卷页三五下。按《松鹤山房诗集》中载有杨道声赠陈梦雷《六十初度四首依韵奉和诗》,这年为康熙四十九年庚寅(1710年),也可互相印证。
④ 《碑传集》卷四四,页一八上。
⑤ 《清世宗实录》卷七二,页一九上。按黑龙江船厂,黑龙江是泛称,船厂在今吉林市。上引唐天尧文说陈"死于黑龙江戍所",非是。

留诚亲王（胤祉）处，与家口乃遣发黑龙江船厂。"并说陈"时年已七十三"①。
与生年顺治七年正合。今雍正六年提到的陈梦雷其人，并未言明他的存亡；即
使陈尚健在，也只有七十八岁。而"享年九十一"的说法，说是本于王先谦《东
华录》雍一"乾隆六年（1741 年）"和《闲止书堂集钞·出版说明》②。第一，王
氏《东华录》雍正朝卷一有康熙六十一年十二月癸亥一条，卷二有雍正元年二
月庚申一条。以上两条均本于《世宗实录》卷二页二〇上至二一上和卷四页
一〇下至一一上。又雍正六年八月庚子一条提到陈梦雷，只见《世宗实录》卷
七二页一九上，不见《东华录》；而《东华录》乾隆六年（卷十四页一六上至一七
上）与《高宗实录》卷一三四至卷一五七各卷均无提到陈梦雷的记载。因知
"乾隆六年"显系"雍正六年"之误。第二，《集钞》的《出版说明》倒是说了陈
"乾隆六年（1741 年）卒于戍所"，但未明言所本，也许就本于《碑传综表》，殊
难征信。今检陈寿祺所作《吊陈省斋前辈梦雷》七言律诗一首，云："承明词客
出蓬莱，弱冠青袍陷贼哀。盛宪还家空遭难，江淹下狱独怜才。九泉良友谁无
负，绝塞荒骸诏许回。白骨黄沙虚冢在，行人休拟李陵台。"③虽说对陈不无微
词。但"良友谁无负"与"荒骸诏许回"，仍有责怪李光地之意。惜陈寿祺生于
陈梦雷百余年之后，又未明提梦雷的卒年。据《福建通志·陈梦雷传》有云：
"雍正初，复缘事谪戍，卒于戍所。"④何则贤《兰水书塾笔记》则云："侯官陈省
斋……旋遭耿逆变……谪戍沈阳。圣祖东巡赦回……授十（"十"字衍）三阿
哥诚亲王书，纂《古今图书集成》。雍正初，复发往奉天，未几卒。"⑤我们已经
知道，陈梦雷是在雍正元年（1723 年）再次发遣关外的，时年七十三岁；如果未
几卒于戍所，指雍正六年的话，是七十八岁；我认为很可能卒于雍正二、三年间
（1724—1725 年），大约有七十四、五岁，是一个比较合乎情理的推断。

最后还想补充几句，陈梦雷因被牵连到康熙晚年皇位争夺的斗争之内，第
二次发遣到当时边地船厂，连在此以前他是花了十多年心血编成的《古今图

① 《初编》，第 970 页。
② 见上引唐天尧文。今查王氏《东华录》雍正朝卷一有康熙六十一年、卷二有雍正元年、
卷六有雍正六年三条，均见于《清世宗实录》卷二页二〇上下，卷四页一〇下及卷七二页一九上。
③ 陈寿祺：《左海诗钞》（《左海全集》，道光刻本），卷五，页一八上下。
④ 《重纂福建通志》，正谊书院同治戊辰七年版，卷二二六，页三一一上。
⑤ 《谈丛》，第 296 页，转引自民国初年扫叶山房所编：《文艺杂志》第九期。

书集成》的主要编纂人，也很少人再提到他的名字了（待另撰专文）。不过，事实总是事实，陈梦雷曾经与李光地合谋过蜡丸密疏，李光地攘为一人之功，而不肯承认陈梦雷参预其事。清圣祖玄烨只听一面之词，将陈作为从逆处治。就在当时，陈虽远戍边外，颇得社会上的同情；李固然是高官厚禄的理学名家，似此卖友求荣，终不免声名一落千丈。清高宗弘历于乾隆四十六年（1781 年）就曾直截了当地指出过："若李光地于耿逆时，遣人赍送蜡丸告变，外间传有不与陈梦雷一同列名之事，于公论亦未允孚。"①就是一个很好的证明。可是，到了嘉、道年间，陈、李的同乡陈寿祺（福建闽县人）作了一篇《安溪蜡丸疏辨》，为李光地辩白，说什么"蜡丸疏实与省斋无预"，"省斋之为人，浮轻躁竞。环召后，编纂《图书集成》，独招权纳贿，子姓不检，卒再戍辽阳。焉能于幽系寺中，画讨贼之策，以惎安溪哉？"观其全文，理由有二：第一，陈寿祺曾得陈梦雷遗稿三篇，即康熙十五年十二月《上大将军和硕康亲王（杰书）启》、《上浙江李督台（率泰）、魏环极（裔介）》、《与同门德子覃》三书，说三书中"无一字涉及蜡丸"；第二，陈寿祺又说："安溪何以无一语自辨而特略见于《榕村续语录》耶？"所以，他的结论是，由于"东海（徐乾学）忌安溪之才，教省斋极力诬诋，冀以脱罪，己遂从而下石耳"。徐、李相倾轧之事容或有之，徐借陈事以为奇货也是事实，但不能因此而否认陈、李合谋蜡丸密疏其事之存在。果无其事，徐又何所利用呢？陈寿祺又说："安溪当时密疏救省斋，且以百口相保，载在国史，岂倾巧之士所能耶？"②李光地自己在《语录续集》卷一〇已明明说过救陈梦雷一疏乃出自徐乾学手笔，是陈寿祺连《续集》都没有仔细看过，居然为道学家李光地张目，"盖为其所诳而不之察"如此，不可不重新为之剖辨。

其实，就在陈、李事件发生的同时，也曾有过极相类似的同一类事件，那就是姚文燮与林兴珠同陷吴三桂的变乱之中，姚、林曾相约同归于清。史载："吴三桂叛，文燮陷贼中，密与建业将军林兴珠约同归。林早发，文燮不果行，贼（指吴三桂）系之狱，乘隙遁诣安亲王岳乐军。兴珠先以文燮谋告安亲王。文燮至，安亲王以闻。召至京，赐对甚详。"③陈、李、姚、林四人同处于三藩变

① 《清高宗实录》卷一一二七，页三上下。按《清史列传》卷一八，页三下《尹会一传附尹嘉铨传》所引略同。

② 陈寿祺：《左海文集》卷三，页四〇上至四二上。

③ 《清史列传》卷七四，页二〇上。

乱七八年的同一时期之内,姚、林陷于云南吴藩,陈、李陷于福建耿藩,耿藩实力远非吴藩之强可比。林兴珠既能证与姚文燮合谋于安亲王岳乐之前,李光地何独不能证其与陈梦雷合谋于康亲王杰书之前?林兴珠乃一武夫,读书不多,而李光地自谓一代理学名家,平日高谈阔步,道貌岸然,逢人便讲忠孝诚信礼义廉耻,而与朋友交,紧要关头,背信弃义,丧尽天良,陷人抛骨塞外。陈在书中责其:"平日读书何事?谈理何功?"一语道破了李光地假道学的真面目!如果李之对陈,也能像林之对姚,于己无丝毫之损,于人有救命之德。一举手之劳,何乐而不为呢?我为李光地的平日伪善可耻,而为陈梦雷的一生坎坷可惜!

1984 年 2 月于中央民族学院历史系

关于《红楼梦》的时代历史背景

　　18世纪上半期，伟大的现实主义文豪曹雪芹（名霑），通过对一个封建大贵族官僚家庭的解剖来宣告中国封建制度的破产，而精心结构了一部古典现实主义的文学巨著——《红楼梦》。《红楼梦》虽是以宝黛爱情悲剧而展开的，以贾府为代表的封建大贵族官僚家庭的衰亡史，但通过对衰亡史的艺术描写而加工塑造出来的典型人物的思想状态和性格特征，都非常惟妙惟肖而又十分深刻地反映出了当时社会各阶层的不同生活以及与之相关联的错综复杂斗争的政治经济情况和阶级内容。它是我国古典现实主义文学宝库达到最高峰的不朽杰作。

　　过去，新旧红学家，不论"索隐派"也好，"自传派"也好，都只注意研究探讨书中的某人某事果为谁何，而忽略了艺术真实并不等于生活真实①。解放30多年来，许多红学专家从历史唯物论观点出发，对《红楼梦》这一作品产生的社会时代背景进行了比较全面的深入探讨，做出了具有高水平的科学分析。所根据的第一手档案资料和曹氏族谱，都证实了曹雪芹一家无疑地属于源出辽阳的内务府正白旗包衣②。曹雪芹作为内务府三旗成员之一，应该说是一个地地道道的满族成员，在这部文学巨著中，不可避免地会把当时清代最高统治集团内部的一些情况和他自身的经历，以及所属家族的遭遇熔铸到全书的艺术描写中去。本文即试图就这一方面有所补充说明。或许对进一步了解《红楼梦》的时代历史背景，不无一点用处吧。

---

　　① 贾敬颜：《"红楼梦"和满族历史上的几个问题》手稿（未发表），承先出示，与本书作者的看法有许多相同之处。启功同志最近发表的《注释"红楼梦"的几个问题》一文，载《文史》第11期，1981年，第227—231页，尤多创见。又含凉著：《"红楼梦"与旗人》，载《苏州珊瑚》第1卷，第5号，1932年9月2日，亦可参考。

　　② 据下引《八旗杂档》，曹寅所属正白旗内府旗鼓三佐领：内府即内务府，满语包衣，家奴之意；旗鼓佐领均系尼堪（满语，汉人之意）所编。内务府三旗与八旗迥然不同，不可混为一谈。

一

我们既不同意"旧红学"索隐派的"多尔衮"说①、"清世祖与董小宛"说②、"纳兰成德"说③、"刺和珅"说④、"排满"说⑤等等，也不同意"新红学"自传派的说法，那是因为新旧红学家都忽略了文学的高度艺术概括和艺术真实，并不等于生活真实。但我们必须承认《红楼梦》这一伟大杰作是产生在18世纪上半期清朝统治下的封建王朝，它所反映的正是康、雍、乾三朝最高统治集团内部的社会政治经济状况及其阶级关系。现在让我们来考察一下曹雪芹的出身、经历和所属的家族。

目前仅存的《八旗杂档》中的一份《正白旗内府旗鼓三佐领》文件⑥上说："正白旗包衣五甲喇参领常住、佐领尚志舜。盛京（今沈阳市）进京原佐领高国元，接续佐领：曹尔正、张士鉴、郑琏、曹寅、祁三格。现任内府总管尚志舜。"证以《八旗满洲氏族通谱》⑦所载："曹锡远，正白旗包衣人，世居沈阳地方，来归年份无考。其子曹振彦，原任浙江盐法道。孙：曹玺，原任工部尚书；曹尔正，原任佐领。曾孙：曹寅，原任通政使司通政使；曹宜，原任护军参领兼佐领；曹荃，原任司库。元孙：曹颙，原任郎中；曹𫖮，原任员外郎；曹頫，原任二等侍卫兼佐领；曹天祐，现任州同。"又《八旗通志》⑧所载"正白旗包衣参领所

---

①　参见湛卢：《赦政与摄政》与《多尔衮之罪案》，均载《北平时报·副刊》，1947年8月，《红楼梦发微》之五、之六。

②　参见湛卢：《赦政与摄政》与《多尔衮之罪案》，均载《北平时报·副刊》，1947年8月，《红楼梦发微》之五、之六；《董鄂妃？董妃？》，《红楼梦发微》之九。

③　（清）张维屏：《国朝诗人征略》（清道光二十年1840刊本），二编九引《听松庐诗话》。

④　颠公：《小说丛谭》，引阙名《谭沄室笔记》，见一粟（朱南铣）《红楼梦卷》，人民出版社1957年版，第412—414页。

⑤　（清）平子：《小说丛话》，见《红楼梦卷》，第567页引，又阙名《乘光舍笔记》，见前引第412页，以及蔡元培《红楼梦索隐》，上海商务印书馆1917年版，第1—10页。

⑥　北京中国第一历史档案馆藏《历朝八旗杂档》第4包第133号。据同包内其他文件署雍正八年（1730年），证以《关于江宁织造曹家档案史料》（中华书局1975年版，以下简称《曹家档案》）第190页所载雍正七年（1729年）十月初五日《署内务府总管允禄等奏请补放内府三旗参领等缺折》内有"尚志舜佐领下护军校曹宜，当差共三十三年，原任佐领曹尔正之子"一条，与此件"现任内府总管兼佐领尚志舜"正合。所云现任内府总管似在雍正八年。

⑦　乾隆九年（1744年）刊本，卷七四，页八上下，附载《满洲旗分内之尼堪姓氏·曹氏》。

⑧　乾隆四年（1739年）刊本，卷五，页四一上下《旗分志》五。

属四佐领一管领第三旗鼓佐领亦系国初编立。始以高国元管理。高国元故，以曹尔正管理。曹尔正缘事革退，以张士鉴管理；张士鉴故，以郑连管理；郑连缘事革退，以曹寅管理；曹寅升任江宁织造郎中，以齐桑格管理；齐桑格故，以内务府总管尚志杰管理；尚志杰年老辞退，以内务府总管尚志舜管理；尚志舜故，以员外郎尚琳管理。"上述三项资料完全可以相互印证。只是其中郑琏一作郑连；祁三格一作齐桑格，同音异写耳。又曹颙原任郎中，曹頫原任员外郎，应依原档均作"主事"为是。另据文献记载："頫之祖（玺）与伯寅，相继为织造近四十年。寅字子清，号荔轩，奉天旗人，有诗才，颇擅风雅，母为圣祖保母，二女皆为王妃。及卒，子颙嗣其职，颙又卒，令頫补其缺，以养两世孀妇。因亏空罢任，封其家资，止银数两、钱数千、质票值千金而已"①。按康熙四十三年十月十三日曹寅折奏有云："窃臣寅由苏州调补江宁织造，历任十有五年"②。从康熙四十三年（1704 年）倒推十五年，曹寅出任苏州织造则在康熙二十八年（1689 年），寅死于康熙五十一年（1712 年），知曹寅任织造凡二十有三年。再查曹玺任江宁织造，今存《进物单》③一件，约在康熙十七年（1678 年）左右。如以四十年计算，因知曹玺出任江宁织造，似在康熙初年了。

人所熟知，江宁织造曹寅与苏州织造李煦、杭州织造孙文成（曹寅的母系亲戚）三家谊属至亲，而又同事多年，李煦之妹为曹寅之妻李氏，李煦正是曹颙的母舅，曹、李两家关系尤为密切。例如康熙三十九年（1700 年）四月，李煦《愿借营运资生银十万两折》上有清圣祖玄烨满文朱批，汉译为：内务府大臣事件，应呈为内务府大臣，尔三处合议④。又同年十一月李煦奉旨："三处织造会议一人往东洋去"⑤。康熙四十五年（1706 年）六月二十五日原档说得更清楚："杭州织造孙文成口传谕臣曹寅：三处织造视同一体，须要和气，若有一人行事不端，两个人说他改过便罢，若不竣（悛）改，就会参加，不可学敖福合妄

---

① （清）萧奭：《永宪录续编》，中华书局 1959 年版，第 390 页。

② 《曹家档案》，第 24 页及《宫中档案康熙朝奏折》（以下简称《康熙档》），"台北故宫博物院"1976 年影印本第 1 辑，第 83 页，全书同。

③ 《曹家档案》，第 5—6 页所载《江宁织造曹玺进物单》，列于康熙十七年七月十二日之后、三十五年五月初二日之前。

④ 《李煦奏折》，中华书局 1976 年版，第 14 页。

⑤ 《李煦奏折》，中华书局 1976 年版，第 15 页。

为①"。曹寅死后,"江宁织造衙门历年亏欠钱粮九万余两,又两淮商欠钱粮","奉旨官商分认,曹寅亦应完二十三万两零,而无赀可赔,无产可变"②,于是玄烨特命李煦代任两淮盐差一年,计所得余银五十八万六千两零,除解补清完所有织造各项钱粮及代商完欠共五十四万九千六百余两,尚余银三万六千余两。玄烨只要六千两养马,赏了曹頫三万银子③。但后来由于曹、李两家被卷入康熙晚年皇太子胤礽与诸皇子胤禔、胤禛、胤禩、胤禵的结党夺位斗争之中,雍正元年(1723年)胤禛一登位,就将承继曹寅袭职的曹頫交与怡亲王胤祥看管,过不几年,落得个"并不敬谨,罚俸一年";"行为不端","查封家产"④。与曹寅"谊属至亲,又同事多年"的李煦,也因"谄附阿其那(胤禩)",不仅被抄家,而且只身流放到"打牲乌拉"(今吉林市北乌拉街一带)⑤,折磨而死;杭州织造孙文成也以"年已老迈",被撤换了事⑥。这是曹、李、孙三家的关系,真是"联络有亲,一损俱损,一荣俱荣"了。曹頫被抄家时,"细查其房屋并家人住房十三处,共计四百八十三间;地八处,共十九顷零六十七亩;家人大小男女共一百四十口","又家人供出外有所欠曹頫银,连本利共计三万二千余两";其余"桌椅、床杌、旧衣零星等件及当票百余张"⑦,以及寄顿他处的物品尚未计算在内。真所谓"百足之虫,死而不僵",此话一点不假。

曹寅虽是皇帝玄烨的"家奴",但他的母亲却是玄烨的乳母,自己的两个女儿又与王子结亲⑧,关系确非一般。当康熙四十七年(1708年)皇太子尚未被废以前,在今天影印的《康熙档》中,虽不见所有曹寅的奏折像宋荦所奏"请皇上万安、皇太子安"⑨那样,几乎每折都是皇帝与皇太子并提,可是曹寅一听

---

① 《康熙档》,第1辑,第289页,与《清圣祖朱批谕旨》(《文献丛编》第十辑),页一四至一五上所载全同,而《曹家档案》第14页迳改"竣"为"梭"了。

② 《曹家档案》,第99—100页。

③ 《曹家档案》,第119、122、132页。

④ 《曹家档案》,第181、185页。

⑤ 《曹家档案》,第205、211、214、217页。

⑥ 《曹家档案》,第184页。按《永宪录续编》第390页亦载:"督理江宁、杭州织造曹頫、孙文成并罢。"

⑦ 《曹家档案》,第187—188页。

⑧ 《康熙档》,第一辑第301页载曹寅于康熙四十七年八月初四日奏云:"今年正月太监梁九功传旨:着臣妻于八月船上奉女北上";不久,同书第376页又云:"王子已经迎娶福金(即指曹寅之女)过门。"

⑨ 《康熙档》,第一辑,第60页。

到皇太子被废,两次不指名的提到:"得邸报,闻十八阿哥(胤祄)薨逝;续又闻异常之变,臣系家奴,即宜星驰北赴,诚恐动骇耳目,反致不便";"近来江南百姓俱已闻知,闾巷安然,无异言说"①。这里所说"异常之变"、"俱已闻知",即指皇太子被废一事,与后来李煦所奏"伏乞万岁将臣此折(即《王鸿绪等乱言目下东宫虽已复位将来难定折》)与前次臣煦亲手所书折子,同毁不存,以免祸患"②。话语虽很平淡,而惊讶之余,忧心忡忡,溢于言表,玄烨自然会领悟得到的。像曹寅这样一个被皇帝宠荣已极的人,身死后不到 20 年,因夺位斗争被牵连,嗣子曹𫖯被撤职、抄家,最后曹氏全家从江宁搬回北京。曹雪芹即曹𫖯之子,康熙五十四年(1715 年)生于江宁织造署内,正是曹寅死后的第三年,也正当曹家中落之际。当雍正六年(1728 年)曹家北迁③时,曹雪芹年方十三,虽未成年,也已记事,家世几经播迁,身经目击,闻见最真,是会有深刻印象的。

如前所述,曹寅一家四、五代都与清皇室有过极密切关系。这样一个封建官僚家庭,社会政治、经济情况和阶级关系又极其错综复杂,它对曹雪芹所精心结构的《红楼梦》,是不能不产生巨大的和深刻的影响的。

二

清军入关的头一年,清代最高统治者下令圈占北京附近十多个县周围 500 余里的田地。大规模的"圈地",前后曾进行过三次④,历时 20 余年。三次圈地后,又续有增圈,圈地总数共计 166838 顷⑤,其中皇庄为 13272 顷,王

---

① 《康熙档》,第 1 辑,第 904 页。按《清圣祖朱批谕旨》(《文献丛编》第九辑)页一下至二上,只有《异常之变折》而无"江南百姓俱已闻知"一折。

② 《李煦奏折》,第 81 页,亦见《清圣祖朱批谕旨》(《文献丛编》第十辑),页二三至二四上。

③ 《永宪录续编》,第 390 页。按《江宁织造隋赫德奏细查曹𫖯房地产及家人情形折》(载《曹家档案》第 187—188 页)内云:"应将在京房屋人口酌量拨给",而此折列于雍正六年(1728年)三月与七月之间,曹家迁居北京当即在这一年。

④ 第一次在顺治元年(1644 年),见《清世祖实录》(影印本,下同)卷一二;第二次在顺治四年(1647 年),见同书卷三〇;第三次在康熙五年(1666 年),见《清圣祖实录》卷二〇。

⑤ 分别见于嘉庆《大清会典事例》(清刊本)卷一三五,页一上至二〇下及《啸亭杂录》(中华书局 1980 年版)卷八,第 226 页,《内务府定制》条。

庄为 13338 顷,八旗庄田即一般旗地为 140228 顷。从上不难看出,清代皇帝是全国最大的封建主,也是头号的剥削阶级,自不用提了;就是那些亲王、郡王、贝勒、贝子、公、将军等皇室贵族,同样是占有大量土地、大量财富和众多奴婢的大小封建主。他们不仅可以直接从庄田上剥削庄丁的剩余劳动,而且还可以从国库中领取巨额的俸禄。清制规定:和硕亲王每年支取俸米 6000 石、俸银 10000 两;以下递减。就是贝子一级的宗室也还可以支取俸米 800 石、俸银 1000 两①。实际上他们瓜分了广大劳动人民所创造出来的大部分财富,用来供其穷奢极欲地尽情挥霍。拿康熙六次南巡来做例,名为视河,实则艳羡江南繁华,并借此对曾经一度反清最有力的东南沿海地区进行监视、弹压,其消耗民力民财达到了极点。这在《红楼梦》中是有所反映的。第十六回,王熙凤道:"说起当年太祖皇帝仿舜出巡的故事,比一部书还热闹,我偏没造化赶上。"贾琏的奶妈赵嬷嬷说:"那时候我才记事儿,咱们贾府正在姑苏扬州一带监造海舫,修理海塘,只预备接驾一次,把银子都花的淌海水似的!"凤姐忙接道:"我们王府也预备过一次。"赵嬷嬷又提到江南的甄家曾接驾四次,说:"别讲银子成了土泥,凭是世上所有的,没有不是堆山塞海的,'罪过可惜'四个字竟顾不得了。"当凤姐问及甄家怎么就这样富贵时,赵嬷嬷答:"只不过拿着皇帝家的银子往皇帝身上使罢了!谁家有那些钱买这个虚热闹去?"王熙凤和赵嬷嬷的这一段对白,难道不正是康熙几次南巡②的很好写照吗?

再拿晋封亲王、郡王、贝勒、贝子的玄烨诸子来说。康熙晚年,皇太子既废,诸皇子为了争夺皇位,各立门户,竞相角逐,皇室内部斗争十分激烈。除了皇太子(胤礽)党外,还有皇长子(胤禔)党、皇四子(胤禛)党、皇八子(胤禩)党等几个大党,而胤禩与皇九子胤禟、皇十四子胤祯(后改名胤禵)等结为死党,力量尤强。胤禩曾得过胤祯银二十万两,胤禟曾得过胤祯银六万两,胤禟又得明珠之子揆叙家的银子百余万两③,他们都是数以数十、百万计的大富

---

① 康熙《大清会典》(清刊本),卷三六,页一上下,《宗室俸禄》条。
② 《李煦奏折》,第 21 页云"朱批:朕(康熙四十一年)九月二十五日自陆路看河工去,尔等三处千万不可如前岁伺候,若有违旨者,必从重治罪"等语。可见玄烨本人也以每次接驾、送驾事宜铺张太过为戒。
③ 《清世宗实录》卷四六百,页一六下及《上谕内阁》(清雍正刊本)雍正三年二月二十九日与四年七月二十八日第二谕。

翁,党羽遍布全国上下。各王府又皆招聘名士,如陈梦雷之在诚邸(胤祉)①,阎若璩之在雍邸(胤禛)②,何焯之在廉邸(胤禩)③,均是其例。这在《红楼梦》中也有反映,北静郡王世荣说:"小王虽不才,却多蒙海内众名士凡至都者,未有不另垂青目,是以寒第高人颇聚"(第十五回)。不也是康熙年间诸王府的实际情况的一个缩影吗?

再说爵位远比诸王为低的公、将军等,当然他们也占有大量土地、财富和众多奴婢。例如,雍正之初,隆科多封一等公、年羹尧封三等公,"赐爵、赐金、赐第、赐园、赐世职、赐佐领"④,尊荣富贵无比。《红楼梦》中的贾府,第一代曾封宁国公和荣国公,后来都衰落下来了,可是"二宅相连,竟将大半条街占了"(第二回)。据说,"荣府一宅中,合算起来,人口虽不多,从上到下,也有三百余口"(第二回)。宁府一宅亦略相等(第十四回)。荣、宁二府主要靠地租剥削过活,如宁府在沈阳附近黑山村一带"只剩了八九个庄子",相去100多里,荣府也有"八处庄地","多着几倍"。乌进孝兄弟系管理关外黑山村⑤一带庄地的宁、荣二府的"门下庄头",周瑞和林之孝则是荣府京畿一带"专管春秋两季的地租子"(第六回)和"收管各处房田事务"(第二十四回)的人。房租和地租的交纳"统在九月"(第二十九回),地租收入似以米粮和炭(第五十三回、第六十二回)为大宗。仅荣府的"地租庄子银钱出入,每年也有三、五十万来往"(第八十八回)。这个数字可能有些夸大,但贾府盖造省亲别墅,把银子几万几万的花(第十六回),没有巨额的地租收入是无法这样大手大脚开支的。

贾府同时也是一个大高利贷者,凤姐就是其中有名的一人。如金荣的妈给她"跪着借当头"(第九回);来旺媳妇一次给凤姐送"三百银子的利银"(第

---

① 《上谕内阁》康熙六十一年十二月十二日第四谕。

② 邓之诚著:《骨董琐记全编》,中华书局1955年版,第612页,《阎百诗客于雍邸》条。

③ 《允祀允禟案》,《文献丛编》第三辑,页二七下至二八上。

④ 《年羹尧奏折》,《文献丛编》第六辑,页十六下。

⑤ 此据贾敬颜同志所著《红楼梦和满族历史上的几个问题》(稿)的考订,把黑山村定在沈阳市附近,而不从有的同志把黑山村定在河北省宝坻县的说法。按《清高宗实录》(伪满本)卷三一〇,页二四上下云:"乾隆十三年三月癸巳,兵部又议覆:盛京(今沈阳市)将军达勒当阿奏:现住羊肠河之佐领,康熙年间设塘兵时,原派小黑山地方驻扎……而钤记仍铸小黑山字样……"云云。羊肠河在今辽宁省广宁县东90余里有黑山县,县治附近有小黑山,即是其地。与贾说正合。

十一回);凤姐经常克扣奴仆的"一日粮米"(第十四回),并拿奴仆们的月钱放债生息,平儿偷着告诉袭人:"这几年拿着这一项银子,翻出有几百来了"。又说:"他的公费月例又使不着,十两、八两零碎攒了放出去,只他这体己利钱,一年不到,有上千的银子呢!"(第三十九回)。从而可见,凤姐放高利贷的本钱固然一部分是属于"体己"的私房,但更多的应是属于贾府的"公项"。后来贾府被抄家时,从贾琏和凤姐所居的"东跨房,抄出两箱房地契文,一箱借票,都是违例取利的"(第一百五回),可以证实这一点。

书中第四回还谈到薛宝钗的哥哥薛蟠,"原系金陵一霸"薛家的独生子,是"家中有百万之富,现领着内帑钱粮,采办杂料"的"皇商",京都有几处生意(当铺),"恃强喝令手下豪奴将冯渊打死",抢走了甄英莲(后改名香菱),于是带着母妹等起身进京,投奔贾府。这件"人命官司,他却视为儿戏,自谓花上几个臭钱,没有不了的。"(均见第四回)。可见,薛家是大地主、大高利贷者,兼皇商。皇商在清初专管皇帝私有财产的内务府和宗室王公的诸王公府经商之事,得派遣属下人到南京、苏州、扬州、杭州一带开设市肆,发售人参。摄政王多尔衮认为"诸王府伙计","不是生利自用"①,皇商是亦官亦商,应受到政府的保护。清圣祖玄烨也曾一次亲自把100万两银子借给两淮众商,公开放债收过利②。

康熙六十年间,"地方官员滥征私派,苦累小民"③,"侵盗贪墨,视为固然,数十年来,日积月累,亏空贪婪之案,不可胜数"④。一个具体的例子是,"原属贫寒之家"的李陈常,由康熙四十二年(1703年)中进士,授刑部主事,历任员外郎、郎中,又升凤阳府知府。到康熙四十九年(1710年)升到两淮盐运使。自己曾经保证"立志要做好官,于商人规便,分文不取"⑤的,可是只做了三四年的官,于康熙五十三年(1714年)他就成了"有好田四、五千亩,市房数十处,又有三处当铺,皆其本钱"⑥的大富翁。《红楼梦》中所描写的贾雨村岂不正是康、雍时期一个典型人物的写照?贾雨村原是"一个穷儒"(第一

① 《多尔衮摄政日记》,北平故宫博物院1935年铅印本,页四上。
② 《清圣祖朱批谕旨》,《文献丛编》第十辑,页一一上下。又《李煦奏折》,第82页。
③ 《清圣祖圣训》,《十朝圣训》本,卷一六。
④ 《雍正朝上谕档稿》,《史料丛编》本,页二〇上下。
⑤ 《李煦奏折》,第30、111—112页。
⑥ 《李煦奏折》,第20、196页。

回），"中了进士，选入外班"，升为知县，"使地方多事，民命不堪"，后被参革职，"交代过公事，将历年所积宦囊，并家属人等，送至原籍（湖州）安顿妥当"（第三回）。后因教林黛玉书，送林黛玉进京，投奔贾府，得其"极力帮助"，题奏复职，旋即"选了金陵应天府"（第三回）。薛蟠抢走甄英莲、打死冯渊一案，就是由贾雨村"徇情枉法，胡乱判断了此案"（第四回）的。

三

清初规定，八旗王公官员和兵丁都各分给一份"份地"，"每人六赏（一作垧），一赏六亩，共地三十六亩。如家有壮丁二名，该地七十亩。人多者照数加增；当差，照人算数"①。这种作为份地拨给八旗成员的旗地，其性质无疑属于领主经济的范畴，而又开始向地主经济转化，但关内和关外在时间上是略有先后不同的。据我个人的初步考察，关内一般旗地向租佃制的急剧转化，早已开始于 17 世纪中叶，基本上完成于 18 世纪上半期；而关外大体上要到 18 世纪下半期才算完成；至于那些强制推行的皇庄（内务府庄田）和王庄（王公庄田），则要往后推几十或近百年②。《红楼梦》第五十三回中所载宁国府的庄头乌进孝送给贾珍的"一个禀帖并一篇账目"，里面有"外卖粱谷、牲口各项，折银二千五百两"一句，我同意翦伯赞同志所作的解释③，那 2500 两银子是卖粱谷、牲口得来的银子，不能说是货币地租，因为那篇账目单上罗列的比卖粱谷、牲口所得的 2500 两银子更多的实物，像大量的鹿、獐子、狍子、猪、羊、鱼、鸡、鸭、鹅，等等，正好说明了它是属于关外皇庄、王庄的庄丁（农奴）向庄园主（领主）贡纳实物的剥削形式，与荣国府的管家周瑞和林之孝专收"地租子"属于关内旗地上的佃户向地主交纳地租的剥削形式，是有很大区别的。

人所共知，土地集中的过程，也就是中间阶级破产没落的过程。《红楼梦》中揭露贾、史、王、薛四大家族大量霸占土地，疯狂掠夺财富的同时，也概括描述了像乡宦甄士隐、小京官王某（王成之父、狗儿之祖）等中间阶级的破

---

① （清）刘献廷：《广阳杂记》卷一，中华书局 1957 年版。

② 见拙作：《清代旗地性质初探》，载《文史》第 6 辑，1979 年，第 127—137 页。

③ 翦伯赞：《论十八世纪上半期中国社会经济的性质——兼论"红楼梦"中所反映的社会经济情况》，载《中国资本主义萌芽问题讨论集》，第 338—400 页。

产没落。从甄士隐的折变田产而涉及康、雍、乾三朝封建土地关系的变化这一问题,邓拓、翦伯赞两同志都已作了详细而正确的综合性分析和论述。这里提出补充说明的是,像第六回所载的王某"曾做过一个小小京官……早故。只有一个儿子,名唤王成,因家业萧条,仍搬出城外原乡中住了。王成亦相继身故,有子,小名狗儿,娶妻刘氏(刘姥姥之女),生子,小名板儿;又生一女,名唤青儿。一家四口,以务农为业。"这正是康、雍、乾三朝八旗生计问题日趋严重,京旗中满洲旗员有一小部分返回村屯参加农业生产劳动的一个侧影。原来,清初京旗中当官充兵的"满洲之人,农、工、商贾俱非所习,除居官为兵外,别无资生之策"①。作为生活资料来源拨给当差服役的每一旗员的"八旗地亩,原系旗人产业,不准典卖与民",并规定"不许越旗交易"②,而"旗民不交产"之禁尤严。历史事实证明,除有关旗地的典、押、转租等各种不同形式的变相买卖外,现存的大量档案资料充分证明了康、雍、乾三朝越旗交产和旗民交产的事实也是普遍存在的③。我们要提出追问的是,《红楼梦》中的王成,既然京城里的"家业萧条","搬出城外原乡中住","以务农为业",是他原乡中仍有一份产业,还是回到原乡后又另置一份产业呢? 不妨再从历史上考察一下,在清初一段较长的时间里,不但没有当官服役的八旗闲散人等住在村屯里的占大多数,就是当官充差的"八旗有地之家","亦多有在屯居住耕读为生者"。但到雍正之初,清世宗胤禛以"大臣等子弟倚父兄之势,希图安逸,下乡居住","率多不守本分,肆意妄为"为借口,规定除八旗成员中的年老、幼小的残疾之人外,"无论系何人子弟俱令调至京师"④。终于造成八旗成员,"群聚京师","人口众多,无农、工、商贾之业可执,类皆仰食于官"⑤的局面。这就使得京旗中的八旗生计问题终清一代得不到很好的解决,也不可能得到解决。王成的回乡务农,不像是雍正元年(1723 年)以前旗人屯居耕读的样子。应该说,王成是在乾隆四年(1739 年)以后清政府动用国库款项,赎回了数以数十万亩计的旗地⑥的情况下,被迫回乡务农的。不然的话,王成既已家业萧条,

---

① 《清高宗实录》卷七四,页一○下。
② 嘉庆:《会典事例》卷一五九,页一五下。
③ 辽宁省档案馆藏:《嘉庆十三年说堂稿》。
④ 《八旗通志》卷七○,页四下至五下。《艺文志》六奏议二。按此条不见《实录》。
⑤ 《皇朝经世文编》,光绪乙未(1895 年),上海积石书局石印本,卷三五,页三下。
⑥ 嘉庆:《会典事例》卷一一一七,页四上及卷一一一八,页四上下。

是不会自动回乡居住的。也应当指出,除上述的王成一家外,像王成的岳母刘姥姥"只靠两亩薄田度日"(第六回);贾瑞夫妻"守着小小的产业"(第十一回);贾代儒"家道淡薄"(第十二回)等等都是以守着一小块土地度日的小农经济为特征的情景。《红楼梦》提到王熙凤问秦可卿:"有何心愿?"秦氏道:"依我想来……赶今日富贵,将祖茔附近多置田庄、房舍、地亩,以备祭祀。"日后"便是有罪,己物可以入官,这祭祀产业,连官也不入的"(第十三回)。也是康、雍、乾时期所规定的"查抄家产,坟地向来例不入官①"的反映。

　　由于入关之初满洲贵族强制推行农奴制庄园,使得满族社会的奴隶制残余,在整个清朝一代拖着一个长长的尾巴。奴隶大致可分为家奴与庄田上的农奴两种。它的来源不外有入关前的大量"东人"即"盛京随来壮丁"和"陈壮丁",以及入关后又有被掠夺为奴,逼勒带地投充,犯罪给披甲人为奴和买卖人口为奴使唤等等。一般地说,带进关的"东人"和"陈壮丁"多半用作家奴,历时百余年,因之有久至三辈奴、四辈奴的。在他们都是"根生土长的奴才"(第五十四回),有"两三辈子"(第四十五回)或"三四代的老妈妈"(第五十六回)、"三五代的陈人"(第六十三回)。像鸳鸯和她的父母兄嫂与林之孝夫妇及其女儿林红玉,就都是"荣国府中世代的奴仆"(第二十四回)。掠夺人口和买卖为奴本是满族入关前奴隶的主要来源,入关后也还不断抢夺良家子女作妾为奴。世传豫亲王多铎下江南,抢劫刘氏女为妾,也许未必真有其事,却早已成为供后人描绘的一件公案;但浙东一对青年男女正当结婚之时,突然被派往杭州去的拨什库(满语,官名,汉译为领催)掠去②,则是事实。清初诗人如吴嘉纪写有《李家娘》一首,中云:"妻方对镜,夫已堕首。腥刀入鞘,红颜随走。西家女,东家归,如花李家娘,亦落强梁手"③。又如纪映钟亦有《女姬姜》一首,云:"女姬姜,买自漳。去袏衣,肤筑脂。着眼看,无疤痍。买如一犊,卖得一斛"④。这是当时人写当时事,为我们提供了当时的真实情况。清初因军功掠夺人口和契买奴仆,明载于《大清律》和《户部则例》之中,受到法律的保护,其数量之多是无法估计的。《红楼梦》中所载荣、宁二府各有数以

① 《清高宗实录》,卷一二三三,页四六上。
② (清)王士禛:《池北偶谈》(康熙刊本)卷二四,页一上下。
③ 邓文如:《清诗纪事初编》,中华书局上海编辑所1965年版,第101页。
④ 邓文如:《清诗纪事初编》,中华书局上海编辑所1965年版,第20页。

百计的奴仆,其中多是用红白契约买来的。袭人即是小时候因为"父母没饭吃"(第十九回),只得了"几两银子"(第二十回)卖到贾府,不过是一个"卖倒的死契"(第十九回)的毛丫头。

奴仆和主人的人身依附关系是极其严格的。所谓"一岁主,百岁奴"和"主子为阳,奴才为阴"(第三十一回)的说法,终清一代不改。雍正时,"两广总督杨琳为敦郡王属下,王曾遣阉人赴广,据其署内,搜索非理,杨亦无如之何"①。"故事,隶旗下者,例不丁忧。守丧二十七日,即出视事"②。《红楼梦》中贾母对袭人因母丧没有出来服侍宝玉,说:"跟主子却讲不起这孝与不孝"(第五十四回)了,正是当时满族大贵族官僚家庭的规矩。满族大贵族官僚家庭中奴仆的地位是很低下的,微小之过也必加鞭责,甚至殴打毙命的也有。像《红楼梦》中贾政的妾赵姨娘,虽已生有儿女(探春和贾环),仍被看作"阴微卑贱"(第二十七回)的人,既不配使唤丫头(第三十六回),也没有教导自己儿子(第二十四回)的资格,地位之低下可知。至于一般奴仆的"挨打受骂"(第九回),更是家常便饭之事,轻则打板子(第十四回)、革月钱(第七十三回),重则"打发到庄子上去"(第七回和第六十一回),甚至"或杀或卖"(第七十四回)的也有。书中有姓名可考的被撵奴仆,就有彩霞、茜雪、金钏(第三十二回)、司棋、晴雯(第七十七回)、林之孝的两姨亲家、柳家媳妇之妹、迎春的乳母(第七十三回)以及鲍二和何三等人(第八十八回),多不胜举。

四

满族内部的阶级壁垒是森严的,阶级斗争也有它本身的特点。清初,逃亡是满族内部阶级斗争的主要形式,自杀则是消极反抗的一种手段。顺治初,庄田上壮丁大批逃亡,最多一年达 3 万人。康熙时,旗下奴婢自尽的很多,几乎每岁报部的不下 2000 人。迄至雍正年间,旗下仆人逃走的仍有一年之内多到 4000—5000 人。逃人成为当时社会最严重的问题之一。像清初诗人方文有一首《都下竹枝词》,其中有云:"新法逃人律最严,如何逃者转多添。一家容

---

① 《啸亭杂录》卷1,第12页。
② 《研堂见闻杂记》(《痛史》本),页三十六下。

隐九家坐,初次鞭笞二次黥"①。又申涵光有《哀流民和魏都谏（裔介）》一首,中云:"东家误留旗下人,杀戮流亡祸及鸡狗"②。这里所说的"流民",实指逃人而言。这些诗句正是清初逃人这个严重的社会问题的如实反映。《红楼梦》中的霍启"逃往他乡"（第一回）,金钏被撵走后投井自尽（第三十二回）,鲍二媳妇被逼上吊（第四十四回和第六十四回）,以至晴雯病中被撵,受折磨而死（第七十八回）,都是这些反映例证。

《红楼梦》第一回描述的甄士隐一家因一场火灾,搬"到田庄上去住,偏值近年水旱不收,盗贼蜂起,官兵剿捕,田庄上又难以安身"这一激化的社会矛盾,是完全符合康、雍、乾时期的实际情况的。单就八旗满洲方面来说,顺治末年,畿辅一带,"土贼充斥,及见获者,多系旗下之人"③。康熙时,在南方苏州地方还发生过乌林达（满语,官名,司库之意）家人孙云率领地方"棍徒",到乡宦陆经远家打闹,同时路上捉捕陆经远沿街殴辱的事件④。清代最高统治者也不得不承认:"向来满洲无犯法杀人之事,康熙初年,一年之内不过一、二件而已。自平吴三桂以来,满洲杀人之事渐多"⑤。康熙四十七年（1708年）,旗下人朱兆琦参加以朱三太子作号召的复明反清斗争⑥,就不是偶然的了。在《红楼梦》中,像救过宁国公贾演性命的老家人焦大,当着众人的面,痛斥贾蓉道:"你祖宗九死一生,挣下这个家业,到如今不报我的恩,反和我充起主子来了! 不和我说别的还可,再说别的,咱们白刀子进去,红刀子出来!"（第七回）。真是一篇代表广大八旗满洲的最下层——奴仆,对其一小撮骄奢淫逸的主子的愤怒控诉和强烈抗议。

若从全国范围,特别是东南沿海地区来看,根据苏州织造李煦的奏报,康熙中叶以后二三十年间,水旱时闻,米价涨落不定,米商从中倒卖牟利,而两浙为尤甚,盗案不断发生。例如康熙四十六年（1707年）,在江苏太仓州竟"有强贼多人,行劫开典铺生员陆三就家,放炮进门,金珠细软尽被劫去"⑦。随后又

---

① 《清诗纪事初编》,第 121 页引。
② 《清诗纪事初编》,第 147 页引。
③ 《清世祖实录》卷一〇一,页八上。
④ 《李煦奏折》,第四页下。
⑤ 《清圣祖实录》卷二二二,页二上。
⑥ 《清圣祖实录》卷二三三,页七上。
⑦ 《李煦奏折》,第 117 页。

有"大伙强贼红巾裹头,竖旗聚集,声言欲入州城劫库。文武各官领兵擒捕,当即四散遁走"①。同年,在浙江宁波、台州、绍兴三府交界的四明山,并有众千余人,"出没不常,执械则为盗,弃械则为民"②。当时这些农民反抗斗争的事实,为《红楼梦》的时代历史背景提供了确凿可信的真实依据。

综前所述,《红楼梦》这一现实主义的伟大杰作所反映的 18 世纪上半期所谓"康乾盛世",正是一幅土地急剧集中和由此而引起的社会矛盾激化过程的缩影。我完全同意邓拓同志对这一时期所作的"农民对地主阶级的斗争,还没有马上爆发成为全面的起义"③的正确论断。不过,值得一提的是,以一个人口较少、经济落后的满族,在入关夺取全国中央政权以后,经过大约一个世纪,由于本民族的内部矛盾和阶级斗争,加上广大汉族先进经济文化的影响,终于很快接近并赶上了先进的生产方式和生活方式,成为祖国民族大家庭中相互吸收、相互依存,谁也离不开谁的成员之一。作为满族成员的《红楼梦》作者曹雪芹,通过自己的个人经历和所属家族的遭遇,以及当时的社会政治、经济情况和阶级关系,在其不朽的文学巨著中做出了应有的恰如其分的反映,而不是简单的真人真事的直接反映。这是研究清史和满族史工作者所应特别重视的。

【附记】本文脱稿于 1964 年 5 月。顷因即将出版《顾颉刚先生学术纪念论文集》,征稿及余,仓卒间无以应命,爰取旧作略加删定,以略表对颉刚师之哀思云。1982 年 1 月锺翰附识。

---

① 《李煦奏折》,第 122 页。
② 《李煦奏折》,第 129 页。
③ 《论"红楼梦"的社会背景和历史意义》,载《论中国历史的几个问题》,生活·读书·新知三联书店 1959 年版,第 163 页。

清国史馆与清史列传

清国史馆与《清史列传》的关系①，首先需要弄清楚的有两个问题：一、清国史馆的设置年代；二、《清史列传》的稿本来源。

第一个问题：清国史馆的设置年代。

据清宗室昭梿所记②：

> 国初沿明旧制，惟修列圣实录，附载诸勋臣于内，只履历、官阶而已。康熙中，仁皇帝（清圣祖玄烨）钦定功臣传一百六十余人，名曰《三朝功臣传》③，藏于内府。雍正中，修《八旗通志》，诸王公大臣传始备，然惟载丰沛世家、其他中州士族勋业茂著者，仍缺如也。其所取材，皆凭家乘，秉笔词臣，又复视其好恶，任意褒贬，如开国名臣何温顺公和理、费直义公英东等诸传，其文寥寥数则，而如蔡绥远毓荣、苏侍郎拜几至万言，皆剽窃碑版中语也。纯皇帝（清高宗弘历）夙知其弊，于乾隆庚辰（二十五年即 1760 年）特命开国史馆于东华门内，重简儒臣之通掌故者司之。将旧传尽行删薤，惟遵照实录、档册诸籍所载，详录其人生平功罪，案而不断，以待千古公论，真修史之良法也。后又重修《王公功绩表传》、《恩封王公表》④、

---

① 解放前，孟森先生著有《清国史馆列传统编序》一文，载《明清史论著集刊》（中华书局 1959 年版，1984 年版同）下册第 624—631 页，曾举洪承畴、吴三桂两传为例，以《清史列传》与《清史稿》相校，可以证明前书能存旧传之真相。又著《清史传目通检》，载《北平图书馆馆刊》六卷二、三号均可参考。最近李鹏年同志撰《图书馆及其档案》一文（以下简称李文），载《故宫博物院院刊》1981 年第 3 期，第 61—69 页，对清国史馆和大臣列传稿本，作了详细的介绍。

② 《啸亭杂录》，中华书局 1980 年版，第 399—400 页，《续录·国史馆》条。按这由何英芳同志点校的《啸亭杂录》新版，系根据宣统元年（1909 年）上海图书公司铅印本，并以启功元伯同志所藏旧钞本《啸亭续录》第四和第五两卷补足之，适合原书正录十卷、续录五卷之数。

③ 按三朝功臣传系指清太祖（努尔哈齐）、太宗（皇太极）、世祖（福临）三朝功臣，见《清圣祖实录》（《大清历朝实录》影印本，下同）卷二二五，页一六上下。

④ 按清末九思堂本和民初扫叶山房石印本，《恩封王公表》之下均有一"传"字。又申报馆本和进步书局校印本与此条全同，惟后者于《恩封王公表》下亦多一"传"字，未知孰是。

《蒙古回部王公表传》等书,一遵是例焉。嘉庆庚申(五年,1800 年)上复命补修列圣本纪,及天文、地理诸志乘。儒林、烈女等传附之,一代之史毕具矣。其续录者,以十年为则,陆续修之,以为万禩之计也。

其中虽然提到康熙中所纂《三朝功臣传》和雍正中所修《八旗通志》诸王公大臣传,但一语未及国史馆,而正式提到"特命开国史馆"则在乾隆二十五年(1760 年),似清国史馆的设置年代就应定在乾隆二十五年这一年了。但事实上清国史馆的第一次开馆是在康熙二十九年(1690 年),这在《实录》里有明确记载:

> 康熙二十九年庚午夏四月乙丑,以大学士王熙为三朝国史监修总裁官,大学士伊桑阿、阿兰泰、梁清标、徐元文为总裁官,尚书张玉书、张英,左都御史陈廷敬,侍郎李振裕、库勒纳,内阁学士朱都纳、星安、博际、布彦图、郭世隆、彭孙遹,副都御史王士正(祯),詹事尹泰为副总裁官。敕曰:"……朕夙夜绍庭,思阐先烈,爰命儒臣恭修三朝国史。兹特命尔等为总裁官,尔其督率在馆诸臣,荟萃琅函,博搜掌故,折衷至当,裁订成书。……尔其勉之无忽,钦哉!"①

上引《实录》中明云"爰命儒臣恭修三朝国史"与"尔其督率在馆诸臣",知道这一年为国史馆正式开馆的一年,而且这年开馆纂修三朝国史,既有正副总裁官十七人之多,又有监修总裁官一人,为清朝一代国史馆历次开馆规模最大、人数最多的一次。应该说,清国史馆的设置年代在康熙二十九年而不在乾隆二十五年,这在清朝官书中有确切的设置年月日,早于乾隆二十五年以前七十年,历历可考,是确凿无疑的了。

再考查一下上引《实录》中列举的正、副总裁十七人,其见于本传记载的有:

《徐元文传》云:

> 康熙二十九年四月,诏修三朝国史,以大学士王熙为监修总裁官,大学士伊桑阿、阿兰泰、梁清标及元文为总裁官。②

《阿兰泰传》云:

---

① 《清圣祖实录》卷一四五,页一一下至一三上。
② 《清史列传》(以下简称《清》),上海中华书局 1928 年版,卷九,页三七上下。《汉名臣传》(以下简称《汉传》)卷三,京都琉璃厂菊花书屋巾箱本,页一二下至三三上同。

康熙二十九年四月,充三朝国史总裁官。①

《郭世隆传》云:

康熙二十九年四月,充国史副总裁。②

《伊桑阿传》云:

康熙二十七年,寻充纂修三朝国史总裁官。③

《王士禛传》云:

康熙二十九年三月,寻充国史副总裁。④

《库勒纳传》云:

康熙二十五年……寻充《明史》总裁官及三朝国史副总裁。⑤

所引徐元文、阿兰泰、郭世隆三传叙及授总裁官的年月与《实录》完全符合,《王士禛传》也基本相符,至于伊桑阿、库勒纳二传中所说康熙二十七年和二十五年,似有二年、四年的差距,但其下均用一"寻"字以概括之,时间上有伸缩性,总不能算错。这就证实了清国史馆设置于康熙二十九年(1690 年)是完全可靠的。同样,《八旗通志》上说:"康熙二十七年……后三朝国史馆纂修,圣祖仁皇帝钦定满洲功臣一百一十五人"⑥,也可以与《实录》、《列传》诸书互相印证。

国史馆虽设置于康熙二十九年,并已开始进行纂修,但终康熙一朝,迄未编辑成书。所以清世宗胤禛一登位,即下诏重纂:

雍正元年(1723 年)九月丙午谕内阁:……皇圣祖仁皇帝特敕内阁、翰林院诸臣,纂修三朝国史,用扬列圣之鸿谟,并及诸臣之劳勋,迄今尚未编辑。……若不及今博采闻见,荟萃成编,恐阅世久远,或致阙略。著将国初以来文武诸臣内立功行间、诚敬任事、卓越之才,有应传述者,行文八旗,将诸王、贝勒、贝子、公以及文武大臣之册文、诰敕、碑记、功牌、家传等项,详加查核,暨有显绩可纪者,亦著详察,逐一按次,汇成文册,悉付史

---

① 《清传》卷九,页二六上下;《满洲名臣传》(以下简称《满传》)卷一六,京都琉璃厂菊花书屋巾箱本,页五七下至五八上同。

② 《清传》卷一一,页三一上;《满传》卷二五,页二五上同。

③ 《清传》卷九,页二五上;《满传》卷一六,页三一下同。

④ 《清传》卷九,页四四上;《汉传》卷八,页一六上下同。

⑤ 《满传》卷二一,页五三上。按《清传》未收。

⑥ 《八旗通志初集》,乾隆四年刊本,卷一四三,页二下至四上。

馆,删去无稽浮夸之词,务采确切事实,编成列传。如此,可以垂之万世,庶为国家宣力有功之大臣,不致泯没矣。①

其满、汉副总裁官则以纂修《圣祖实录》之大臣等兼任:

> 同年十一月戊子,大学士等遵旨议奏:"国史纪载,传信万世,应将太祖、太宗、世祖、圣祖四朝有功任事之臣,博采见闻,查核一切档册,陆续作传。其满、汉监修副总裁等官恭候钦定。"得旨:"著修《圣祖仁皇帝实录》之大臣等兼修,翰林纂修官,著另派。"②

查《圣祖实录》馆之满、汉副总裁官为礼部尚书张廷玉,都察院左都御史朱轼,兵部侍郎励廷仪、阿克敦,内阁学士额黑纳、登德③等,同时,他们也都是国史馆的正、副总裁官了。今据上述各人本传,可考者只有二人。

《张廷玉传》云:

> 雍正元年十月,充国史馆总裁。④

《阿克敦传》云:

> 雍正元年七月,充四朝国史副总裁。⑤

只知道张廷玉为《四朝国史》的总裁官,其余朱轼等人为满、汉副总裁官。迄至雍正末年,鄂尔泰又为总裁官:

> 雍正十一年冬十月甲寅,命大学士鄂尔泰为《四朝国史》、《八旗志》书馆总裁官。⑥

余人有无更动,不见《实录》、《列传》记载,已不可得而考了。

康、雍两朝既未修成《三朝国史》、《四朝国史》,到了乾隆初年,继续以次排纂:

> 乾隆元年(1736 年)冬十月丙寅,国史馆总裁大学士鄂尔泰等恭进《太祖高皇帝本纪》,并陈应修各书,以次排纂,得旨:"据奏《四朝本纪》现

---

① 《清世宗实录》卷一一,页三七下至三八下。

② 《清世宗实录》卷一三,页一〇下至一一上。

③ 《清世宗实录》卷二,页三七下至三八上。按《圣祖实录》馆之监修总裁官为大学士二等伯马齐,总裁官为吏部尚书一等公舅舅隆科多,大学士嵩祝、白潢,吏部尚书张鹏翮等人尚不在兼修四朝国史之内。

④ 《清传》卷一四,页二二上。

⑤ 《清传》卷一六页四上;《满传》卷三五,页五四下同。按"七月"疑是"十月"之误,因下诏重纂四朝国史在九月也。

⑥ 《清世宗实录》卷一三六,页五上。

在编纂等语。我皇考本纪亦应及时敬谨编辑。又据奏称表、志、列传等项，俟《四朝本纪》编定之后，次第排纂等语。表、志、列传等，若俟本纪编定之后，方行排纂，则旷日持久，书成未免太迟。著一面办理本纪，一面将表、志、列传等排纂"。①

这时国史既然包括雍正朝在内，自然而然地就被称为《五朝国史》了。在《讷亲传》里②，称之为"《五朝国史》馆"，也可以证明这一点。

第二次国史馆正式开馆应该在乾隆三十年（1765 年）。这在《实录》里也有明文记载：

乾隆三十年六月丁卯，谕："……向来国史馆所辑列传，原系择满、汉大臣中功业政绩素著者，列于史册，以彰懿媺；其无所表见及获罪罢斥者，概屏弗与。第国史所以传信，公是公非，所关原不容毫厘假借，而瑕瑜并列，益足昭衡品之公；所为据事直书，而其人之贤否相见。若徒事铺张夸美，甚或略其所短，暴其所长，则是有褒而无贬，又岂春秋华衮斧钺之义乎？……"③

继云：

从前国史编纂时，原系汇总进呈，未及详加确核，其间秉笔之人，或不无徇一时意见之私，抑扬出入，唯为定评。今已停办年久，自应开馆重事辑修，著将国初以来满、汉大臣已有列传者，通行检阅，核实增删考正，其未经列入之文武大臣，内而卿贰以上，外而将军、督抚、提督以上，并宜综其生平实迹，各为列传，均恭照《实录》所载及内阁红本所藏，据事排纂，庶几淑慝昭然，传示来兹，可存法戒。朕将特派公正大臣为总裁，董司其事，以次陆续呈阅，朕亲加核定，垂为信史。……④

不一月又载：

同年秋七月癸卯，以大学士傅恒、尹继善、刘统勋为国史馆正总裁官，协办大学士吏部尚书陈宏谋，户部尚书于敏中，兵部尚书托恩多，刑部尚

① 《清高宗实录》卷二八，页一〇上下。按李文据光绪《大清会典事例》卷一〇四九，谓"乾隆元年，复开国史馆"。其实，乾隆元年乃沿雍正年间之旧，肯定没有重开国史馆的事，其国史馆总裁前后均同是鄂尔泰一人，即是明证。

② 《清传》卷二二，页一三上。

③ 《清高宗实录》卷七三九，页五下至六上。

④ 《清高宗实录》卷七三九，页五下至八上。

书舒赫德为副总裁官。①

又：

> 乾隆四十五年（1780 年）九月丙戌，命大学士嵇璜充文渊阁领事，并
> 充国史馆正总裁官。②

据上引几道上谕，知国史馆第二次开馆在乾隆三十年（1765 年），距康熙二十
九年（1690 年）第一次开馆已经七十五年了。像前引昭梿所记"于乾隆庚辰
（二十五年即 1760 年）特命开国史馆"的说法，是没有根据的。《实录》里还有
一条补充的材料：

> 乾隆四十六年（1781 年）冬十月癸酉谕："国史之修，所以彰善瘅恶，
> 信今传后，从前编纂时，因系汇总进呈，未及详加考核，抑扬出入，难为定
> 评。是以于乾隆三十年特颁明旨，简派总裁，董率纂修各官，将国初以来
> 满、汉大臣已编列传者，通行检阅，核定事实，增删考正，以期不虚美，不隐
> 恶；其未编列传之文武大臣，内自卿贰以上，外自将军、督抚、提督以上，并
> 综其生平实迹，各为立传，恭照《实录》、红本，据事直书，以彰法戒。……
> 乃自开馆以来，迄今十有七年，其所纂成进御之书，甚属寥寥。现在所办
> 臣工表传，无论开国诸臣早已搜辑成编，即皇祖、皇考《实录》久经告成，
> 维时诸臣事迹亦无难检阅。……该总裁等务即董饬所司，速办纂办进呈，
> 候朕鉴定，务臻核实，垂为信史。……"③

这一道上谕除个别字句外，与十七年前的乾隆三十年（1765 年）那道上谕几乎
完全相同，可以互相印证。就在这道上谕之后，接着道：

> 寻议：国史馆编纂表、传，总缘咨取各处册档、文移，往还每需时日，是
> 以稽迟。请嗣后将册档按年依类，咨取齐全，并力赶办，定限二十日恭进
> 一次，以五年为期，计乾隆五十一年可以完竣。从之。④

这里有一件保存到今完好无缺的《乾隆稿档》第一号原档⑤，引录如下，以资

---

① 《清高宗实录》卷七四一，页一五上下，按李文云"乾隆三十年十月，为重修国史馆列传，
国史馆复开，遂为常设机构"，是。"十月"当系"七月"之笔误。

② 《清高宗实录》卷一一一四，页一七上。

③ 《清高宗实录》卷一一四二，页五上至七上。按《会典事例》卷一〇四九，页三上引上谕
作乾隆四十五年，似是四十六年之误。

④ 《清高宗实录》卷一一四二，页七下。

⑤ 原件一页，现藏中国第一历史档案馆《原国史馆纂修的大臣列传稿本》第四十二包内。

佐证：

> 国史馆为移付事：照得本馆纂辑列传，需用备查红本事迹，以便修纂。今将应调康熙五十九年（1720 年）正月至五月、九月至十二月户科，康熙四十七年（1708 年）三月份兵科红本，相应移付贵厅作速调齐，以便办理可也。须至移付者。右移付典籍厅。乾隆四十七年（1782 年）五月二十九日。收掌继善。

相隔仅一年，《实录》记载与当时册档、文移正相吻合，足证大臣列传从乾隆四十六年（1781 年）至五十一年（1786 年）间正在积极赶办之中。

三朝国史、四朝国史、五朝国史历朝以次排纂，究竟何年何月始克告成，仍然是有待解决的一个问题。今检《实录》：

> 乾隆五十三年（1788 年）十二月壬辰，谕："国史馆纂修《王公大臣表传》，前经降旨，令总裁等董饬纂修等官将乾隆四十年（1775 年）以前《王公大臣表传》纂办进呈，候朕亲定成书颁行，并写入《四库全书》，垂为信史。今该馆业已按期编纂，将次告竣。因思四十一年（1776 年）以后王公大臣，事功才品亦多可纪，即其中有瑕瑜互见，功过不掩之处，亦当并存其实，以示传信。今该馆既遵前旨，将次竣事，自应续行纂办。著国史馆总裁董率编纂各官，将乾隆四十六年（1781 年）以后至五十年（1785 年），所有王公大臣例得分立表、传者，查据内阁红本及军机处档案，详悉裒辑，以次进呈。俟再过十年，届期另降谕旨。"①

又云：

> 乾隆五十八年（1793 年）六月癸酉，谕："朕阅国史馆进呈《巴图济尔噶勒列传》。……国史列传原以传信，纂修自应查取本人事迹，据实直书，毋隐毋漏。乃竟并不详查，率行纂办，不特无以征信，且易起高下其手之弊，殊属非是。所有原办纂修官，著交部严加议处；总裁未经看出，亦著交部察议。"②

如上所引两道上谕，乾隆五十三年既言《王公大臣表传》"将次竣事"，"以次进呈"，五十八年又云"进呈《巴图济尔噶勒列传》"，《巴图济尔噶勒列传》系国

---

① 《清高宗实录》卷一三一八，页七下至八上。
② 《清高宗实录》卷一四三〇，页一二上下。

史列传中之一篇,却因"并不详查,率行纂办",受到"交部严加议处"或"交部察议"的处分,那么,其他个别的列传也很可能还要略加增删修改。由此可以推知,国史馆的大臣列传从五十年算起,以五年或十年为期,绝大部分传稿应该在乾隆五十八年(1793年)这一年,业已纂修成书了,只有少数的传或者在乾隆六十年(1795年)前后也许都能全部修改竣事了吧①。

第二个问题:《清史列传》的稿本来源。

人们熟知,《清史列传》八十卷八十册由1928年上海中华书局出版,不著编纂人,又无序跋,莫详所据稿本来源。全书共分八门:一、宗室王公;二、大臣(划一传档正编,次编,续编,后编,新办大臣传,已纂未进大臣传);三、忠义;四、儒林;五、文苑;六、循吏;七、贰臣;八、逆臣。

所谓"划一传档",所谓"新办"、"已纂未进"的大臣传,无疑的是出于清国史馆历朝多次纂修的大臣列传。今包含着将近三千人的《清史列传》,只不过选录了其中当时保存的列传的一部分,按门别类,依时间先后编排而成。因为《清史列传》的付排出版在民国十七年(1928年),所以又把"国史"二字改为"清史",视为理所当然之事,中外学者似已无异辞的了②。

夷考其实,亦不尽然。据我个人近几年来在北京中国第一历史档案馆内,拿《清史列传》与馆内所藏《原国史馆纂修的大臣列传稿本》以及《满汉名臣传》、《国朝耆献类征初编》各种传记来进行互相校勘的结果③,发现《清史列传》一书的稿本来源,直接抄自《原国史馆纂修的大臣列传稿本》的为数并不算太多,而间接从《满汉名臣传》和《国朝耆献类征初编》过录的却不在少数。我们知道,《大臣列传稿本》共四十四包,凡一千五百十七件,计正传有三千一百二十九人,附传尚未计算在内;但八十卷的《清史列传》共二千八百九十四个传,附传包括在内。两者姓名相同的传,只有六百多个。可是,《清史列传》与《满汉名臣传》和《国朝耆献类征初编》相比对,三书同名的传有一千七百零四人;此外,《清史列传》与《满汉名臣传》同名的传仅有四百二十六人,而与

① 《清传》卷二一,页三下《于敏中传》有"乾隆六十年正月谕:'昨国史馆进呈《于敏中传》'"一句,可作佐证。

② 马奉琛:《清代行政制度参考书目》(《北大社会科学季刊》第五卷第三、四期抽印本),第227页于《清史列传》下直标"清国史馆撰"。又《支那大事典》(日本平凡社1962年版)第五册,第3506页亦云"《清史列传》据国史馆本传"。均可为证。

③ 卷七二〇,册二九四,清光绪十六年湘阴李氏家刻本。

《国朝耆献类征初编》同名的传多至一千六百四十九人。但《清史列传》仍有一千一百九十人,既不见于《满汉名臣传》,亦不见于《国朝耆献类征初编》。从中不难看出,这《清史列传》独有的一千一百九十个传,很可能是从《原国史馆纂修的大臣列传稿本》转抄过来的。可惜目前北京中国第一历史档案馆内保存下来的三千多个《大臣列传稿本》,乾隆以前和乾隆初年的寥寥无几,就是目前保存的乾、嘉以后的传稿恐怕亦绝不止此数①,所以一时无法做出肯定的答案来。据说,台北"故宫博物院"还藏有原国史馆纂修的历朝本纪,"自天命——光绪朝,分满、汉文本两种"②,完好无缺。是否北京档案馆所缺的这一千一百九十个传稿,全部或部分仍保存在台北"故宫博物院",迄今未见明确报道,不得闻知其详。这只有等待不久的将来,台湾海峡两岸通邮或台湾回归祖国之后,将两地保存的《大臣列传稿本》进行一番比勘,自会有个分晓了。

　　根据目前我个人所掌握《清史列传》与三书逐一比勘的结果,《清史列传》与《大臣列传稿本》同名的六百多个传中,有的传,如《马尔泰传》、《唐绥祖传》、《岳起传》、《恩长传》、《兴奎传》等,两者内容几乎完全相同,除个别字句偶有笔误者外,甚至连一字也不差。有的传,如《玉德传》,《清史列传》首云:"玉德,瓜乐佳氏,正红旗满洲人"③(《耆献类征》同),而《大臣列传稿本》删去玉德的姓氏和旗籍,眉批:"玉德系雅德之弟,见《高宗实录》乾隆六十年五月";下文《清史列传》又有"命署山东济东泰武道"一句(《耆献类征》亦同),《大臣列传稿本》于"武"字旁添注一"临"字。又如《德楞泰传》,《清史列传》作"正黄旗蒙古人"④(《耆献类征》亦同)一句,而《大臣列传稿本》将"蒙古"二字钩于"正黄旗"之前;下文《清史列传》只有"命儒臣制赞"(《耆献类征》亦同)一句,而《大臣列传稿本》于"赞"字下添入"赞"曰:"夺桥毁寨,克卡破围。单骑百战,千人一挥。仄径螺旋,大河凫渡。飒爽英姿,□□□□"云云。以

① 据日本神田信夫:《清朝の国史列伝と贰臣伝》,《东方学会创立二十五周年纪念东方学论集》,1972 年抽印本,第 9 页云:"《故宫殿本书库现存目》卷中有《国史馆写定稿本》现存五千四百九十六册";第 10 页又云:"(1970 年)新编刊行的《国立故宫博物院普通旧籍目录》页五〇——五五史部别史类《大清国史未定稿》存三千四百册。"神田氏注谓《故宫存目》中包括《皇清奏议》一千六百六十册与《皇清开国方略》十三册。而新编《旧籍目录》系单举《国史未定稿》而言,故两者相差不大。翰按台湾所藏的《国史未定稿》存三千四百册,显然比北京为多。

② 参见台湾庄吉:《国立故宫博物院典藏清代档案述略》,引自《李文》第 69 页。

③ 《清传》卷七二,页三〇上。

④ 《清传》卷二九,页四四下。

上玉德、德楞泰两个传既不见于《满汉名臣传》，而《大臣列传稿本》又与《清史列传》和《耆献类征》中所辑的"国史馆本传"有所不同。从而我们可以推知，《清史列传》的稿本来源，其直接抄自《大臣列传稿本》的部分，大都经过多次修改删定，究竟出于正本、副本或清本，恐怕不能一概而论。目前北京档案馆保存的《大臣列传稿本》中，就有一人多至三、四份传稿者，而《清史列传》过录的又是因人而异，其独有的一千一百九十个传，都不见于现存的《大臣列传稿本》。上述《清史列传》中的《玉德传》和《德楞泰传》就是国史馆中尚未经过修改删定的初稿本的两个例证。

现存的《大臣列传稿本》中的额亦都、范文程、洪承畴、祁充格、陈名夏、孙承泽、费英东等传，是乾隆三十年（1765 年）国史馆第二次开馆重纂大臣列传仅存的七个传。现在就拿其中额亦都、费英东、范文程三个传和《清史列传》、《满汉名臣传》、《耆献类征》三书中相同的三个传比勘一下：《稿本》中《额亦都传》的"布寨"二字，《清传》、《满传》、《耆献类征》三书均作"布齐"①，"齐"字显系"斋"字的形似而讹，"寨""斋"二字又同音异写；又"噶盇"，三书均作"噶益"，"盇""益"二字亦形似而讹；又"三岔儿堡"，三书均脱"三"字，但"嘉木湖之贝浑巴颜"的"嘉木湖"，《清传》作"家穆瑚"，又"贝"下衍一"勒"字，《耆献类征》全同，而《满传》的"勒"字不衍，只"木湖"作"穆瑚"，"浑"作"珲"，同名异译为少异；又"太祖亲临哭之恸"，《清传》、《耆献类征》两书均脱"临"字，而《满传》不脱；又"进爵一等子"的"进"字，《清传》作"授"字，《耆献类征》同，而《满传》"授"误作"受"，亦异。《稿本》中的《费英东传》，如"贝勒巴雅喇"的"巴"字，《清传》、《满传》、《耆献类征》三书均误作"色"②，又"叶赫城"，三书均脱"城"字；但"斐优城"的"优"字，《清传》、《耆献类征》两书均作"悠"，而《满传》作"优"；又"赐敕免死二次"的"敕"字，《清传》、《耆献类征》两书均误作"勋"，而《满传》不误。据此，知《清史列传》中的额亦都、费英东两传既不同于《大臣列传稿本》，又与《满洲名臣传》大同小异，但与《耆献类征》全同，可见额亦都、费英东两传确系抄自《耆献类征》是确凿无疑了。《范

① 《清传》卷四，页一下至三上；《满传》卷一，页四上至七下；《耆献类征》卷二一，页一三上至一五上。

② 《清传》卷四，页一上下；《满传》卷一，页一上至二上；《耆献类征》卷二六一，页一上至二下。

文程传》不见于《满汉名臣传》，《清史列传》又不似从现存的乾隆三十年第二次开馆重辑的《大臣列传稿本》中抄出，如《稿本》首云："范文程，字宪斗。先世自江西乐平县徙沈阳。"《清传》删去自"字"至"徙"十二字①，改作"沈阳人"，而《耆献类征》于"字宪斗"之下②，改作"汉军镶黄旗人"；又"师入北京"之前，《稿本》尚有"凡檄皆署文程官阶姓氏"一句，今《清传》全删，而《耆献类征》则改作"畿内甫平，挞伐四出，腾布文告，调发军需，事无巨细，皆应机立办"云云。疑乾隆《稿本》中的《范文程传》为初稿本，《耆献类征》为过渡本，《清史列传》所录当系删定本，这删定本可惜没有被保存下来罢了。

《清史列传》抄自《耆献类征》之例甚多，兹举数例于下，以概其余。如《马尔泰传》不见于《满汉名臣传》，而《清传》、《耆献类征》③，与《大臣列传稿本》均有其传。《稿本》"应请宁明旧治建造砖城"的"治"字，《清传》、《耆献类征》两书均作"处"字；《稿本》"货物丛集"的"集"字，两书均作"杂"字；《稿本》"应设立铁鍊"的"鍊"字，从金，两书均误作"練"字，从纟；《稿本》"又商民逗留番地者给限驱回"的"者"字，两书均误作"方"字：这是《清史列传》抄自《耆献类征》而不是抄自《大臣列传稿本》的一个明显的例证。又如《杨文乾传》，《稿本》早佚，但《清传》、《满传》、《耆献类征》三书均有其传④，今以三书比勘，《满传》"理事同知汪苕文"，《清传》、《耆献类征》两书均脱"汪"字，竟省去其姓；《满传》"将军李枨"的"枨"字，两书均误作"枚"字，又改易其名：这是《清史列传》抄自《耆献类征》而不是抄自《满洲名臣传》的一个明显的例证。又如《于成龙传》，《稿本》亦早佚，但《清传》、《汉传》、《耆献类征》三书均有其传⑤。今以三书相校，《汉传》"宣府所属东西二城"的"城"字，《清传》、《耆献类征》两书均误作"县"字；《汉传》"抵任检结旧案"的"结"字，两书均改作"阅"字：这又是《清史列传》抄自《耆献类征》而不是抄自《汉名臣传》的一个明显的例证。像这样的例证还很多，恕不一一胪列了。

---

① 《清传》卷五，页一上至三下。

② 《耆献类征》卷一，页三上至八下。

③ 《清传》卷一八，页二二上至二四下；《耆献类征》卷二八四，页二〇上至二四上。

④ 《清传》卷一三，页四三上至四六下；《满传》卷三五，页二一下至三四上；《耆献类征》卷一六五，页四一上至四七上。

⑤ 《清传》卷八，页二〇上至二五上；《汉传》卷六，页三九上至五四下；《耆献类征》卷一五八，页四一上至九下。

　　再举《清史列传》抄自《满洲名臣传》之例：如《伊勒慎传》中的"太祖高皇帝戊申年"①，《清传》与《满传》"祖"字均误作"宗"字，而《耆献类征》不误；又"守将烈烈浑"，《清传》与《满传》均脱一"烈"字，而《耆献类征》不脱。又如《顾八代传》中的"不宜留任部院"②，《清传》、《满传》、《耆献类征》三书均脱"留任"二字；但"直上书房"的"上"字，《清传》与《满传》两书均误作"尚"字，而《耆献类征》不误。又如《郭世隆传》中的"四十二年七月"③，《清传》与《满传》均误作"四十三年"，而《耆献类征》不误；又"海面二千余里"，《清传》与《满传》均误作"二十余里"，而《耆献类征》不误。又如《鄂尔泰传》中的"经理仲苗事宜十条"④，《清传》与《满传》均误作"十一条"，而《耆献类征》不误；又"改黎平协为营，听统辖"的"听"字，《清传》与《满传》均误作"厅"字，而《耆献类征》不误；又"著将清江协改镇"的"清"字，《清传》与《满传》均误作"靖"字，而《耆献类征》不误。上述伊勒慎、顾八代、郭世隆、鄂尔泰等四传均可作为《清史列传》抄自《满洲名臣传》而不是抄自《耆献类征》的有力例证。

　　再举《清史列传》抄自《汉名臣传》的例子，如《韩菼传》中的《平定朔漠方略》⑤，《清传》、《汉传》、《耆献类征》三书均脱"方略"二字，不成其为书名；而"弘德殿"的"弘"字，《清传》、《汉传》两书均避清高宗弘历讳作"宏"字。但《耆献类征》不避讳作"弘"，似《耆献类征》所据稿本为康熙二十九年（1690年）国史馆第一次开馆纂辑之本。又如《魏象枢传》中的"吏科都给事中"⑥，《清传》、《汉传》、《耆献类征》三书均脱"都"字，"大理寺卿"三书亦均脱"寺"

---

　　① 《清传》卷四，页一六下至一七上；《满传》卷二，页一二下至一三上；《耆献类征》卷二六四，页一〇上至一一上。

　　② 《清传》卷一一，页二七上至二八下；《满传》卷一九，页四一下至四五下；《耆献类征》卷五一，页三四上至三八上。

　　③ 《清传》卷一一，页三〇下至三三下；《满传》卷二五，页二三上至三三上；《耆献类征》卷五三，页三〇上至三五上。

　　④ 《清传》卷一四，页一六上至二一下；《满传》卷三七，页四四下至五五下；《耆献类征》卷一六，页一二上至二一上。

　　⑤ 《清传》卷九，页四二上至四三上；《汉传》卷一一，页一一下至一五上；《耆献类征》卷五八，页一上至二上。

　　⑥ 《清传》卷八，页三下至四下；《汉传》卷一，页一上至四下；《耆献类征》卷四四，页一上至三下。

字;又"郎中宋文运"。《清传》与《汉传》均脱"宋"字,而《耆献类征》不脱。又如《张鹏翮传》中的"黄河比裴家场引河身高"的"比"字①,《清传》、《汉传》、《耆献类征》三书均误作"北";"给事中慕琛"的"慕"字,三书均误作"幕"字;但"同州知州蔺佳选"的"蔺"字,《清传》、《汉传》两书均误作"蕳"字,形似而讹,而《耆献类征》不误;"王家堂缺口"的"堂"字,两书均误作"营"字,而《耆献类征》不误;"按《南河志》"的"南河"系指南运河,两书均误作"河南",显系颠倒其字,而《耆献类征》不颠倒。又如《张廷玉传》中的"此所见与儿童何异"的"见"字②,《清传》、《汉传》两书均误作"为"字,而《耆献类征》不误;"然若迫于不得不辨"的"辨"字,两书均作"辩"字,显系形似而讹,而《耆献类征》不误;"遂至求所不当求,而忽其所不可忽"的"可"字,两书均误作"当"字,而《耆献类征》不误;"夫其所以汲汲如此者"一句,两书均脱"所以"二字,而《耆献类征》不脱;"至魏徵仆碑"的"仆"字,两书均误作"扑"字,而《耆献类征》不误;"交刑部定拟"的"拟"字,两书均作"议"字,当系音近而误,而《耆献类征》不误。上述韩菼、魏象枢、张鹏翮、张廷玉等四传只能是《清史列传》根据《汉名臣传》抄录过来而不是其他。

不但《清史列传》独有的一千一百九十个传的稿本来源,一时不易查考,像《裴雅思哈传》以及《任兰枝传》③,即是其例,因为前者只《清传》有,而后者又与《碑传集》截然不同;就是《清史列传》与《满汉名臣传》和《耆献类征》相同的一些传,既像是抄自《耆献类征》,又像是抄自《满传》或《汉传》,实际上它们既不是抄自《耆献类征》,又不是抄自《满传》或《汉传》而是另有所本。兹亦举一二例于此:如《班第传》中的"阿睦尔撒纳"的"撒"字④,《清传》误作"撤"字⑤,《满传》同误,而《耆献类征》不误;又"睦"字,《清传》作"穆",《满

---

①　《清传》卷一一,页一六上至二五上;《汉传》卷二二,页一上至二五上;《耆献类征》卷一一,页一上至一六下。

②　《清传》卷一四,页二一下至三六下;《汉传》卷二〇,页一上至四九上;《耆献类征》卷一四,页六上至三一下。

③　《清传》卷六,页一下至二下;又《清传》卷一九,页三一下至三二上。《碑传集》,清钱仪吉著,光绪十九年,江苏书局1893年校刊本,卷二五,页一六下至一八下。

④　《清传》卷一九,页六下至一三下;《满传》卷四四,页一一下至三三上;《耆献类征》卷三四九,页一上至一三上。

⑤　《清传》卷一九,页六下至一三下;《满传》卷四四,页一一下至三三上;《耆献类征》卷三四九,页一上至一三上。

传》同,而《耆献类征》作"睦":这是《清传》抄自《满传》的有力例证。可是,同
一个传里,"我军获其调兵者曰巴朗察罕"的"曰"字,《清传》误作"日"字,《耆
献类征》同误,而《满传》不误;又"厄楚衮"的"厄"字,《清传》误作"尼"字,
《耆献类征》同误,而《满传》不误:这又是《清传》抄自《耆献类征》的有力例
证。又如《岳钟琪传》中的"青海亲王察罕丹津"①,《清传》脱"亲"字,《耆献
类征》同脱,而《汉传》不脱:这是《清传》抄自《耆献类征》的有力例证;可是同
一个传里,"秦安"(甘肃县名),《清传》误作"泰安"(山东县名),《汉传》同
误,而《耆献类征》不误:这又是《清传》抄自《汉传》的有力例证。另外两个最
明显的例子:一个是《佛尼勒传》②,《清传》首云:"佛尼勒,满洲镶红旗人,姓
科奇里氏。父索尔和诺,从征明,攻河间,战殁。"《满传》与《耆献类征》于
"父"字之上有"世居瓦尔喀"五字,又于"父索尔和诺"之下"从征明"之上有
"少孤,其兄瑚里纳抚之成立。瑚里纳为仇所害,索尔和诺手刃其仇,祭兄墓。
太宗文皇帝崇德三年来归,任骁骑校。七年,随饶余贝勒阿巴泰"一长段,凡
五十四字。另一个是《庄存与传》,它只见于《耆献类征》③,当然是抄自《耆献
类征》了,再以《国史列传》相校④,确实也证实了这一点。但《传》中云:"此后
一甲之人皆有所警而专心问学。若有仍考列三等者,其列视此。"《清传》"警"
下衍一"惕"字,"问学"颠倒作"学问",下衍一"矣"字,又"列"误作"例",《耆
献类征》全同;而"未免过多"的"免"字,《清传》、《耆献类征》均误作"便"字;
"于现在定额中",两书均误作"于现在中额";"大省"、"中省"取中名额后,两
书均脱"边省官卷本属无多,不妨稍宽其额,每十名取中一名"一段二十一字,
又"山东、河南、山西、广东"下,两书均脱"陕西、四川"四字,《国史列传》不脱
上引二十一字而脱下引四字。如果说《清传》完全抄自《耆献类征》,而《耆献
类征》来源于《国史列传》所本的国史馆本传,为什么有同脱的四字,而不同脱

---

① 《清传》卷一七,页一二下至二一上;《汉传》卷二八,页一上至二七上;《耆献类征》卷二
八〇,页四上至一八下。

② 《清传》卷七,页二三上至二四上;《满传》卷九,页五〇下至五五下;《耆献类征》卷二七
三,页四上至六下。

③ 《清传》卷一四,页一一下至一四上。

④ 《国史列传》,东方学会印行本,卷五九,页一三上至一五下。

的二十一字呢？① 从上面所引班第、岳钟琪、佛尼勒、庄存与等人的传看，除了《清史列传》独有的一千一百九十个传一时不易查考外，其余所有的传，它们的稿本来源也不是轻而易举地一下子就能查得一清二楚的。

如前所述，《清史列传》的稿本来源，大致有三：一、出于《原国史馆纂修的大臣列传稿本》，除北京档案馆现存《稿本》中相同的六百多个传外，还有《清史列传》的一千一百九十个传查无下落，很可能也是出于早已散失的《大臣列传稿本》；二、小部分抄自《满汉名臣传》，连同《耆献类征》重出的加在一起，总共才有四百二十六个传，在《清史列传》的二千八百九十四个传中只占七分之一弱；三、大部分抄自《耆献类征》，单与《清史列传》相同的就有一千三百七十八个传，连同与《满汉名臣传》重出的加在一起，多至一千六百四十九个传，占《清史列传》全书的一半以上。但我们也很清楚地知道，《清史列传》当中的一部分是直接抄自《原国史馆纂修的大臣列传稿本》，而另一部分是间接从《满汉名臣传》和《耆献类征》过录下来的。《满汉名臣传》刊刻于乾隆末嘉庆初，正在乾隆三十年（1765 年）国史馆第二次开馆重纂大臣列传迄于乾隆末经过多次修改删定，依次进呈之后。故知乾隆年间重辑的大臣列传即为《满汉名臣传》所依据以刊刻成编者，《满传》四十八卷四十八册，《汉传》三十二卷三十二册，其中正传满六百三十九人，汉二百七十九人；附传满一百三十九人，汉二十八人，满、汉两传均系录自天命迄乾隆间历次所辑大臣列传中的著名人物。《耆献类征》七百二十卷二百九十四册，刊于清季，其中除收录清代有名人物的碑传、墓志以外，其余均标明"国史馆本传"字样。很显然，不管《满汉名臣传》也好，或者《耆献类征》也好，绝大部分的稿本来源，都出之于清国史馆历朝所纂的大臣列传。这些大臣列传几乎散佚大半以上，如今既为《清史列传》直接或间接转录下来，虽然其中不少属于第二手资料，仍不失为具有较高参考价值的接近于第一手的资料。

从目前现存的几十种清代传记看来②，《满汉名臣传》收录的不到一千人，而且都是乾、嘉以前的著名人物；差不多与《清史列传》同时刊布的《国

---

① 又如《清史列传》卷二二《明瑞传》系从《耆献类征》所据《国史馆本传》过录而来，但今以《国史列传》卷一七《明瑞传》相对勘，两者迥乎不同，其不同出一源显然。

② 房兆楹、杜联喆合编：《三十三种清代传记综合引得》，原燕京大学哈佛燕京学社引得编纂处出版；中华书局 1959 年版。

史列传》八十卷二十册，收录的只有五百余人，均系乾、嘉年间的有名人物，而且其中许多人与《满汉名臣传》雷同；成书于清季的《耆献类征》，收录之富，搜辑之博，远远超过上列二书，但它的缺点也很多，碑传、墓志、家乘小传，无所不包，重复错出，杂沓讹夺，不一而足，直接从"国史馆本传"抄出的固不少，但辗转过录的为数更多。那么，囊括有清一代三百年间的人物传记，自然要首推《清史列传》和《清史稿》中的列传部分了。《清史稿》的列传所收虽有不少为《清史列传》所无，但两书相同的绝大多数的传，《清史稿》叙事简单概括了事，多半有年无月，有的甚至连年月全都省去，这对清史研究工作者的进一步深入查考，极为不便；与此相反，《清史列传》叙事较为详明，年月首尾具备，虽不免有"纯属流水账簿"之诮，但因人依时沿流溯源，探索以求，每每得事半功倍之效。不特此也，《清史列传》可校正《清史稿》列传的地方也很多，很有足补《清实录》的缺失或纠正其错误的地方：如《张鹏翮传》有康熙三十九年五月一疏①，而《清实录》为体例所限，不载；又如《田从典传》有雍正六年三月乞休得旨的原文②，远比《清实录》为详晰。又如《清实录》节录失误而幸得《清史列传》载有原文足以校正者：道光六年八月朱士彦的覆奏，《实录》删减成"原参有因而未尽实等语"一句③，骤视之殊不可解。及查《清史列传》中的《朱士彦传》④，原文为"原参各款，有并无其事者，有事出有因而未尽实者"云云。可证《实录》纂修者竟将原奏的"事出有因"四字删节而为"有因"二字，殊不成辞，文理不通有如此者！不有《清史列传》本传收录原奏，孰能通晓其意？然则《清史列传》的史料价值也就不言而喻了。

【后记】去年执友刘子健教授自美国普林斯顿大学东亚学系寄我《清代文献档案总目》（台北"故宫博物院"1982 年 6 月出版）一册。据《总目》载，台北"故宫博物院"所藏史馆列传四八五七册，而传稿包括有清国史馆及清史馆前后所立传，亦有不明来由之稿本，有草稿及历次修订清缮本，有单篇亦有汇编

---

① 《清传》卷一一，页一八上至一九上；《清圣祖实录》卷一九九，页一六上至一八下，从略。
② 《清传》卷一二，页四三上。
③ 《清宣宗实录》卷一〇四，页三一上。
④ 《清传》卷三七，页八上。

合订之稿本,又有人名录及各编之序目等。因而得知,清国史馆与清史馆两馆纂修大臣列传之原稿羼杂合并于一处,其可得而考者,《总目》中所列列传序目及备查表册等项下,明确标出的,有《国史忠义传目录》一册,《钦定国史贰臣传目》一册,《钦定国史逆臣列传》一册,《钦定国史满汉文武大臣画——列传档正编副本目录》一册,《钦定国史满汉文武大臣画——列传档案编副本目录》一册,《钦定国史满汉文武大臣画——列传档续编副本目录》一册,《钦定国史满汉文武大臣画——列传档后编副本目录》一册,《国史满汉文武大臣列传档目录副本》一册,《国史满汉文武大臣列传已纂未进覆辑本目录》一册,《国史现办画——列传凡例》(刻本)十九册,《钦定国史大臣画——传档正编》一册,《钦定国史大臣画——传档次编》一册,《钦定国史大臣画——传档卷一前编》一册,《钦定国史大臣画——传档卷十六正编》一册,《国史忠义现办画——传档》一册,《次编画——忠义传》一册:当系清国史馆纂修大臣列传之原稿档册无疑。而《总目》另列载之《传稿人名笔画索引》,全部一万三千余传之姓名,则拙文中提出的《清史列传》尚有来源不清的将近一千二百来个传,自应包括在其内;但因此一万三千余人名索引,系合清国史馆与清史馆两馆之传稿人名汇编而成,如不检阅两馆传稿原件,固无从得知孰为清国史馆之旧传稿,孰为清史馆之新传稿矣。然则《总目》中所云包括两馆传稿在内之"史馆档列传四八五七册",以视神田信夫之《清朝四国史列传と贰臣传》文中提及的《国史未定稿》三千四百册,多出了一千三百五十七册,多出者应为清史馆列传档;不则《国史未定稿》之三千四百册中,或亦包含清史馆传稿:两者必居其一,但迄今所知,台北馆藏清国史馆纂修大臣列传原稿,显然比北京一史馆所藏为多,则是千真万确的事实。

1985 年 3 月锺翰补记

最近得读台北庄吉发先生所撰《清代国史馆的传记资料及列传的编纂》一文(刊于《幼师学志》第十六卷第一册,页一五三至一八二),对台北"故宫博物院"现藏清代国史馆纂修的列传,作了详细的介绍,大可补拙文的不足。庄文有云:"清代国史馆朱丝栏写本的列传,有原纂本、续纂本、改订本及定本的分别,包括亲王列传、宗室列传、大清国史宗室列传、钦定宗室王公功绩表传、钦定外藩回部王公表传、钦定续纂蒙古回部王公表传、钦定续纂外藩蒙古回部王公传、钦定续纂外蒙古王公传、国史忠义传、国史忠义传正编、国史忠义传次编、国史忠义传续编、清史满蒙汉忠义传、钦定国史忠义列传、大清国史功臣列传、清史满汉大臣列传、清史大臣列传、清史大臣列传续编、国史大臣列传正编、国史大臣列传次编、国史大臣列传续编、钦定国史大臣列传正编、钦定国史大臣列传次编、钦定国史大臣列传续编、清史儒林传、清史文苑传、清史循吏传、清史贰臣传甲编、清史贰臣传乙编、钦定国史贰臣表传、清史逆臣传、钦定国史逆臣列传、昭忠祠列传续编等,合计约一千六百余册,或一人为一册,或数人为一册,列传人物,合计约六千余人,较中华书局出版的《清史列传》所载人物多达一倍以上。"庄文又云:"清代国史馆的传包,包括两大部分:一为国史馆纂修的各种列传原稿,有初辑本、重缮本、校订本、增辑本及定稿(本)等的区别;一为国史馆为纂修列传所咨取的各种传记资料。国史馆所立列传,包含宗室传、大臣传、儒林传、孝友传、学行传、文苑传、循吏传、名宦传、隐逸传、忠义传等。中华书局出版《清史列传》,不含孝友、学行、名宦、隐逸传等。传包内的列传,以忠义传人数为最多,其中武职人员包括总兵、副将、参将、游击、守备、防御、佐领、参领、协领、前锋、骁骑校、副都统、都司、千总、把总等,多不见于《清史列传》。列传人物,清初较少,清末人数较多,资料亦较丰富。在循吏列传内如李棠、李森、周际华、周灏、施沛霖、秦聚奎、曹大任、郭文雄、郭世隆、陈宗海、陈朝书、张楷、张衡、焦云龙、云茂琦、景其沅、彭洋中、雷铭三、刘世墀、刘衡、刘遵海、郑伸、薛时雨、魏式曾、严以盛、窦以笃等人的列传,俱不见于《清史列传》。其余人物不见于《清史列传》者,实不胜枚举。"据此,得知台北"故宫博物院"所藏清国史馆原纂修的大臣列传稿本,仍以清初较少、清末人列传为多,与北京一史馆颇有类似之处。但庄文所记清代国史馆纂修的列传只有一千六百余册,与神田信夫氏所提《国史未定稿》三千四百册以及台北"故宫博物院"《档案总目》所载史馆档列传四千八百五十七册的数目均不相同,显然是因为史馆既包括国史馆又包括清史馆,而各人统计列传的范围不同,得出的数字也就各异了。我前面提及的《清史列传》独有的一千二百来个传,是否全部或大部分甚至一小部分仍保存在台北"故宫博物院",如不把北京和台北两处所藏的列传原稿全部查对一遍,这一《清史列传》的稿本来源问题是无法搞得一清二楚的。

1985 年 5 月锺翰再识

内务府世家考

考内务府一名，创始于清而为前代所无。它的长官全称为总管内务府大臣，简称内务府大臣或总管大臣。满语称包衣按班（booi amban）或包衣大（booi da）①。

自来民间流行的看法，一提到"包衣下贱"、皇室"家奴"或自称"奴才"，似乎凡隶属于内务府旗籍的人，都是奴仆，低人一等，是满族社会中的最下层。其实不然。除隶属内府三旗（镶黄旗、正黄旗和正白旗）中内管领下食口粮人的辛者库（满语 sin-jeku）②，另当别论外，不错，凡属内府三旗的成员，对皇帝一家来说，固然有"一日主、百年奴"的主奴隶属关系，但这种主奴关系实际上也只能是和满、蒙、汉等内外文武大臣对皇帝一样的君臣关系。这是因为与内府辛者库或八旗旗下人（一作户下人）不同的内府三旗成员，可以参加考试，可以为官，也可以捐纳，而且做的官，品级虽不高，四、五品的居多，但他们大都是出任盐政、税务、河道、织造、海关等肥缺。③

特别值得指出的是，这些被指派外任肥缺的内府三旗成员可以专折奏事，即所谓"密折"。正如清圣祖玄烨所说的他们"虽不管地方之事，亦可以所闻大小事……密密奏闻。……就是笑话也罢，叫老主子笑笑也好。"④就是一个

---

① 吴振棫：《养吉斋丛录》，北京古籍出版社 1983 年版（下称《丛录》）第 24 页及崇彝《道咸以来朝野杂记》，北京古籍出版社 1982 年版（下称《朝野杂记》）第 3 页，并谓："接班，作昂拜者，音不符"云。翰按"拜"应是"邦"之误。

② 《上谕八旗》（雍正间刻本），卷二页十一下有云："如议令入辛者库，将此等人之子孙永不叙用，不许为官，一切考试、捐纳等处俱行禁止。"奕赓《寄褚备谈》（《佳梦轩丛著》本）页四下云："辛者库……向例不许为官，内府俱贱视之。"知辛者库或亦称内府包衣，实则与内府包衣有别，远非内府包衣可比。

③ 《朝野杂记》，第 5 页。

④ 《宫中档康熙朝奏折》（以下简称《康档》），1976 年台北《故宫文献特刊》之一，第 7 辑，第 349—350 页。参见《关于江宁织造曹家档案史料》（以下简称《曹档》），中华书局 1975 年版，第 149—150 页。

很好的例证。圣祖玄烨之所以对曹寅一家如此信任和倚重,是不是要叫他们"在江南暗中搞情报和统战工作"这一问题当然可以继续深入探讨,这里暂且不谈;但有一点可以肯定的,是曹寅一家与皇家这种"主奴"、"君臣"关系十分密切、特殊,不同一般,则是事实。这说明内府三旗成员的政治、经济和社会地位,在清朝一代不但高于一般民人,而且在某种意义上,他们实际上的权力还凌驾于地方督抚之上,因为一些督抚有时在某种情况下,奏折还得通过他们向皇帝代递。

从清朝一代近三百年的历史事实中去考察,我们不难发现,乾嘉以后,由内府三旗出身的:京卿有累官至内务府大臣、六部尚书或大学士(一、二品)的,代不乏人,甚且有一家两三代连任内务府大臣的;外任则有一家几代累官至将军、督抚、河漕督(二、三品)的,更不胜枚举。其他如文学世家之辈,曹寅、法式善、钟杨诸家,尤为其中佼佼者。今据最近出版的崇彝《道咸以来朝野杂记》一书所载,说"内务府世家,数代为总管大臣者"①,历举明索、钟杨、文董、崇蒋、立杨等,不下10余家,30多人。大家都知道,《朝野杂记》详于道、咸以后,以前则付阙如。顷参以福格《听雨丛谈》、杨钟羲《雪桥诗话》、《清史列传》、《清史稿》诸书,凡顺、康、雍、乾、嘉五朝以及光、宣各朝的内府世家,一一为之旁考博稽,相互质证,补缀成篇,又得10—20家,50—60人,与《朝野杂记》相较,不啻倍蓰。以视先秦以降历代的名门望族之称世家者,毫无逊色。兹按时代先后,依次编排,爱作《内务府世家考》。

50年来,国内外史学界有关清代内务府方面的论著,为数不多②,而郑毅生(天挺)先生在40年代发表的《清代包衣制度与宦官》③一文,着重讨论了内务府制度本身的沿革损益及其与前代宦官的因袭关系,史料翔实,论证精审。最近南开大学历史系决定出版纪念郑先生学术论文集,征稿于我,我不自

① 《朝野杂记》,第13页。

② 20世纪30年代,国内有曹宗儒《总管内务府考略》,载《文献论丛》1936年,第10期;有曹静华《清代内官与内务府衙门之分析》,载天津《益世报文学》第54期,1937年5月3日;50年代有齐如山《前清的内务府衙门》(一、二、三、四),载《中国一周》第226—229期,1954年8—9月。70年代,国外有陶博《康雍乾内务府考》(P.M.Torbert, *The Ch' ing Imperial Household Department: A Study of Its Organization and principal Functions*, 1662—1796,哈佛大学出版社1977年版)。国内有陈国栋对陶氏的书写了书评,刊于《史学评论》第一期,1979年7月;国外也有陆惠风撰有书评,刊于《哈佛亚洲学志》第38卷第2期,1978年12月。余不备举。

③ 先刊于《清史探微》,重庆独立出版社1946年版;后收入《探微集》,中华书局1980年版。

揣谫陋，特将此考以应雅命。续貂之作，尚幸容恕。

完颜氏一家

阿什坦，字金龙，完颜氏，内府正白旗满洲。顺治初，进士，授给事中。开始翻译《大学》、《中庸》、《孝经》、《通鉴总论》诸书。康熙中，罢官家居，著有《大学中庸讲义》及奏稿。①

长子和素，字存斋。累官至内阁侍读学士，亦为一时名宦。著有《琴谱合璧》十八卷。②

次子鄂素，编入内府正黄旗。③

孙留保，字松裔，编入内府正白旗。康熙末进士。雍正间，历官礼、吏、工三部侍郎、尚书。乾隆初卒，年七十有七。④

又完颜伟，完颜氏，旗分不详。雍正间，由内务府笔帖式起家；乾隆初，累官至江南东河河道总督、左副都御史。⑤

麟庆，字见亭，亦完颜氏，内府镶黄旗满洲。嘉庆中进士。累官至巡抚、河督、两江总督。督南河安澜议叙者六，京察优奖者再。著有《黄运河口古今图说》、《河工器图说》。⑥

子二：崇厚，字地山。道光末举人，历官知州。咸丰末，出任三口通商大臣。同治初，署直隶总督。光绪初，署奉天将军。旋出使俄国，以与俄订约，丧权失地，朝野大哗而下狱。后释归⑦，卒。

崇实，道光末进士。咸丰间，历官户、礼二部侍郎，旋出任四川总督、成都将军。同治中，又任热河都统、刑部尚书及盛京将军，卒。⑧

---

① 《清史稿》（以下简称《史稿》）第44册，中华书局1977年点校本，第13335—13336页《儒林传》本传。按《通鉴总论》不见本传，今据《史稿·留保传》补。

② 《国朝耆献类征初编》（以下简称《耆献类征》），湘阴李氏刻本，卷七九，页三二上。

③ 按鄂素之父阿什坦与子留保，均为内府正白旗人，而此云鄂素正黄旗人，下云麟庆镶黄旗。清制，一家父子兄弟编旗，本不必同属一旗也。

④ 《史稿》第34册，第10274页，参《听雨丛谈》，中华书局1984年版，第238页。

⑤ 《耆献类征》卷七九，页三二上至三四下；《史稿》第35册，第10636—10637页。

⑥ 《史稿》第38册，第11657—11658页及《耆献类征》卷二〇三，页七上至十下。

⑦ 《史稿》第41册，第12476—12477页。

⑧ 《清史列传》（以下简称《清传》），上海中华书局1928年版，卷五二，页三七上至四四下。

孙嵩申,官至刑部尚书;曾孙景贤,举人。①

上述的阿什坦、完颜伟、麟庆,皆完颜氏族裔,历时二百年,人物冠盖之盛,实为清代内府文学世家之冠。

曹氏一家

曹寅,字子清,号荔轩,别号楝亭、雪樵、柳山等。内府正白旗旗鼓佐领下汉姓人。父玺,外任江宁织造,内升兵部尚书。母为圣祖玄烨的乳母,二女皆为王妃。寅亦出任江宁织造,兼两淮盐政。嗜学,擅风雅。校刊古书甚精。工诗,出入白(居易)、苏(轼)之间。著有《楝亭诗钞》八卷、《诗钞别集》四卷、《词钞》一卷。康熙五十一年(1712 年)卒。

子颙嗣,仍为织造。寻,颙卒,频补其缺,以养两世孀妇。雍正初,因替"塞思黑"(即世宗胤禛弟兼政敌胤禟),寄顿镀金狮子的罪名而被革职抄家。②

自玺乞颙,三世为江宁织造,将四十年。

曹霑,字雪芹,寅孙。乾隆初,授读咸安宫宗学。家落,落拓不羁,僦居西山。嗜饮,吟咏自适。早卒。著有《红楼梦》八十卷,成为世界文坛巨子。蜚声海内外,以到于今。

附李、孙二家

李煦,父李士桢,本姓姜,内府正白旗汉姓人。士桢官至广东巡抚。煦,康熙中,外任苏州织造,并先后八次兼两淮盐课监察御史,达 30 年。妻为曹寅妹,杭州织造孙文成亦系曹寅的母系姻戚。"三处织造,视同一体",休戚相关,荣损与共。雍正元年(1723 年),煦因"谄附阿其那"(即世宗胤禛的八弟

---

① 按《清传》不载崇实之子若孙,今据中国第一历史档案馆所藏《原国史馆纂修的大臣列传稿本》(之四八包)补入。

② 《永宪录续编》,中华书局 1958 年版,第 390 页;《清传》卷七一,页六二上。参见《曹档》第 1、6、100、111、125、188 页。按《史稿》第 44 册,第 13379 页《文苑二》,曹寅有传。一说曹频以驿站办差亏空而被革职抄家,是经济问题而非政治问题,可备一说。

兼政敌胤禩)而下狱,遣戍打牲乌拉(今吉林市北乌拉街满族民族乡),卒。①

李、孙两家并非文学世家,名望不逮曹家远甚。

高氏一家

高斌,字右文,号东轩,高佳氏,内府镶黄旗汉姓人。女为皇妃(即慧贤皇贵妃)。雍正初,由内务府主事而员外郎、郎中,外任苏州织造、南河总督。乾隆初,内拜吏部尚书,兼管内务府大臣、协办大学士、军机处行走。卒,谥文定。②

子恒,字立斋。乾隆初,由荫生而主事、郎中,外任长芦盐政。乾隆中,内授总管内务府大臣。旋革职,因赃论斩。

孙朴。乾隆中,由员外郎出任山东漕务,擢左副都御史,工、吏二部侍郎。后往叶尔羌办事,以贪坐诛。③

恒、朴既坐诛,复录用斌孙杞与从子晋。

杞,以内务府郎中,升给事中。嘉庆初,出任湖南、浙江巡抚。内授内务府大臣,外署陕甘总督。道光初,以老休致,旋卒。④

晋,字昭德。父述明,凉州总兵。晋由监生起家,乾隆初,累迁布政使,兼江宁织造。乾隆中,升两江总督、湖广总督兼荆州将军。内授文华殿大学士,兼礼部尚书,仍留两江任。卒,谥文端。⑤

子书麟,字绂斋。乾隆间,出为安徽巡抚、两江总督。忤和珅,遣戍伊犁。嘉庆初,和珅败,授吏部尚书、协办大学士;外任闽浙总督,两调云贵、湖广。以镇压白莲教农民起义,卒于军,谥勤。子吉郎阿嗣爵。

弟二:广厚,由进士起家,历任江西、甘肃、广东布政使。官至安徽、湖南巡

---

① 《李煦奏折》,中华书局 1976 年版,第 15—16 页;《前言》,第 1—5 页。参见《曹档》,第 212—214 页;《康档》第一辑,第 289 页。

② 《史稿》第 35 册,第 10629—10634 页;《清传》卷六,页三七下至四一上本传;《永宪录》第 119 页。

③ 《史稿》第 36 册,第 11071—11073 页;《清传》卷一六,页四四下至四六下。

④ 《清传》卷三三,页一四下至二〇上。

⑤ 《史稿》第 35 册,第 10634—10636 页。

抚。卒。①

广兴,字赓虞。入赀为主事,官至兵、刑两部侍郎,两任内务府大臣。以纳贿诛,籍其家。子蕴秀,戍吉林。②

英　和

英和高祖都图,索绰罗氏,赐姓石。内府正白旗满洲。累官至内务府大臣。

曾祖石琦,因石为族。

祖明德,有《显庵诗钞》。从祖富宁,有《东溪诗钞》;永宁有《东村诗钞》。

父德保,字保斋。以进士起家,继为内务府大臣,近30年。历署漕督,两广、闽浙总督,吏、兵、礼三部尚书,参与编纂《乐律全书》。乾隆末卒。谥文庄③。德保与从兄观保并以乾隆初进士入翰林,直南书房。

英和,字煦斋,幼名石桐,又字树琴,别号粤溪生。亦以进士起家,拒婚和珅,得向用。两任内务府大臣逾20年。官至军机大臣、协办大学士、户部尚书。道光间,卒。著有《卜魁城赋》、《卜魁纪略》、《五福堂笔记》等书。

子奎照,嘉庆间进士。历任礼部尚书、军机大臣。缘事夺职,复起为左都御史。

奎耀,亦嘉庆间进士。官至通政使,后为南河同知。

孙锡祉,奎照子。道光中进士。历翰林院侍讲学士,后官长芦盐运使。

英和自其祖若父以及两子一孙,一家五世,均以词林起家,为内府三旗士族之冠。④

---

① 《史稿》第37册,第11125—11127页。
② 《史稿》第37册,第11301—11302页。
③ 《清传》卷二四,页一五上至一六上。按《雪桥诗话》(刘氏求恕1913年斋本)卷九,页五〇下至五一上据英和所著《石氏受姓源流纪略》纪其高祖以下两代家世最详。又按《诗话》卷六,页一四上,而页三九上云德保"与定圃宗伯同名"。知有两德保,叔侄同宗同名,满人命名不避同名也。
④ 《史稿》第38册,第11409—11412页。

法 式 善

法式善,高祖梦成,号丹崖,乌尔济氏,赐伍尧氏,又赐姓孟。① 内府正黄旗蒙古。入关前官内管领。

曾祖六格,郎中。

祖平安,官员外郎;从祖长安及其父乌达器,皆监生出身。

父广顺,字熙若,号秀峰。本生父为平安,过继为从父长安后。乾隆间举人。初举内务府笔帖式。生平淡泊,不求仕宦。好读《资治通鉴》,尤邃于《易》。乾隆末卒。

法式善,广顺长子,过继为和顺后。原名运昌,后改今名(满语 faššan,汉译奋勉、建功立业之意)。字开文,号梧门,又号时帆(一作石帆)。以"诗龛"自题书室,又以"陶庐"为号。乾隆间,进士。官至国子监司业、祭酒。扬历清华,逾 20 余年。文誉卓著,几与袁子才(枚)埒,而品望或过之。时称文学世家,当之无愧。著有《清秘述闻》、《槐厅载笔》、《存素堂诗集》、《陶庐杂录》等书②。

英 廉

英廉,字计六,号梦堂,本姓冯。内府镶黄旗汉姓人。雍正间举人。乾隆初,外任江宁布政使,兼织造,不十年,擢至内务府大臣。历长六曹,三擢直督。协办大学士有年,补授东阁大学士。清制,大学士满、汉各二人。内府三旗汉姓人授汉大学士,则自英廉始。乾隆末卒,谥文肃。③

子若孙,俟考。

---

① 《清传》卷七二,页四三上《法式善传》。按蒙古乌尔济氏,一作乌尔吉氏,见《冷庐杂识》,中华书局 1984 年版,卷六,第 309—310 页,但此姓不见《八旗氏族通谱辑要》(翰自藏旧抄本),卷下,页一上至三三上,附载满洲旗分内之蒙古姓氏 235 姓中。蒙古族谱中是否有此姓氏,俟考。

② 《史稿》第 44 册,第 13402 页《文苑二》;《耆献类征》卷一四五,页五四上至五五上。

③ 《史稿》第 36 册,第 10768—10769 页。按《清传》卷六〇,页二上之英廉,蒙古伊克明安氏,乃另一人之同名者。

福格,字申之。英廉曾孙。咸丰初,以惠州通判留僧格林沁山东军中,有功,升莒州知州。卒年不详。著有《听雨丛谈》十二卷。书中每提及"先祖通判公",不知其名;"先文肃公",即英廉也。①

基 溥

基溥,本姓李。内府正白旗汉姓人。以笔帖式起家。道光间,外任苏州织造、粤海关监督,内升内务府大臣、刑部侍郎、左都御史。同治初,卒。

子二:钟文,山东候补道;继芳,户部主事。②

按清制,汉军人不得选刑部之例,始于乾隆十九年(1754年)。英廉于乾隆三十八年(1773年)曾官刑部侍郎,后洊宰辅,仍兼刑部;咸丰初,基溥官至少宰,亦由刑部侍郎转阶,是知内府之满洲旗分内汉姓人,与汉军不同,不在回避之例。③

百 龄

百龄,字菊溪,本姓张。内府正黄旗汉姓人。乾隆中,进士。文名早著,益研经史。历任学政、御史,逮回闲职10余年。嘉庆初,始拔擢。出任湖南、浙江、贵州布按,贵、粤巡抚,湖广、两广、两江总督。内升刑部尚书、协办大学士,总督如故。以平江南人民散布反词有功,封三等男爵。卒,谥文敏。

弟二:硕龄,桂龄。

百龄老年得子。赐名扎拉芬,袭男爵。④

清制,内府三旗汉姓人,子孙官至三品以上,许奏请仍归原旗。有终身隶内府不复奏请回籍者,则百龄一人耳。⑤

---

① 《听雨丛谈》卷三,第53页;卷五,第121页;卷八,第168页及《出版说明》。

② 《清传》卷四七,页三六下至三八上。

③ 《听雨丛谈》,第53页。

④ 《耆献类征》卷三五,页一上至二六上;《清传》卷三二,页二四上至三五上及《史稿》册37,第11133—11135页。按《清传》,作"正白旗人",异。

⑤ 《养吉斋丛录》卷一,第3页。

钟 杨

钟祥,本姓杨。内府镶黄旗汉姓人。世居北城旧鼓楼大街马家厂,逾百年。俗称"钟杨"。当时人误以为其家距钟楼近,或系皇家铸钟匠而得名。实则钟祥乃满洲命名,杨为本姓,乃合满名、汉姓而称之耳。疑这种称谓开始于乾嘉间,盛行于道咸以后。

钟祥字云亭。嘉庆中进士。出任知县、知府、布按、巡抚,官至河督、闽浙总督。道光末,卒。

子二:德振,锡振,均候补主事。

侄辈有:继振,字幼云。风雅嗜古,蓄古钱,历朝皆备,并藏有汉碑娄寿、夏承两孤本。妾黄氏去尘,亦通翰墨,书画碑帖中每见其小印,即幼云家物。

宜振,字春宇。道光末进士。外任江苏学政,内升户部侍郎。累世巨富,宇舍连云,几遍前后两街。四乡田亩尤广,有终年取不尽之租。积储甚丰,故其家常有被盗之事发生。

钟杨一家的子侄辈多与咸丰初之大学士柏葰一家联姻,为《道咸以来朝野杂记》之著者崇彝的外祖辈,故《杂记》所载,多为实录。①

崇 纶

崇纶,字荷卿,本姓许。内府正白旗汉姓人。由内务府司员,洊升六曹。道光末,出任江宁织造、长芦盐政。咸丰间,擢侍郎,帮办总理各国事务衙门大臣。同治初,授内务府大臣,仕至理藩院、工部尚书。光绪元年(1875年)卒,谥勤恪。

子寿昌,兵部右侍郎。

孙锡麟,内务府郎中。

家住景山西门雪池。同时又有逃跑畏死之湖北巡抚崇纶,系喜塔腊氏,乃

---

① 《清传》卷三八,页二二上至二四上;《耆献类征》卷二○三,页一上至六上;《朝野杂记》,第20—21页。

另一人之同名者,故俗称之为"内崇"、"外崇"云。①

明　索

明善,字元甫,本姓索氏。内府正黄旗满洲。监生。道光末,外任苏州织造、粤海关监督。咸丰间,内授内务府大臣、崇文门副监督。同治末卒。

子文锡,字澍田。继为内务府大臣。

孙增崇,字寿臣。亦继为内务府大臣。

家住秦老胡同,屋宇多至数百间,世称"明索"。三世为内务府大臣者,道咸以后,只此一家。②

东贵与西贵

"东贵"即贵宝,字楚堂;"西贵"即桂清,端方之伯父:皆为内务府大臣。同住西单旧刑部街东头与西头,故有"东贵"、"西桂"之称。同治间,贵宝与文索之子文锡因倡导修淀园事同被劾,故又有"小人贵"、"君子桂"之称。君子、小人之称,皆御史参折中语。③

崇　金

崇光,字星阶(一作心阶),本姓金④。内务府正黄旗朝鲜籍。官内务府大臣、吏部侍郎。

子世续,字伯轩(一作博轩)。光绪初举人,历官郎中、内阁学士、侍郎、尚书,转体仁阁、文华殿大学士。两为内务府大臣。民国十年(1921 年)卒,谥

① 《清传》卷五三,页三三下至三五下及《朝野杂记》,第 18 页。

② 《清传》卷四七,页三八上至三九上及《朝野杂记》,第 13、100 页。按《史稿》44 册,第 13533 页《忠义传》之明善,富察氏;《耆献类征》卷三五五,页一三上又有一明善,爱新觉罗氏。是知三人同名,为罕见之事。

③ 《朝野杂记》,第 21 页。

④ 《史稿》第 42 册,第 12818—12819 页《世续传》。按《传》作"索勒豁金氏",索勒豁,满语 Solho,即高丽,今朝鲜。

文端。著有《四书图说》。为《德宗实录》监修总裁官。

父子同时为内务府大臣,亦内府三旗朝鲜籍中之仅见者①。

文 董

文丰,本姓董。内府正黄旗汉姓人。世称"文董"。以笔帖式起家,道光间,外任杭州、苏州织造,兼粤海关监督。咸丰初,两任内务府大臣。英法之役,圆明园破,投水死,谥忠毅。

子福某,字承斋。荫生,终生未仕。家住南池子皇史成后身表章库。

弟文廉,亦累官内务府大臣。②

巴克坦布

巴克坦布,字敦甫,本姓王。内府旗籍。官至侍郎,兼内务府大臣。

侄继禄,字子受。亦任内务府大臣。③

豫 师

豫师,字锡之,本姓不详。内府旗籍。咸丰间进士。八股文最有名。由中书外放知府。同治中,佐左宗棠幕于陕甘,艰苦备尝,因之双目失明。累官至西宁办事大臣。告归后,住西城石驸马后宅,颇具园林之胜。光绪间,创会辅堂于西四牌楼北当街庙。会辅堂虽是书院,其实多大成教中人物,如乔树枬、孟庆荣等皆佐理之人,而豫则掌教者也。④

---

① 《史稿》第42册,第12818—12819页;《朝野杂记》第13页及《行素斋杂记》(1984年,上海书店影印本)下第40页。

② 《史稿》第45册,第13670页《忠义传》八;《雪桥诗话》卷一二,页三九下及《朝野杂记》第13、72页。

③ 《朝野杂记》,第3、13页。按巴克坦布不知属于内府三旗中之何旗,亦不知是否为汉姓人,均待考。

④ 《朝野杂记》,第81页。

崇　蒋

崇礼,字受之,本姓蒋,内府正白旗汉姓人,时称"崇蒋",行四,俗称之为"蒋四爷"。苑丞起家,同治中,出任粤海关监督。光绪间,内迁京卿。两次贬官:一为山海关副都统,一为热河都统。清制,由内务府出身人员,未到外省或六部经历政事者,官至侍郎为止。而崇礼在庚子年(光绪二十六年,1900年),官刑部尚书,派为留京办事大臣,得晋协办大学士。是崇礼两次被谪,反而成全其为一品官阶,否则虽尚书亦不可得,遑论入阁拜相? 卒,谥文恪。

子锡鑫,员外郎。

兄崇祐,颇读书,能诗。著有《养志书屋集》。①

立　杨

立山,字豫甫,本姓杨,行四,时称"立杨四"。内府正黄旗蒙古。光绪初,以员外郎出监苏州织造,历四任乃得代。内迁奉宸苑卿、内务府大臣、户部尚书。以不赞成义和团运动,与徐用仪、许景澄,联元、袁昶等人同时论死。追谥忠贞。

子联荣,郎中。②

恒　祺

恒祺,字子久,伊尔根觉罗氏。内府正白旗满洲。由官学生起家。咸丰间,外任粤海关监督,内迁内务府大臣。英法之役,佐恭亲王奕訢订约,最出力。官至工部侍郎,帮办总理各国事务衙门事务。同治初,卒。

子乐昌,以主事升员外郎。③

---

① 《清传》卷六一,页八上至九下及《朝野杂记》第13,44页。

② 《史稿》第42册,第12763页,《清传》卷六一,页一六下至一八上及《朝野杂记》第13页。

③ 《清传》卷四七,页三五下至三六下及《朝野杂记》第18页。

延　茂

延茂,本姓杜,内府正白旗汉姓人。同治初,进士。累官至京卿。光绪间,出任吉林将军。再授黑龙江将军,未行,值八国联军入都,偕弟延芝及妻女自焚死。谥忠恪。

子肇鸿,员外郎。①

英　年

英年,字菊侪,本姓何。贡生。光绪初,为内务府员外郎。以夤缘李莲英辈,数年之间,由三院卿骤升至工部侍郎、左都御史。居宅在东城奶子府府墙夹道。八国联军破京师,以袒护义和团褫职论斩。寻赐自尽。

长子铁彦甫,郎中。②

余　记

今既概括论列了清朝一代的内府世家多至 20—30 家,逾 100 余人,有如上述;其不足称世家,而仍需补叙者又有数事:

一、位卑名不显而事足传者。清初,死于金声桓之乱的,有于跃龙与其二子于英、于贵;死于吴世璠之乱的,有董重民;死于噶尔丹之役的,有韩大任;皆内府镶黄旗汉姓人。死于王辅世之乱的,又有刘士英,内府正白旗汉姓人。他如康乾间,文武科出身的,武有偏武,中武进士,内府正白旗汉姓人;文有长住,亦内府正白旗汉姓人,宏词科举而未取。③

二、名显位尊爵高而抬旗的,未便仍并列于世家之内者。如清季官至荆州将军,连任湖广总督 10 余年之久的官文,字秀峰,本姓王,内府正白旗汉姓人。

---

① 《史稿》第 42 册,第 12777 页;《清传》卷六〇,页一上至二上。
② 《史稿》第 42 册,第 12754 页;《朝野杂记》,第 24 页。
③ 《听雨丛谈》卷一,第 17 页;卷四,第 94 页;卷一一,第 238 页。

后以二等伯大学士,免其本支仍隶内府旗籍。子荣彩与孙兴恩均袭伯爵。①

三、内府三旗成员,虽官至内务府大臣而无继者,不得入世家之列。如俊启字星东,本姓苏,俗称之为"俊八爷"。光绪初,出任粤海关监督者三,内升内务府大臣。后因事被劾,府第入官,以赐慈禧太后之弟照祥。俊恚愤死②。又如师曾字季瞻,本姓田。光绪中,累官至内务府大臣③。二人均无继。

四、名姓俱忘或本姓不详而又佚其子孙之名者。如道光朝的内务府大臣某某,忘其名,权相穆彰阿的姻家,住西城甘石桥大街。同时,内府旗籍有"东广"、"西广",皆佚其名,"东广"住宅在甘石桥大街路东,"西广"在大街路西。光绪初年的内务府大臣茂林与其兄庆林,皆由外任织造肥缺。庆林又官至三院卿,其子文某及其侄文某,官内府银库郎中。其后人亦尚有登仕途者,俱佚其名。④

五、定制,内务府官员,一中进士,改分六部,而玩狎怠惰,不求上进,侘傺以死者,多有之。光绪间,延照字光宇,为礼部司员,年最少。鸦片烟瘾甚重,故到署恒迟,罢官,旋卒。恩汝和为内务府有名的红司员,六部郎中,历任署事几遍。住东板桥北口外,即当时什刹海支流入皇墙之河,河身极高。一日晨,趋朝,所坐骡车忽惊,连车带人俱落于水,时人群呼为"恩入河"。"入"字俗读为"汝","和"、"河"亦谐音⑤,传为一时笑柄。

余不具录。

---

① 《清传》卷四五,页三七上至四二下;《史稿》第38册,第11712—11717页。
② 《朝野杂记》,第13页。
③ 《朝野杂记》,第13、44、49—50页。
④ 《朝野杂记》,第13页。
⑤ 《朝野杂记》,第13、44、49—50页。

责任编辑:刘松弢　苗玲玲

图书在版编目(CIP)数据

治史清源:王锺翰先生学术论著自选集/王锺翰 著. —北京:人民出版社,
　2019.4
ISBN 978－7－01－020640－0

Ⅰ.①治…　Ⅱ.①王…　Ⅲ.①中华民族-民族历史-文集②中国历史-清代-
文集　Ⅳ.①K28－53②K249.07－53

中国版本图书馆 CIP 数据核字(2019)第 062981 号

治史清源
ZHI SHI QING YUAN
——王锺翰先生学术论著自选集

王锺翰　著

人民出版社 出版发行
(100706　北京市东城区隆福寺街 99 号)

北京汇林印务有限公司印刷　新华书店经销

2019 年 4 月第 1 版　2019 年 4 月北京第 1 次印刷
开本:710 毫米×1000 毫米 1/16　印张:25.75
字数:412 千字

ISBN 978－7－01－020640－0　定价:90.00 元

邮购地址 100706　北京市东城区隆福寺街 99 号
人民东方图书销售中心　电话 (010)65250042　65289539

版权所有·侵权必究
凡购买本社图书,如有印制质量问题,我社负责调换。
服务电话:(010)65250042